社会主义市场经济理论体系创新研究

史继红 著

西南交通大学出版社

·成 都·

图书在版编目（ＣＩＰ）数据

社会主义市场经济理论体系创新研究／史继红著．—成都：西南交通大学出版社，2009.6
ISBN 978-7-5643-0266-5

Ⅰ．社… Ⅱ．史… Ⅲ．社会主义经济：市场经济－理论研究－中国 Ⅳ．F123.9

中国版本图书馆 CIP 数据核字（2009）第 090211 号

社会主义市场经济理论体系创新研究

史继红　著

责 任 编 辑	刘　立
特 邀 编 辑	吴　迪
封 面 设 计	墨创文化
出 版 发 行	西南交通大学出版社 （成都二环路北一段 111 号）
发行部电话	028-87600564　028-87600533
邮　　　编	610031
网　　　址	http://press.swjtu.edu.cn
印　　　刷	成都蜀通印务有限责任公司
成 品 尺 寸	170 mm×240 mm
印　　　张	25.5
字　　　数	443 千字
版　　　次	2009 年 6 月第 1 版
印　　　次	2009 年 6 月第 1 次印刷
书　　　号	ISBN 978-7-5643-0266-5
定　　　价	48.00 元

前　　言

　　当前，经济发展是每一个国家都十分重视的问题。而经济学的理论体系建设，也是经济理论界十分关注的问题。我国是实行社会主义市场经济体制的国家，经济学的学科建设与理论发展，更是走与其他国家不同的发展道路。在传统社会主义理论指导下，我国的经济学及相关理论，仅限于马克思主义的经济学理论范畴，对资本主义国家的一些经济理论，则是采取排斥的态度，这一方面维持了我们传统的社会主义经济体制，另一方面也限制了经济学理论的创新与发展。然而，在当今开放的社会背景下，随着经济社会的发展与变化，理论创新被提到了十分重要的地位，从而，我们的经济学理论出现了多元化的趋势，各种理论、各种学派相互争鸣与不断融合，使经济学理论得到了极大的发展。

　　我国传统计划经济体制下的经济学理论，是单一的马克思主义经济理论"一统天下"，经济学科也仅限于马克思主义政治经济学，其他经济学（特别是西方经济学）处于"边缘地带"。马克思主义经济学体系是一个开放的、动态的和发展的体系，任何对其僵化的、教条式的理解都是错误的，实践上也是有害的。因此，改革开放后，我们引进了西方国家的一些经济理论，特别是西方经济学，从而在经济学基本理论方面，出现了这样的局面：一方面是马克思主义的政治经济学（占主导地位），一方面则是西方经济学（居附属地位）。随着我国由计划经济体制向市场经济体制的转轨，社会主义市场经济体制的建立与逐步完善，我们相应地迫切需要经济理论与经济学科的创新与发展。这是因为，既有的经济理论已不能解释我国改革开放条件下的经济社会现实，不能很好地解释我们建立的社会主义市场经济体制。在这种情况下，我们有必要创立适合我国社会主义市场经济体制要求的经济理论，并对经济理论体系的构成进行相应的构建与解释，于是，适合我国经济社会发展实际的社会主义市场经济学创立了。随着我国社会主义市场经济体制的建立并不断完善，社会主义市场经济学也得到了逐步发展与完善。特别是党的十四大以后，经济学的创新有了更大的发展，出现了经济学发展的繁荣景象，社会主义市场经济学的学科建设也日益健全和完善。

在党的十四届三中全会上作出的《关于建立社会主义市场经济体制若干问题的决定》和十六届三中全会上作出的《关于完善社会主义市场经济体制若干问题的决定》的理论指导下，社会主义市场经济理论得到了极大的创新与发展。这些"决定"不仅解释了我们经济发展中出现的各种经济问题和经济现象，而且创新了经济学理论，在我国社会主义市场经济体制的创立和完善过程中具有里程碑式的意义；不仅完善了社会主义市场经济体制的制度构成，也丰富和发展了社会主义市场经济理论，使理论不断与实际相结合并增强了指导实践的能力。由于社会经济是不断发展和变化的，因而理论创新也是永无止境的，因此，经济理论创新也是符合这一规律要求的。

本书在总结社会主义市场经济的建设实践与社会主义市场经济理论创新实践的基础上，提炼出了社会主义市场经济学的理论框架与结构。本书共分三篇，第一篇的内容是社会主义市场经济体制的形成与建立，包含四个方面的内容，分四章进行介绍：第一章，市场经济的理论与体制，主要介绍了经济学的主要任务，资源配置的重要性，市场机制在市场经济中的作用；第二章，计划经济的理论与体制，主要介绍了计划经济体制形成的原因，计划经济体制的制度构成，计划经济在资源配置中的作用，计划经济体制存在的问题以及计划经济向市场经济转变的必然性；第三章，经济体制转轨，也可以称为经济体制改革，由于我国主要是从计划经济体制向市场经济体制转变，因此，可以认为是整个体制的变化，因而使用了经济体制转轨这一概念，根据制度变迁理论，在这一章里提出了转轨的必要性，制度变迁的模式，我国经济体制转轨所采取的方式，渐进式转轨的成功经验以及我国在经济体制转轨过程中的具体实践方式；第四章，社会主义市场经济的理论与体制，对于我们来说社会主义市场经济体制，是一个全新的概念，它既不同于西方的市场经济体制，也不同于我们传统的计划经济体制，因此，这一章对社会主义市场经济体制进行了理论创新与制度解构，构建了完善的社会主义市场经济体制。通过这一篇的学习，我们可以理解，市场经济体制具有哪些优越性，计划经济体制具有哪些弊端；如何实现由计划经济体制向市场经济体制转轨；经济体制转轨完成后，如何建立和完善社会主义市场经济体制，更好地发挥市场在资源配置中的作用，并最终实现资源的合理有效配置。第二篇的内容是社会主义市场经济体制的制度构成。根据党的十四届三中全会《关于建立社会主义市场经济体制若干问题的决定》提出的社会主义市场经济体制框架的要求，在这一篇安排了五章的内容，分别是：第五章，社会主义市场经济体制下的所有制结构，需要指出的是，在《关于建立社会主义市场经济体制若干问题的决定》中关于社会主义市场经济体制的框架要求是自主的市场主体，而我们安排社会主义所有制结构的内容有着特殊的情况，主要是因为，在社会主义条件下培育市场主体，既要考虑传统计划经济体制下的特殊情况，又要考虑培育市场主体的客观要求，只有二者兼顾才能培育出社会主义市场经济体制下的市场主体，因此，本章内容的安排，正是综合考虑了传统体制的历史影响与现代市场经济体制的要求，分析了如何在所有制结构的调整与优化过程中培育出社会主义市场经济体制所要求的市场主体；第六章，社会主义市场经济体制下的市场体系，完备的市场体系既是市场经济发挥资源配置基础作用的条件，也是体现市场配置资源有效性的保障，因而是建立和完善社会主义市场经济体制的重要基础；第七章，社会主义市场经济体制下的收入分配制度，安排这一章内容是由于虽然市场经济是效率型经济，但是对经济发展的评价既要考虑效率，也应注重公平，因此，我们应在效率优先的基础上，充分考虑公平在社会经济发展中的重要性与作用；第八章，社会主义市场经济体制下的社会保障制度，市场经济是竞争经济，竞争是公正的、平等的，但也更是无情的，市场的无情会影响到一些基本权益的保障，非公平性会阻碍市场效率的发挥，为此需要健全、完备的社会保障体系，以便使市场在资源配置中更好地发挥基础性地位与作用；第九章，社会主义市场经济体制下的政府经济职能与宏观调控，我们建立的社会主义市场经济体制，是由政府宏观调控的现代市场经济体制，由于市场机制在资源配置中存在一些缺陷与不足，因此，政府的宏观经济调控是很有必要的。第三篇的内容是社会主义市场经济体制下的科学发展观，这一篇共安排了四章的内容，分别是：第十章，农村经济改革与发展的理论与实践，我国是一个农业大国，有着约70%的农业人口，在农业和农村在为我国工业化建设作出重大贡献之后的今天，在农业和农村自主发展的同时，为体现公平的市场环境，我们有责任为农业和农村提供基本的机会；第十一章，经济增长与经济发展；第十二章，科学发展观与经济社会协调发展；第十三章，经济全球化与我国的对外开放。

作者深知社会主义市场经济理论体制的建立和创新过程之艰辛，深感我们市场经济体制建立的来之不易，深受我们艰难前进所表现出来的伟大精神所启迪。作者经过三年多的准备，才得以形成今天的这本书。这本书是作者在十几年的教学与研究的基础上形成的对社会主义市场经济的系统认识，既有体现课堂教学要求的理论结构的安排，又吸收了近年来有关的学术成果，对学习经济学具有一定的理论参考价值。

在本书的写作过程中，作者得到了商丘师范学院经济学与管理学系各位老师的大力帮助，西南交通大学出版社编辑对书稿进行了精心编排，在此一并向他们表示感谢！

由于写作时间较短，加之作者水平有限，不一定能够全面深入地涵盖本学科领域的知识与创新成果，缺点与不足在所难免，请读者多提宝贵意见和建议，以利于作者改进。

史继红

2009 年 2 月

（该著作为河南省教育厅社科专项任务——社会主义市场经济理论体系创新研究(2008-ZX-111)——的研究成果）

目　录

第一篇　社会主义市场经济体制的形成与建立

第二篇　社会主义市场经济体制的制度构成

第三篇　社会主义市场经济体制下的科学发展观

第一篇

社会主义市场经济体制的形成与建立

社会主义市场经济理论，是在我国改革开放后逐步形成的经济理论，这一理论最为重要的特征就是突破传统经济体制下资源配置的高度权力化，逐步形成市场分散决策配置资源的体制与机制，从而在我国经济发展实践中逐步形成并确立了市场经济体制。我国的经济发展是在市场经济理论指导下进行的，由于改革开放后我国经济实际的变化，要求相应选择适合经济发展的资源配置方式和经济运行机制，因此，经过多年的改革，不仅在理论上廓清了经济发展的指导理论，也在实践中实现了从计划经济向市场经济的转变，从而也推动了我国经济的极大发展。

本篇的结构如下：第一章，市场经济的理论与体制，主要分析了市场经济的有效性及在资源配置中的主要机制，肯定了市场经济体制是我们要选择的资源配置方式；第二章，计划经济的理论与体制，介绍了我国计划经济体制形成的背景及主要内容，结合新中国成立初我国经济发展的实际，论述了当时计划经济的必要性及其历史性贡献；第三章，经济体制转轨，论证了我国改革开放后经济体制转变的必要性及方向，指出我国的资源配置方式应逐步向市场经济转变；第四章，社会主义市场经济的理论与体制，分析了我国社会主义市场经济体制的内容、特征与基本框架。

第一章　市场经济的理论与体制

市场经济体制是效率型经济最主要的资源配置方式，市场是社会化大生产的必要前提与基础，市场确立的利润最大化目标与效用最大化目标激发了市场主体的自觉性行为。因而通过市场机制的有效运行，最终将达到整个社会资源的最佳配置状态，即帕累托最优。

第一节　资源配置与市场经济

一、资源与资源配置

（一）欲望（desire）

欲望是想得到某种东西或达到某种目的的要求，是想得到又没有得到的一种心理状态。欲望是人性的组成部分，是人类与生俱来的。它是本能的一种释放形式，构成了人类行为最内在与最基本的根据与必要条件。在欲望的推动下，人不断地占有客观对象，从而同自然环境和社会形成了一定的关系。通过欲望或多或少的满足，人作为主体把握着客体与环境，和客体及环境取得同一。在这个意义上，欲望是人改造世界也改造自己的根本动力，从而也是人类进化、社会发展与历史进步的动力。作为一种本能结构的欲望，无论是生理性或心理性的，都不可能超出历史的结构，它的内容及表现形式是随着历史条件的变化而变化的。人类之所以要从事生产和交易活动，就是为了满足他们的各种欲望。因此，生活质量的提高和人类社会的进步最终体现为人们更多的欲望不断得到满足。可以说，欲望是推动社会进步的动力，但由于欲望是历史的，其满足程度受历史发展条件的限制，因此，欲望的过度释放也可能会反过来阻碍社会的发展。

物质资源是人类赖以生存的基础和前提，是满足人们欲望的物质基础。人的欲望是由各种物品（goods）和服务（service）来满足的。经济学家常常把满足人类欲望的物品分为"自由取用品"和"经济物品"，前者指人类无需通过努力就能自由取用的物品；后者指人类必须付出代价方可取得的物品。"经济物品"在人类社会生活中占主要地位，但它的数量是有限的，因为生产这些物品和服务需要耗用大量的资源，并且用于一处就不能再作他途，这就是所谓的机会成本，即把资源用于某种用途时放弃的其他用途所能带来的最大利益。机会成本的存在，为人们对资源在满足不同欲望的选择中提供了依据，也使资源的配置更为科学、合理。

（二）资源（resources）

资源是一国或一定地区内拥有的物力、财力、人力等各种物质要素的总称，分为自然资源和社会资源两大类。前者如阳光、空气、水、土地、森林、草原、动物、矿藏等；后者包括人力资源、信息资源以及经过劳动创造的各种物质财富。《辞海》对资源的解释是："资财的来源，一般指天然的财源。"联合国环境规划署对资源的定义是："所谓资源，特别是自然资源是指在一定时期、地点条件下能够产生经济价值，以提高人类当前和将来福利的自然因素和条件。"上述两种定义只限于对自然资源的解释。马克思在《资本论》中指出："劳动和土地，是财富两个原始的形成要素。"恩格斯的定义是："其实，劳动和自然界在一起它才是一切财富的源泉，自然界为劳动提供材料，劳动把材料转变为财富。"[①]

马克思、恩格斯的定义，既指出了自然资源的客观存在，又把人（包括劳动力和技术）的因素视为财富另一不可或缺的来源。可见，资源的来源及组成，不仅是自然资源，而且还包括人类劳动的社会、经济、技术等因素，还包括人力、人才、智力（信息、知识）等资源。据此，所谓资源指的是一切可被人类开发和利用的物质、能量和信息的总称，它广泛地存在于自然界和人类社会中，是一种自然存在物或能够给人类带来财富的财富。或者说，资源就是指自然界和人类社会中一种可以用以创造物质财富和精神财富，具有一定量的积累的客观存在形态，如土地资源、矿产资源、森林资源、海洋资源、石油资源、人力资源、信息资源等。因此，在经济学上资源又被称为禀赋或要素，即人们可资利用，投入利用后能生产出满足人们欲望的经济物品的各类财货。

对于资源，从不同的角度、按不同的标准有着不同的分类方法。通常来说，有如下几种：

---

① 《马克思恩格斯选集》（第 4 卷），人民出版社 1995 年第 2 版，第 373 页。

1. 按资源性质分类

（1）自然资源。

自然资源一般是指一切物质资源和自然过程，是在一定技术经济环境条件下对人类有益的资源。

自然资源可从不同的角度再进行分类。从资源的再生性角度可划分为再生资源和非再生资源。再生资源，即在人类参与下可以重新产生的资源，如农田，如果耕作得当，可以使地力得到恢复，不断为人类提供新的农产品。再生资源有两类：一类是可以循环利用的资源，如太阳能、空气、雨水、风和水能、潮汐能等；一类是生物资源。非再生资源（或耗竭性资源），这类资源的储量、体积可以测算出来，其质量也可以通过化学成分的百分比来反映，如矿产资源。从资源利用的可控性程度，可划分为专有资源和共享资源。专有资源，如国家控制、管辖内的资源；共享资源，如公海、太空、信息资源等。

（2）社会经济资源和技术资源。

自然资源、社会经济资源、技术资源通常被称为人类社会的三大类资源。社会经济资源，是直接或间接对生产发生作用的社会经济因素，其中人口、劳动力是社会经济发展的主要条件。

技术资源广义上也属于社会经济资源，并且在经济发展中所起的作用越来越大。技术是自然科学知识在生产过程中的应用，是直接的生产力，是改造客观世界的方法、手段。技术对社会经济发展最直接的表现就是生产工具的改进，不同时代生产力的标尺就是不同的生产工具，其主要是由科学技术来决定的。

2. 按资源用途分类

（1）农业资源。

农业资源是农业自然资源和农业经济资源的总称。农业自然资源包含农业生产可以利用的自然环境要素，如土地资源、水资源、气候资源和生物资源等。农业经济资源是指直接或间接对农业生产发挥作用的社会经济因素和社会生产成果，如农业人口和劳动力的数量与质量、农业技术装备（包括交通运输、通讯等农业基础设施等）。

（2）工业资源。

工业资源是工业生产中所需要的原材料、燃料、能源、动力、劳动力、各种物质资本、价值资本与人力资本的总和。工业资源贯穿于工业生产的全过程，是推动工业化进程的重要因素。

（3）信息资源。

信息资源是企业生产及管理过程中所涉及的一切文件、资料、图表和数据等信息的总称。它涉及企业生产和经营活动过程中所产生、获取、处理、存储、传输和使用的一切信息资源，贯穿于企业管理的全过程。信息资源与企业的人力、财力、物力一样同为企业的重要资源，且为企业发展的战略资源。同时，它又不同于其他资源（如材料、能源资源），是可再生的、无限的、可共享的，是人类活动的最高级财富。

3．按资源可利用状况分类

（1）现实资源，即已经被认识和开发的资源。

（2）潜在资源，即尚未被认识，或虽已被认识却因技术等条件不具备还不能被开发利用的资源。

（3）废物资源，即传统被认为是废物，而由于科学技术的使用，又使其转化为可被开发利用的资源。

经济学家习惯把资源或生产要素按照三部分来分类：自然资源、劳动力和资本（包括物质资本和人力资本）。一个国家的自然资源，在某种程度上可以说是给定的，它是该国地理位置、自然历史发展的产物，也包含了人类在长期的生存活动中对其进行干预的结果。劳动力是人的一种经济功能，所以劳动力作为一种生产要素，其数量和结构特征都与人口特征直接相关。人力资本是指劳动者的体力、知识、技能、经验和劳动熟练程度等素质。人力资本与劳动力的区别在于，前者可以通过对人的投资来提高上述各种素质，可以成为一种投资的对象。因此，从这个角度而言，生产人力资本的部门——教育部门——与人力资本水平密切相关。

不过，经济学的经典分类法是"四要素论"[1]。这四要素分别是：① 土地，它包括了所有的自然资源，被称为是财富之母。② 劳动，被称为是财富

---

[1] J.B.Say：《政治经济学概论》（1803），商务印书馆 1963 年版，第 76 页。"事实已经证明，所生产出来的价值，都是归因于劳动、资本和自然力这三者的作用和协力，其中以能耕种的土地为最重要因素但不是唯一因素。除这些以外，没有其他要素能生产价值或能扩大人类的财富。"在这里，萨伊只是提出了三要素。Alfred Marshall, Principles of Economics, 1890。该书被资产阶级经济学界认为是划时代的著作，成为近代英美等西方国家经济学的基础。在这本书中，马歇尔把生产要素分为劳动、土地、资本和"组织"，其中"组织"是指企业的经营和管理能力，也即是我们现在所说的企业家才能，从而形成了四要素论。

之父。在基本生产要素中，劳动力是最重要的。这不仅因为作为劳动者的人，除了是经济增长的手段外，其自身的发展又是经济和社会发展的最终目的。③ 资本，指由土地和劳动相结合生产出来但不用于消费的物质财富，或为满足未来需要而进行的各种准备，通过这样一个迂回的生产过程可提高生产的效率。④ 组织或企业家才能，企业家才能是所有要素中最重要、最稀缺的要素，没有企业家的组织才能，单个要素是不具有生产力的。企业家必须具备以下的才能和素质：风险意识和承担风险的能力；不断实现要素的新组合的创新能力；对社会潜在需求的敏锐把握从而不断发现利润的能力；经营管理才能及相应的威望和人格魅力。诺贝尔经济学奖获得者熊彼特把企业家概括为具有企业家精神的人，而企业家精神就是创新，包括引进一种新的产品或提供一种产品的新质量、采用一种新技术（即新的生产方法）、开辟一个新的市场、获得一种原料或半成品的新的供应来源、实行一种新的企业组织形式等五种创新能力。这些创新都要冒风险，它们无一不是只有在市场经济的环境和条件中才能形成和培育出来的。所以，没有市场经济就不会有企业家。市场经济之所以能够产生和培育出企业家，在于市场经济具有与计划经济完全不同的环境和条件：第一，在市场经济中，企业是独立的市场主体，从而企业的领导人、经营者具有充分的决策权、经营权。这是他们具备企业家的素质的先决条件。第二，在市场经济中，企业之间、企业家之间存在激烈的竞争，企业面临各种风险，企业家也面临各种风险，他们只有精心运筹，勇于拼搏，敢冒风险，善于创新，才能在激烈的竞争中使企业得以生存和发展，他们自己也才能生存和发展下去。第三，在市场经济中，对利润的追求是企业发展的强大的动力，企业家作为资本的人格化身，也以追求企业的最大利润为动力，而企业家在追求企业的利润最大化的同时也实现了自己更大的收益，更高报酬的目标，这也是推动其不断追求，不停创新的动力。

（三）资源的有限性或稀缺性（scarcity）

任何一个国家或地区，在某一时点上所拥有的资源总是既定的、有限的，也就是说，任何社会都面临着资源的稀缺性问题。有限性是资源最重要的特征，主要表现在以下几个方面：第一，在一定的时空域内，资源的数量是有限的；第二，某些资源的存量和潜能虽然相当大，但是人类可利用的部分却是有限的，如太阳能、水能和核能等；第三，在一定的社会经济科技水平条件下，人类利用自然资源的能力和范围是有限的。此外，人类不顾自然规律的约束，盲目地开采和超度利用自然资源，既造成大量的浪费，又破坏了生态环境的再生调节能力，使得原本有限的自然资源更加紧缺。

　　如果有无限的资源，生产什么，如何生产和为谁生产的问题就不存在了。但人的欲望是多种多样的，且一种欲望满足后又有新的欲望产生，这样，资源的有限性就与人类的无穷欲望形成了矛盾，这在经济学上被称为"资源的稀缺性"。稀缺性是指社会拥有的资源是有限的，因此，不能生产人们希望拥有的所有物品与劳务。由于资源稀缺，社会资源的管理就很重要。于是，如何解决稀缺性被视作经济学（economics）的核心命题，也成为经济学的出发点，即经济学应该研究如何管理自己的稀缺资源。因此，关于什么是经济学和经济问题，尽管经济学家的看法并不一致，但一个被广泛认同的定义是英国经济学家莱昂内尔·罗宾斯在其《论经济科学的性质和意义》一书中提出的："经济学是研究如何将稀缺的资源有效地分配给相互竞争的用途的科学。"[①]也就是说，经济学是研究资源配置问题的。自罗宾斯的《论经济科学的性质和意义》一书于1935年问世以来，这个经济学定义就一直在英美等国家教科书中占据统治地位。我们所接触的"现代西方经济学"一词，大多也都在这个意义上使用。经济学是一门实证科学，首先要研究"是什么"的问题，为了做到这一点，就要着重于经济学的学理研究，按照经济学本身的规范来行事。只有在实证分析的基础上，才谈得到研究"应当如何"的规范性问题。

　　因此，通过一定的经济制度、经济政策和经济组织，将稀缺的资源给予恰当的配置和充分的利用，就显得极其重要了。对于我国的自然资源禀赋，从以下两个角度观察，不应过于乐观：一是从资源结构的角度看其可用性质，只有真正可用于直接生产的资源才具有经济价值；二是从资源的人均占有水平看其对于人民福利的影响，正如只有人均收入水平才能真正反映一个国家的富裕程度一样，自然资源作为国民财富的重要组成部分，也只有以人均占有量来衡量才有意义。

---

① 1932年 L.罗宾斯的定义："经济学是研究人类在处理可以有不同用途的稀缺资源同它们的实际用途之间关系时的行为科学。"（《论经济科学的性质和意义》第2版，麦克米伦出版公司1935年版，第4页。）这一定义至今仍经常为人们所引述。O.兰格也认为："经济学是关于人类社会中稀缺资源管理的科学。"（《经济学的范围和方法》，《经济学评论》第13卷（1945—1946），第16页。）在马克思的时代，一定生产关系（经济体制）下的资源配置问题，还没有成为经济学研究的中心课题。经济学的研究向资源配置这一方向深化，是马克思逝世以后的事情。但是，后来的社会主义政治经济学不仅没有吸收现代经济学的成果来发展马克思主义，相反从马克思的观点后退，脱离生产过程去孤立地观察生产关系，使社会主义经济学成了具有浓厚意识形态导向的经济学。

对于资源的稀缺性在社会经济中的影响，美国经济学家萨缪尔森曾提出一个快乐方程式：快乐＝效用/欲望。效用是一种满足人的欲望的能力，它是由物品和服务提供的，效用的增加有赖于物品和服务供给的增加。从公式可知，增进快乐的方式有两种，一是效用不变时降低人的欲望，二是欲望不变时提高物品的效用水平。在中世纪和封建社会，各国政府和各种宗教大多推行禁欲主义，主要是因为当时社会生产力太低，资源缺乏且利用不当，人们的欲望大多得不到满足，为了稳定社会，采取这种消极的快乐增进法实是不得已而为之。经济学家认为，积极的方法应该是，在已有资源的约束下，通过构建科学合理的组织和制度，科学利用和合理配置资源，以向社会提供更多更高效用的物品和服务来实现快乐的增进。

（四）资源配置与经济体制

1. 资源配置

在当今世界，资源短缺是人类面临的一个全球性问题。因而，如何有效地配置有限的资源就成为经济学研究的主要问题。

那么，如何利用现有资源去生产"经济物品"来更有效地满足人类欲望呢？这就是资源配置问题。经济学研究如何使用稀缺资源生产有价值的商品，并把它们在不同主体之间进行分配。从经济学的定义来看，经济学的基本问题是在资源稀缺的条件下，探讨生产什么、如何生产和为谁生产的问题。前两个问题针对如何使用现有的资源，用这些资源来生产哪些产品（包括各种产品的数量为多少）以及使用何种资源，应用何种技术方法来生产这些产品。生产什么解决的是既定资源在用于生产各种产品中的比例关系问题；如何生产解决的是在产品结构给定的情况下，各种不同性质的资源如何用于不同产品生产的问题。这两个问题可以归结为社会使用资源的方式问题，即资源配置问题。为谁生产的问题，是解决生产成果的分配问题，即个人所拥有或享有生产成果的份额为多少的问题。一国的生产成果可以用国内生产总值，即GDP来表示，个人在这一总额中所占有或享有的份额就是收入分配。因此，为谁生产的问题实际上就是收入分配问题。资源配置与收入分配是考虑经济问题的两个基本方面，这两个问题可以通过市场即"看不见的手"（invisible hand）来解决，也可以通过政府即"看得见的手"（visible hand）来解决。在最小化国家的假设前提下，这两个基本问题主要是由市场来解决的，但是由于存在市场失灵，因此政府也应该通过公共手段来参与这两个问题的解决。

资源配置是指社会把有限的资源恰当地分配到社会需要的领域、行业和部门，使资源得到合理、有效的利用，产生最佳的效益，最大限度地满足社会的需要。资源配置问题也被称为经济选择问题，经济选择包括：如何利用现有的经济资源；如何选择满足欲望的方式；在必要时如何牺牲某种欲望来满足另外一种欲望。据此，我们可以总结出人类社会经济活动中面临的基本经济问题，包括如下几个方面：第一是生产什么物品和服务以及各生产多少的问题；第二是如何生产的问题，即如何对投入生产的资源作恰当的组合以使成本最小；第三是为谁生产这些物品和服务的问题，即依据什么原则、通过什么方式在社会大众中分配这些物品，才能做到效率与公平的统一；第四是如何维持经济稳定的问题；第五是如何促进经济增长的问题；第六是现在生产还是将来生产，也就是现在消费还是将来更多地消费，或者说是先生产消费品，还是先生产资本品。前三个问题属于微观经济问题，或者说是市场调节资源配置的问题。第四、第五个问题是宏观经济问题，或者说是政府如何在市场配置资源的基础上更进一步地弥补市场配置资源的不足，以便达到全社会资源的有效利用。第六个问题是个时间最优分布的问题。这几个问题被认为是人类社会共有的基本经济问题。如果经济可以有效利用它所得到的全部稀缺资源解决以上问题，就可以说这种结果是有效率的。

因此，一个好的社会经济体制，应该同时满足下面三个目标：一要实现资源的合理配置，它属于微观经济问题；二要实现资源的充分利用，它属于宏观经济问题；三要实现资源利用的高效率。实际上，经济效率的高低，是资源配置和利用情况的综合反映和结果，这不仅仅是一个生产技术水平问题，更多地与一国的经济体制相关。不同的经济体制，由于其内在的运行机制不同，其对资源配置和利用的方式也就不一样，最终表现在经济效率上也就有差异。

2. 资源配置方式与经济体制

按照资源配置和利用的方式不同，经济体制可大体分为三种类型：自然经济、市场经济与计划经济。[①]

（1）自然经济。这是以家庭为单位，以血缘关系为纽带，与小生产方式相联系的资源配置方式。其特征是每个家庭或个人生产他们需要的大部分物品，只有极少数物品是与外界交换得来的，因此基本上不存在专业化的分工、

---

① 与资源配置和利用方式相关的一组概念是自然经济、商品经济和产品经济，这种表述
是从社会经济存在形态上来划分的。

协作和交换，资源的配置和利用由居民消费者直接决定。在自然经济下虽然不会出现配置失误导致产品过剩或短缺，但效率低下，致使经济长期处于缓慢发展甚至停滞状态。

（2）市场经济。这是以市场为导向，与社会化大生产相联系的开放灵活的资源配置方式。但这种体制的缺点是不能很好地解决资源利用过程中社会利益保障的问题，经常出现繁荣与萧条的周期性波动，并且财富和收入差异太大，有失社会公平。

（3）计划经济。这是由中央计划部门依靠行政命令，自上而下地分配利用社会资源的资源配置方式。国家用统一的计划来解决由谁生产、生产什么、如何生产、如何分配等问题。尽管在理论上可以证明，在这种体制下可能实现资源的最优配置和有效利用，但由于相对固定的计划不能反映复杂多变的供求信息，缺乏有效的激励-约束机制，集中决策会导致失误等原因，实践证明这种体制的资源配置和利用效率较低。

目前，在实践中纯粹的自然经济、纯粹的计划经济与纯粹的市场经济并不存在。各国的现实经济体制都是这三种经济不同比例的混合物，只是各有偏重。

二、市场和市场经济

市场经济体制，是人类迄今发现的最为有效的资源配置方式，目前世界上的绝大多数国家和地区都是实行市场经济体制，各国在具体的运行机制上各具特色。推行市场经济要有两大前提，一是资源和经济物品要有明确的所有者主体，也就是所谓的产权明晰；二是市场机制要在资源配置中起基础性作用。

（一）市场的含义与分类

1. 市场的含义

市场是商品交换的场所、渠道和纽带，是商品交换关系的总和。市场通常有三层含义：市场是商品生产者进行商品交换的场所；市场是商品交换关系的总和，即生产与流通、供给与需求之间各种具体经济关系的总和，是价值实现、价值转移的枢纽；市场是产品销路的体现，是经营领域和经营质量的标志。

从市场产生和发展的历史起源看，市场是劳动分工的产物，是社会分工和商品生产的表现形式。社会分工越细，劳动专业化程度越高，市场也就越发达。因此，市场发展的限度决定于劳动专业化的程度。

2. 市场的构成要素

市场的构成要素包括构成市场活动的交易主体、交易对象、市场媒介、交易规则、交易条件等。

市场交易主体，即市场参与者，是指具有独立经济利益的经济主体，可以是从事交易活动的组织或个人，具体来说，市场主体有企业、消费者、政府、其他企事业单位和社会组织等。市场主体具有以下几个内在的属性：① 市场主体的平等性。市场交换双方都是独立的经济利益主体，并且都以交换者的身份出现，在这一点上没有差别。② 市场主体的所有权。自由和平等的前提，是市场主体对自己的商品拥有所有权。③ 市场主体的自利性。虽然交换对双方都有利，但交换的根本动因不是共同利益，而是各自的自身利益。

市场交易客体，即交易对象，包括商品和货币。对于买者来说是放弃了货币获得了商品，对于卖者来说是放弃了商品获得了货币，商品和货币呈现反方向运动。产品之所以进入市场成为交易对象，一是因为被交换的商品使用价值不同；二是因为市场主体有特殊的需要。由于市场种类不同，交易对象也多种多样。消费品市场的交易对象是各种各样的消费品；生产资料市场的交易对象是机械、设备、原材料、燃料等；金融市场的交易对象是资金、股票、债券、期票以及其他各种有价证券；劳动力市场的交易对象是具有各种技能、熟练程度不同、年龄层次不同的劳动力；技术市场的交易对象是载于各种不同载体的知识产品；信息市场的交易对象是各种各样的信息，等等。

市场媒介是指市场交易中起媒介作用的工具和机构，也称市场中介组织。市场媒介是作为解决交换中的矛盾的手段而出现的。随着商品交换和市场经济的发展，市场交换必须通过一定的中介来进行，从而使交换专业化和简单化，并最终提高市场交换的效率，节省交易费用。市场媒介既包括市场交易的工具，如货币、信用等，也包括各种各样的市场中介组织及市场服务机构。

市场交易规则，是对买卖双方在交易过程中权利和义务的规定，是维护正常的市场秩序、使市场交易顺利进行的保证。它规定了市场参与者可以做什么、不可以做什么，包括全国统一的市场法规，也包括各个市场的具体规章制度，还包括人们长期遵循的商业道德等。

市场交易条件，是指买卖双方在达成交易时所形成的协议，如价格、付款方式和付款期限、交货时间与地点等。

3. 市场的功能

弗里德曼概括认为，市场具有三大功能：传递信息、提供激励和收入分配，这是市场完成资源配置的具体实现机制。市场通过价格信号，引导企业生产什么、不生产什么；通过竞争机制迫使企业降低成本、提高质量、开发新产品，以获取超额利润；通过要素市场，按要素的边际生产力和供求状况确定要素价格，从而决定收入分配。

4. 市场的分类

市场依据不同的标准可以有不同的划分。

首先，按照社会分工在不同历史时期的不同发展程度，市场分为古代市场和现代市场。古代市场主要是进行物与物交换，市场范围狭窄且不固定；现代市场是以社会化大生产为基础的，市场范围非常广阔。

其次，按经营方式市场的经营方式通常是按照市场参与者的数量、产品的差异化程度、市场透明度（信息充分程度）、对价格的控制程度和市场进出自由程度等来界定的不同，市场分为完全竞争市场和不完全竞争市场。不完全竞争市场又包括垄断竞争市场、寡头垄断市场和完全垄断市场。

新古典经济学认为，完全竞争市场总能够达到帕累托有效配置状态，并且在一次性总量再分配格局下，任何一种帕累托有效资源配置都可能通过完全竞争市场来实现。但需要指出的是，完全竞争市场也存在一定的不足，因为产品一样，没有差异，使人们缺少选择的余地，社会也就因此过于单一，不存在多样化。因此，并不是竞争程度越高越好。

垄断竞争市场是介于完全竞争市场和完全垄断市场之间的一种市场结构。这种结构下的市场存在垄断，也存在竞争，是一种很普遍的市场结构。其主要特征是，无数个生产者生产差异较大的产品。

寡头垄断市场是指一个行业前 3~5 个企业的市场占有率总和达到 70% 左右。这种市场结构的垄断性较高，产品差异性较大。

完全垄断市场是指整个行业的市场完全被一家厂商所控制的状态，通常分为纯完全垄断市场和准完全垄断市场。纯完全垄断市场是指一个行业被一个大企业独占，这种市场在现实经济生活中是不可能存在的。准完全垄断市场是指一个行业的一个大企业的市场占有率达到 75% 以上。准完全垄断市场在现实中是存在的，但通常是短期的。

　　垄断竞争市场和寡头垄断市场是现代市场的主要特征或常态。在垄断竞争市场上，许多生产者为创造自己在市场上的垄断优势而根据消费者的不同偏好提供差别性产品，这本身也是竞争的产物，社会也由此得到利益。而由分散的生产走向生产的大规模集中，产生寡头垄断市场，本身又是市场发展的必然趋势。

　　通过长期的社会实践，人们认识到，适度集中的寡头主导型的市场结构是比较理想的状态。这种市场结构是一个产业内适度集中，企业间充分竞争，以大企业为主导、大中小企业协调发展的市场结构。这种市场结构的特点：一是集中度适中；二是存在主导企业，主导企业通常是指市场份额较大，具有一定的市场势力或支配力的大企业；三是大中小企业之间存在着分工合作关系。

　　最后，按市场主体双方力量对比划分，可以分为买方市场、卖方市场和均衡市场。买方市场，一方面是指短期供过于求的市场状况，这时买方在市场交易中处于有利地位，价格被迫降到平均成本之下，卖方为减少剩余存货不得不接受较低的价格；另一方面指买方支配的市场结构，卖方迎合买方，卖方竞争强于买方竞争，买方有充分的选择余地。这是市场经济中的一般市场状况。买方市场是以一定程度的供过于求和生产过剩为基础的。卖方市场是存在产品短缺的一种市场。因为产品发生短缺，买者更渴望购买，买者之间竞争非常激烈。短缺经济常常被认为是战时或平时价格管制的重要后果之一，即制定价格的权威机构强制使价格限制在一定水平之下，从而出现市场价格与供求数量无法均衡的现象。在没有政府物价管制的条件下，生产者定价错误也可以引起暂时的短缺，从而形成卖方市场。因此，经济学家常说，很多时候，短缺不是商品供给不足，而是定价过低造成的；商品过剩也不是商品过多，而是商品定价过高造成的。均衡市场是指市场上需求力量与供给力量处于大体平衡的状态，也就是买者愿意而且能够购买的商品数量正好与卖者愿意而且能够出售的商品数量大体相等。在这种状态下，市场上既没有超额需求，也没有超额供给，也就是既不存在商品短缺现象，也不存在商品过剩现象，市场供给处于出清状态。

（二）专业化、分工与交易

1. 专业化和分工

　　专业化就是一个人或组织减少其生产活动中不同职能或操作的种类，或者说，将生产活动集中于较少的不同职能的操作上。分工是两个或两个以上的个人或组织将生产活动中所包含的不同职能的操作分开进行。专业化和分工越是发达，一个人或组织的生产活动越集中于更少的职能或操作上。

在古代社会，人们的各种消费品基本上是在家庭范围内生产出来的，每个家庭生产的是其自身所要消费的东西，消费的也是他们自己生产的物品，这就是所谓自给自足。而在现代社会，人们的生产和消费是通过市场进行的。每个人只从事一种工作，这种工作只是生产某种产品的其中一道工序，但通过领取报酬，人们能购买到各种各样的商品，这就是分工和交换。

为了理解分工和交换在社会进步中的作用，我们要探讨两个问题：第一，分工是如何出现的；第二，分工为什么能够提高效率。

出现分工的原因是每个人的天赋和条件不同，进而具有不同的生产优势。

分工和专业化不仅具有技术属性，而且具有制度属性，并且这两种属性是可以分离的。一种基本的生产操作在技术上从生产活动中分离出来，并不一定意味着它在制度上也分离了出来，也就是说，一个基本单位在技术上独立，未必同时在制度上独立。显然，技术上的可分离性和独立是制度上的可分离性和独立的基础。所谓制度上的独立，是指经济行为主体在市场上具有独立的法律地位，这类经济行为主体称之为市场主体，构成市场交易或交换的必要前提。

市场和市场交换是人类社会专业化和分工发展的产物。专业化与分工的作用正如亚当·斯密在《国民财富的性质和原因的研究》一书中所说的："劳动生产力上最大的增进，以及运用劳动时所表现的更大的熟练、技巧和判断力，似乎都是分工的结果。"[①]专业化和分工能提高生产的效率，斯密指出："有了分工，同数劳动者就能完成比过去多得多的工作量，其原因有三：第一，劳动者的技巧因业专而日进；第二，由一种工作转到另一种工作，通常须损失不少时间，有了分工，就可以免除这种损失；第三，许多简化劳动和缩减劳动的机械的发明，使一个人能够做许多人的工作。"[②]总结而言，专业化和分工的效率主要体现为以下三点：第一，专业化分工使劳动者的活动和注意力集中在较狭窄的领域，从而能提高其熟练程度，促进其掌握技术及推动技术发明；第二，专业化分工使劳动者节约因变换工作或操作工序而损失的时间，随着技术的精进还可节约使用物质资料，实现时间、物资的高度集约化使用；第三，

---

① 、② 亚当·斯密：《国民财富的性质和原因的研究》（上卷），商务印书馆 1972 年版，第 5 页，第 8 页。

专业化分工分解了工作程序，使单个生产者的工作变得简单，从而引发机器的发明和技术进步。

在现代社会，专业化和分工的收益还远不止这些。从比较优势的角度看，分工还具有其他的收益效果。比如，A 国和 B 国都能够生产 X 和 Y 两种物品，两国生产的成本比较见表 1.1。

表 1.1　A 国和 B 国生产 X 和 Y 两种物品的劳动成本比较　　单位：工时

国　别 项　目	A 国	B 国
生产 a_1 单位 X 物品所花费的劳动	100	120
生产 b_1 单位 Y 物品所花费的劳动	50	80
比较优势下的 A 国和 B 国的生产与交换	在比较优势下 生产 Y 物品	在比较优势下 生产 X 物品

从表中可以看出，A 国在 X 和 Y 两种物品的生产上均具有效率或优势，而 B 国和 A 国相比均显得没有效率或优势。那么，在这两个国家之间，有没有交换的可能呢？如果有，又是一种什么样的交换呢？从比较优势的角度看，在 B 国生产 1 单位 X 物品是生产 1 单位 Y 物品所费工时的 1.5 倍；而在 A 国，生产 1 单位 X 物品是生产 1 单位 Y 物品所费工时的 2.0 倍。可见，B 国在生产 X 物品上具有比较优势；而相应的，A 国在生产 Y 物品上具有比较优势，从而存在交换的可能。交换如下：只要在 1.5 和 2.0 之间找一个任意数使两国据此进行交换，双方都能从中获益。例如：A 国用 1.8 单位的 Y 交换 B 国 1 单位 X，则收益分析如下：

$$A \text{ 国的收益} = 1 \text{ 单位的 X 物品的收益（} 1 \times 120 \text{）} -$$
$$1.8 \text{ 单位的 Y 的损失（} 1.8 \times 50 \text{）}$$
$$= 30$$
$$B \text{ 国的收益} = 1.8 \text{ 单位的 Y 物品的收益（} 1.8 \times 80 \text{）} -$$
$$1 \text{ 单位的 X 的损失（} 1 \times 120 \text{）}$$
$$= 24$$

从以上分析可以看出，通过分工生产并进行交换后，两国都增加了净收益，A 国为 30，B 国为 24，总额为 54。从而，比较优势下的分工增进了两国的利益。

2. 交　易

一般来说，交易是在一定条件下进行的。交易所需要的条件，主要有以下几个：

（1）双方各拥有另一方没有的物品；

（2）双方拥有的物品数量不同；

（3）双方拥有的物品数量相同，但两个人的偏好不同。

总之，交换是由于双方对物品的评价不同而产生的。只要两个人面对的任意两种物品对他们来说有不同的效用，或者说是价值的比例不同，他们就可以通过交换来增加彼此的利益。

随着交换的进行，人们给出对自己来说相对不太稀缺的物品，得到对自己来说相对珍贵的物品，到最后，每个人对物品的效用评价逐渐靠近，直到完全相同。这时候，每个人就实现了利益最大化，交换也就停止下来。这就是经济均衡的含义。

因此，人类除了进行生产活动外，还要进行交易活动，生产和交易是专业化的市场经济中人类活动的两个侧面。生产是通过劳动使物从原始形态转化为能为人所用的形态，以满足人的欲望，它体现了人与物的关系；交易是通过搜寻交易对象、谈判交易条件、履行交易合约来实现人与人之间资源和物品的互动，这种互动能提高交易双方的效用水平，因而交易总是互利双赢的，即非"零和游戏"①。

20 世纪人类在经历了两次世界大战，经济的高速增长、科技进步、全球化以及日益严重的环境污染之后，"零和游戏"观念正逐渐被"双赢"观念所取代。人们开始认识到"利己"不一定要建立在"损人"的基础上。通过有效合作，皆大欢喜的结局是可能出现的。但从"零和游戏"走向"双赢"，要求各方都要有真诚合作的精神和勇气，在合作中不要耍小聪明，不要总想占别人的小便宜，要遵守游戏规则，否则"双赢"的局面就不可能出现，最终吃亏的还是自己。

只对一方有利而另一方无利或受损的交易是不会达成的，交易从来都是

---

① "零和游戏"的基本内容是：游戏者有输有赢，一方所赢正是另一方所输，游戏的总成绩永远是零。"零和游戏"原理之所以广受关注，主要是因为人们发现在社会的方方面面都能发现与"零和游戏"类似的局面，胜利者的光荣后面往往隐藏着失败者的辛酸和苦涩。从个人到国家，从政治到经济，似乎无不验证了世界正是一个巨大的"零和游戏"。这种理论认为，世界是一个封闭的系统，财富、资源、机遇都是有限的，个别人、个别地区和个别国家财富的增加必然意味着对其他人、其他地区和其他国家的掠夺，这是一个"邪恶进化论"式的弱肉强食的世界。

互利交易。当交易完成后，社会的总产品量没有增加，但双方的生活质量却都有了改善。可见，交易在增进人类福利上与生产同样重要，交易优化了物品在社会成员间的配置。一个社会如果只注重生产不注重交易，便难以取得持续的经济进步。为此，人们在努力通过技术进步、加强管理以降低成本、提高生产效率的同时，也应该进行组织创新以降低交易成本、提高交易的效率，而一个完备的市场体系和灵敏的市场机制对于提高交易效率是极其重要的。

在涉及资源配置的全球化问题时，经济学家要求政府去除对于各国间产品、资源及储蓄的自由流动方面的限制，这种对于自由贸易的支持源于 18 世纪的经济学家大卫·李嘉图的相对优势理论。在亚当·斯密绝对优势理论的基础上，李嘉图对相对优势和绝对优势进行了比较。绝对优势理论认为，一个国家输出的商品一定是生产上具有绝对优势、生产成本绝对低于他国的产品。而相对优势理论则认为，每个国家应集中力量生产那些利益较大的产品，在资本和劳动力不变的情况下，产品的生产总量将增加，然后通过国际交换获取收益。

在李嘉图的相对优势理论的基础上，赫克歇尔和俄林在解释国际分工和自由贸易的必要性方面构建了要素禀赋说，指出：专业化可能会使世界上最富裕的工业化国家生产资本密集型工业品，工业化最落后的国家生产劳动密集型的原材料。由于前者主要集中在北半球，而后者主要集中在南半球，贸易理论表明大部分贸易就发生在北半球国家与南半球国家之间：北方国家向南方国家出口资本密集型工业品，而进口劳动密集型原材料。但是，事实并非如此。实际上，许多贸易发生于资源和技术状况相差无几的国家之间——北方与北方以及南方与南方之间，这对于赫克歇尔-俄林贸易理论的信仰者来说是一个难以解释的谜。该现象首先是由华西里·列昂惕夫提出的，他也是投入-产出分析的创始者，他的这个研究发现被称为"列昂惕夫之谜"（Leontief paradox），即实际的贸易方式似乎与根据相对优势进行专业化的李嘉图原则相背离。根据赫克歇尔-俄林理论，相对丰富的资本资源应该形成专业化，因此出口的是资本密集型产品，而进口的大部分是劳动密集型产品。列昂惕夫运用他的投入-产出表来测算美国进出口商品结构的资源比例，希望能证实赫克歇尔-俄林理论。结果，他发现美国的实际贸易情况与经济学家们普遍接受的观点之间存在着令人困惑的不一致性。与赫克歇尔-俄林理论的预期相反，列昂惕夫发现美国出口相对较多的是土地及劳动密集型产品，而进口大量的资本密集型产品。更进一步的分析会发现，美国的土地和劳动力成为资本要素的一部分（包括科学技术由高度熟练的工人和农民应用），而南半球的土地和劳动力则不怎么表现出这一特征。资源中的资本比例所存在的差异能部分地解释美国专业化并出口使用大量土地和劳动力而不是资本的产品这一趋势。

3. 曼昆关于交易的分析

曼昆所强调的经济学十大原理之一"贸易可以使每个人的状况变得更好。这个原理解释了人们为什么与他们周围的人交易，以及一国为什么与其他国家交易"[①]。

一般认为，贸易双方所用于交易的物品应该是他们在生产时具有较低成本的产品。而比较一种物品的生产成本有不同的方法。经济学家使用的其中一个方法就是绝对优势（absolute advantage）原理，即生产者生产一种物品所需要的投入量较少，就可以说该生产者在生产这种物品中有绝对优势。它是根据生产率比较一种物品的生产者。还有一种方法，我们可以不比较所需要的投入，而比较机会成本。在描述两个生产者的机会成本时，经济学家使用比较优势（comparative advantage）原理，即生产一种物品机会成本较少的生产者在生产这种物品中有比较优势。

"机会成本和比较优势的差别引起了贸易的好处。当每个人专门生产自己有比较优势的物品时，经济的总量就增加了，而且，经济'蛋糕'规模的这种扩大可以使每个人的状况更好。换句话说，只要两个人有不同的机会成本，每个人都可以通过以低于自己生产时的机会成本的价格得到一种物品，而从贸易中获益。"[②]

"要注意的是，同一个人不可能在生产两种物品中都有比较优势。因为一种物品的机会成本是另一种物品的机会成本的倒数，如果一个人一种物品的机会成本较高，那么，他另一种物品的机会成本必然较低。比较优势反映了相对机会成本。除非两个人有相同的机会成本，否则一个人就会在一种物品上有比较优势，而另一个人将在另一种物品上有比较优势。"[③]

因此，"贸易可以使社会上每个人都获益，这是因为它使人们可以专门从事他们具有比较优势的活动"[④]。"比较优势原理说明，每种物品应该由生产这种物品机会成本较少的国家生产。"[⑤]

4. 诺思关于分工、专业化与交易关系的分析

根据专业化和分工的程度，诺思认为，交易费用的产生与分工和专业化程度的提高也是有关系的。根据专业化和分工的程度，诺思把迄今为止人类

---

①、②、③、④、⑤ [美]曼昆：《经济学原理》（上册），梁小民，译，三联书店，北京大学出版社 2001 年版，第 48 页，第 48 页，第 54 页，第 55 页，第 57 页。

社会经历的交易形式分为三种：第一种是简单的、人格化的交易形式。在这种交易形式中，交易是不断重复进行的，卖和买几乎同时发生，每项交易的参加者很少，当事人之间拥有对方的完全信息，因而交易费用 TC 不高。这种个人的交易受市场和区域范围的局限，专业化程度不高，生产费用 PC 高，实际上这就是新古典经济学中的完全竞争状态。第二种是非人格化的交易形式。在这类交易形式中，市场得以扩大，长距离与跨文化交易得到发展，交易费用明显上升。由于交易市场范围的扩大，专业化程度有所提高，生产费用也有了下降。第三种是由第三方实施的非人际交易形式。在这种交易形式中，分工和专业化程度大幅度提高，因而使生产费用下降，但由于交易极其复杂，交易的参加者很多，信息不完全或不对称，欺诈、违约、偷窃等行为不可避免，又会使市场的交易费用增加，交易费用的增加有时会抵消专业化程度提高带来的好处（见图 1.1）。

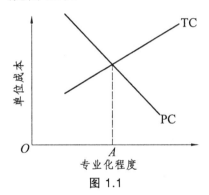

图 1.1

图 1.1 表明，当专业化程度达到 A 点以前，专业化所带来的生产费用的降低高于引起的交易费用的上升，因而专业化程度仍然会提高；而当专业化程度达到 A 点以后，专业化所带来的交易费用的上升已经高于所带来的生产费用的降低，因而专业化程度会受到交易费用上升的阻碍。

亚当·斯密在 1776 年出版的《国民财富的性质和原因的研究》一书中研究了交换引起分工和专业化，从而大大提高劳动生产效率的情况，并在此基础上探讨了分工与市场范围的关系。他的基本观点是：分工受市场范围的限制。斯蒂格勒在其《分工受市场范围的限制》的论文中进一步发挥了他称之为"斯密定理"的观点，其具体含义是：只有当对某一产品或服务的需求随市场范围的扩大增长到一定程度时，专业化的生产者才能出现和存在。随着市场范围的扩大，分工和专业化的程度也不断提高。但是，斯密只是单方面地强调了交换的专业化水平提高对生产成本的节约，却没有权衡与此同时所增加的交易费用。诺斯的分析表明，在历史上，分工与专业化的发展严重地受到交易费用提高的制约。斯密只是看到了分工及专业化与市场范围的关系，而没有发现分工及专业化与交易费用的关系这个更深层次的问题。

5. 斯密定理

分工与交易是经济活动中相互依存、互为条件的两个方面。一方面，分工的发展必定伴随着交易的扩大，另一方面，交易也只有在分工发达时才有可能扩大。如果所有的生产者都生产所需要的全部产品，交易也就不必要了。

亚当·斯密在《国富论》一书中指出"分工受市场范围的限制"，"分工起因于交换能力，分工的程度，因此总要受交换能力大小的限制，换言之，要受市场大小的限制。市场要是过小，那就不能鼓励人们终生专务一业"①。斯密的这种思想——"分工受市场范围的限制"——被后人称为斯密定理。斯密的市场范围主要是地理范围和人口规模，因此在他的论述中，运输业的发展就成了一个决定性因素。

6. 交易的收益与成本

交易生利是经济学家的基本信念之一。交易是分工的协调方式。如果说分工的收益在于它能够利用和创造比较优势，交易的收益就是实现分工的收益。

交易分为两种：通过市场的交易和组织内部的交易。通过市场的交易即通常所谓交换，通常人们总是交换各自具有比较优势的产品或服务。如果交换是自愿的，那么至少在交换发生时，交换双方都认为可以从交换中获得利益。但这并不排除交换过程中的许多不确定性因素。

在组织的内部交易活动中，通过交易、分工所形成的比较优势以及专业化地获取、积累的知识联合起来，产生递增报酬。

分工的收益通过交易得以实现，同样，分工的成本也表现为交易成本。交易成本就是在信息不完全的条件下，借助物品和劳务的让渡实现权利让渡过程中所产生的费用，其中包括谈判、签订、监督执行和维护交易契约的费用。交易成本出自人们的行为特征，有限理性是交易成本分析的基础。按赫伯特·西蒙的说法，经济主体在意图上是理性的，但这是一种有局限的理性。

---

① 亚当·斯密：《国民财富的性质和原因的研究》（上卷），商务印书馆 1972 年版，第 16 页。

由于人类所处环境的约束和自身计算能力上的限制，他们不可能知道全部备选方案，不可能把所有的价值考虑统一到单一的综合性效用函数中去，契约就不可能是完全的。在人类行为动机方面，交易成本分析假定人类有投机取巧的倾向。投机取巧倾向（opportunism）是指人们借助于不正当手段谋求自身利益的行为倾向。由于人的理性能力有限，他不可能对复杂的、不确定的环境一览无余，不可能获得关于现在和将来的全部信息。在这种情况下，投机取巧行为就有了生存空间。为保护自身利益不受损害，需要投入时间、精力和金钱等资源，也就是说，要支付成本。因此，在交易中要防止上当受骗，就要设法取得充分信息。

一般来说，交易的商品技术上越复杂，使用寿命越长，各项成本费用越高昂。构造简单的商品，一望可知其质量、性能，而复杂产品就要经过多方面的测试、研究才能搞清其真实品质。所以，产品、技术、交易越是复杂，弄清楚各方面情况所要求的知识水平、技术条件和分析能力就越高，越超出常识和一般人的能力范围，所需要花费的成本也就越大。

（三）诚实、信任、法律与交易

雅诺什·科尔奈认为，市场运行有赖于买卖双方之间的私人合同。即使以口头或默示的方式缔约，合同也对双方具有约束力。默示的方式是指交易双方默认买卖过程规则的情形。买卖双方除订立合同之外，还应诚实履约。这就是信任的源泉。双方越是诚实，他们之间的信任越深厚，交易的成本就越低。

合同与违约是同在的。测量市场中的诚实的一个好方法就是看违约有多频繁和多严重。虽然没有全面的数据，人们通常认为，与成熟的、历史悠久的市场经济国家相比，向市场经济过渡国家的违约问题更为严重。在一定程度上，违约的频率和密度可以反映市场的信任和诚实状况（这种关系并不是机械的。如果欺诈盛行，人们少有缔约，从而违约也很少；如果司法体系快捷可靠，企业就更有可能与陌生对象缔约，从而违约的数量也上升了）。很可能的情况就是，将商业关系限于企业已从中获得良好经验的熟悉可靠的伙伴范围内。这加强了相互信任，却限制了潜在买卖合同的范围，从而限制了竞争。因此，存在着信任和竞争之间的替代关系：信任越是成为选择标准，竞争就越受限制。在实际的经济活动中，以名字和声誉为基础而不是以对具体合同条款的仔细斟酌为基础，降低了违约概率，却也损失了竞争。局部的信任网络越是强大和有效，外在的市场力量想要进入参与竞争就会越困难。如果行业协会的推荐对会员而言是必不可少的话，这个协会就有可能蜕变为行会或者卡特尔，并且表现出反对竞争的行为。这再一次证明了一个重要的理论命题：信任和竞争此消彼长。

缔约和违约不是由双方孤立进行的，交易准备和执行的环境涉及三种机制：

(1) 立法-司法-官僚机制 (the legal-judicial-bureaucratic mechanism)：通过国家手段确保私人合同的执行。

(2) 道德联盟机制 (the moral-associative mechanism)：依赖于缔约方的诚实和相互信任，诚实行为提高了声誉。缔约双方之间是合作伙伴关系，不存在敌意。

(3) 侵犯性机制 (the aggressive mechanism)：依赖于超出法律范围的直接的暴力行为。

以上三种机制将生成三种关系。

机制 (1) 和机制 (2) 结合将生成"良性互补关系"，两种机制相互加强，企业越是信任法律能够确保私人合同得到执行，就越不需要最终诉诸法律程序。商业活动的参与者懂得，不诚实行为将付出高昂的代价，诚实行为是一项能带来回报的投资。商业伙伴之间越是信任，法律诉讼就越少。这减轻了对司法的压力，加速了法律程序，进而提高了立法-司法-官僚机制的声誉。

第二种关系由机制 (3) 生成，这和机制 (1)、机制 (2) 是对立的。这里变成了"破坏性替代"。如果前两种机制不能正常运转，第三种非法机制就会乘虚而入。商业世界越是依靠机制 (3)，求助于非法途径，法律的威信就越低。商业活动的参与者越是相互担心，他们对对方就越缺乏信心。结果形成一个恶性循环：各种破坏性的过程相互加强，使整个局面每况愈下。

综上所述，我们可以得出一个有关社会行为的重要结论：如果要对商业世界进行整顿的话，仅仅专注于打击犯罪是不够的。打击犯罪固然重要，而且也十分必要，但这只是治标，而治本之策则是强化机制 (1) 和机制 (2) 的作用，这样就缩小了机制 (3) 的活动空间。

社会成员在社会化过程中应使其行为受到诚实规范的潜移默化的教化 (upbringing)。一些早期的法律需要全面修订或被新的取代，同时需要通过许多新法律来规范之前社会不曾有过的行为和关系。一般来说，制度和法律的改革越是向前推进，行政当局运作得就越好；对司法系统的运转评价越高，商业伙伴间的信任就越加强，法治国家 (state of law) 的构建意味着将要完成。

（四）市场经济

1. **市场经济的起源**

（1）从逻辑上看，市场经济是对自然经济的超越。

人类社会最早的经济形态就是自然经济，虽然一直到现在仍然存在自然经济这种形态，但它在人类经济发展的历史中所处的地位是变化的。在原始社会、奴隶社会和封建社会中，自然经济一直是处于统治地位的经济形式（虽偶有商品交换，但只不过是这种经济形式的补充）。当人类社会进入资本主义社会后，市场经济便取代自然经济而处于统治地位，这时的自然经济形式，便处于补充地位，并在社会生产中所占的比重逐步缩小。

（2）从历史上看，市场经济是生产力发展的必然产物。

在人类社会的早期发展阶段，分工是纯粹自然产生的，只存在于男女两性之间（女性从事采摘野果，男性从事狩猎），商品交换现象极少。随着生产力水平的不断提高，产生了社会分工，劳动者也逐步摆脱了人身依附关系，从而产生了商品交换的必然性和必要性，整个社会中便由人与人的关系逐步转变为人与物的关系，推动了人类社会的极大进步。

2. **市场经济的概念**

马克思主义的奠基人既没有使用过"商品经济"，也没有使用过"市场经济"来称之为"商品生产"或"货币经济"的经济形式。这是因为，首先，"商品经济"是一个表达和"货币经济"同样内容的俄语词；其次，马克思主义奠基人之所以没有使用"市场经济"这样的词语，则是因为他们同自己的先驱者——古典经济学家——一样，把分析的重点放在商品关系的质的方面，而没有对货币经济的资源配置机制作细节的研究。

"市场经济"一词，是在19世纪末新古典经济学兴起以后流行起来的。新古典经济学细致地剖析了商品经济的运行机制，说明它如何通过市场机制的运行有效地配置资源，市场被确认为商品经济的枢纽，从此，商品经济也就开始被通称为市场经济。所谓市场经济（market economy）或称市场取向的经济（market-orientated economy），顾名思义，是指在这种经济中，资源的配置是由市场导向的。所以，市场经济一词，从一开始就是从经济的运行方式，即资源配置方式立论的。它实际是货币经济或商品经济从资源配置方式角度而言的另一种说法。这表明，市场经济关系突出的是市场机制对社会资源配置的作用，是从社会资源配置方式的角度界定的一种经济形式。因此，我们可以把市场经济定义为：市场经济是一种以市场机制为基础和主导的配置社会资源的经济运行形态。

具体地说，市场经济的概念有以下含义：① 经济运行的效力，是各类经济活动者对自身物质利益的追求；② 对社会经济运行的调节是自动进行的，作用于经济活动者的信号来自于市场；③ 在市场经济中发挥作用的基本形式是竞争。

3. 市场经济的一般性特征

从市场经济与自然经济和计划经济的比较而言，市场经济的特征主要体现在以下一些方面：

（1）市场经济是由社会分工推动的、通过市场联结、以货币价值交换形式体现的竞争经济；

（2）市场经济是自主的市场主体以追求自身利益为目标的、通过价值规律、体现人与物的关系的平等竞争经济；

（3）市场经济是体现较高生产力水平的、动态、开放的系统经济。

从现代市场经济的角度来看，市场经济应具备的特征主要有以下几个方面：

（1）市场经济应具备自主的市场主体。

广义的市场主体指参与市场活动的一切当事人，包括个人、企业、政府和非营利机构，其中企业是最重要的市场主体。

自由企业制度是自主的市场主体的核心。为了保证企业的独立自主性，企业必须具有以下权益：独立的财产权和自主的决策权。在我国主要是建立适应市场经济要求的现代企业制度。而公司制是国有企业建立现代企业制度的有益探索。

（2）市场经济应具备完备的市场体系。

完备的市场体系应是完整的、统一的、开放的和竞争有序的。具体地说，市场体系应该是由商品市场和劳动力、资本、土地、企业家等要素市场所构成的相互联系的有机整体；市场体系中存在着较为充分的竞争，不断消除垄断行为，用法律来维护正常的市场秩序；市场体系是统一开放的，不仅全国统一，不存在地区分割和壁垒，而且力争做到国内外市场的高度统一和一体化；价格机制能灵敏地反映物品和资源的稀缺状况，不存在人为的管制和扭曲。从这一角度看，市场经济是开放经济和信用经济。

（3）市场经济应具备健全的法律体系。

市场经济活动是靠市场主体之间的契约联系在一起的，为了保证这些契约的公正并得到遵循，就需要有健全的法律体系来保障。其任务是维护自由企业制度和平等的经济关系，规范市场主体和政府的行为，消除不公平竞争。

（4）市场经济应具备间接的宏观调控体系。

市场经济必须有健全、有效的宏观调控体系。这是因为：市场经济不能解决社会目标问题；其事后调节性容易导致经济周期性波动；不能对经济活动的外部影响进行评价和补偿；经济活动中由趋利引起的竞争的无序性；公共物品的提供问题。

建立以间接手段为主的完善的宏观调控体系，必须要转变政府职能，改革政府机构。政府管理经济的职能，主要是制定和执行宏观调控政策，搞好基础设施建设，创造良好的经济发展环境。同时，还要培育市场体系、监督市场运行和维护平等竞争，调节社会分配和组织社会保障等。

（5）市场经济应具备必要的社会保障体系。

建立多层次的社会保障体系，对于深化企业和事业单位改革，保持社会稳定，顺利建立社会主义市场经济体制，具有重大的意义。

4. 市场经济发展的阶段

第一阶段，原始市场经济阶段。

原始市场经济是以手工生产力为基础，以家庭占有生产资料为特征，作为自然经济的补充形式而存在的一种初始市场经济。

在这个阶段，市场经济的特征主要有：生产资料以个体私有制为基础；建立在手工劳动的生产力水平上；经济的自给自足程度极高；经济带有行会性质和封建垄断性质；市场规模极小；分工极为落后；对自然经济仅起到补充的作用。

第二阶段，古典市场经济阶段。

古典市场经济也称为自由市场经济，是以机器生产力为基础，以单个厂商占有生产资料为特征，政府采取不干预立场的市场经济形式。其典型形式是资本主义自由竞争时期的市场经济。

在这个阶段，市场经济的典型特征主要有：生产资料分散在单个厂商手里；以机器生产为主体，生产规模大；以交换为目的的生产占统治地位；产品的商品率较高；资本主义生产方式中自由放任的特征最为突出；市场范围逐步扩大；生产的组织形式和社会分工都有较大发展；价值规律是经济中最主要的经济规律；自然经济虽也存在，但处于补充地位并不断下降。

第三阶段，现代市场经济阶段。

现代市场经济是指建立在现代生产力水平以及现代科学技术的基础上，以生产资料的高度集团化与国有化为特征，采取宏观调控的市场经济。

在这个阶段，市场经济的典型特征主要有：以信息化和高度自动化的生产力为基础；生产社会化程度较高；政府进行宏观调控；市场体系较为完善；技术劳动在价值创造中所占地位逐步增强；具有较高的兼顾公平与效率的文明程度；整个经济产业体系完善，产业结构合理；宏观经济效益和社会经济效益能够得到较好的兼顾；经济的开放程度逐步提高。

第二节　市场经济的供求机制和价格机制

市场经济运行的核心问题是如何把有限的或稀缺的资源配置到最需要的地方，即配置到稀缺程度最大的产品的生产上，从而使资源得到最有效的利用，满足社会生产和消费的需要，而这一任务就是由市场机制来实现的。

市场经济的本质特征，就是市场机制在社会资源配置中起基础性调节作用。市场经济是通过市场机制，利用价格信号，引导社会资源合理配置，促进社会分工深化和生产力发展的经济体制。市场机制包括供求机制、价格机制、竞争机制和风险机制。

一、供求机制

价格机制是市场机制的重要内容之一。社会出现分工与专业化后，必然存在市场交易，从而孕育市场经济，而供给与需求是市场交易的两个侧面，因此，供求关系是市场经济中的基本关系。单个商品或要素的供求关系决定着单个商品或要素的价格，而社会总供求关系又决定着物价总水平，因此，供求机制又被称为价格机制的形成机制。

（一）单个商品或要素的供求机制

1. 供　给

供给是企业、行业和社会为市场所生产或提供的商品总量。经济学上所讲的供给常常不是指个别企业的生产和供给，而是指一个行业即每一种商品的社会总供给量。因为只有整个行业的供给，才会对市场及其价格产生影响。企业作为行业的有机组成部分，其供给只有在对整个行业产生影响的情况下（如垄断企业），才可能对市场及其价格变动产生一定的影响。一般来说，影响供给的因素主要有：生产成本、市场预期、生产技术和管理水平、企业应变能力、资源稀缺程度和价格水平等。

2. 需　求

需求是一种有购买能力的有效需求（willing and able to buy）。一般地说，影响需求的因素主要有：价格水平（包括相关商品的价格水平）、购买者的收入水平、社会的总人口（从一般意义上说，需求应是一定范围内的人口总量与个人收入水平的乘积）、购买者的偏好和价格预期等。

3. 供求机制

所谓供求机制，指的是供给与需求之间所具有的内在联系和动态平衡机制以及市场供给和市场需求的关系变动对市场价格变动和市场竞争变动的影响。具体地说，调节供求关系的方式有两种：一是数量调节，也称供给调节；二是价格调节，也称需求调节。这两种调节机制促使厂商向社会提供适用、适量的各类产品，并使供求关系最终趋于平衡。

（二）社会总需求和社会总供给

1. 社会总需求

市场经济是一种需求约束型经济，一国的生产能力再大，若没有社会需求相配合，这种产能就会被闲置。因此，社会需求的大小，往往决定着一国的实际产量。一般来说，在开放型经济条件下，社会总需求由四部分构成：居民家庭的消费需求；厂商的投资需求；政府部门的购买需求；国外对本国产品和劳务需求的净支付。这四大部门的需求之和便是社会的总需求。影响总需求变动的因素主要是社会的一般物价水平，二者之间成反向的关系。

2. 社会总供给

一般来说，决定供给的因素有两个：一是社会最大的生产能力；二是社会总需求。一国在某一时期的潜在供给量是比较稳定的，而实际供给量则围绕潜在产量波动，它受社会需求的影响。增加潜在产量，提升长期总供给能力的方法有两种：一是增加劳动、资本等要素投入总量，尤其是物质资本和人力资本的积累与投入总量；二是提高要素的生产率，主要是加快技术进步，推进制度创新，加速经济结构调整等途径来实现。其中，前一种方法是粗放型的，而后一种方法是集约型的。

二、价格机制

价格机制是市场机制的核心，市场的导向作用主要是通过价格机制来实现的。价格机制是市场价格变动对竞争和供求关系变动的影响，它包括价格形成机制和价格对生产、消费等经济活动的调节机制两个方面。其中，价格的形成机制与供求关系相联系，供求状况决定价格水平，供求变动引发价格的变动；而价格形成和价格变动作为重要的信号，又可以引导生产和消费，从而调节社会资源的配置，后者是价格机制的主体内容。

（一）供求决定价格的机制

在西方主流经济理论中，没有价值理论，只有价格理论，即供求关系决定商品价格的均衡价格理论。一般情况下，商品需求量与其价格呈反方向变化，商品供给量与其价格呈同方向变化，这就是供求定律（law of supply and demand）。

在市场对资源配置的基础性作用方面，供求定律起着重要的作用，如果违背供求定律，市场就会出现无序的状态。例如，我国在计划经济时期，绝大部分商品价格都是由各级政府相关部门制定的，实行严格的价格限制。这种价格限制的核心内容就是政府定价低于均衡价格水平，这样就使供给被人为压抑，从而导致我国经济在改革开放以前长期而普遍的短缺状态，"有价无市"[①]、供不应求成为经济生活的常态。

---

① 有价无市，一般是指由于人为定价低于市场均衡价格，而导致的市场供给不足的状态。与此相关的另一概念是有市无价，它是指人为定价高于市场均衡价格，而导致的市场需求不足的状态。前者在我国计划经济时期较为普遍，后者则在现代市场经济的无序竞争中较为常见。

（二）价格调节资源配置的机制

我们通常所讲的价格机制，指的是价格作为一种市场信号来调节资源配置的机制。价格机制有广义和狭义之分，狭义的价格机制，是指一般商品和劳务的价格机制，广义的价格机制还包括生产要素如土地、资本、劳动等的价格机制。需要指出一点，并不是所有的价格机制都是市场机制的内容，例如国家或政府对商品或要素的定价，就不是市场机制的内容。特别是在计划经济体制下的商品和劳务的价格形成，我们可以称之为计划价格机制。

1. 商品价格的变动调节资源配置

一般来说，不论市场上供求差额多大，只要价格能够自由变动，价格总会相对稳定在一个市场能够出清的均衡价格水平，并最终使整个社会的资源恰当地配置到社会最需要的产品的生产和消费上。

2. 要素价格的变动调节收入分配

要素价格的变动有三种调节作用：第一，要素价格变动调节收入分配；第二，要素价格变动刺激社会增加稀缺的具有较高生产率的要素的供给，要素价格的高低反映其稀缺程度及边际生产力的大小；第三，要素价格变动促使要素流向能使其发挥最大效能的部门或产业。

三、对价格机制的质疑——交易费用理论

新古典经济学以完全竞争的自由市场经济为背景，在其理论中，价格理论是其理论核心。在它看来，价格机制是如此完美，它将社会结成高效运行的有机体。在这个有机体中，任何混乱都不会出现，价格机制通过市场可以自动、迅速、无成本地将经济的混乱状态调整到应有的秩序。用威廉姆森的话说就是："市场有着非凡的功能，仅靠各种价格就能把一切问题摆平。"[1]用经济学术语来说就是，价格机制能够自动保证各种资源的配置达到帕累托最优状态。这意味着价格机制的运转是无成本的、无摩擦的，对于市场交易者来说，不存在了解市场信息的困难，不存在交易的障碍。也就是说，交易是不存在任何费用的。这个理念在新古典经济学的教科书里存在了相当长的时间。

20 世纪 30 年代科斯的《企业的性质》一文发表，才使局面发生了细微

---

[1] 威廉姆森：《资本主义制度》，商务印书馆 2002 年版，第28-29页。

的变化。科斯的问题是，既然价格机制如此完美，企业内部交易这种方式为什么会存在？既然市场交易不存在费用，人们为什么还要组建企业，以便在企业内部由企业家来配置资源？也就是说，人们在企业和市场之间进行选择，以企业取代市场的根本原因是什么？

在科斯看来，之所以如此，是因为价格机制的运行并非没有成本。他指出："利用价格机制是有成本的。通过价格机制组织生产的最明显的成本就是发现相关价格的工作。随着出卖这类信息的专门人员的出现，这种成本有可能减少，但不可能消除。市场上发生的每一笔交易的谈判和签约的费用也必须考虑在内。"[①]在科斯看来，既然市场交易存在成本，市场价格机制的运转存在代价，企业替代市场一定是因为企业内部的交易在一定限度内可以降低市场的交易成本。企业作为市场的替代物，作为一种不同于市场的交易组织或交易方式，正是企业的本质。企业的产生和存在说明了市场交易费用的存在。反过来，企业不能完全替代市场，而是与市场并存，说明企业内部也是有成本的，降低市场交易的量也是有限度的。再推而广之，其他交易方式或配置资源的方式，也是可以替代的，但也都是有代价的。对不同方式的选择就是依据交易费用的高低。企业规模的限制因素也受交易费用的影响。科斯在 1991 年接受诺贝尔经济学奖的演讲中说："谈判要进行，契约要签订，监督要实行，解决纠纷的安排要设立，等等。这些费用后来被称为交易费用。"[②]

第三节 市场经济的竞争机制和风险机制

一、竞争机制

竞争机制是市场机制的重要内容。从经济学意义上讲，竞争是商品生产者和经营者为取得有利的产销条件，实现利润最大化而进行的市场活动。竞争的本质是争利，竞争的规则是机会均等、优胜劣汰和适者生存。竞争关系的形成需要具备三个要素，即利益独立的市场竞争主体、竞争对象和竞争结果。因此，竞争和竞争机制是市场经济的内在属性和固有规律，是市场实现资源优化配置和利用的重要方式与机制。

---

① 科斯：《企业的性质》，载于《现代制度经济学》(上卷)，北京大学出版社 2003 年版，第 106 页。
② 科斯：《生产的制度结构》，载于《论生产的制度结构》，三联书店 1994 年版，第 356 页。

（一）竞争的方式和内涵

1. 竞争的领域

（1）行业内的竞争。它是生产同类商品的企业为争夺销售份额和有利的价格条件而展开的竞争。在竞争中，商品生产者要不断改进技术，加强经营管理，提高劳动生产率，降低产品成本，提高经济效益，最终达到获取超额利润的目的。这种竞争能刺激企业不断进行技术创新、改善经营管理、提高服务质量，实现生产要素在企业之间的转移和流动，使要素流向生产效率高的企业，从而优化整个行业的组织结构。

（2）行业之间的竞争。它是不同行业为争夺有利的投资场所和超额收益而进行的竞争，这种竞争引导生产要素在行业之间进行转移，使资源流向效率高的行业，从而使产业结构得以调整和优化，并最终使各行业获得平均利润。

2. 竞争的市场主体与竞争的内容

（1）供给者之间的竞争。企业之间为争夺产品销售市场与消费群体，必然会采取各种有利于消费的措施以扩大市场占有份额，这样就会形成对消费者有利的价格条件；要素供给者为争夺要素需求者，也会相应压低要素价格，特别是在要素所有者没有组织的情况下单独寻求要素需求者，由于谈判能力弱，要素的价格更低。也就是说，在商品或要素市场处于买方市场的条件下，对于商品或要素供给者来说，其在市场中的地位是不利的。

（2）需求者之间的竞争。消费者为获取稀缺商品，必然会相应提高所要购买的商品的价格；企业为获取稀缺要素，也必然会提高要素的价格。也就是说，在商品或要素处于卖方市场的条件下，对于商品或要素需求者来说，其在市场中的地位是不利的。

（3）供求之间的竞争。供求双方主要是争夺有利的交易条件，是通过在市场竞争中体现各自价格谈判的能力，最终形成均衡的市场价格。

此外，竞争除现有竞争对手之外，还包括潜在竞争对手、替代品的竞争、客户对供应商的讨价还价能力等因素，因此，竞争是一个较为复杂的结构。

3. 竞争的方式和内涵

在市场中,商品的竞争,概括地说就是价格竞争和品质竞争。"价廉物美",就是这两种竞争的概括。在发达的市场上，在公平的竞争中，同类的商品之间或者可替代的商品之间，品质相同，价廉者胜；价格相同，质优者胜。但是，对不同收入阶层的人群来说，对不同发展水平国家的市场来说，对商品的价格和品质并非总是同等对待的，因此，价格竞争和品质竞争的重要性也有所不同。对于不同收入阶层的人群来说，他们对商品的价格和商品的品质何者更重要的评价是不同的，甚至是截然相反的。一般地说，低收入的人群，首先要解决基本生活需要，自然首先考虑的是商品的价格，在价格低廉的基础上才考虑商品的品质。高收入者则不同，他们虽然也考虑商品的价格，但他们对许多商品首先考虑的是其品质。

在不同发展水平的国家的市场上，商品的价格竞争与品质竞争之间的差异更明显。一般地说，发达国家的市场需求，更多地注重商品的品质，而发展中国家的市场需求，则更多地注重商品的价格，即在发达国家的市场上，品质好的商品有竞争力，而在发展中国家的市场上，价格低的商品有竞争力。

随着经济的发展与社会的进步，人们对商品品质的要求也在发生变化。一般表现为在注重商品价格的前提下，更多地关注商品的品质。对于供应者来说，应逐步从价格竞争转向品质竞争，以适应人们收入水平提高而带来的需求结构与需求水平的变化。

具体地说，竞争的方式和内涵主要有以下三个方面：

（1）同质竞争，也称价格竞争或成本竞争。即在商品品质相同的条件下，竞争的主要形式和内容是商品的价格或成本。

（2）异质竞争，也称非价格竞争。即由于商品品质不同而产生的竞争，这类竞争包括：技术竞争、质量竞争、服务竞争和品牌竞争等。由于需求方关注的是产品的性能价格比，也就是说，在需求者看来，对商品产生需求受到商品品质与价格两个因素的影响。一般来说，提高产品性能价格比的方法有两种：一是在性能不变的前提下降低价格以增强竞争能力；二是在价格不变的前提下提高性能以增强竞争能力。如果说前者是同质竞争，即价格竞争，则后者就是异质竞争，即非价格竞争。随着社会经济的发展和人们收入水平的逐步提高，商品品质或性能越来越成为人们需求的主导因素。

（3）并购竞争。企业的并购重组是竞争的最高形式。通过这种竞争方式直接导致企业的优胜劣汰，促使资源流向效率高的企业，从而提高资源在整个社会配置中的效率。

（二）市场竞争结构

竞争的结果往往导致垄断，而垄断并没有消除竞争，一定程度和一定方式的垄断能提高行业的一体化程度和经济绩效。一个行业中竞争与垄断的关系被定义为市场结构，市场结构决定了企业的市场行为，市场行为最终决定行业的经济绩效。根据行业内部竞争与垄断的关系，将市场竞争分为完全竞争和不完全竞争。一般来说，完全竞争的市场在现实经济活动中是很少见的，因为现实的经济中不具备完全竞争所要求的条件。所以在经济活动中，更多地竞争形式是垄断竞争即不完全竞争。因此，不完全竞争是市场经济的常态。所谓不完全竞争，指的是有垄断行为的竞争。具体地说又有两类不同的情况，一类是市场经济不发达和市场机制不完善下的不完全竞争，如市场分割、行政审批、缺乏规范等；另一类是市场经济充分发育和完善下的不完全竞争，这类不完全竞争是与垄断相联系的，竞争导致的优胜劣汰会使生产适度集中，有其客观必然性，也有助于整合产业的内部资源，优化产业内的企业结构，有利于整个行业的经济绩效和国际竞争力的提高。

（三）市场规则

1. 市场进出规则

市场进出规则是指市场主体和市场客体进入或退出市场的法律规范和行为准则。对市场主体的行为规范主要包括：明确规范市场主体进入市场的资格；规范市场主体的经营项目、经营范围和规模；规范市场主体的责任和义务；规范市场主体退出市场的行为。对市场客体的规定主要包括：商品质量标准的制定；商品的效用要符合社会利益的要求；商品的价格、计量和包装要符合要求。

2. 市场竞争规则

市场竞争规则是指国家依法确立各市场主体之间平等交换、公平竞争的规则。如禁止不正当竞争、禁止垄断市场、禁止假冒商标、禁止行贿受贿等。市场竞争规则的根本任务和目标在于消除各种特权与市场垄断，为所有的市场主体进行公平竞争提供一个平等的环境，保证市场竞争机制充分发挥作用。市场竞争规则主要包括以下内容：各市场主体在市场上应享有均等的机会；各市场主体税负公平；各市场主体均等地进出市场；各市场主体通过供求形成价格。

3. 市场交易规则

市场交易规则是指市场交易活动必须遵守的行为规范与准则。其基本职能是规范市场交易方式与市场交易行为。主要包括：① 交易方式规范化，主要包括交易公开化、货币化、信用票据化和交易规则化；② 交易行为规范化，禁止强买强卖、囤积居奇、哄抬物价等非法行为；③ 交易价格合理化，其核心是防止无根据定价、牟取暴利等不合理价格的交易行为。

（四）市场竞争的有效性

一般来说，有效的市场竞争应具有以下特点：

（1）竞争公平。指法律、法规和政府有关政策平等对待不同市场主体，在市场准入、生产要素获取、享受法律保护和政策支持等方面，为各类企业创造平等的市场竞争环境。公平竞争即竞争机会的平等。在承认竞争起点可能不平等的前提下，应当保证参与者的权利、竞争规则的公正、竞争过程的透明、竞争结果的有效。

（2）竞争相对充分。消除阻碍企业进入和退出市场的各种行政性和经济性障碍，保证竞争相对充分。行政性障碍是由于行政权力造成的市场垄断，如行业垄断和地方保护主义等，经济性障碍是企业规模过大等。

（3）竞争有序。有效地规范竞争秩序是市场经济内在的要求。应充分让市场机制在经济活动中发挥应有的作用，没有市场之外的势力干预市场经济的正常运行，也没有人为因素破坏市场机制作用的发挥。

二、风险机制

风险是指某一行动的结果有多种可能而不能肯定。市场活动的风险大多产生于环境和未来的不确定性。

风险听起来像一种可怕的负担，是人类追求所渴望的所有美好事物的一个障碍。但是，乐观地看，风险对于人类是一个不同寻常的利益，是使我们从必然性中解脱出来的生活中的一部分。如果未来真的是可确知的，那么我们怎么能找到机会去选择、去分析以及开发我们区别于动物的人类能力呢？正因为未来的不可知性才推动我们利用智能和所有一切可能获得的信息来感知不确知的世界。此外，理解风险可能性并自我保护，使得我们更愿意参与到风险活动中去，没有风险活动，经济增长和发展就没有任何可能。

市场经济充满了竞争，有竞争就会有风险。在市场经济的运行中存在着种种不确定性，这使市场活动各方面的参与者面临种种风险，于是发展出相应的规避风险的办法和工具。但是这些规避风险的办法和工具本身也会产生风险，于是又发展出规避其风险的办法和工具。市场经济在发展，市场的风险也在变化，从而规避风险的办法和工具也在发展和变化。由于失业、生老病死等风险，于是发展出防止和抵御这些风险的办法和工具，如社会保险和商业保险，但这些保险本身也有风险，于是发展出再保险公司对商业保险进行再保险。又如，期货市场就是为了规避未来价格变化而导致买方或卖方的亏损的风险，但在期货投机的"零和游戏"中，期货交易一方获利很大，另一方亏损也很大，使期货市场本身又成为风险很大的市场。

（一）风险的分类

1. 经营风险和财务风险

按照形成的原因，企业风险可分为经营风险和财务风险。所谓经营风险，指因生产经营方面的原因给企业赢利带来的不确定性。所谓财务风险，指因举债而给企业财务链带来的不确定性，主要在于企业税前资金利润率与利息率的比较。

2. 非系统性风险和系统性风险

从风险是否可以分散来看，分为非系统性风险和系统性风险。所谓非系统性风险，也称公司风险，是指可以通过投资组合的多样化来分散的风险。所谓系统性风险（systematic risk），是指总体经济状况所引起的收益变动性。这种风险也称市场风险，是指由于某些不可抗拒的因素，给所有企业都带来损失的可能性，它无法通过多样化投资组合来分散。

（二）风险管理

对风险的规避和管理主要有以下几种方法：

（1）风险回避，指放弃整个投资计划或其中的一些项目以从根本上消除风险可能造成的损失；

（2）风险控制，指对已经发生的风险，通过采取一定的风险控制措施以降低风险可能造成的损失程度，如缩小投资规模等；

（3）风险隔离，指将某一可能的风险因素在时间上和空间上隔离起来，如对风险较大的项目成立独立的企业，以减少这一风险可能造成的损失对整个企业的影响程度；

（4）风险组合，即通过增加风险单位的数量，实行一定的风险组合以分散风险；

（5）风险固定，即对无法避免的风险，运用金融工具将可能发生的汇率、价格等风险因素锁定下来。

（三）风险机制的功能及其作用条件

1. 风险机制的功能

风险机制的功能主要有以下几个方面：① 给企业提供压力；② 高风险能够带来高收益，激励企业创新；③ 风险机制是企业竞争力的优胜劣汰的最终实现机制。

2. 风险机制的作用条件

（1）企业具有独立的法人主体资格。

（2）实行严格的企业破产制度。在市场经济中经常发生破产（包括法人破产和自然人破产），这主要是市场竞争的结果。除此之外，也有非市场竞争的原因，其中包括一些人力不可抗拒的原因引起的破产（如火灾和疾病等）。我们主要讨论市场竞争引起的企业法人破产问题。所谓破产，是指企业由于不能偿还到期债务，而最终受到破产清算。在市场经济中，企业都会发生各种债权债务关系。因此，企业欠债是正常的现象。而如果企业的债务到期不能归还，企业的债权人或债务人可以向法院提出破产申请。如果由于债权人提出破产的申请，使债务人不再继续亏损下去或改善经营管理，使债权人在债务人中的债权不再继续受到亏损，这对债权人来说是好的或有利的。从社会的角度看，也避免了社会资源的损失。对债务人企业来说，如果提出破产申请后，可以得到债权人的和解或者企业得到重组，并在债权人或其他方面的帮助下解决不能偿还到期债务的问题或者扭转亏损，则对债务人来说也是好的。如果和解与重组未收到预期效果，企业最终受到破产清算，终止存在，那么及时提出破产申请则是一种对企业剩余资产的一种保护，使其不至于由于继续亏损而使企业的资产蚀光。因此，企业破产是对投资和经营失误的最后挽救机制，可以避免资源浪费和低效率使用的无限延续。

总的来说，从社会的角度看，企业破产有三点好处：① 通过破产，市场把那些无力竞争或者在竞争中遭到失败的企业淘汰了，虽然社会会受到一些损失，但剩下的企业大多比遭受破产淘汰的企业更具有竞争力，因此，也会使整个社会更具活力；② 破产的威胁会迫使企业努力地生产和经营，这对社会自然也是有好处的；③ 伴随企业破产，能够推动经济结构的调整、产业结构的调整、企业结构的调整、产品结构的调整、技术结构的调整等，这种种调整促使技术的进步、企业的进步、产品和产业结构升级，总之使资源的配置更加合理。所以，不能以有没有破产来衡量一个社会的优越性。

　　（3）完善的商业保险体系和社会保障制度。市场经济是资源配置效率最高的经济体制，但在人们追逐经济利益的同时，会面临各种各样不同的风险。在这种情况下，怎样才能避免或减少风险给人们的经济活动带来的不确定性就是市场经济发展中迫切需要解决的一个问题。这就要求在市场经济体制下有相应的制度安排以科学地规避经济活动中的风险。因而，商业保险体系和社会保障制度就成为市场机制发挥作用的内在要求，因为商业保险体系和社会保障制度能够从不同程度上化解经济活动中的风险。

第二章　计划经济的理论与体制

任何制度的产生都有一定的实践背景和理论背景，经济体制也是一样。计划经济作为一种资源配置方式，其产生有其客观必然性，有其内在的逻辑性，有其必要的组成部分，完全否认社会主义国家建立初期实行计划经济的必要性及计划经济的历史作用是错误的。我们应该从客观实际出发，应结合当时的历史条件去评价一种经济体制的优劣，而不能脱离历史条件来评价一种体制的好坏。在实行市场经济体制的今天，全面正确地了解计划经济体制产生的背景、形成原因、组成部分等仍有重要的理论与实践意义。

第一节　计划经济体制的形成

一、经济体制模式的决定因素

经济体制是一定的所有制和产权结构与一定的资源配置方式的统一，其主要任务是如何组织社会的生产、分配、交换和消费，如何划分经济管理中各经济利益主体的权限和责任以及相关组织机构的设置等。经济体制是社会基本经济制度的具体形式，某种经济制度一旦确立，便具有相对稳定性，但其现实的具体形式和运行机制即经济体制的类型，却是随着具体国情的不同而有所变化的。因为经济制度反映的是某种特定社会形态最基本、最本质的经济关系，不同的经济制度具有不同的生产资料所有制形式和分配制度，如果这些制度的本质规定性发生了变化，一种经济制度就会被另一种经济制度所取代。而经济体制则是较为灵活的，随着社会生产力状况和社会经济条件的变化而发生相应的变化，以与社会的基本经济制度相适应，换句话说，就是经济体制的变化并不必然要求社会的经济制度发生变化。

决定一个国家经济体制的类型，最根本的因素是一个国家的产权结构，即产权在各经济主体之间的界定方式。不同的产权结构决定着不同的经济体制，而经济体制中诸如决策结构、信息结构、动力结构等其他一些内容都是由产权结构所派生和决定的。

（1）由于资源的稀缺性和同一资源用途的多样性，人们必须对各种资源的使用在不同的条件下作出选择，以期最大限度地满足人们的需要，而决策的有效实施则依赖于决策者对财产所拥有的权利，拥有财产权的大小决定着决策权的大小。因此，决策总是与拥有的财产权相关的。

（2）有决策就必然要有信息的输入和输出，有什么样的决策就需要有什么类型的信息路径。也就是说，不同的决策结构会产生不同的信息传输方式。在集中决策的情况下，经济运行依赖上下级之间的命令即服从关系，与此相适应，信息也以垂直的方式在决策者和决策执行者之间纵向地传递。在分散决策的情况下，信息不仅在各个决策系统的内部传递，而且在不同决策者之间横向传递。这种横向的信息传递对不同的决策或决策系统而言，构成外来的信息，从而形成一个开放的信息系统。由此可见，经济体制的信息机制取决于决策机制，并最终受制于产权结构。

（3）激励机制与产权结构有密切的关系。激励有两种方式：一是自我激励，是行为人为达到自身的目标而产生的内在动力；二是外部激励，是委托人为使代理者去完成自己的目标或使代理者的行为符合委托人的利益而设置的一种机制。在集中决策的情况下，采用的主要是外部激励方式，即作为所有者的委托人对作为生产者的代理者的激励；而对分散决策来说，则主要依靠的是自我激励。因此，激励方式也与决策结构相对应，并最终取决于产权结构。

尽管产权结构是经济体制的最终决定因素，但并不排除其他因素对经济体制的决定作用，如生产力发展水平、政治法律制度、社会文化因素等。由此可知，所有制对经济体制并不是唯一的决定因素，同一所有制下可以采用不同的经济体制，同一经济体制也可以是不同的所有制结构。这就发展或突破了以前对所有制与经济体制单一的对应关系，既符合经济发展实际，又创新了经济发展理论。

二、马克思主义经典作家关于计划与市场的基本思想

1. 马克思和恩格斯的基本思想

在马克思和恩格斯的著作中，关于资源配置、计划与市场问题的基本思想大体包括：

（1）任何社会生产形式下都必须按照一定的比例分配社会劳动，但不同的社会形式下配置社会劳动的方式是不同的。在这里，资源可以还原为物化

劳动和活劳动。社会生产形式即自然经济、商品经济、产品经济，其表现形式就是资源配置方式。

（2）在商品经济比较发达的社会生产形式下，实现社会资源合理有效配置的方式是通过价值规律的自发作用，即价格机制的调节来进行的。

（3）社会主义社会是生产社会化程度很高，实行单一社会所有制的形式。在这里，商品货币关系不复存在，价值规律也失去了作用，即进入产品经济时代，这时资源的合理有效配置，由计划进行调节。

马克思主义创始人在剖析资本主义发生、发展和灭亡规律的过程中，曾经预计和设想在未来的共产主义社会（包括社会主义社会）中，由于生产资料归全社会所有，生产的高度计划性取代了无政府状态，商品生产和商品交换将不复存在。正如马克思在著名的《哥达纲领批判》一文中所写的："在一个集体的，以共同占有生产资料为基础的社会里，生产者并不交换自己的产品，耗费在产品生产上的劳动，也不表现为这些产品的价值，不表现为它们所具有的某种物的属性，因为这时和资本主义社会相反，个人的劳动不再经过迂回曲折的道路，而是直接地作为总劳动的构成部分存在着。"[1]

2. 列宁的基本思想

列宁继承了马克思、恩格斯的以下基本设想：社会主义生产的公有化应该在共产主义生产方式的低级阶段就充分抑制商品生产和价值规律，实行计划经济。但因面临的历史条件不同，列宁认为个人劳动并不能立即转化为社会劳动，因此在一定的历史阶段和一定的范围内仍然存在着商品货币关系。

（1）列宁早期对计划与市场关系的认识。

十月革命后，列宁明确把取消商品货币和市场机制、建立计划经济当做建立社会主义制度的基本任务，并主张通过建立消费合作社、实行普遍的义务制和对生产分配的无所不包的统计与监督来向社会主义过渡。这种认识与战时的环境相结合，产生了高度集中和实物化的、完全排斥商品货币关系和市场的军事共产主义模式。

（2）新经济政策时期列宁对计划与市场关系的进一步论述。

从1921年外国武装干涉和国内战争结束，进入经济恢复初期，列宁对商品经济问题的认识有了变化和发展，主张以新经济政策代替战时共产主义制

---

[1] 《马克思恩格斯全集》（第19卷），人民出版社1963年版，第20页。

度，而新经济政策的中心环节就是恢复和振兴商品流转。如此强调商品经济的作用并且着手采取种种措施来恢复和发展商品经济，这是列宁对社会主义理论与实践的巨大贡献。

列宁在党的第十次代表大会上论证了由军事共产主义过渡到新经济政策的客观必然性，认为实际经济情况、发展生产的需要以及克服资本主义和建设崭新的社会主义的制度等几方面因素相综合，要求在保持国民经济计划性的前提下，利用商品货币关系和价值规律。列宁在对商品经济的认识上，赞同马克思、恩格斯的观点即社会主义社会要消灭商品货币关系，实行产品交换。并且随着经济条件的变化，他的这一认识也得到了发展。列宁是马克思主义经典作家中使用"计划经济"和"市场经济"概念的第一人，并且明确把这两个概念同社会根本制度联系起来，指出市场经济姓"资"，计划经济姓"社"。

3. 斯大林的基本思想

斯大林的《苏联社会主义经济问题》一书，在社会主义商品经济理论与实践的发展史上有着特殊作用。斯大林在这本书中，一方面肯定了在社会主义制度下商品生产的地位和价值规律的作用。他指出："不能把商品生产和资本主义混为一谈。这是两种不同的东西。"商品生产和货币经济可以"一起共同为发展和巩固社会主义生产的事业服务"。这些论断无论在当时还是今天都是正确的。但是，另一方面斯大林在该书中又有一些错误的观点，在有关商品生产和价值规律问题上主要表现在以下两点：① 社会主义制度下，生产资料"失去商品的属性，不再是商品"，"仅仅保持着商品的外壳"；② 价值规律在社会主义制度下，只在流通领域"在一定的范围内保持着调节者的作用"，在生产领域"没有调节的意义"，只是"影响生产"。斯大林的这些错误观点同他的正确之处一样，从 20 世纪 50 年代初期以来，长时期内对社会主义各国的理论和实践发生着极其深刻的影响，特别是对传统的经济体制的形成和发展起到了重大的作用。

在斯大林的著作中，进一步使计划经济姓"社"，市场经济姓"资"的观点理论化。在《苏联社会主义经济问题》一书中，他第一次提出只有在社会主义制度下存在着"国民经济有计划按比例发展规律"，把计划经济上升为社会主义社会的特有的经济规律。在他主持编写的《苏联政治经济学教科书》中，计划经济是作为社会主义的基本经济制度提出的。斯大林不仅在理论上强化了计划经济姓"社"，市场经济姓"资"的观点，而且在苏联的社会主建设中，坚定不移地实行高度集中的计划经济，在全世界树立起社会主义是同计划经济联结在一起的样板。

三、马克思、恩格斯关于计划经济思想的理论逻辑

计划经济，即计划产品经济的简称，是以政府为主体，从社会共同利益和偏好出发，按照预先统一计划，对社会经济运行进行自觉控制和有意识的调节。计划经济的基本内涵是按比例分配社会劳动，有计划地发展社会经济，直接地分配社会产品。

计划经济的根本特征是政府对经济微观的计划管理。计划管理包括宏观计划管理和微观计划管理两个方面。宏观计划管理是一切社会化大生产共有的现象，也是现代市场经济所必需的，而微观的计划管理是计划经济独有的特征，它与宏观计划管理的一个重要差别就是，微观计划管理一般采取分解指标，层层下达到微观单位的形式。

把计划经济当做社会主义制度的本质特征是传统的政治经济学和国民经济管理理论的一个基本原理和观点。根据马克思和恩格斯的经济学思想，计划经济的理论逻辑是：一方面，社会主义是社会化大生产。在社会化大生产条件下，社会分工细密、企业间的依赖性强，从而使整个国民经济的各部门、各地区和各企业联结成了一个有机的整体，并要求国民经济各企业和各部门之间在生产中保持一定的比例关系，这就使计划经济有了其存在的必要性。另一方面，社会主义是公有制经济，促成了人们利益关系的一致性。社会主义生产的唯一目的是为了满足人们日益增长的物质文化生活需要，在社会主义公有制条件下，国家可以根据人们日益增长的物质文化生活需要对社会经济运行进行直接有计划的调节，使计划经济有了可能性。

马克思主义认为，资本主义社会虽然也是社会化大生产，有实行计划经济的必要性，但由于资本主义是以生产资料私有制为主体，不具备实行计划经济的可能性，因此使得资本主义整个社会生产处于无序竞争和社会生产的无政府状态。

按照马克思主义的设想，由于社会主义可以实行计划经济，全社会可以由一个"权威中心"来统一配置生产资料与生活资料的使用，来协调积累与消费的比例，资源配置不会出现扭曲，激励也是相容的。因而，从宏观上看，

社会主义不会出现资本主义社会所频繁出现的经济危机；从微观上看，社会主义也不会出现一般理论所称的团队生产中的"机会主义行为"，整个社会经济是高效率均衡运转的。

四、计划与市场关系的传统认识及发展

长期以来，关于计划与市场关系的传统观点在社会主义世界之所以产生并占统治地位，有着其客观的基础。

（1）这种观点符合马克思主义经典作家对商品经济发展规律的认识，以及对计划与市场关系的设想。马克思和恩格斯都设想社会主义社会已经不存在商品经济，整个社会的生产、分配、交换和消费都由一个统一的计划进行调节。由于马克思、恩格斯认为社会主义已不存在商品货币关系，换言之，马克思、恩格斯是否认社会主义经济是市场经济的。列宁是第一个使用市场经济概念的经典作家，而且也是第一个明确把市场经济与计划经济作为体现社会根本制度的范畴相对立的。他认为，只要存在交换，就谈不上社会主义。斯大林是领导苏联进行几十年社会主义建设的经典作家，由于历史原因，斯大林对国际社会主义运动的影响是很大的，他在总结苏联社会主义建设经验时，明确提出社会主义条件下生产资料不是商品，价值规律在生产领域中不起作用，只在流通领域起一定作用，并第一次提出社会主义社会存在着国民经济有计划发展的规律，这一规律是作为资本主义制度下竞争和生产无政府状态的规律的对立物而产生的。马克思主义经典作家的这些理论观点，自然成为社会主义国家的指导思想。

（2）从历史实践上看，市场经济萌芽于封建社会，完全确立于资本主义社会。而自社会主义制度出现开始，长期实行的是排斥市场的计划经济，在这种历史条件下，认为市场经济等同于资本主义，计划经济等同于社会主义，确实也是反映了当时资本主义经济与社会主义经济运行的客观现实。

（3）在理论界中，不仅马克思主义的经济学家大多数持传统观点，而且资产阶级的经济学家也是把市场经济同资本主义经济制度联结在一起的，把市场经济等同于资本主义。

有关研究资料证明，从新中国成立初期到 20 世纪 50 年代末，我国与发达的市场经济国家的差距并没有拉大，而且还在一定程度上缩小了。中国与发达的市场经济国家差距真正拉大是在 20 世纪 60 年代初到 70 年代末这二十

年左右的时间。因此，有些经济学家认为，新中国成立后实行计划经济是正确的，中国的错误在于向市场经济转化晚了。据以上分析和资本主义国家经济发展的历史，许多经济学家得出了如下结论：社会主义的早期可以只有计划，没有市场；资本主义的早期可以只有市场，没有计划。把计划和市场对立起来的观点大体上符合早期的资本主义经济和早期的社会主义经济的实际情况。随着资本主义发展，只靠市场不行了，资本主义国家在市场的基础上加进了计划；随着社会主义的发展，只靠计划不行了，社会主义国家在计划的基础上加进了市场。从而，无论是社会主义经济，还是资本主义经济，发展到一定阶段，都得既依靠"看不见的手"——市场，又依靠"看得见的手"——政府的计划和宏观调控。把市场经济等同于资本主义，把计划经济等同于社会主义的认识越来越不能反映不断发展变化的实际情况。

以上分析说明，如果用历史的眼光看问题的话，从一定意义上说，我国在新中国成立初期在一定程度上具备实行计划经济的条件，而随着经济的发展，计划经济变得不再具有可行性，我们不能因为今天从计划经济向市场经济转轨具有客观必然性，而从根本上否定我国当时实行计划经济的合理性。如果要总结经验教训的话，应该说，新中国成立后建立计划经济体制是正确的，而不足在于我国由计划经济向市场经济转轨的时间迟了一些。

五、计划经济体制的产生

（一）发展计划的重要性

早期发展经济学家从以下两个方面论证了计划的必要性。

（1）在发展中国家，劳动力资源是较为丰富的，因此，物质资本的不足是制约其经济发展的主要因素。著名的哈罗德-多马模型的一个重要结论就是：资本的不断积累是经济持续增长的决定因素。为此，发展中国家应当努力增加投资，加快资本的形成。政府应当承担资源调动的责任，比如从农业部门中抽取剩余，以增加国内的储蓄，从而加速资本的积累。

（2）发展中国家的市场制度很不发达。持这种观点的经济学家认为，发展中国家的市场无论在结构上还是在功能上都是不完全的，产品和生产要素市场缺少良好的组织，市场信息既不灵敏又不准确，不能及时而正确地反映产品、服务和资源的真实成本，从而引起在各种投资项目上社会评估与私人评估的差异。如果政府不干预，不对国民经济实行计划管理，就会使现有的和未来的资源得不到有效的配置，也就不能实现社会长期的最大利益。

事实上，早期发展经济学家强调国家干预，强调计划化，也是强调资本积累和强调工业化逻辑上的必然推论，因为加速资本积累与调节工业布局和进程，不能寄希望于私人部门的自发活动，而要依赖国家和公共部门的干预、调节和计划安排。简单地说，一个经济计划就是在一定时期内要实现的一组特殊的经济数量指标。计划的过程可以被描述为这样一种操作程序，政府首先选择社会和经济发展的目标，然后确定各种子目标，最后组织一套机构以执行、协调和监督发展计划。

（二）计划经济体制形成的指导思想

1. 产品计划经济思想

建立在公有制基础上的社会主义经济必须而且也能够实行计划经济。马克思、恩格斯所设想的未来社会是一个不存在商品货币关系的社会。在这种产品经济思想的指导下，加上苏维埃政权建立初期面临的战争环境，便形成了高度集中的供给制的"军事共产主义模式"。这种模式虽然对保证战争的胜利起过积极的作用，但同时也阻碍了经济的发展。正是由于对待商品货币关系的这种不正确的态度，不仅促使苏联的计划体制形成了一种高度集中、排斥市场机制的计划管理模式，而且也给后来走上社会主义道路国家的计划体制打上了深深的烙印：在计划决策结构上，由于把社会主义经济看成是一个"劳动平等、报酬平等的工厂"，从而过分强调社会中心——国家的决策，而忽视基本生产单位——企业的决策；在计划调节结构上，否认价值规律的调节作用，排斥市场机制；在计划组织结构上，封闭的、分割的行政隶属关系代替了开放的网络式经济组织。

2. 计划经济等同于指令性计划的思想

与否认社会主义经济的商品性和排斥价值规律的调节作用的理论相联系，传统的经济理论把计划经济与指令性计划往往等同起来，把有无指令性计划以及指令性计划的多少视为是否是实行计划经济以及计划性程度高低的标准。由于把社会主义经济看成是一种排斥市场机制的计划经济，同时又把计划经济等同于指令性计划，再加上计划要无所不包等思想起作用，结果便形成了以国家机关推行的强制性计划为主的经济调节体制。由计划机关提出必须执行的生产任务，并决定产品的分配和调拨。这里没有市场调节，也不存在市场机制。社会主义经济的内在运动、社会主义再生产的实现机制，被一种高度集中的行政指挥所代替。

3. 原有的供给制思想与自然经济观念

我国的社会主义革命是在新民主主义革命的基础上进行的。在长期的武装斗争中，革命根据地和解放区的财政经济工作，对于保证革命战争的胜利起过重要作用，但也给新中国成立后形成的计划体制打上了很多供给制的烙印。特别是我国的社会主义经济不是脱胎于发达的资本主义母体，而是诞生于贫瘠落后的半封建半殖民地社会。社会主义革命虽然加速了社会主义中国的建立，但根深蒂固的自然经济观念却并没有伴随生产资料所有制的改变而立即消失。这种自然经济意识本身就有一种强烈地轻视商品经济、排斥市场机制的倾向。这种自然经济意识的影响和战争年代供给制的分配制度，也是构成传统计划体制的重要因素，如经济组织对行政组织的依附性、超经济强制、经济生活的自给性、利益分配的平均性等。这种由内部遗传下来的自然经济意识和从国外"引进"的产品计划经济理论交织在一起，便形成了我国近三十年的传统僵化的计划体制。

（三）计划经济体制产生的原因

计划经济体制最早是在苏联开始实行的。这种体制的最明显特征是社会资源配置的决策权，社会经济运行的调节权，社会的生产、分配、交换、消费各个环节的协调权，都集中在中央权力机构，中央权力机构通过制定统一的国民经济计划来实现这些权力。当时苏联选择这种经济体制的原因是：① 俄国十月社会主义革命胜利后，新建立的苏维埃政权成为世界上唯一的社会主义国家，面对帝国主义列强的孤立和封锁，国内各种反革命势力的猖狂反扑，苏联要生存、巩固和发展，必须自力更生，尽快发展自己的工业。当时苏联又是一个工业基础比较薄弱的国家，这就迫使苏联选择一条优先发展重工业的工业化道路。为此，必须把有限的人力、物力、财力集中起来，用于发展重工业，这就只能通过集中的计划经济体制来实现。② 在一个经济比较落后的大国实行社会主义，为保证劳动人民的必要生活水平和劳动权利，也只能通过国家有计划地组织社会生产和生活，有计划地安排劳动力的使用。③ 当时苏联党和国家领导核心的理论观点，基本上是否认社会主义经济仍然是商品经济的。列宁虽然有利用商品货币关系发展社会主义商品经济的想法，却因为过早地逝世而没有实施自己的想法。斯大林在理论上不承认社会主义条件下生产资料是商品，不承认全民所有制经济内部存在商品货币关系。在这些占统治地位的理论指导下，当时的苏联只能实行集中型的计划经济。

计划经济体制，是社会再生产的各种活动以国家计划或行政手段为基本联结方式的经济体制。计划管理体制是国家对国民经济和社会发展进行计划管理的一系列制度，包括法律制度、职能规定、组织形式等的总称。在社会主义实践过程中，20 世纪 30 年代形成了斯大林的计划经济体制模式。这种体制模式忽略了列宁有关东方落后国家如何建设社会主义的重要思想，教条主义地对待马克思、恩格斯关于未来共产主义社会基本特征的设想，开始了在经济领域进行旨在消灭私有制、建立纯而又纯的公有制和高度集中的计划经济体制的努力。

在计划经济体制下，国家不仅垄断了全部的社会资源，而且通过指令性计划，以行政手段直接介入资源的动员与配置，从事资源的直接管理与经营，社会经济活动中只有国家一个主体，任何带有独立倾向的社会力量不是被排挤，就是被吸纳。本来为避免资本主义生产盲目性强大的计划经济体制却僵化为束缚社会生产力发展的锁链。

高度集中的计划经济体制是在计划经济理论或观念指导下建立起来的。这种理论和观念是为计划经济体制服务的，它从最初的一种简单的设想发展为整套的理论，并在长期的计划经济实践中进一步演变成维护计划经济体制的一种重要意识形态。计划经济理论的基本内容包括两方面：一是认为按比例分配社会劳动是支配社会主义生产的主要规律，而组织社会劳动按比例分配的手段就是计划调节，这一点后来就演变为所谓有计划按比例发展的经济规律。二是对资本主义私有制经济的否定，认为资本主义私有制产生了商品货币关系和市场调节，才有了社会生产的无政府状态和周期性经济危机等弊病，因而在消灭资本主义私有制和雇佣劳动关系之后，社会主义生产有必要实行计划调节，由国家对全社会的生产资源进行统一分配和调拨。

在实践中，社会主义国家在建立之初实行的赶超型经济发展战略和苏联体制在短期内取得明显成效的示范作用，则促成了计划经济体制的最终形成，并在以后的经济实践中得到进一步巩固和完善。因此，社会主义计划经济体制的产生，还有其深厚的现实基础。

（1）实行计划体制模式是实现赶超型经济发展战略的需要。社会主义公有制一般是在落后的经济基础上建立起来的，在这种情况下通过计划经济模式，运用指令性计划和直接的行政调节，由国家直接控制积累和消费的比例，并通过非均衡的价格结构获取实现工业化所必需的资金，可以在短期内建立起比较完整的工业体系和国民经济体系，从而有助于实现赶超型的经济发展战略目标。如果单纯地依靠市场的自发调节，虽然也能逐步实现工业化，却需要一个较长的过程。

（2）苏联体制的示范作用。社会主义建设是一个全新的实践，对于每一个走上社会主义发展道路的国家来说，没有现成的经验可以借鉴。苏联是世界上第一个社会主义国家，它所建立的计划经济体制便成了其他后来的社会主义国家学习和借鉴的唯一先例。再加上这种计划经济体制在短时期内取得了明显的成效，而在其长期效果又无法看清的情况下，对其他国家自然就会产生很强的示范效应。

（3）生产资料私有制被打破，公有制刚刚建立，劳动者的利益关系还没有明晰化，劳动者之间的私人利益暂时被共同利益所取代，企业也不具有独立的经济利益，在这种情况下，整个社会的生产和交换就只能由统一的中央计划来调节，以克服社会生产和经济活动的无序状态。

六、工业化发展模式对计划经济体制形成的影响

1."大推进"理论

早在 20 世纪 40 年代，罗森斯坦-罗丹在研究东欧和东南欧落后地区战后工业化问题时，就提出了"大推进"理论。他们认为发展中国家要有效地促进资本形成和经济增长，必须全面地、大规模地进行投资，特别是基础设施建设投资。其理论依据是发展中国家经济中存在着"不可分性"，主要表现在以下几个方面：

一是投资，特别是基础设施投资或社会分摊资本的不可分性。每个投资项目都是不能无限细分的。这一点在基础设施投资上表现得尤为突出。交通、通讯、水利、电力、学校、医院等基础设施是经济发展必不可少的基本条件，其投资规模庞大，彼此又互相依存、互为前提，独立建设的成本很高。所以对基础设施不应进行缓慢的渐进式的投资，而是一开始就需要大量的、全面的投资，以期达到能够发挥效能的适度规模，并充分利用规模经济效益来降低成本。

二是储蓄的不可分性。储蓄并不是随着收入的增长而逐渐增长的。收入水平很低时，收入的较小增长会主要用来改善消费，储蓄的提高非常有限。只有当收入增长到一定水平以后，储蓄才能大幅度地增加，才能为经济增

长提供更多的资本。因此，发展中国家的经济建设规模必须大到足以保证收入的增长超过一定的水平，否则将无法突破"储蓄缺口"对经济增长的限制。

三是需求的不可分性。对各种商品的需求是互相联系的、不可分割的。发展中国家的产业发展水平和收入水平都很低，各种商品的市场都很小。如果投资只集中在某一部门或某一产业，那么除非有足够大的国外市场，否则该部门或产业会因产品缺乏需求而难以发展下去。为了形成对多种产品的足够需求，应该广泛地、大规模地对各个部门和各个产业同时进行必要的投资。

按照"大推进"理论，在整个工业或整个国民经济各部门中同时进行大规模投资，是发展中国家摆脱贫困落后状态的必由之路。在这一过程中通常的价格刺激不能迅速生效：一方面，由于发展中国家市场不完善，价格刺激的有限作用可能因经济中的不可分性而得不到发挥；另一方面，即使市场机制作用很大，要在短期内集中大量投资，并按一定比例配置于各部门也是不可能的。所以必须实行宏观经济的计划化。

"大推进"理论受到了不少批评。① 这个理论夸大了基础设施或社会分摊成本的不可分性。各种设施都有等级高低和规模大小之分，发展中国家完全可以先建设初级的、小型的基础设施。② 购买工业品的收入不一定来自工业本身。发展中国家居民的收入有可能通过自然资源和农产品的出口、旅游业的发展和劳务输出等途径得到提高，这就为工业的发展准备了市场条件。③ "大推进"计划的实施需要政府对经济的强力干预，不利于市场机制的培育，并且很可能造成经济失调。④ "大推进"理论不切合发展中国家的实际。"大推进"所主张的各部门各产业同时大规模投资，对资本、人才、管理、技术都有很高的要求，而这些恰恰是发展中国家最欠缺的东西。此外，制定和实施全面细致的投资计划，需要掌握充分的信息，需要政府有很高的规划能力和行政能力，这对发展中国家来说也不现实。所以，几乎没有一个国家是从"大推进"式全面投资开始发展的。

2. 重工业优先发展战略

发展中国家大都是工业化程度较低的国家，由于齐头并进式的工业化战略太不现实，没有一个发展中国家采用了这一战略。于是，另一些发展经济学者提出了部门优先发展战略。部门优先发展战略是建立在资源有限这一假定之上的。发展中国家资本稀缺，技术水平低，所以只能采取渐进式工业化战略，即不平衡发展战略，让一些关键部门优先发展，通过这些部门的发展增加收入、扩大市场、积累资金、提高技术水平，以此带动越来越多的部门相继发展，最后使整个国家实现工业化。重工业优先发展战略就是不同于"大推进"式的部门优先发展战略。

优先发展重工业的思路体现在费尔德曼于 1928 年为苏联计划委员会制订的发展计划中，故称为"费尔德曼模式"。提出这一思路的主要理由是，资本品工业的高投资虽然牺牲了短期的消费品工业的增长能力，但获得了长期的高资本品和消费品生产能力；反之，低资本品工业投资或高消费品工业投资虽然使消费品工业在短期内增长较快，却相对降低了它们的长期增长率。因此，为了使经济迅速工业化，必须要优先发展资本品工业即重工业，消费的暂时缩减是为了获取长期利益而必须付出的代价。

这里需要指出的是，重工业优先发展这一思路也来自马克思主义的再生产理论。该理论的再生产模式告诉我们，要想保持两部类的平衡增长，生产资料生产部门增长必须要快于消费资料生产部门的增长。由于这一发展思路符合马克思主义原理，一些社会主义国家几乎都采取重工业优先发展战略，而以苏联为这一战略的最初实践者。

第二节　我国计划经济体制的形成

中国共产党在取得革命胜利以前的政治和经济纲领，是建立"新民主主义的国家"制度，即"建立一个以全国绝大多数人民为基础而在工人阶级领导之下的统一战线的民主联盟的国家"制度，并在新民主主义的国家制度下，建立由国家经营、私人经营和合作经营三者组成的"混合经济"。中华人民共和国建立以后的最初几年，就是按照这个纲领建设自己的经济的。新民主主义经济体系的建立极大地促进了生产力的发展。这使中国在短短的三年里就治愈了战争的创伤，进入了迅速发展的轨道。可是，在新中国经济的恢复时期于 1952 年结束后，指导思想开始发生重大的变化，即从建设新民主主义经济转向加快社会主义改造。于 1953 年提出了"过渡时期总路线"，要求建立以国有和集体所有两种公有制为经济基础的集中的社会主义计划经济体制。

一、我国计划经济体制形成的原因及必要性

（一）我国计划经济体制形成的原因

（1）从理论上讲，我们受斯大林的影响很深。斯大林在《苏联社会主义经济问题》一书中关于社会主义应废除市场机制，建立以高度集中的行政协调为特征的计划经济体制，曾经在很长时期内被认为是社会主义的根本特征。并且，苏联就是以此理论为指导建立了高度集中的计划经济体制，并成为第二次世界大战后东欧一些国家建立社会主义经济制度的榜样。新中国成立后，"苏联专家"以斯大林的政治经济学对中国经济学教育进行了全面改造，斯大林的经济思想成为唯一通行的经济学理论。按照这种理论，建立集中的计划经济体制则被认为是顺理成章的事情。所以，我国长期以来都是把计划经济当做社会主义的本质特征来认识的。在这种理论指导下，必然是实行集中型的计划经济。

（2）从政治背景来说，取得社会主义胜利后的中国面临列强的重重包围，最典型的例子是美国对中国实行的禁运。为了对抗西方资本主义国家可能的干预和侵略，加强国防力量被提到了首位。为此，中国领导人选择了集中动员和配置资源的制度安排，以便把有限的资源运用到以军事工业为核心的重工业中去。而高度集中的计划经济体制正好能够适应这种需要。

新中国成立后，我国面临的国际国内的环境和巨大的经济建设任务，使得我们也只能选择集中型的计划经济体制。具体地说，原因主要有：

（1）搞社会主义建设对我们来说是一个新鲜事物，缺乏经验，加之当时生产社会化和商品经济都还不发达，特别是当时国际上绝大多数发达资本主义国家对我们进行经济封锁，对外贸易也受到了很大的限制，而能够帮助我们进行社会主义建设的只有以苏联为首的社会主义阵营。在这种情况下，我国在经济体制方面照搬苏联现成的经济体制就是很自然的事情了。

（2）我国原有的经济基础极其薄弱，基本上没有自己的重工业，要发展我国的经济，首先要建立起自己的重工业基础，这就必须集中我国有限的经济力量来保证重工业重点项目的建设，并且相对于发展轻工业和进行内涵的扩大再生产形式来说，发展重工业和进行外延的扩大再生产，均需要较多的资金。这就需要把社会有限的财力集中于国家手中，用于建设有关国计民生的重点项目，以加速工业和整个国民经济的发展。因此，高度集中的计划经济体制，正好适应了经济发展的这一客观要求。

（3）我国长期革命战争的环境，是靠实行战时共产主义供给制来坚持的，靠党中央高度集中的统一领导、统一指挥，最终取得战争胜利的，这种传统在革命胜利后被继承下来，使得在经济建设上也很自然地形成了集中型的计划经济。在计划经济体制建立初期，党和政府的宏观经济决策是正确的，党和政府的威信很高，党的作风正派，干部队伍比较年轻，官僚主义比较少，广大干部和群众的政治激情高涨，党的思想政治工作也很有力。这一切就使得计划经济体制的运行机制比较灵敏，行政管理的效率也比较高。这些条件使得高度集中的计划经济体制的积极作用得到了充分的发挥。

此外，由于中国人民经历了一百多年的半殖民地、半封建社会，从领导人到普通群众，普遍怀有赶超西方发达国家的强烈愿望。为了实现这种愿望，中国领导人认为仿效苏联的模式，依靠已经取得的权力，充分动员和集中使用人力、物力、财力，中国完全能够在很短的时间内实现中国的现代化。于是，在这种思想的支配下制定了高速赶超的发展战略。加之中国长期是一个小农充斥的国家，"行政权力支配社会"形成了牢固的历史传统，这可以说是建立集中体制的文化基础。

正是在以上原因和历史条件下，通过 1955—1956 年的社会主义改造运动，我国几乎消灭了非社会主义经济成分，使以国有制和集体所有制为主要形式的公有制成为国民经济的唯一基础，并在这一基础上，全面建立了苏联式的集中计划经济体制。

（二）我国实行计划经济体制的必要性

新中国成立初期实行计划经济具有其客观必然性。从计划经济的可能性来看，一方面，当时我国经济处于粗放型发展阶段，经济发展水平低，经济基数小，生产规模稳定，经济结构比较单一，产品结构也比较单一，人们之间的经济交往比较少，经济目标比较单纯，技术进步比较缓慢，资源替代和产品替代可能性小，再加上人们的消费结构也比较简单，需求比较容易满足，国家容易根据人们的需求制订计划。在这样的条件下，计划经济确实能够集中力量干成一些大事。另一方面，当时经济政治化倾向非常强烈，人们的政治热情比较高，对集体利益和国家利益有很强的认同感，较少地考虑个人利益，通常能够从全局利益出发执行国家计划。这两方面原因都为计划经济的实现提供了可能性，所以，一些社会主义国家在实行计划经济初期，经济都有较快的发展。

从计划经济的必要性来看，一方面，新中国成立初期我国社会生产力发展水平虽然不高，但毕竟存在着一定程度的社会化大生产；另一方面，我国社会主义经济制度是在经济发展比较落后的情况下建立起来的，计划经济体制在社会主义原始积累阶段，有利于在短期内集中大量资金用于国家建设。由于新中国成立初期选择了重工业优先发展的赶超型发展战略，为了实现这个赶超战略，就需要集中力量进行重点建设，为此必须加速社会主义的原始资本积累过程。而计划经济体制有利于国家从国民经济的长期利益和整体利益出发，在短时期内利用行政手段来动员各种社会力量，集中大量资金用于国家重点建设，加快社会主义原始资本积累，加快工业化的进程，对我国社会主义经济制度的建立和巩固及国家政权的稳定起着决定性作用。因为当时如果靠市场机制来配置资源的话，是不可能把资源引导到投资规模大、建设周期长、收效缓慢的重工业部门中去的。从这个意义上说，计划经济是为优先发展重工业的赶超战略服务的。

实践证明，计划经济具有一定的优越性。在宏观方面，计划经济对社会需要的信息反映有一定的超前性、预见性，对全局有明确的方向性，有很高的自觉性，减少了经济发展中的盲目性；计划搞好了，能够把有限的资源集中利用在重点项目上，并实现资源的有效配置。

二、我国计划经济体制的特征

计划经济的主要特征是：以单一的公有制为基础，实行高度集中的、以行政指令为主的、排斥市场机制的计划。这种行政指令计划是配置社会生产资源的主要方式。大体说来，我国的计划经济体制有如下几个方面的特征：

（1）在所有制方面：所有制形式日趋单一，排斥多种经济形式和多种经营方式。

在计划体制下,社会主义国有制企业作为公有产权制度安排的具体形式,其出资人是全体人民。但全民所有的财产又是由国家（或政府）作为代表来占有的，而且也是由国家来直接经营的，因此这类企业一般又称为国有国营企业。这种企业与古典企业（即业主制企业）具有基本相同的特征：① 企业内存在两个层级，即管理者和工人；② 权利安排是以所有权为核心的集权结构，所有权与管理权合一；③ 企业的目标基本上也是财产保值。

从理论和法律上来讲，国有制企业的财产既然属于全民，它就既不属于任何人，也不属于任何团体，当然也不属于政府机构。但全民财产是一个抽象的概念，从而必须有一个实体来代表全民执行财产所有权。在社会主义国家，这个实体无疑就是政府。在这种情况下，财产所有权具有国家政权或行政权力的性质，经济权利在此对政治权力具有依附性（刘伟、杨瑞龙，1990）。这使企业主要并不是作为一个经济单位而存在，而是成为一个行政单位，它们大多具有一定的行政级别。概括地说，国有国营企业权利安排的特点是：① 产权具有权力性，即政府对财产所有权及其派生的其他权利具有至高无上的权力；② 产权拥有的平等性，即所有公有制成员对企业财产拥有完全平等、无差异的权利；③ 产权行使的非排他性，即任何个人或团体都不能排斥他人而独享国有企业的产权；④ 产权权能的高度统一性，即产权的各项权能是合一的，它们高度集中在政府手中，企业不是独立的产权主体；⑤ 产权占有的无偿性和无限性，即企业占有国家资产是无偿的，无偿性又导致产权占有的无限性，因为企业行政等级与财产占有量是正相关的；⑥ 产权的封闭性和非交易性，即产权是非商品，不允许进入市场交易。

我国在 1957 年以前，所有制结构还是以国有经济为主导、多种经济成分并存。当时工业总产值中，国有工业产值占 53.8%，集体工业产值占 19%，公私合营产值占 26.3%，私营工业产值占 0.1%，个体手工业产值占 0.8%。但是，由于 1952 年斯大林《苏联社会主义经济问题》一书的出版，及此后不久以该书思想为基本观点的由苏联科学院经济研究所编写的《政治经济学教科书》（以下简称《教科书》）的出版，对中国经济理论和实践的影响极大。在此后的一段较长时期内，中国经济界普遍接受了斯大林和《教科书》的基本观点，即：关于所有制问题就是生产资料归属与占有的问题；社会主义公有制是社会主义唯一的经济基础；社会主义公有制只包括全民所有制和集体所有制两种基本形式，前者为其高级形式，后者为其低级形式；社会主义国家所有制是社会主义全民所有制，集体所有制要逐步过渡到全民所有制，最终全民所有制将取代集体所有制成为社会主义唯一的所有制形式。在这些思想的指导下，中国的所有制结构日趋单一化。

（2）在经济决策方面：企业经济管理的决策权集中在国家手中，企业只是依赖于上级政府的非经济实体，缺乏应有的生产经营自主权。

为适应集中计划经济体制的需要，1953 年，国家设立了国家计划委员会以负责国民经济综合计划、社会发展计划和重要生产要素分配与配置计划的制定。为了保证国民经济计划的组织落实，国家分别设立了若干综合经济部门与专业管理部门。同时，国家对全国范围内的重要物资实行统一分配制度，由国家计划委员会统一编制和下达全国统一物资分配计划；全国的资金也实行集中计划管理和配置。在国民经济中占主体的国营企业，没有独立的经济决策权和发展目标，只是作为一个单纯的生产单位隶属于其主管部门，企业毫无选择地执行计划。因为没有任何鼓励措施，国有企业往往不关心生产的后果。企业的厂长是国家干部，由上级行政部门任命。企业的各项经济活动过程和结果完全受国家控制，企业所有的生产和经营活动，都是通过接受国家或上级主管部门所下达的各项计划指令来实施，所以当时的生产是由严格的指令性计划作出的。工厂和企业努力完成中央计划指令的定额，既不管供方的生产成本，也不管需方的消费需求。因为权力、信息和生产集中，加上缺少激励因素，供求之间一直存在差距。

在中央计划体制下，供应不足和生产过剩并存的现象比较普遍。到 20世纪 70 年代末，供应不足在中国已经很普遍了。匈牙利经济学家雅诺什·科耐（Janos Kornai）在他的《短缺经济学》一书中解释了短缺现象和社会主义计划经济中产生这种现象的机制。科耐和其他一些人提出，短缺在计划经济体制中生来就有、根深蒂固，与计划经济体制的预算体制有直接关系，和企业所有权也有联系。虽然商品短缺，供应不足，然而同时许多产品却生产过剩。在中央计划体制下，生产者可以从来不和他们实际和潜在的消费者联系。生产和分配由政府的计划机构设计和控制。结果，一方面，供应经常在数量、质量、规格和时间上满足不了需要；另一方面，需求一方的信息不能直接传递给供给一方，而是要经过很长一个官僚主义程序，这个程序显然使最终传给生产部门的信息大受损失。

（3）在分配方面：分配上实行统收统支、国家统负盈亏。

企业在行政约束下不能自负盈亏，其预算约束是软的，国家与企业之间在税收、补贴、价格、计划指标等方面存在着没完没了的讨价还价。在个人收入分配上，忽视个人的物质利益原则，存在严重的平均主义，企业内职工不是按产品的质和量来分配收入；在农业中，则普遍实行按人头和工分分配实物制，货币分配的比重很小。

（4）在资源配置方面：主要依靠指令性计划和行政手段，否定商品经济的存在，否定市场及价值规律对经济的调节作用。

自从 1953 年开始实行计划经济体制后，我国在商品生产和价值规律问题上，基本上是采用斯大林在《苏联社会主义经济问题》中的观点。斯大林认为就全社会来说，非国有经济部分都是商品生产，价值规律起调节作用。但由于国家对私营工商业实行加工订货，统购包销，以及从 1954 年起对农产品主要是粮食也实行统购政策，因此商品生产和价值规律已经受到一定程度的限制。国营经济的生产资料主要是在国营经济内部分配，不发生所有权的转移，不是商品。因此，否定了市场和价值规律对经济的调节作用。经济管理的基本方法是行政手段，经济计划主要通过行政指令和实物调拨来实现，市场调节的作用微小。

资源通过行政性指令计划配置具体表现在：① 在计划决策上，以中央决策为主。不仅宏观决策权力高度集中在中央及政府各部门，而且微观经营权力也都由国家行政机关包揽。政企不分、高度集中的决策结构，使作为社会生产和流通主体和社会主义经济机体细胞的企业缺乏自主经营、自我发展的活力。② 在调节方式上，以行政手段为主。用行政手段排斥经济杠杆和市场机制的调节作用。与生产上的指令性计划相适应，产品统一调配、定量限额供应占了很大比重，商品关系与市场机制日渐萎缩。③ 在计划管理组织上，以纵向行政隶属关系为主。由于按行政系统和行政区划直接组织和管理经济，在集权型的总系统下，形成数千个部门和地方的集权与纵向子系统，结果条块分割，经济组织结构日益封闭化。④ 在计划管理形式上，把指令性计划作为计划管理的唯一形式，排斥市场机制的调节作用。所谓指令性计划，就是必须严格执行的经济计划。指令性计划具有强制性和直接性特征。所谓强制性是指计划的严肃性和约束性，是在计划制定时就赋予它的以区别于其他计划的规定性，它表明指令性计划必须执行，不允许随意修改或变动。所谓直接性，是指社会中心无须通过某些中转环节而直接干预企业的经济活动。它包括两层含义，一是指计划制定和计划承担单位之间的直接关系。指令性计划用强制性指标直接调节执行单位的经济活动，规定经济活动的发展方向和规模。二是指生产和需要之间的直接关系。指令性计划把社会生产和社会需求用计划直接联系起来。具有上述两个特征的计划就是指令性计划。⑤ 在计划形式上，以年度计划为主。由于计划机关偏重年度计划（实际是争投资、争项目的计划），忽视国民经济中长期发展规划，结果使计划工作不能对长期的发展作出科学预测。

（5）在经济组织方面：主要按照行政隶属关系管理经济，部门之间和地区之间条块分割，条块内部则追求自成体系，违背社会化大生产的规律。

（6）在对外经济关系方面：本国的经济发展相对封闭，同国际经济技术交往甚少。

三、我国计划经济体制的内容

我国计划经济体制建立后，形成了三个方面相互联系的有机整体。第一，用计划经济发展工业的思路以及在此基础上形成的计划经济体制；第二，要发展工业化只有依靠重工业的优先发展；第三，大规模工业化建设的资本和资源主要靠农业部门提供。因此，中国传统的计划经济体制的形成，是从选择重工业优先发展作为起点的。

1. 我国计划经济体制的组成部分

关于我国计划经济体制的组成，我们可以概括为以下三个部分：

第一个组成部分：扭曲价格的宏观政策环境。

在一个经济发展水平低，资本极为稀缺的经济中，资金的成本很高，由于重工业是资本高度密集型的产业，在资本市场上由供求决定的利率，必然要高得使优先发展重工业的战略无法实施。要实施这一战略，不可能依靠市场来引导资源配置，必须通过计划分配的机制把各种资源按照产业发展的优先次序进行配置。因此，必须人为地压低资本、外汇、能源、原材料、劳动力和生活必需品的价格，以降低重工业资本形成的成本。因此，传统的宏观政策环境是以生产要素价格和产品价格的扭曲为特征的。

为维持重工业优先发展战略而形成的与整个计划经济体制相应的城乡劳动力配置制度和就业体制，具有以下几个特征：

（1）保障城镇劳动力的全面就业。在重工业优先发展战略下，政府通过垄断稀缺资源的配置以及对城乡经济剩余的控制，把重工业作为投资重点并形成畸重的产业结构。由于重工业具有资本密集程度高的特征，使得这种发展战略吸纳劳动力就业的能力较弱。如果不对劳动力市场进行干预，就会产生过高的失业率，影响社会稳定，妨碍国家工业化进程。因此，在城镇实行保证全面就业的政策，归根结底是推行传统战略的要求。

（2）保持城镇职工的低工资水平。在当时的经济发展水平下，重工业发展面临着严重的积累困难。如果由市场来诱导产业发展，重工业这种不符合比较优势的产业，显然不能自发地得到发展。因此，生产要素的价格被人为地扭曲，包括压低工资水平，也是符合推行这种发展战略要求的。

（3）抹平具有不同人力资本禀赋的职工之间的报酬。劳动者的健康状况、受教育水平和参与劳动过程后积累的工作熟练程度等，表现为对生产效率进而对企业生产成果具有正面影响的人力资本因素。但在传统体制下，由于国有企业几乎是唯一的就业场所，拥有较高人力资本的职工尽管得不到应有的激励，但这种较优越的人力资本的机会成本很低。

（4）实行城乡劳动力市场的分割。实行低工资高就业的政策需要两个条件与之配合。其一，为了维持劳动力的正常再生产，要求实行包括农产品在内的基本生活用品的低物价政策。为了保证低价农产品的供给，政府相应地实行了农产品统购统销政策，以垄断农产品流通，同时实行人民公社体制，以阻止农村生产要素的自由流动。其二，为了保障职工及其家庭的基本生活，还要在货币工资之外辅之以生活必需品的实物福利和社会性服务，如住房、医疗、教育、托幼等作为职工工资的补充。这与全面就业一样，必须把受惠者的范围加以限制。因而旨在阻断人口和劳动力资源在城乡之间自由流动的户籍制度便进而形成。

第二个组成部分：高度集中的资源计划配置。

扭曲生产要素和产品的价格制度造成了整个经济的短缺现象，为了把短缺的资源配置到符合发展战略的重工业部门，就要有一个不同于市场机制的资源配置制度。因此，银行体制、外汇管理体制、物质分配体制和劳动工资体制等，都以高度的计划控制为特征。

第三个组成部分：缺乏自主权的微观经营体制。

在依靠压低产品和生产要素价格，实行高度集中的计划制度分配资源，以推行重工业优先发展战略的条件下，为了保证微观经营单位生产剩余的使用方向也合乎战略目标的需要，政府通过工业的国有化和农业的人民公社化，建立起与重工业发展战略相适应的微观经营体制。这种体制的突出特征是严重缺乏激励机制且生产效率低下。

可见，在传统经济体制中，重工业优先发展战略是政府主动选择的，是当时中国经济建设面临的现状与政府希望迅速实行工业化的目标相结合的产物。而扭曲价格的宏观政策环境，资源计划配置制度和没有自主权的微观经营机制，则是对应于重工业优先发展战略而形成的。从传统经济体制这三个组成部分的形成逻辑以及功能来看，这三个方面相互联系，构成一个有机整体，并且具有不可分割的性质。

为了对中国传统经济体制有一个清晰的印象，我们可以参照蔡昉和林毅夫关于这一体制结构的描述。[①] 图 2.1 描述了这种体制的形成逻辑、三个组成部分及相互联系，以及执行这个体制所产生的经济后果。

_____

① 蔡昉，林毅夫：《中国经济》，中国财政经济出版社 2003 年版，第 14 页。

体制形成的背景　　　　　经济体制的组成部分　　　　　　　　经济后果

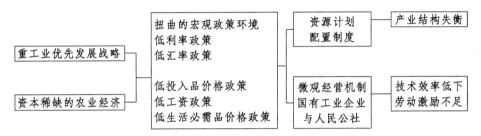

图 2.1　传统体制的形成逻辑和组成部分

　　传统的社会主义经济理论对这种三位一体的经济体制模式的形成也产生过很大的影响。苏联版本的《政治经济学教科书》照搬了马克思在资本主义早期对于社会主义经济的设想，把按劳分配、公有制和计划经济当做社会主义经济的基本特征，从而形成排斥物质利益原则、排斥多种经济成分并存和否定市场机制的理论依据。毛泽东同志在其《论十大关系》一文中，虽然对苏联模式的一些方面进行了批判，也尝试在实践中予以修正，但由于中国选择了与苏联相同的重工业优先发展战略，因而不可能从根本上摆脱这种苏联的经济体制模式。

　　2. 计划经济体制下的传统工业化道路

　　工业化道路，是一个国家选择实现工业化的途径和方式。它包括：产业的选择，例如，是优先发展重工业，还是优先发展轻工业；技术的选择，例如，是采用先进技术，还是采用适用技术；资金来源的选择，例如，是靠民间筹集资金，还是靠财政投入资金；实现机制的选择，例如，是依靠计划机制，还是依靠市场机制；发展方式的选择，主要实行粗放型的发展方式，还是主要实行集约型的发展方式；国际联系的选择，主要依靠自己的力量，还是主要依靠外部的力量，等等。由于当时客观历史条件的制约，中国工业化的起步阶段选择了一条特殊的发展道路。我们不能脱离当时的历史条件，武断地评述这条发展道路。只有结合当时历史条件来研究所选择的发展道路，才能得出比较客观的结论。

　　总结我国已经走过的工业化道路，它具有以下几个方面的特点：

　　（1）这是依靠国家计划推动的工业化道路。我国的工业化道路是以计划经济体制为背景，依靠国家计划和政府行政力量来推动的。工业化的资金，来源于国家的投入，而这种投入又是依靠国家行政力量，通过工农产品价格剪刀差和农业税等途径筹集起来的。工业化所依托的主要力量是国有工业企业。因此，离开了计划经济体制，离开了强有力的政府力量，我国的工业化道路是难以起步的，也是难以取得成效的。

（2）这是一条优先发展重工业的工业化道路。在选择产业发展的侧重点时，中国学习了苏联的做法。毛泽东同志曾指出，生产资料优先增长的规律，是一切社会扩大再生产的共同规律。斯大林早先就把这个规律具体化为优先发展重工业。从而导致了过分强调重工业的优先增长，结果在计划中把农业忽略了。

（3）这是一条以粗放型发展方式为主的工业化道路。新中国成立之后，在推进工业化的过程中，我们走的主要是一条粗放型经济发展的道路。1949—1978 年，技术进步对经济增长的贡献率仅为 0.16%，而 20 世纪初，该指标世界平均水平为 5% 到 20%。时至今日，我国粗放型发展的模式并未根本转变。目前，我国的技术进步对经济增长的贡献率仅为 30%，而发达国家则达到 60%，在发达国家中，美国则达到 80%。经济增长粗放，仍然是推进我国工业化过程中需要研究和解决的问题。

（4）这是一条强调自力更生的工业化道路。坚持独立自主、自力更生，是工业化过程中我国的一贯主张。但独立自主，不能是闭关锁国。应在坚持以独立自主为主的同时，积极利用一切有利的经济发展条件。

对于中国传统的工业化道路，要结合当时的历史背景，给予客观公正的评价。当时选择这样的工业化道路，不能完全归结为领导人主观意志的产物，它主要是当时的客观历史条件所决定的。在国力极其薄弱，又面临严峻的内忧外患的情况下，只有通过这种方式，才能迈开中国工业化的步伐，也才能奠定中国工业化的基础，从而为提高国家的综合实力和迅速满足人民群众日益增长的物质文化生活需要创造条件。

第三节 计划经济体制的弊端及改革措施

一、计划经济体制的弊端

计划经济在历史上曾起过重大的作用，但随着经济的不断发展，生产规模的扩大，生产进入了集约型发展阶段，产业结构、产品结构越来越复杂，产品的数量、品种、规格不断增加，人们的消费需求也不断向个性化、多样化方向转变，这一切都使信息变得相对短缺，信息的纵向收集和传递日益困难。经济发展状况的巨大变化，使计划制定者无法及时全面地把握所有的信息，从而使国家计划完全符合客观实际需求越来越困难，甚至成为不可能。同时，在社会的主要矛盾和主要任务从阶级斗争转到经济建设后，人们政治热情的减退使经济利益问题日益突出，从而也使个人经济利益代替政治热情成为经济发展的主要动力。因此，依靠自上而下的行政命令来推动经济发展已不能调动生产经营者的积极性，经济运行过程缺乏动力的问题日益严重，对个人利益的追求使计划的迅速执行也面临着挑战。当执行计划不能给计划执行者带来经济利益的时候，计划执行者常常同国家计划进行消极对抗，最后导致经济计划无法实施。此外，随着需求结构日益复杂，技术进步不断加快，使资源替代和产品替代的可能性增大，进而导致经济部门和行业的扩张，以及分工和专业化程度不断向纵深发展，从而使生产与需求的联系越来越错综复杂，也使计划经济面临着巨大挑战。

马克思主义计划经济理论逻辑中暗含的两个假设条件与现实经济生活是不相符的，导致计划经济的理论结论对现实社会主义经济的指导性和适用性大打折扣。首先，市场经济并不是必然产生整个社会生产的无政府状态。市场机制对经济的调节虽然是自发的，但却是有序的，在微观的随机性和宏观的有序性之间有着某种必然的联系。其次，社会主义公有制的建立并没有消除各个企业在生产资料占有关系上的独立性，局部或个人的经济利益仍然是人们从事经济活动的基本动力，生产的社会化与个别企业生产之间仍然存在着矛盾。企业仍然是一个独立的生产经营单位，服从利益最大化的目标和市场机制的调节。因此，社会主义经济中的计划不可能完全替代市场机制的自发调节作用，而在本质上社会主义只能是在承认企业独立经营和市场调节基础上实行宏观的间接计划，不能实行微观的直接计划管理。

随着经济的发展，计划经济不仅在理论上，而且在实践中，都存在并体现出了其局限性。这些局限性主要体现在以下几个方面：

（1）封闭性。计划经济体制是以全社会范围内庞大的等级组织系统为基础的。在这个组织系统中，资源的分配和生产的组织都是按照国家行政系统来推行的，每一项经济活动都要由相应的政府机构来管理，因而这个体制必然是政企高度合一的。计划经济体制的每一个经济主管单位都是一个相对封闭的系统，因为计划的调节作用完全依赖于政府的行政强制，其作用范围也以行政组织的界线为边界。在同一个行政系统内部，它可以有效地加以调节，但对于行政系统之外的经济活动，则不具有调节能力。整个社会的经济联系，则是按照行政组织系统的纵向关系建立起来的，社会分工和专业化生产所必需的企业之间的经济技术联系，受到纵向联系的支配和严格控制，企业之间的横向经济联系必须得到主管上级的批准才能进行。各个经济主管部门的组织范围和管辖权限把社会经济分割成相互封闭的庞杂的条条块块，这就使得计划经济体制凭借着行政动员和中央集中决策高度集中起来的资源，在分配和占用上又高度地分散和封闭。

计划经济体制的权力基础是政府机构的行政权，而行政权是一种不受财产所有权限制的超经济的强制权力。计划经济体制下的这种权力安排，其最大的弊端在于限制了生产要素的合理流动，使存量资源在条块分割的行政组织系统中封闭起来，造成大量资源的闲置和浪费。这就必然带来计划体制的低效率运行，并由此决定了计划体制的最终失败。

（2）缺乏应有的激励机制。在计划经济体制这个庞大的等级组织中，所有的经济单位都不是独立的经济主体，中央负责对一切重大问题作出决策，其他所有经济主体都是它的下属和基层单位，没有独立的经济决策权。从利益关系上来看，上下级之间不是平等的利益关系，而是统一的分配关系，即单方面的给予和索取。上级单位的利益包含着所属下级单位的利益，下级的利益也包容在上级的利益之中，并取决于上级对它的分配。也就是说，计划体制忽视了劳动者个人和企业局部利益的存在，因而不能对劳动者和企业的行为进行有效的激励，这就显露出计划经济缺乏有效的运行动力系统。虽然在理论上计划经济实行的是按劳分配原则，但由于劳动还不是直接的社会劳动，社会无法根据劳动者和企业付出的实际劳动来决定收入分配，这就可能使个人利益与其实际的劳动付出相脱节。为此，只有采用一些外在的指标诸如年龄、资历、学历等间接地来反映劳动能力的差别。因此，计划经济中实行平均分配以及以"论资排辈"为标准的收入分配制度就是很难避免的了，从而严重挫伤了劳动者的劳动积极性。

（3）主观盲目性。在高度集中的计划经济体制下，不论宏观的计划政策还是微观经济领域的活动，都存在着相当广泛的盲目性。人们经常批评的引起决策失误的"瞎指挥"，片面追求高速度而忽视经济效益，片面地优先发展重工业造成的经济结构不合理等，就是中央计划决策中盲目性的一些突出表现。部门和地方层次决策的盲目性，主要反映在条块分割基础上的重复投资和重复建设上。在微观经济活动中，企业和国家之间的讨价还价，也是盲目性的一种表现。

计划经济体制下的盲目性会造成巨大的经济波动和资源浪费。宏观决策的盲目性造成的失误，往往会酿成全面的经济危机。这不是生产过剩的危机，而是严重的短缺危机。

总而言之，尽管各国的计划经济体制表现出不同的特点，但大同小异，都显现出了一些相同的弊端。概括地说，计划经济体制的主要弊端是：政府直接管理企业，政企职责不分；按照行政部门和地区系统管理经济，造成条块分割；由于政府对企业统得过多过死，企业缺乏应有的经营自主权、独立的经济利益和应负的经济责任；单纯依靠指令性计划组织和调节经济活动，忽视商品生产、价值规律和市场经济的作用，没有形成良好的经济运行机制；分配上统收统支，平均主义严重，不能充分调动企业和劳动者的积极性；在对外经济关系上基本上是闭关自守，脱离世界经济发展潮流。这些弊端严重地阻碍了社会生产力的发展，使经济建设投入多、产出少、浪费大、效益低，限制了经济发展和人民生活水平的提高。

原有的计划经济体制的弊端，使社会经济生活产生了诸多问题，这些问题可以大致归结为以下几个方面：

（1）宏观经济的不平衡和资源配置的低效率。事实表明，并不像传统的计划经济体制设计者所预想的那样，可以通过直接的计划实现国民经济有计划按比例地发展，避免各种社会资源的浪费，实现社会资源的合理配置。相反，除了工业化开始阶段的特殊发展时期外，传统的计划经济体制越来越呈现出结构失调、供求脱节、资源浪费和大起大落等无计划、不按比例的特征。由于在信息收集和传递上存在着内在缺陷，难以充分及时地反映复杂多变的供求关系，造成经济结构扭曲，无法有效地进行社会资源的配置。由于没有市场机制的存在，从而没有一个能正确反映资源稀缺性的价格系统，资源的分配主要是有利于计划者的计划控制和迅速实现工业化的目标，而不是有利于资源配置效率的提高。

（2）企业的微观经济效益低下。原有的计划经济体制下的国有企业忽视了个人正当的经济利益，经济运行过程缺乏个人经济利益这一经济发展的主要动力，微观经济效率十分低下，这是因为微观经济主体普遍缺乏生产经营积极性或劳动供给严重不足。劳动供给严重不足是与劳动报酬制度直接相关的。在计划经济体制下，固定的劳动报酬制度无疑会导致广泛的"偷懒"等机会主义行为的产生。另外，劳动者努力不足也是与计划经济体制下受政府保障的公民的"就业权"直接相关的。

（3）赶超型的发展战略或单一的"进口替代"的贸易发展模式割断了国内经济与世界经济之间的广泛联系。计划经济从本质上看是一种自我封闭的经济。从贸易的配置来看，赶超型的发展战略或单一的"进口替代"的贸易模式，完全抑制了具有比较优势的贸易产业部门的发展，丧失了来自国际贸易的优势和利益，从而更进一步导致资源配置的低效率。

由于计划经济体制的种种弊端与存在的问题，从而导致了不可持续的经济增长；导致了持续存在的生产资料和消费资料的全面短缺和配给，进而形成短缺经济，使人民生活水平长期得不到改善和提高；导致了社会生产力发展缓慢乃至停滞不前。在这种情况下，实行计划经济体制的国家先后都进行了经济体制改革，即由计划经济体制向市场经济体制转变。

二、我国计划经济体制的弊端

原有的计划经济体制是国家通过计划，高度集中地控制社会经济生活的经济体制，被称为"命令经济"或"指令经济"。20 世纪 50 年代至 70 年代末一直在我国经济生活中起主导作用的就是这种高度集中的计划经济体制。我国的计划经济体制主要是在学习苏联 20 世纪 30 年代工业化时期的计划经济体制的基础上形成的。同时，革命战争年代的管理体制和特定的社会历史文化条件再加上我国赶超战略的实际需要等对这一体制的形成都有重要影响。

高度集中的计划经济体制在新中国成立初期曾起过重要积极的作用。通过高度集中的计划体制，能够把社会资金、物质和技术力量集中起来，用于有关国计民生的重点项目、国民经济发展中的薄弱环节和经济落后地区，从而比较迅速地形成新的生产力，克服国民经济各个部门之间和各个地区之间的发展不平衡状态，促进国民经济的迅速发展。当生产力有了进一步的发展后，计划经济体制的弊端就表现出来了。事实表明，这种体制把国有企业统得过多过死，一方面，窒息了企业的生机和活力，严重束缚了劳动者的积极性，造成生产的低效率；另一方面，由于主观计划的随意性和失误，又造成资源的巨大浪费，结果导致资源配置效率低下，阻碍生产力的发展。具体地说，我国计划经济体制的弊端主要有以下几个方面：

（1）在计划经济体制下，政府直接管理企业，政企职责不分。企业产供

销和人财物等方面的权力均集中在政府手中，这从根本上抹杀了企业的独立
经济利益，否定了企业的经营自主权，使企业成为政府的附属物；不适应利
益主体多元化的要求，不可能完全、充分、及时掌握企业经营管理所必须的
信息，再加上政府本身利益的局限性，以及政府部门人员素质和对客观事物
的认识过程的局限性，政府不仅不可能对企业实行有效的经营管理，而且必
然发生诸多失误。所有这些都会在客观上挫伤要求作为自主经营、自负盈亏
的市场主体的主动性、积极性和创造性；由于没有贯彻物质利益原则，不能
充分调动作为最重要的生产要素的劳动者的积极性，从而不可能在计划经济
体制下解决公平分配的问题，这就必然挫伤劳动者的积极性。所有这些都会
降低企业的经营效益。

（2）在计划经济体制下，政府对企业统得过多过死，企业缺乏应有的经
营自主权、独立的经济利益和应负的经济责任。企业既无开展竞争的冲动，
也缺乏这方面的权限和空间，这样就不仅扼杀了企业发展生产的动力，而且
消释了企业发展生产的压力，从而窒息了企业的活力，使得经营效益低下成
为企业的通病。

（3）在计划经济体制下，按照行政部门和地区系统管理经济，造成条块
分割。与此相联系，又形成了部门利益和地区利益。这种分割状态和部门、
地区利益的驱动，必然在很大程度上割断部门之间和地区之间的经济联系，
阻碍各部门、各地区的经济发展。

（4）在计划经济体制下，中央、地方和企业均有实现经济高速增长的动
力机制。另外，再加上盲目推行"赶超战略"，以及片面追求"政绩"，就会
产生强烈的投资冲动。但在投资方面又缺乏有效的约束和监督机制，由此形
成的投资膨胀机制，周期性地导致经济总量失衡和结构失衡。而在计划经济
体制下，调整这种失衡的主要手段，又是用行政指令大幅度压缩投资，于是，
经济的高速增长迅速转变成低速增长，甚至负增长。这样，经济增速的大起
大落就成为经济发展的常态，从而导致宏观经济效益的低下。

（5）在计划经济体制下，不仅从根本上否定了对我国社会主义初级阶段
的经济发展在社会生产力方面还具有重要作用的非公有制经济，而且在很大
程度上否定了集体所有制经济的作用。由此也扼杀了各种所有制企业之间
的竞争，在很大程度上使国有经济丧失了活力。这就阻碍了整个国民经济
的发展。

三、我国计划经济体制的改革探索

（一）市场化取向的改革阶段

1. **第一阶段（1979—1984）：以计划调节为主、市场调节为辅的经济体制**

从十一届三中全会至十二届三中全会,中国的改革是在以计划调节为主、市场调节为辅的经济体制框架中进行的。这一阶段始于 20 世纪 70 年代末理论上关于利用市场的探讨。1978 年 10 月 6 日《人民日报》发表了胡乔木《按客观经济规律办事,加快实现四个现代化》一文,文章指出,按经济规律办事,首先要遵循有计划按比例的规律,其次是遵守价值规律,再次要保证国家、企业和个人利益的统一。学术界人士对市场的认识,最鲜明地体现在 1980 年 9 月国务院经济体制改革办公室提出的《关于经济体制改革的初步意见》中。这份文件明确提出:"我国现阶段的社会主义经济,是生产资料公有制占优势、多种经济成分并存的商品经济。""我国经济体制改革的原则和方向应当是:在坚持生产资料公有制占优势的条件下,把单一的计划调节改为在计划指导下,充分发挥市场调节的作用。"

关于这一阶段的主要理念,可以描述如下:计划经济体制应该更有效地发挥作用,应该进行体制改革,从而挖掘出它潜在的效率。经济改革从最初就一直强调其对象是中国计划经济的"经济管理和经营体制",它奠定了早期改革的基调。早期改革把经济的失败主要归咎于前几十年思想激进的经济战略和政策,而不是计划经济体制本身的欠缺,当时认为问题在于"总的管理体制,权力过于集中,计划严重僵化和强制性的平均分配",这种经济体制结果导致政府、官员、企业和个人缺乏主动采取行动、增加生产的必要动机和动力。"控制过于集中"被认定为官僚主义计划体制的严重缺点。

把经济失败归因于激进主义反映了完善计划经济的意愿,这种认识和意愿实际上也构成了早期经济改革的一种制约因素。在此影响下,中央计划机制和市场机制结合在一起,但市场置于计划经济之下。即使允许一些经济自由,决策趋于公开,中央计划仍然是资源配置的主要机制。这个观点产生的一个重要结果就是在社会主义比资本主义优越的正统思想框架内维持计划经济。这是因为,发动改革时,整个资本主义世界还依然被认定处于极度困难之中,其困难表现在商业周期和波动、收入和财富的不平等、大量失业和垄断等方面,所有这些问题都可以通过计划体制和国有经济体制而避免。把经济问题归咎于思想上的激进主义观念的广泛传播，转移了对计划经济本身的注意力。掌握的知识已过时、了解的信息被歪曲、接触不同经济体制的经验有限，这一切都影响到当时人们对经济体制和经济问题的看法和认识。

总之，第一阶段改革的主导信念由三个基本因素组成，即：认识现有计划经济的困难和问题、继续相信计划经济的作用、打算完善计划经济。

但是，在这一阶段改革中，通过推行以农村联产承包责任制为主的改革以及对部分工业、企业实行扩大自主权的改革，都不同程度地取得了一定的成功，从而也为市场调节作用的发挥注入了生机，从而为以后的全面改革奠定了认识上和实践上的基础。

2. 第二阶段（1984—1991）：社会主义经济是有计划的商品经济

从十二届三中全会到十三大，中国的经济体制改革是在"社会主义经济是有计划的商品经济"的理论指导下进行的。

（1）中共十二届三中全会在理论上的重大突破。

1984 年 10 月，党的十二届三中全会通过了《中共中央关于经济体制改革的决定》，明确指出社会主义经济是有计划的商品经济。这是社会主义经济理论上的一个重大突破，它突破了将计划经济与商品经济对立起来的传统观点，规定了中国经济体制改革的目标是建立以公有制为基础的有计划的商品经济，并提出了改革的三项基本任务：① 进一步增强企业，特别是全民所有制大中型企业的活力，使之真正成为独立的经济实体，成为自主经营、自负盈亏的社会主义商品生产者和经营者；② 进一步发展社会主义商品经济，逐步完善市场体系；③ 使国家对企业的管理逐步由以直接控制为主转为以间接控制为主，建立新的社会主义宏观经济管理制度。

（2）以城市为中心的改革全面推开。

在这期间，政府主要进行了以下工作：

① 以转换经营机制为重点的企业改革。

② 建立和完善社会主义市场体系，发挥市场机制的作用。

③ 改革价格管理机制及价格形成机制，发挥市场机制的作用。价格改革的市场取向使市场机制在资源配置中的作用逐步显现。

④ 改革宏观经济管理体制，对国民经济的管理从直接调控为主转向间接调控为主，从以行政手段为主转向以经济手段为主。

⑤ 改革对外经济贸易管理体制。

⑥ 加大对外开放，形成了由沿海到向内地逐步推进的对外开放格局。

在这一阶段，以城市为中心的全面体制改革，内容、范围十分广泛，几乎涉及生产关系的所有方面和部分上层建筑。

3. 第三阶段（1992—1997）：社会主义市场经济体制改革目标的确立

（1）社会主义市场经济体制改革目标的确立。

到 1991 年，"计划经济为主"的理论已经不符合实际经济发展需要。1992年 3 月，中共中央政治局召开会议，在计划和市场的问题上作出了明确的决定："计划和市场，都是经济手段。要善于运用这些手段，加快发展社会主义商品经济。"1992 年 10 月召开的中国共产党第十四次全国代表大会正式宣布："我国经济体制改革的目标是建立社会主义市场经济体制，就是要使市场在社会主义国家宏观调控下对资源配置起基础性作用，使经济活动遵循价值规律的要求，适应供求关系的变化；通过价格杠杆和竞争机制的功能，把资源配置到效益较好的环节中去，实现优胜劣汰；运用市场对各种经济信号反应比较灵敏的优点，促进生产和需求的及时协调。"

（2）社会主义市场经济体制的基本制度框架。

1993 年 11 月，中共十四届三中全会将社会主义市场经济体制进一步具体化了。这次全会通过了《关于建立社会主义市场经济体制若干问题的决定》，该文件较为详细地规定了中国经济体制的基本制度框架：

① 以公有制为主体的现代企业制度是社会主义市场经济的微观基础；

② 培育和发展市场体系，发挥市场机制在资源配置中的基础性作用；

③ 建立健全宏观经济调控体系；

④ 建立合理的个人收入分配和社会保障制度。

（3）建立社会主义市场经济体制的改革全面展开。

这主要包括：建立新的财政税收体制；推进金融体制改革、外汇管理体制改革、国有企业改革；建立新的社会保障体系。

（4）党的十五大在经济理论方面的突破。

党的十五大在经济理论方面有许多重大突破，特别是在社会主义市场经济条件下公有制实现形式及分配制度等方面有新的突破。

在所有制问题上，第一次提出公有制实现形式可以而且应当多样化。明确了公有制经济不但包括国有企业和集体企业，还包括混合所有制经济中的国有成分和集体成分；明确提出国有经济起主导作用，主要体现在控制力上，这就要求对国有经济的布局进行战略性调整，对国有企业实施战略性改组；

明确提出了非公有制经济是我国社会主义市场经济的重要组成部分，这在改革的理论和实践上都是重大突破。

在分配制度上，在重申"坚持按劳分配为主体、多种分配方式并存的制度"的同时，第一次提出"把坚持按劳分配与按生产要素分配结合起来"，"允许和鼓励资金、技术等生产要素参与收益分配"。这是社会主义分配理论上的重大突破。

（二）以建立现代企业制度为主的改革阶段

1992 年以后，中国的社会主义市场经济改革进入了一个新的发展阶段。党的十四大正式确立中国经济体制改革的目标是建立社会主义市场经济体制，党的十四届三中全会通过的《关于建立社会主义市场经济体制若干问题的决定》，确立了社会主义市场经济体制的基本框架，从而确定了改革的终极目标和具体内容，大大推动了市场经济的进一步发展。

在这一阶段的改革过程中，主要目标是要确立市场机制在资源配置中的基础性作用，为此，就要培育和建立自主的市场主体，这在我国经济中具体地表现为加快国有企业经营机制转换，建立现代企业制度，鼓励和规范市场竞争。

1993、1994 年，建立现代企业制度的任务主要是进行国有企业转换经营机制、建立现代企业制度的各项基础性准备工作。在这一阶段，颁布和实施了《公司法》、《全民所有制工业企业转换经营机制条例》、《国有企业财产监督管理条例》；按照与国际财务会计制度接轨的要求，改革了国有企业财务会计制度；对国有资产进行了清产核资；进一步落实企业在投资决策、资产处置等方面的自主权；深化企业内部管理体制的改革。同时，选取一部分企业进一步进行股份制改造。1995 年开始进入建立现代企业制度的全面试点和实施阶段。1996—1997 年出台"抓大放小"、"资产重组"、"下岗分流"和"再就业工程"等改革措施，搞活了一批国有企业，增强了企业的实力。

在推进微观基础改革的同时，其他配套改革措施也逐步推进。主要表现在：在财政体制改革方面，改革地方财政包干体制，实行分税制和中央对地方的转移支付制度；在金融改革方面，主要是逐步完善金融市场；在外汇体制改革方面，主要是形成以市场供求为基础的、有管理的浮动汇率制度；在外贸体制改革方面，主要是取消了外贸指令性计划，建立符合市场经济体制要求的外贸管理体制。

四、我国农业计划体制的形成和沿革

在新中国成立初期，为了尽快地恢复和发展国民经济，并优先较大规模地发展城市工业，以便能够尽快地奠定社会主义建设的工业化基础，需要大量的农产品和来自农业的资金积累。这在当时与我国分散、落后、生产力水平极为低下、自给自足的小农经济发生了矛盾。再加上社会上一些私营粮商，囤积居奇，大搞投机倒把，使这一矛盾表现得尤为突出。国家根本不可能根据商品生产的要求，按照等价交换的原则来取得农产品。原因很简单，一方面国家并没有足够的工业品与国家所需要的农产品等价交换；另一方面，当时我国的农业基本上是处于自然经济状态，生产的目的主要是自给自足，商品率很低，如果让农产品自由买卖，国家就会收购不到这些农产品。为了解决这一矛盾，保证国家工业建设和居民生活需要，便不得不凭借政权的力量，主要运用行政手段，把粮、棉、油等国家所需要的重要农产品利用统购统销的政策管理起来。

从 1953 年先后对粮、棉、油等重要农产品实行统购统销以后，结合我国当时的国情，我们效仿苏联农业计划管理方面的某些具体做法，一种以满足国家工业建设和居民生活需要为目标，以对粮、棉、油等重要农产品实行统购统销为核心，以主要通过流通领域来影响和有计划地调节农业生产为主要特点，以高度集中统一的行政管理为基本管理形式的农业计划体制，便在我国逐步形成了。不可否认，这适应了当时的国情，采取这种农业计划体制对于整个国民经济的恢复和发展是有利的。但是，由于这种农业计划体制，基本上是建立在自然经济的基础上，只适应新中国成立初期特定的历史条件，只是一种使农业从自然经济向商品生产基础上的计划经济转化的过渡。严格说来，还不可能构成一种真正地对农业生产总过程进行全面计划管理的制度体系。因此，它只能在短期内有效。长此以往，就会因为过度地从农业部门中取走活劳动和物化劳动而使农业经济萎缩，使作为国民经济的基础的农业遭到损害，从而使整个社会再生产过程失去平衡。

世界上一些社会主义国家经济发展的实践都证明，在小农经济占优势的国家里建立社会主义制度，大都在开始时凭借政权的力量，主要依靠行政手段从农业中取得城市工业建设所需要的农产品和资金。但是，一旦社会主义制度建立起来，国民经济恢复正常，社会主义经济的工业化基础初步形成以后，就必须及时地"转轨"，即把优先发展城市工业的战略转向利用已发展起来的城市工业和科学技术条件来加速发展农业的战略。这样做，一方面可以补偿在国民经济恢复时期过多地从农业中取走的活劳动和物化劳动，使农业得到休养生息和发展，从而持续自觉地使工农业发展的比例保持平衡；另一方面又可以为下一个周期城市工业的较大规模发展奠定更加可靠的物质基础。这既符合马克思主义关于农业是国民经济基础的理论，也符合马克思主义扩大再生产的基本原理，当然更重要的是符合我国的实际情况。

适应转轨的要求，就必须放宽农村政策，搞活农村经济，大力发展农村商品生产，彻底改革原来那种高度集中统一、管得太死的农业计划体制。始于 20 世纪 70 年代末的中国经济改革，就是从改革微观经营机制开始的。在农村，实行了家庭联产承包责任制，人民公社被废除。这种新体制的特点是农民家庭获得了土地的使用权和剩余产品的拥有权，成为农业生产和经营的基本单位，而原来的人民公社、生产大队和生产队三级集体组织大多为农户所代替。由于农民的生产积极性提高，从而使农产品产量和农民收入大幅度提高。进一步通过集体和家庭的积累，推动了乡镇企业的迅速发展，从而推动了农村新增资源配置到原先受压抑的劳动密集部门。

第三章   经济体制转轨

经济体制改革也称为经济体制转轨或制度变迁。制度变迁的方式是多种多样的，根据不同的标准，可以对制度变迁进行不同的分类。如根据制度变迁的规模来看，可以分为单项制度变迁和整体制度变迁；根据制度变迁的速度来考察，可以分为渐进式制度变迁和激进式制度变迁；根据制度变迁的主体来考察则可以分为诱致性制度变迁和强制性制度变迁。在制度变迁的实践中，这些制度变迁方式可以搭配使用。

第一节   制度变迁理论

一、社会制度——正式制度与非正式制度

制度通过提供一系列规则界定人们的选择空间，约束人们之间的关系，从而减少环境中的不确定性，减少交易费用，保护产权，促进生产性活动的发展。

对制度的构成或制度结构的分析，是制度分析的基本理论前提。概括而言，制度可以分为两大类，即正式制度与非正式制度。正式制度包括政治制度、经济制度、各种合同制度。这几种制度互相联系、互相影响：一方面政治制度决定并保证经济制度的实施；另一方面经济制度所决定的经济利益结构，也将影响政治制度。非正式制度主要是指社会习俗、习惯行为、道德规范、思想信仰和意识形态等，它是人们对其他人行为方式的稳定预期，这种预期不是基于正式制度，而是来源于社会共同知识，可以说传统文化是非正式制度的主要来源。

1. 正式制度

正式制度是人们有意识建立起来的并以正式方式加以确定的各种制度安排，包括政治规则、经济规则和契约，以及由这一系列的规则构成的一种等

级结构，从宪法到成文法和不成文法，到特殊的细则，最后到个别契约等，它们共同约束着人们的行为。人们常常将正式制度称为正式规则和硬制度。

正式制度具有明显的强制性特征。虽然这类制度也是人们自己制定或集体选择的结果，但这类制度明确以奖赏和惩罚的形式规定人们的行为。因此，社会中就需要有正式制度的维护者、实施者。而对社会成员来说，正式制度是一种外在约束，并且这种强制性还来源于利益的差别性，在正式制度约束的地方，利益的分配是"零和"的，即一部分人获益必然带来另一部分人受损，因而强制性成为实现其实施所不可缺少的工具。

一般来说，社会越复杂，越能提高正式制度形成的收益率。这是因为任何规则的制定及其实施都是需要成本或费用的，规则适用范围越广，那么制度实施的边际成本也随之下降。

新制度经济学家注意到了政治规则与有效产权形成的关系。他们认为，只有在设计一项规则使产权的预期收益大于其成本的情况下，才能导致产权的出现。在这种规则的等级结构中，政治规则的有效性是产权有效的关键。如果有明确的政治规则规制着政治当事人的活动，政治的交易成本很低，则有效产权就会产生；反之，就会出现无效产权。例如，如果人们把大量资源投入到政治交易活动中，那么生产性活动就会受到抑制，结果财富再分配领域的收益率就会大于生产领域的收益率。

如果人们对政治权力追逐的收益率大于对产权追逐的收益率，那么人们就会投入资源去追逐政治权力，从而在再分配领域实现收益的最大化。在这种情况下，只有有效的政治规则才能纠正这种扭曲的资源配置；或者说，只有制度创新或用制度的力量才能抑制权钱交易、寻租、腐败等诸如此类的问题。

因此，诺思认为，在正式制度中，政治规则通常是决定着经济规则的。例如宪法，它规定着一切经济规则。他指出，政治规则并不是按照效率原则发展的，它受到政治的、军事的、社会的、历史的和意识形态的约束。因此，一个民族完全有可能长期地停留在低效率的经济制度中。

2. 非正式制度

非正式制度是指人们在长期的社会生活中逐步形成的习惯习俗、伦理道德、文化传统、价值观念及意识形态等对人们行为产生非正式约束的规则，是那些对人的行为的不成文的限制，是与法律等正式制度相对的概念。诺思认为，在人类行为的约束体系中，非正式制度具有十分重要的地位，即使在最发达的经济体系中，正式规则也只是决定行为选择的总体约束中的一小部分，人们行为选择的大部分行为空间是由非正式制度来约束的。

非正式制度的建立在历史上早于正式制度，后者是对前者的逐渐替代，但是，由于非正式制度的文化特征，从而具有对正式制度的强大排斥能力。非正式制度也是集体选择的结果，它们的产生带有集体目的性。一般来说，与正式制度相比，更有力度的是非正式的行为准则——道德规则或社会交往中的伦理基础，这些准则是以往经验的积累，并能规范将来的行为，继而稳定社会关系。这些准则即使在发生变革时也不会变化，从而确保了博弈持续进行。

在非正式制度中，意识形态处于核心地位。诺思认为，意识形态是将个人或集体行为理性化的思维力量，根源于经验积累和对现象的解释，是一种文化学习的形式。因为它不仅蕴涵价值观念、伦理规范、道德观念和风俗习惯，而且还在形式上构成某种正式制度安排的"先验"模式。对于一个勇于创新的民族或国家来讲，意识形态有可能取得优势地位而构成正式制度安排的理论基础。从中国的文明史来看，我们在价值层面、思想层面不比西方文明差，但是我们在把价值层面的东西转化为法律、制度层面上却远不如西方国家。

二、制度变迁理论的形成与发展

戴维斯和诺思是制度变迁概念和原因的最早研究者之一。他们认为，一项新的制度安排之所以能够出现，是因为人们对它的预期收益超过了预期成本。很多的因素能够导致利润的形成，但是现在的制度安排有时不可能使我们获得这些利润。只有通过制度创新形成规模经济、使外部性内部化、规避风险和降低交易费用，才能使人们的总收益增加，创新者才可能在不损失任何人利益的情况下获取收益。

与戴维斯和诺思不同的是，拉坦对制度变迁和技术变迁的相互关系进行了分析，并且还对诱致性制度变迁模型进行了深入的研究。在他看来，制度是一套行为准则，它被用于支配特定的行为模式与相互关系。不是因为技术变迁、经济发展要求制度必须变革，而是制度变迁本身就是经济发展的力量，从而将这个观点总结为制度决定论。由此，他提出了一个诱致性制度变迁的模型，即制度变迁可能是由对与经济增长相联系的更为有效的制度绩效的需求所引致的。

　　林毅夫借鉴了西方经济学有关制度变迁的理论，在此基础上，他发展了拉坦的诱致性制度变迁的理论，并提出了强制性制度变迁的概念和理论。林毅夫定义了诱致性制度变迁和强制性制度变迁。他认为，诱致性制度变迁指的是现行制度安排的变更或替代，或者是新制度安排的创造，是由一个或一群人在响应获利机会时自发倡导、组织和实行的。强制性制度变迁则是由政府命令和法律引入和实行的。制度变迁是一种公共物品，"搭便车"的问题在所难免。如果新制度安排仅仅靠诱致性制度变迁，那么一个社会中的制度安排就会满足不了需求，因此需要国家干预以促进制度安排供给的增加。这就是所谓的强制性制度变迁。

　　布罗姆利是从制度交易的角度来分析和探讨制度变迁理论的。因为人们有对制度交易的偏好和选择，当他为增加自身利益而且预期到新制度安排能够带来足够的利益时，就会反对现行的制度结构，改变现存的制度安排，提出一种新的行为准则或所有权结构，以此作为社会经济活动的法律基础。布罗姆利沿用的仍是戴维斯和诺思等人的预期收益大于预期成本是引起制度变迁原因的观点，但是他从人们的制度交易行为来分析制度变迁的理论却是富有新意的。

　　改革开放以来，我国实施了一系列制度变迁，从而对制度变迁的理论也展开了分析和研究。杨瑞龙通过实证分析提出了我国制度变迁的三种方式："自上而下"的供给主导型制度变迁方式、"自下而上"的诱致性制度变迁方式和中间扩散型制度变迁方式。[①]从而极大地发展了制度变迁理论。他认为，我国改革之初选择的是"自上而下"的供给主导型制度变迁方式。这种制度变迁方式，由权力中心凭借行政命令、法律规范与利益刺激，在一个金字塔形的行政系统内自上而下地规划、组织和实施制度变迁。随着我国放权让利改革的深入，企业和农户拥有了一定的经营自主权，能够通过生产经营活动参与国民收入的形成和分配，利益独立化的安排具有潜在收益时，就会利用下放的决策权实施制度创新，这就是所谓的"自下而上"的制度变迁方式。不过，在自上而下的主导型制度变迁方式还存在的条件下，微观主体的制度变迁需要得到权力中心的特许才能实现，自下而上的诱致性制度变迁面临进入壁垒的障碍。在制度变迁的实践过程中，微观主体并没有因此停止诱致性制度变迁，而是选择地方政府作为突破口，进而能够推动诱致性制度变迁逐

---

　　① 杨瑞龙：《我国制度变迁方式转换的三阶段论——兼论地方政府的制度创新行为》，《经济研究》，1998（1）。

步得以实现。通过放权让利改革和财政体制改革的推进，地方政府拥有了较大的资源配置权，同时也有追求利益最大化的动机，也有一定的实力沟通权力中心设置的制度创新进入壁垒，从而使权力中心的垄断租金最大化与保护有效率的产权结构之间达成一致。这样一种制度变迁方式，就是所谓中间扩散型制度变迁方式。我国经济发展的实践表明：改革之初的供给主导型制度变迁方式逐步向中间扩散型制度变迁方式转变，并随着排他性产权的逐步建立，最终过渡到与市场经济内在要求相一致的需求诱致型制度变迁方式从而完成体制模式的转换，成功地由计划经济体制转向市场经济体制。

三、制度变迁模式的分析

（一）整体制度变迁与局部（单项）制度变迁

从制度变迁的规模来考察，可以把制度变迁分为整体制度变迁和局部（单项）制度变迁。局部（单项）制度变迁即某个方面或某个层次的制度独立于其他制度而变迁。一项或几项制度单独变迁，或者一个地区的制度独立于其他地区而变迁，历史上和现实中有很多这样的例子。这种局部变迁能够成为事实，源于各项制度或各个地区的制度所具有的相对独立性。尽管它们都是特定制度结构中的构成因素，但是，又具有相对独立的存在空间和作用方式，从而也就能够相对独立地变迁。

整体制度变迁就是特定社会范围内各种制度相互配合、协调一致地变迁，强调不同制度之间的关联和影响，彼此做出应有的反应。有人把整体制度变迁称为"一揽子式改革"，也就是按照某个目标或参照系，设计出一整套新制度，然后在短期内废除旧制度，以全新的制度取而代之。整体制度变迁的本质在于各种制度的协调、配套以及特定社会范围内各种制度之间的内在联系和互动性。没有这种联系和互动性，想实施整体制度变迁也不可能，最多只有变迁时间的一致性，却不可能有内在的联动。由于这种联系和互动性，任何社会的制度变迁，都必须考虑整体协调。

（二）强制性制度变迁和诱致性制度变迁

从制度变迁的主体来考察，可以把制度变迁分为强制性制度变迁和诱致性制度变迁。强制性制度变迁和诱致性制度变迁的区分是新制度经济学中最重要的一种制度变迁方式分类，也是目前影响较大的一种分类。

强制性制度变迁，是通过政策法令实施的，它是以政府为制度变迁的主体，程序是自上而下的激进性质的存量革命。在具体的运作过程中，强制性制度变迁也有不同的类型，应根据经济发展的实践需要，选择适合实际的类型以实现制度变迁的功能。

诱致性制度变迁是来自于地方政府和微观经济主体对潜在利润的追求，改革者主体来自于基层，程序为自下而上，具有边际革命和增量调整的性质。在改革成本的分摊上向后推移，在改革的顺序上，先易后难、先试点后推广、先经济体制改革后政治体制改革相结合和从外围向核心突破相结合，改革的路径是渐进的。其优点是：具有自动的稳定功能，具有内在的优化演进机制和广泛的决策修正机制，降低了决策失误率；激励机制持久起作用，保证了源源不断的改革动力；改革收益外溢性和改革主体的受益性，保证了改革的不可逆性。诱致性制度变迁也有一些缺陷：核心制度短时间内难以突破，制度需求缺口大；改革时间长；改革主体可能会出现逐步位移；可能导致"双轨制"长期存在，加大政府和官员的"寻租"（rent seeking）空间。

（三）激进式制度变迁与渐进式制度变迁

从制度变迁的速度来考察，可以把制度变迁分为激进式的制度变迁与渐进式的制度变迁。激进式制度变迁，还被比喻为"休克疗法"，它是相对于渐进式的制度变迁而言的，也就是在短时间内、不顾及各种关系的协调、采取果断措施进行制度变迁的方式。一般是强制性废除或破坏旧制度，制订和实施新制度。当然，不能把激进式制度变迁简单地理解为制度变迁的全部任务都在极短的时间内完成，而是意在实施制度变迁的果断性。

渐进式制度变迁，就是变迁过程相对平稳、不会引起较大的社会振荡、新旧制度之间的轨迹平滑、衔接较好的制度变迁。这种制度变迁是假定每个人、每个组织的信息和知识存量都是极其有限的，不可能预先设计好终极制度的模型，只能采取需求累增与阶段性突破的方式，逐步推动制度变迁升级并向终极制度靠拢。这种制度变迁的特征决定了从启动变迁到完成变迁需要较长时间。当然，时间长短是相对的，不同层次、不同种类制度的变迁所需时间是不同的。

渐进式制度变迁与激进式制度变迁都有被采用的价值，人们可以根据具体情况进行选择。在有些条件下可以采取渐进式的制度变迁，而在另一些条件下却只能采取激进式的制度变迁，二者各有利弊和适用条件，不能凭主观好恶简单地判断和取舍。渐进式的制度变迁所需时间长，新旧制度对峙、摩擦大，而且，本来为了缓和或不激化矛盾，协调好各方关系，却也可能使矛盾悬而未决，而且，还有可能增加新矛盾。但是，它毕竟不会引起大的社会动荡，见效虽然慢一些，但成功率较高，风险也较小。激进式的制度变迁确实可能在较短的时间内解决关键性问题，但是风险大，不成功就失败，容易造成大的社会震动，如果缺乏较强的社会承受力，就会引发社会动乱。所以，人们应该从实际出发，谨慎选择，要充分考虑两种方式的预期成本、收益和风险。

四、转轨经济中的制度需求演进

有关经济增长和经济发展的现代观点认为，制度因素比传统的生产要素更加重要。制度决定了一个国家有效利用自有资源以及在全球范围内吸引资源的能力。各个国家的经济制度存在很大不同，这也可以在相当程度上解释他们在经济绩效和福利方面的巨大差异。

制度也会随时间而变，其演变过程反映了技术变迁、市场状况以及社会和政治变化。有关制度变迁的传统观点认为，制度随着经济基础的演变而演变，从而使社会得以提高效率；而在原来的或者是较差的制度环境下，效率的提高是不可能的。换句话说，制度变迁是由提高效率的社会需求所驱动的。另一个同等重要的因素是社会通过提供法律、规则、习俗和传统等必要的制度来实现这种需求的能力。

20世纪90年代初，许多人认为转轨国家主要的经济改革会产生强烈的制度需求以提高效率和扩大新兴市场，这些制度包括产权的保护和合同的履行等等。一旦经济主体意识到这些制度符合其利益，他们就会要求政府采取必要的立法行为，或者通过自律的形式在社会基层自行建立。这一途径可以用建立私有产权的自发性来解释。一旦经济资源被配置到私人手中，有效保护私有产权的法律和监督机制将自发建立，因为这样的制度符合私有者的最大利益。取得经济地位的私有者将动用其力量促使政府采取行动，使得立法最终产生一个有效率的结果。在这一需求驱动的制度演进过程中，如果说有障碍的话，也仅仅来自制度供给方面，原因是机会主义的官僚可能会阻挠制度改革。

实际上，几乎所有的转轨国家在进行扩大市场的制度发展方面通常落后于经济自由化和私有化。

五、制度变迁与制度效率波形特征的经济分析

由于制度效率存在递减规律,这就意味着当制度效率降低到一定程度时,制度的变迁就成为必要。虽然制度具有内在的自然演进与变迁的动因,但制度变迁更重要的是在人为设计下进行。因为人为的制度安排或制度变迁更能及时地避免既有制度的效率损失,也可以获得新制度的更高效率,从而实现社会各项资源在较高水平上的优化配置。我们在对单项制度效率的倒 U 形特征分析的基础上发现,持续的制度变迁呈现出多个制度效率倒 U 形曲线相连的波型制度效率特征,并通过对波型制度效率特征的分析,确定了制度变迁的最佳选择区域,从而为制度变迁提供了一定的理论依据,并据此推动经济社会的各项变革得以顺利地进行。

（一）制度效率的递减规律与制度效率的倒 U 形特征

对制度效率含义的理解是从成本与收益对比的角度解释的。制度成本主要指制度变革过程中的界定、设计、组织等成本和制度运行过程中的组织、维持、实施等费用;制度收益则是指制度通过降低交易费用、减少外部性和不确定性等给经济人提供的激励与约束的程度。由此,制度的效率可以有两种表示方法:一种是,假定制度所提供的服务和实现的功能为既定,则选择费用较低的制度是更有效率的;另一种是,假定制度选择的费用为给定,则能够提供更多服务或实现更多功能的制度是更有效率的。

为此,我们对制度的效率分析,应在动态的情况下进行,如果既定的制度安排或制度稳定性的效率得以充分发挥之后,出现制度的僵化,则会制约制度的效率。这是因为:① 制度的效率与生产过程的技术性质有关,生产过程的技术性质会从动态上对制度的效率产生影响。生产过程的技术性质之所以会从动态上对制度的效率产生影响,是因为任何制度的产生都是由一定的生产力状况和技术水平或性质决定的,随着生产力和技术的进一步发展和进步,制度必须作出相应的变化和调整。否则,制度的效率必然会降低。② 从对制度的需求角度分析,制度效率的降低或递减在于新制度产生的新激励水平会随时间的推移逐渐降低甚至丧失。我们可以通过我国农村家庭联产承包责任制的制度变迁说明这一点。1978 年,家庭联产承包责任制突破计划经济体制下的人民公社制度,把土地承包给农户家庭经营,适应了当时中国农村的生产技术特点,突出强调了农民的投入与产出间的直接联系,极大地激发了农民的投入热情,农村经济进入增长路径。进入 20 世纪 90 年代后,随着

市场经济的快速发展，家庭联产承包责任制的缺陷逐渐暴露出来。一方面，为激励农民进行长期投资，必须保证土地承包权的稳定性；另一方面，农村人口就业结构的变化和农业产业化的发展要求土地承包权具有流动性，而由于承包制不能解决新的矛盾，难以提供更高的激励水平，因而农村经济一度出现徘徊的局面。③ 制度本身也有一个产生、发展和完善以及不断被替代的过程。

李怀指出："制度的效率'生命'曲线在达到一定点之后，会随着生存时间的递增而同时出现效率递减的趋势，一般来说，制度的效率往往和时间反相关。"① 黄少安更明确地指出："'变迁收益'是指多投入一单位变迁成本带来的制度效益的变化。'先增后减'是指一个制度在连续变迁过程中边际效益先因巨大的成本支出而从一个较低的水平上升，达到最高点以后再持续下降，呈倒 U 形。"②

黄少安用图形说明了制度效率的"倒 U 形特征"，如图 3.1 所示。

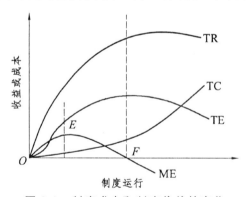

图 3.1　制度成本和制度收益的变化

一般来说，制度变革过程中的总成本和总收益都是递增的。制度变革得以实行，则收益肯定是大于成本的，所以总收益曲线 TR 一般位于总成本曲线 TC 的上方，据此得出总收益曲线 TE＝TR－TC。由此也可以得出边际收益曲线 ME，并且可以看出，在 E 点边际收益最高，在 F 点边际收益为零，但此时改革取得的效果最好，这时，收益大于总成本的额度最大。如果在 F 点之后现存制度仍在运行或制度的投入仍在增加，则边际收益 ME 为负，从而制度的总效益下降，相应的总效益曲线在达到最高点后开始下降，于是制

① 李怀:《制度生命周期与制度效率递减》,《管理世界》, 1999 (3)。
② 袁庆明:《新制度经济学》, 中国发展出版社 2005 年版, 第 45 页。

度效率曲线呈现出倒 U 形特征。正是由于制度效率的下降，甚至损失，所以就产生了制度变革的动力。

（二）制度效率的波形特征[①]

我们认为，制度效率的倒 U 形特征能充分地反映某一单项制度或一次制度变迁后的效率情况。而在一个经济社会的发展中，往往存在着持续的制度变迁的需求，制度效率的倒 U 形特征在反映持续的制度变迁效率时就具有一定的局限性。为此，从持续的制度变迁角度分析，我们可以用波形特征来反映整个经济社会持续制度变迁的效率情况。

为便于分析，我们把持续制度变迁的制度效率的波形特征分为两种情况。一是假定不同制度变迁或制度运行的效率相同，并且不同制度变迁的耗时也相同。此时，能够得到一个规则的持续制度变迁的效率的波形特征。二是假定不同制度变迁的效率不相同，并且不同制度变迁或制度运行的耗时也不相同。而此时，得到的制度变迁的效率特征就不规则。在这两种情况下的持续制度变迁中的每一个单项制度的制度效率均呈现倒 U 形特征。因此，持续的制度变迁的效率特征就表现为有多个倒 U 形曲线形成的波形曲线，也即是多个制度变迁具有制度效率的波形特征。

第一种情况，不同制度变迁的制度效率与耗时相同情况下的制度效率的波形特征。此时，制度变迁为规则的效率波形特征，如图 3.2 所示。

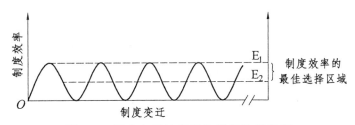

图 3.2　制度变迁的规则的效率波形特征

虽然这种严格假设条件下的制度变迁在社会现实中几乎不存在，但在其分析基础上所得到的理论结论仍有助于对社会现实制度变迁的分析。在这种假设条件下的持续制度变迁，是在一个初始的制度安排下开始的，在这种制度的效率充分发挥之后，如不进行新的制度变革以替代此制度，则会逐步地

_____

① 史继红：《制度变迁与制度效率波形特征的经济分析》，《经济研究导刊》，2007（9）。

形成制度效率的损失，因此，制度变革是必要的。但由于受到制度变迁中的时滞、路径依赖、连锁效应等因素的影响，往往使制度变迁不能在既有制度效率达到最佳时进行，而总是在一定的制度效率损失后才能得以进行，因此在持续的制度变迁中就存在一个变迁时机的把握问题，为此，我们在规范的制度变迁效率的波形曲线的下降阶段的某一点（这一点是社会现实中制度变迁的实际选择的最下界）作为允许的制度效率损失的下界，于是，可以得到一条制度变迁的最低制度效率曲线，如图 3.2 中的 E_2 线。由于持续的制度变迁除初始制度安排外，存在一系列的制度替代过程，相应地可以得出一条由各制度变迁的效率曲线的最高点连接形成的曲线，如图 3.2 中的 E_1 线，也是制度变迁的效率的最高点的轨迹。于是在这两条线之间便形成一个区域，这个区域我们可称为制度有效运行或实施制度变迁的最佳制度效率选择区域，即图中 E_1、E_2 两条线之间的区域。如果制度运行与制度变迁能够在 E_1、E_2 两条制度效率曲线之间的区域进行，则可以从客观上保证制度的效率。

第二种情况，制度变迁的效率与耗时不同的情况下制度效率的波形特征。这种情况下的制度效率是制度在社会实际运行和变革的情况下所体现出的制度效率。由于制度变迁的效率不同，所以各次制度变迁效率波形特征的波峰不同，又因制度变迁与变革的耗时不同，所以波长也不同，如图 3.3 所示。

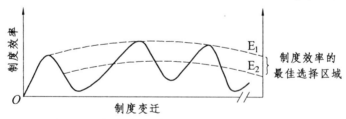

图 3.3　制度变迁的不规则的效率波形特征

从图 3.3 中可以看出，在初始制度安排的效率得以充分发挥之后，即面临制度变迁的要求。但由于不同制度的效率不同，所以各制度效率的波形特征也不同，从而体现出波峰的高低不同；又由于制度运行与变革的耗时不同，所以波长也不同。从而体现出制度变迁不规则的效率波形特征。相应的，在一个制度的效率充分发挥之后，制度变迁也受时滞、路径依赖、连锁效应等因素的影响，一般也不会在最佳时机进行制度变迁，从而也形成各制度效率的一个下界，于是产生一个制度运行与变迁的效率区域，如图中

E_1、E_2 曲线内的区域。只要制度运行或变迁能够在这个区域内进行，就能保证制度的效率。

制度变迁的波形效率特征为我们进行人为制度变迁提供了一定的理论依据。通过制度变迁的波形效率特征可以看出，E_1、E_2 曲线所形成的区域，是制度变迁的最佳选择区域，在此基础上，我们可以通过减少制度变迁的时滞、一定程度上减少对既有制度的路径依赖及不断消除制度变迁中的连锁反应，从而强化各种类型制度变迁的推动机制，尽可能充分地消除制度变迁中的各种负面影响因素，增强制度变迁的科学性，逐步缩小 E_2 曲线与 E_1 曲线之间的距离，保证制度效率在一个较高位运行，从而不仅可以提高制度变迁本身的效率，还可以提高各项制度的运行效率，从而实现经济社会的持续、快速发展。

第二节　诱致性制度变迁

诱致性制度变迁指的是现行制度安排的变更或替代，或者是新制度安排的创造，它是由个人或一群人，在响应获利机会时自发倡导、组织和实行的。诱致性制度变迁必须由某种在原制度安排下无法得到的获利机会引起。

一、诱致性制度变迁的特点

1. 改革主体来自基层

诱致性制度变迁以基层的各种行为人为变迁主体，他们为追求潜在的利润，提出相应的制度需求，从而为制度变迁提供了方向。这些行为人是新制度的需求者，也是制度安排的推动者和创新者。

2. 程序是自下而上

由于诱致性制度变迁的主体是基层的行为人或者企业，故需求的源泉就来自于基层。因为处于基层的行为人先有制度需求，然后自下而上产生对制度的需求或者对制度需求的认可，即基层政府通过行为人或者企业对制度需求的分析，发现或者认识到这种制度的利润可观，就推动或者影响上级政府，上级政府也以同样的方式影响它的上级政府，直至决策者进行制度创新。

3. 具有边际革命和增量调整性质

诱致性制度变迁的策略是在保留核心制度的前提下增加新的制度，或者对外围制度进行部分的调整，是一种典型的边际革命和增量调整式的改革，并且使边际革命与增量创新相互影响，持续扩展新体制、新机制、新制度的覆盖面。　　　·

4. 在改革成本的分摊上向后推移

诱致性制度变迁在改革成本的分摊上采取向后推移的方式，尤其在改革的初始阶段，改革措施要么被化整为零，通过分步实施向未来分摊巨额成本，要么向后推移，推迟到以后阶段，等到实施的阻力显著下降，或者大多数社会成员的累积改革收益远远超过这些成本时，再进行分摊。

5. 在改革的顺序上，先易后难、先试点后推广、从外围向核心突破相结合

一是先解决较容易的制度，再向核心制度突破，由易到难，逐步推进。二是在具体的制度上，一般都是先试点、摸索积累经验，再在面上推广。

6. 改革的路径是渐进的

诱致性制度变迁最显著的特点就是采取的是非暴力的、非突发式的方式，以一种需求试探性质的、以基层行为人或者企业对制度的需求来慢慢诱导制度的出台。在制度结构的安排上，也不是把所有的制度全部安排好，而是根据制度的需求和决策的安排，逐步地推行，以避免社会产生巨大的震荡。

二、诱致性制度变迁的优点

1. 具有坚实的组织保障机制，改革的速度和路径有可控性

依托既有经济组织推进改革，能够最大限度地减少改革的磨擦阻力，降低制度创新的风险，低成本地利用传统组织资源，可以有效地控制改革的速度，把握改革的方向。

2. 具有自动的稳定功能，改革震动效应在预期之内

由于改革决策者的稳定、改革队伍和改革主体的稳定，即使是试错式的改革，也足以把改革的负效应充分估计到，对改革的损失能够有比较充分的准备，不至于因改革而影响社会稳定，也不至于因改革措施的出台而使改革局面失控。

3. 具有内在的优化演进机制和广泛的决策修正机制，降低了决策失误率

诱致性制度变迁的主体来自基层，基层创新主体看到了潜在的利润从而产生了对制度的内在需求，正是这种逐利的驱动机制推动各种制度逐步成熟和完善。虽然改革主体来自基层，但正是这种主体才可以发现制度需求的方向和制度创新的方向，而且这种内在的优化演进的动态弹性机制具有很强的兼容性、开放性和现实性。

4. 激励机制持久起作用，保证了源源不断的改革动力

由于变迁是以基层为创新主体，基层首先获得了先发性收益，这就进一步刺激了对特定改革措施集合的需求，产生了普遍的谋求改革的行为和动力。

5. 改革收益外溢性和改革主体的受益性，保证了改革的不可逆性

诱致性制度变迁是在不触动既得利益集团的情况下，进行增量调整和边际革命，这种改革方式不仅使改革主体，也使其他各阶层受益；不仅使改革的决策者与大多数社会成员的共同利益大于冲突性利益，而且使改革者的政治绩效倍增。因此，改革收益的外溢性和改革主体的广泛受益性使制度变迁具有不可逆性，即创新主体从新制度安排中得到的好处大于创新主体回归旧制度的冲动。

三、诱致性制度变迁的缺陷

1. 改革难以彻底，核心制度难以突破，强制性制度供给长期滞后，制度需求缺口大

主要表现在：一是改革主体来自基层，变迁力量弱，无法突破核心制度。二是基层的行为人或者企业作为改革的主体，在基本的制度需求解决后，其动力就会减弱，从改革的主体地位上退下来，从而使创新缺少主体。三是程序为自下而上，无法获得强制性制度安排。四是边际革命和增量调整的改革策略本身就隐含了核心制度的稳定。因此，这种制度变迁方式就隐含了对核心制度创新的困难。同时也表明核心制度不能仅仅依靠诱致性制度变迁来解决。五是渐进改革的路径决定了制度的供给是一个先一般制度、后核心制度的渐进过程。这个渐进的过程必然会有一部分制度供给滞后，而这些滞后的核心制度的稳定决定了仅仅靠需求诱致性制度变迁是不可能从根本上解决制度需求问题的。

2. 改革时间较长

渐进式改革决定了改革不可能一步到位，需要一个很长的过程。其原因如下：一是需求诱致性制度变迁表明制度的供给是在于需求的推动，这种制度供给比较被动，而且需求与供给之间有一个很长的时滞期，这也决定了改革要经过一个很长的时期。二是试错式、边干边学式的改革决定了许多制度的安排要经过多次试用，各种制度要经过反复博弈，才可能找到比较正确的制度安排，这也是一个相当耗时的改革方式。三是自下而上与自上而下相结合的改革方式决定了下层的改革要得到上层的认可需要一段较长的时间。

3. 改革成本较大，且有向后累积的趋势

其主要表现为：一是试错式的成本大。二是渐进式的改革时间长，即使改革路径符合"帕累托改进"，但是时间消耗本身也是巨大的成本。三是改革成本向后推移，越到后期，付出的成本就会越高，而且一旦成本分摊不当就可能导致改革失败。

4. 改革主体可能会出现逐步位移

当初始的改革主体利益得到满足后，就有可能从改革主体的位置上退下来，从而导致改革主体缺位。在改革主体缺位时各种利益集团会利用这种主体缺位的机会来促使制度安排向有利于自己的方向倾斜。

5. 导致"双轨制"长期并存，加大了政府和官员的"寻租"空间

由于政府和官员是制度安排者，决定改革安排的时机、制度变革的强度、制度实施的范围，一是不可避免地会出现制度上的"搭便车"（free riding）行为，出台对自己有利的制度或使制度安排向特定的利益集团倾斜。二是拖延新制度出台的时间。因为政府和官员既能够享受旧制度的优势，又能获得新制度的创新利润。三是利用制度安排的机会，获取各个利益集团的好处，以制度安排来"寻租"。

第三节 强制性制度变迁

强制性制度变迁由政府命令和法律引入和实现。与诱致性制度变迁不

同，强制性制度变迁可以纯粹因在不同利益集团之间对现有收入进行再分配而发生。

强制性制度变迁的主体是国家或政府。国家的基本功能是提供法律和秩序，并保护产权以换取税收。根据新制度经济学的分析，国家在使用强制力时有很大的规模经济。国家在制度供给上除了规模经济这一优势外，在制度实施及其组织成本方面也有优势，作为垄断者，国家可以以比竞争性组织低得多的费用提供一定的制度性服务。例如，凭借强制力，国家在制度变迁中可以降低组织成本和实施成本。

一、强制性制度变迁的原因

1. 制度供给是国家的基本职能之一

统治者至少要维持一套规则来减少统治国家的交易费用。这些规则包括统一度量衡，维持社会稳定、安全的一系列规则。统治者也要提供一套旨在促进生产和贸易的产权和一套执行合约的程序。

2. 制度安排是一种公共品，而公共品一般要由国家提供

按照经济学的分析，政府提供公共品比私人提供公共品更有效，在制度这个公共品上更是如此。因此，人们会经常希望政府提供恰当的公共品，因此，在制度变迁的过程中，即使某一群体发现了制度不均衡以及外在利润，也尽量要求政府提供相应的制度安排。所以人们对政府提供制度这个公共品的需求是持续存在的。

3. 弥补制度供给不足

由于诱致性制度变迁会产生外部效应与"搭便车"问题，由此使制度安排创新的密度和频率少于作为整体的社会最佳量，即制度供给不足。在这种情况下，强制性制度变迁就会代替诱致性制度变迁，以弥补制度供给不足。因为政府可以凭借其强制力、意识形态等优势减少或遏制"搭便车"现象，从而降低制度变迁的成本。

二、强制性制度变迁的类型

虽然强制性制度变迁是以政府为主体的一种制度变迁形式，但是在具

体的运用过程中又有不少类型，而且各种类型具有不同功能并适用于不同的环境。

（1）从制度变迁的主体来看，可以分为两种，即以中央政府为主体的制度变迁和以地方政府为主体的制度变迁。中央政府主导的强制性制度变迁是中央政府为了追求租金最大化和产出最大化而主动安排的制度供给，这是一种典型的强制性制度变迁方式，这种制度变迁方式适合于整体性制度的安排和对障碍比较大的旧制度的变更。

地方政府主导的强制性制度变迁是地方政府为了在地方竞争中占据优势、获取地方租金和产出最大化而进行的制度安排。这又称为中间扩散性强制性制度变迁。具有较大主动性的地方政府，或者是中央授权的地方政府，根据本地实际，优先进行制度安排。这种制度变迁方式适合于需要进行试点的制度安排或者需要地方政府提供经验积累的制度创新。

（2）从对制度需求的回应来看，也可以分为两种，即需求回应性的强制性制度变迁和没有需求回应性的强制性制度变迁。需求回应性的强制性制度变迁是先有制度的需求，然后决策者根据实际适时地、主动地推进制度变迁，以满足制度的需求，解决制度缺口。也就是说，先有制度需求，然后才有强制性制度变迁。其最终目的一方面是为了获取最大化租金和产出，另一方面也是迫于基层行为人、企业和下级政府的压力，这是一种典型的制度"博弈均衡"。如果政府安排的新制度收益不能大于旧制度的收益，则无论多大的压力都很难迫使政府主动安排新制度。这种制度变迁方式适合于以需求诱致性制度变迁为基点的变迁，因为在需求诱致性制度变迁中，通过一段时间的制度需求探索，为中央政府进行强制性制度安排积累了经验，从而通过强制性制度变迁完成诱致性制度变迁不能完成的任务。这种制度变迁效率比较高，风险较低，能够提供比较符合实际需要的制度安排。

没有需求回应性的强制性制度变迁是决策者的一种主动性的、前瞻性的制度安排，它不是根据制度的需求来安排的，而是决策者根据自己的经验或者其他的制度模式来进行的强制性制度安排，其目的只有一个，就是为了获取最大化租金和产出。这种制度安排适合于对传统制度的最大限度矫正或者是新制度完全取代旧制度的制度安排。一般情况下，这种制度安排风险比较大，缺陷也比较多，需要不断地修正。

（3）从制度变迁的暴力性质来看，可以分为有暴力性质的强制性制度变迁和非暴力性质的强制性制度变迁。暴力性质的制度变迁是以基层行为人的暴动或反对集团政变方式来进行的制度变迁，其前提是暴力推翻现存的制度安排。这种制度安排方式是一种暴力革命，只在个别国家或国家的个别时期采用，不具有一般的经济学分析意义。

非暴力性质的强制性制度变迁就是以政府为主体的主动性的制度安排，政府掌握制度变迁的主动权，制度作用的对象只能被动地接受，没有选择与被选择的权力。

三、强制性制度变迁的特点

虽然强制性制度变迁有不同的类型，各种类型也有不同的特点和适用环境，但是从整体上来看，强制性制度变迁具有以下几个特征：① 政府是制度变迁的主体。强制性制度变迁使政府看到了潜在的租金或者潜在的产出，主动设计和安排制度，政府作为制度变迁的推动力量，自然是变迁的主体。这一点是各种类型的强制性制度变迁的共性。② 程序是自上而下的。因为政府是制度变迁的主体，其程序当然是政府制定制度后，由各级地方政府或者部门来推行，直到制度开始起作用。③ 具有激进性质。不管是整体性制度创新，还是单项制度安排，都不是渐进的，而是制度一出台就一步到位，具有明显的激进性质。④ 具有存量革命性质。对整体性制度变迁，强制性制度安排能从核心制度开始进行改革，而不必像诱致性制度变迁那样先从核心制度的外围开始，逐步深入。

四、强制性制度变迁的优点

强制性制度变迁的优点主要表现在以下几个方面：① 推动力度大。由于政府是变迁的主体，对制度安排的力量比较大，只要政府下决心，制度必定能迅速安排好。② 制度出台的时间短。强制性制度变迁不需要像诱致性制度变迁那样，要通过较长的时间探索，它能够较快满足制度需求，不存在强制性制度供给不足或者制度需求缺口过大的问题。③ 能够保证制度安排较好地运行。④ 对旧制度的更替作用巨大。从这个角度看，有着减少试错成本、减少制度需求不足而引发的各种制度损失的好处。

五、强制性制度变迁的缺陷

这主要表现在以下几个方面：① 低效性。因为制度供给是根据经验而不是根据现实的需要，所以制度可能符合发展的需要，也可能不符合发展的需要，低效性不可避免。② "搭便车" 行为不可避免。由于决策者或者影响决策的利益集团会利用制度供给的机会为自己牟取好处，而这时由于没有制度需求集团，因此，没有任何监督机制，也就是说，制度供给者、安排者与今后制度作用对象存在严重的信息不对称。③ 制度破坏性大。由于强制性制度约束性强，一旦不符合实际需要，便可能对社会的发展造成极大的破坏。正因为强制性制度供给存在这些问题，决策者一直比较谨慎，不敢轻易采用。④ 社会震荡大。因为强制性制度变迁是对既得利益集团各种利益的调整，并且这种调整缺乏一定的缓冲时间，震荡是不可避免的。⑤ 风险高。这是因为一旦强制性制度变迁在现实中推行遇到问题，便会带来社会的强烈反映，如果处理不当，会发生大的社会动荡。

强制性制度变迁的局限性还表现在，强制性制度变迁尽管可以降低组织成本和实施成本，但它可能违背了一致性同意原则，一致性同意原则并不仅仅是一个政治范畴，而且还是一个经济范畴。从某种意义上说一致性同意原则是经济效率的基础。某一制度尽管在强制运作，但它可能违背了一些人的利益，因而这些人可能并不按这些制度规范自己的行为，则这类制度就很难有效率。

六、诱致性制度变迁与强制性制度变迁的比较

新制度经济学为了更好地揭示制度变迁的规律，根据制度变迁主体的不同，把制度变迁划分为诱致性制度变迁和强制性制度变迁这两类具有代表性的模型。其实它们之间是相互联系、相互制约的关系，共同推动着社会的制度变迁。在社会实际生活中，诱致性制度变迁与强制性制度变迁是很难划分开的。因此，诱致性制度变迁与强制性制度变迁是相互补充的。这种相互补充有两方面的含义：一层含义是当诱致性制度变迁满足不了社会对制度的需求时，由国家实施的强制性制度变迁就可以弥补制度供给不足；另一层含义是制度作为一种公共品也并不是无差异的，即制度是有层次性、差异性及其特殊性的，有些制度供给及其变迁只能由国家来实施，如法律秩序等，即使这些制度变迁有巨额的外在利润，任何自发性团体也无法获取；而另外一些制度及其变迁，由于其适用范围是特定的，它就只能由相关的团体来完成。这后一类的相互补充并不是由成本-收益比较原则决定的，而是由制度的差异性决定的。

诱致性制度变迁与强制性制度变迁虽然都是对制度不均衡的反映,都遵循成本-收益比较的基本原则,但是这两种制度变迁模式又存在一些差别,主要表现在:

(1)制度变迁的主体不同。诱致性制度变迁的主体是个人或一群人,或者一个团体;而强制性制度变迁的主体是国家或政府。诱致性制度变迁主体集合的形成主要是依据共同的利益和经济原则,国家这个制度变迁主体进行制度变迁的诱因要比竞争性组织更复杂。

(2)两类制度变迁的优势不同。诱致性制度变迁主要是依据一致性同意原则和经济原则。如果它能克服外部效应和"搭便车"之类的问题,那么它在制度变迁中将是最有效的形式之一。而强制性制度变迁的优势在于,它能以最短的时间和最快的速度推进制度变迁;它能以自己的强制力和"暴力潜能"等方面的优势降低制度变迁的成本。总之,这两类制度变迁模式都有自己的比较优势,它们之间是一种互补关系而不是一种替代关系。

(3)两类制度变迁面临的问题不同。诱致性制度变迁作为一种自发性制度变迁过程,其面临的主要问题是外部效应和"搭便车"问题。而强制性制度变迁却面临着统治者的有限理性、意识形态刚性、官僚政治、集团利益冲突和社会科学知识局限等问题的困扰。因此在实践中,一些国家适用于诱致性制度变迁方式,而另一些国家则适用于强制性制度变迁。

第四节 激进式制度变迁

激进式制度变迁也称为激进式转轨道路。在20世纪50年代末60年代初,随着生产力的发展,原有的计划经济体制的弊端充分暴露出来,使转轨或过渡问题逐步提上日程。转轨或过渡的主要含义,是指历史发展过程中的一种特殊的质变状态,是社会结构剧烈的、整体的和根本的变化,即通常所说的社会转型。

一、激进式转轨道路的内容与特征

转轨或称过渡,是指由计划经济体制转变或过渡到市场经济体制,即通常所说的市场化或实现经济调节市场化。我们通常所说的转轨或过渡主要是指20世纪70年代和80年代社会主义计划经济体制向市场经济体制转轨。由于各国国情不同，其转轨道路也不同，大致分为两种：一种是以苏联为代表的激进式改革道路；一种是以中国为代表的渐进式改革道路。

（一）激进式转轨道路的背景与理论基础

激进式转轨亦称"休克疗法"（shock therapy），是美国经济学家杰弗里·萨克斯（Jeffrey Sachs）等人为拉美、东欧国家设计的，其理论基础是新自由主义。该经济学派面对 20 世纪 70 年代后西方国家长期采用的凯恩斯主义所带来的"滞胀"等问题，反其道而行之，重提"供给自动创造需求"的"萨伊定律"，认为通过市场供求作用的自动调节，就能够达到充分就业均衡，使资源得到充分利用。他们反对政府干预，认为政府的过度干预是危机的根源。在财政政策上，主张量入为出，反对财政赤字，通过减税节支，达到收支平衡。在货币政策上，主张稳定物价，反对通货膨胀。

"休克疗法"首先使用于拉丁美洲的一些国家，因为在 20 世纪 80 年代，玻利维亚等拉丁美洲国家曾经发生了严重的通货膨胀，于是制定了主要内容是尽可能最大限度的自由化、尽可能最快的私有化，并且在财政金融方面采取强硬态度的政策。由于采用"休克疗法"，拉美国家在较短的时间内，成功地解决了通货膨胀问题，缓解了债务危机，稳定了宏观经济形势，被称为"拉美奇迹"。在 20 世纪 90 年代初期的东欧国家，面临的也是同样的通货膨胀形势，治理通货膨胀被作为最重要，也是最棘手的问题，于是，"休克疗法"又被运用到这些国家。"休克疗法"在波兰取得了成功。俄罗斯也决定采用"休克疗法"，他们邀请了包括萨克斯及弗里德曼等诺贝尔奖得主齐集莫斯科，作为顾问，出谋划策。1992 年，当时的盖达尔政府正式启动"休克疗法"，用货币主义政策来治理俄罗斯的通货膨胀。俄罗斯之所以采取"休克疗法"，是因为在外部，拉美、波兰等国家采用的"休克疗法"获得了成功，在俄罗斯产生极大的启示和示范效应。在内部，由于从 20 世纪 50 年代的赫鲁晓夫到 80 年代的戈尔巴乔夫，都对当时苏联的计划经济体制进行了改革，但收效甚微，从而使他们产生了采用"休克疗法"的思想。

（二）激进式转轨道路的主要内容

1. 加快所有制改革，实行私有化

所有制是整个经济体制的基础，计划经济体制是建立在公有制基础上的，"休克疗法"则认为市场经济体制只能建立在私有制基础上，只有通过私有化，才能为其他方面的转轨奠定基础。据此，这些国家掀起了一场私有化浪潮，把原先大量存在的国有企业、集体企业转变为私有企业，由于这些企业规模很大，单个人根本无法拥有，因此一般将其改造成股份企业。在不同国家，私有化途径是不同的，有些国家是通过向全社会公开出售股份来实现私有化，有些国家是通过向企业内部职工出售股份来实现私有化，有些国家也存在政府官员和企业管理人员相结合，以种种非法手段把企业财产化公为私的情况。

2. 放开价格，实现经济自由化

在计划经济体制下，存在着严重的物资"短缺"现象，但是由于价格没有放开，国家通过行政手段，维持一种虚假的低物价，从而使价格失去了调节供求的功能。而"休克疗法"则主张必须放开物价，这样做固然在短期内会使物价进一步大幅度上升，但是，这种高物价在经过一段时间的运转后，可以刺激生产者增加供给，还可以使消费者自动压缩需求，从而趋向市场均衡状态，物价随之下降。而且，放开物价还会刺激本国企业与外国企业展开竞争使国内外市场接轨，从而提高本国企业的生产效率和产品质量，从长远来看，有利于增强本国企业竞争能力，扩大出口。

3. 紧缩银根，控制信贷，回笼货币

在物价放开的情况下，如果对货币发行量不加控制，势必会造成物价在一段时间内的暴涨，其结果不但不能治理通货膨胀，反而会加剧通货膨胀。"休克疗法"根据货币主义理论，认为政府必须实行严格的货币政策，严格控制货币发行量和流通量，以此切断通货膨胀的源头。据此，要对信贷规模实行控制，其手段是提高贷款利率，以此限制投资规模。特别是对那些单纯为了弥补国家预算赤字，没有物资保证的货币发行更加严格控制。为此，财政要量入为出，保证收支平衡，要严格控制由集体消费引起的财政支出增加。这些措施在短期内有可能使生产下降，失业增加，但经过一段时间的运转之后，国民经济就会步入良性运转轨道。

4. 使本国货币在国际上自由兑换，并且实行贸易自由化

计划经济体制是一种封闭性体制，其国民经济实行内部循环，对外交往也有局限性（一般在社会性质相同的国家范围内进行）。在"休克疗法"中，这些国家都要加入到经济全球化浪潮中去，融入国际市场体系。因此，其外

贸政策及货币政策是开放型的，鼓励出口，降低关税，减少壁垒，以此迫使国内企业提高素质，参与国际竞争。

（三）激进式转轨道路的特征

1. 转轨彻底

由于激进式转轨道路的理论依据是新自由主义，而新自由主义对凯恩斯的国家干预理论和政策持否定态度，对计划经济体制更不赞成，因此，其转轨目标是彻底摒弃计划经济体制，建立一个自由的市场经济体制。

2. 转轨速度快，时间短

激进式转轨道路主张在一个较短的时间内，通过大力度的措施，结束转轨，减少由于新旧体制并存带来的摩擦和矛盾，"休克疗法"就是对它的生动描述。按照萨克斯的解释，它就是"采取迅速而果断的行动，以激进式的、一步到位的方式，来稳定宏观经济，同时向市场经济转轨"。

二、对激进式转轨道路的评价

（一）转轨道路评价的标准

1. 转轨目标要明确，应有利于建立一个真正的，既坚持市场经济共性，又符合本国国情的市场经济体制

这实际上是从收益方面对转轨道路进行评价，转轨本身就是指从计划经济体制向市场经济体制转变，因此，是否真正摒弃了计划经济体制和建立了市场经济体制，应该是评价转轨道路优劣的主要标准，只有最终建立了市场经济体制，才能说转轨的结束与成功。反之，如果以某种变相的方式曲解了市场经济体制的真谛，就很难说它是成功的。当然，由于各国国情不同，所选择的市场经济体制不可能强求一律，应符合本国国情。

2. 转轨成本要尽可能小，尽量减少转轨过程中的损失总量

作为一项大的经济与社会变革，转轨无疑要付出一定的成本，这在各国都是不可避免的。转轨成本有经济方面的，也有社会和精神方面的，但主要是经济方面的成本。经济成本包括转轨期间的经济增长速度的下降甚至负增长、物价水平的上涨、失业率的提高等。

3. 对转轨成本与收益的评价要有一个合理的时间界限

合理的时间界限应该是从转轨开始到转轨完成的整个过程。激进式的转轨道路由于持续时间短，因此单位时间内分摊的成本密度较大，而渐进式转轨道路由于其持续时间较长，因此单位时间内分摊的成本密度较小，但并不意味着总成本小。

4. 不应该从意识形态出发来评价转轨道路

评价经济转轨主要是涉及经济体制转变，而并不涉及政治制度和意识形态因素。

（二）激进式转轨道路的优点

1. 在较短的时间内完成了转轨任务，建立起了市场经济体制

采用激进式转轨的国家虽然在转轨初期，都发生了严重的经济衰退、通货膨胀、物资短缺、失业率上升等问题，整个社会及广大人民群众为此付出了一定代价，但经过一段时间的整合和运作，都逐步克服了这些问题。

2. 成功地避免了两种体制并存所产生的矛盾与摩擦

由于激进式转轨道路速度快，时间短，避免了由于计划经济体制与市场经济体制并存所产生的诸多矛盾与摩擦，从而进展较为顺利，而且没有留下体制与政策上的漏洞。

（三）激进式转轨道路的缺点

1. 操之过急，脱离实际

经济转轨是一场制度变迁过程，而制度是由国家规定的正式约束、社会认可的非正式约束和实施机制构成，正式约束只有在社会认可，即与非正式约束相容的情况下，才能发挥作用。激进式转轨道路虽可以在很短的时间内摧毁计划经济体制中的正式规则，但计划经济时期所形成的非正式约束，包括意识形态、伦理道德、行为规范、风俗习惯却无法在短期内改变，在这些方面，还存在很大的路径依赖效应。所以，"休克疗法"虽然可以在短期内建立起市场经济的法律法规框架，却无法建立起市场经济的民主、自由和竞争的精神，从而导致正式约束也无法有效地发挥作用，出现了混乱无序状态。因此，要想真正彻底地完成经济转轨，恐怕需要更长的时间。

2. 完全照搬外国模式，不一定符合本国实际

同样是"休克疗法"，在不同国家却产生了不同的效果。由此说明，各个国家在选择体制模式和转轨道路时，必须从本国国情出发，不宜盲目照搬其他国家的模式与道路。

3. "休克疗法"本身具有副作用

20世纪90年代中期，国际货币基金组织等机构和经济学家总结"激进式转轨"的经验教训，认为"休克疗法"存在许多缺陷，如忽视市场经济制度基础的建立及金融体系的完善，在对国有企业进行私有化之前没有进行商业化，在"解除管制经济"时缺乏有效的企业管理，缺少竞争机制，法律和司法制度不健全，地方政府能力低下，缺乏支撑新兴市场经济和公民社会运作的非政府组织等。在此基础上，强调制度基础是持续增长最重要的因素，必须改革司法制度并提高效率，发挥政府的宏观调控能力，加强地方政府职能，加快非政府组织的发展，完善金融体系。

（四）俄罗斯激进式转轨失败的原因

因为俄罗斯的改革不是从激励机制入手的，也不是从放松准入入手的，而是从放松价格、产权改革开始。这样一来，私有化改革导致了物价飞涨，引致了改革的失败。原因主要有：① 当时大多数国有企业是垄断企业，如果没有国家控制，其垄断定价必然很高；② 俄罗斯经济中很多生产链条中断了，因为以前靠国家的调拨，放开以后，下游企业不一定买上游企业的产品或者没钱买上游企业的产品，这样生产链条就中断了；③ 当时俄罗斯国家的财政能力下降，统收统支取消后，国家税收状况不佳，但补贴没有减少，从而造成大量财政赤字，于是货币发行失控，导致物价上涨过快。

第五节　渐进式制度变迁

一、渐进式转轨道路的内容与特征

渐进式制度变迁也称为渐进式转轨道路，是与激进式转轨道路相对应的一种制度变迁方式。

（一）渐进式转轨道路的背景与理论基础

渐进式转轨道路主要为中国等亚洲国家和匈牙利、白俄罗斯、乌克兰等东欧国家所采用，当然，在上述激进式转轨的国家中在对其转轨战略调整时，也部分地采用了渐进式转轨道路的某些做法。

匈牙利渐进式转轨的理论基础，主要是该国著名经济学家科尔内的转轨理论，其主要观点是：① 私有化占主导地位是良好的市场应具备的必要条件但不是充分条件，私有化是一个漫长的过程，要一步一步地进行，其具体方式不应该是无偿奉送，而应该按照市场原则出售或出租；② 要保持强有力的政府，以发挥宏观调控作用，恢复预算平衡，加强企业硬预算约束，完善社会保障制度等。

中国渐进式转轨的理论基础是建设有中国特色社会主义理论，其要点包括：

（1）经济体制改革是一项复杂的、系统性的工程，没有现成的经验可以照搬，因此要不断探索，"摸着石头过河"。"摸着石头过河"是一个处理不确定事物的方法，即根据反馈，作出调整，排除在某一点发生大起大落和突变的可能性。在一定程度上，这个中国式的方法与西方试错法很接近。试错法追求的也是分步尝试和逐渐增长，而不是突然的变化。但"摸着石头过河"的方法与试错法不同，前者具有明确具体的目标，这与欧·兰格（O. Lange）1936 年的市场社会主义模型中用来达到市场均衡价格的方法没有任何关系。兰格用的试错法主要是指用来达到供求均衡点的技术过程，相反，"摸着石头过河"包含了整个经济体制改革的哲学方法论。"摸着石头过河"的方法揭示了要控制变化过程的决心、对改革过程中存在种种不确定因素的猜测和预感、处理临时和过渡性信息的重要性，以及对有关实质信号作出反应的愿望。按照这种理念，不确定性并不稀奇可畏，而应当作改革中常常要遇到的事物的一个特点。"摸着石头过河"因而促进了无休止探索的发展，无休止探索本身就是个学习方法，也是渐进改革过程的一部分。从更笼统的意义上说，"摸着石头过河"使改革运动超越了偏见的限制、意识形态的承诺和知识的局限。尤其是在改革早期，这个方法帮助中国人克服了正统观念的障碍，鼓励合理和理性的决策。虽然"摸着石头过河"在国内外受到各种批评和抨击，但它客观上使中国人在选择和革新经济制度时，获得了巨大的灵活性和创造性。

这种改革方式在早期表现出的一个显著特征，是依靠所谓的封闭式来源信息，即中国自己经验的总结和批判，并从中提炼出的改革原理。这些总结和批判是以中国当时所处的计划经济体制和运行经验为参照引导的。换言之，试验原型和政策选择主要限于直接经验和直觉。与封闭式方法相对应的是开放式方法，它从所有的经济形式中提取参照事物和模式。

当"摸着石头过河"这个方法使改革形成无止境探索、以效益为驱动逻辑时，由于明显依赖第一手证明，它也限制了改革的发展。另外，加之经验只提供一小部分潜在选择和信息，使通往迅速发展现代化的道路也受到了一定的影响。

（2）改革是一项经济社会变革，需要一段较长的时间，逐步推进，分阶段进行。

（3）改革是社会主义经济制度与体制的自我完善，它必须在坚持社会主义性质的前提下进行，社会主义的本质是公有制和共同富裕，改革的目的是建立社会主义市场经济体制。

（4）要正确处理改革、发展、稳定的关系，改革是手段，发展是目的，稳定是前提，要避免改革过程中出现经济衰退和社会动荡，要在一个稳定的社会环境下进行改革。

（二）渐进式转轨道路的主要内容

1. 匈牙利渐进式转轨的主要内容

（1）实行私有化，但强调私有化的"公开性、竞争性和监督性"，通过直接向国内外出售国有企业的方式实现。

（2）放开价格，逐步实现价格自由化。

（3）实现外贸自由化，逐步使本国货币贬值并实现自由兑换。

2. 我国渐进式转轨道路的主要内容

（1）在所有制结构改革上，并非一味强调私有化，而是致力于建立一种以公有制为主体、多种所有制经济成分共同发展的所有制结构，把各种所有制经济视为社会主义市场经济的有机组成部分。针对转轨前清一色的公有制结构，一方面大力发展非公有制经济，另一方面通过建立现代企业制度，把国有企业真正培育成独立的市场主体，以实现对国有经济布局的战略性调整。

（2）在收入分配体制改革上，首先打破平均主义，贯彻按劳分配原则，进而提出把按劳分配与按生产要素分配相结合的原则，多种分配方式并存，效率优先，兼顾公平。

（3）转轨始自农村，其内容是把过去高度集中的人民公社体制转变为家庭联产承包责任制，把它作为农村的一项基本经济制度稳定下来，在 1998 年前后的第二轮土地承包政策中，把承包期延长到 30 年，赋予农民长期而有保障的土地使用权。

（4）国有企业的转轨几经探索，最后确定其方向是建立现代企业制度。

（5）在价格改革上循序渐进，依据市场供求关系的变化及消费者承受能力，从以调为主到调放结合，最后再到全面放开，形成市场决定价格的机制。

（6）适时推进社会保障制度改革，建立适应社会主义市场经济要求的社会保障制度，建立多层次的社会保障体系。

（7）加快参与全球经济一体化的进程。

（8）转变政府职能，强调政府的宏观调控作用，并不断完善宏观调控体系。

（三）渐进式转轨道路的特征

（1）整个转轨先易后难，从局部到整体。

在我国的渐进式转轨中，首先从农村开始，在农村改革取得成功后，再向工业和城市推进；在工业与城市中，也并非一下子全面推开，而是从一个部门、产业再到其他部门和产业；在对外开放中，也是从经济特区开始，到沿海开放城市、开放地带，再到全面开放，以至最后加入 WTO；在建立现代企业制度中，先进行试点，取得经验，完善方案，再全面铺开。经过这种由点到面的推进，最后实现整体转轨。

（2）转轨分阶段进行，分步到位，持续时间长。

（3）自下而上的转轨同自上而下的转轨相结合，强制性转轨与诱致性转轨相结合。

自下而上转轨与诱致性转轨是指尊重群众的首创精神，由基层群体所产生的制度需求冲动引发的、最终得到认可并强制实施的转轨方式。例如农村经济转轨，家庭承包经营制就是农民群众在上级组织不太理解与支持的情况下自发搞起来的，乡镇企业的兴起与发展也如此。而自上而下的转轨和强制性转轨是指由上级组织作出决策，责令下级组织和群众必须参与。这类转轨一般会使当事人的利益在一段时间内有所减少，从而可能遭遇相应的抵制，但从整体与全局看，则是必要的，因此必须通过上级决定与发动来推行。例如城市住房制度、医疗制度和养老制度等制度的转轨。

（4）体制内转轨与体制外推进相结合。

体制内转轨是指原有体制存量即国有企业、集体企业的转轨，而体制外推进则是指新形成的个体、私营和外资经济等体制增量对公有制企业转轨的压力和示范效应。在所有制结构变化中，形成了大量非公有制企业，它们从一开始就按市场经济规则运行，充满生机和活力，与原有的国有、集体企业展开激烈竞争，从而对其造成巨大压力，迫使其加快转轨步伐，否则就会面临被淘汰的危险，而非公有制经济成功的经营机制，也对公有制企业转轨提供了示范效应。

（5）改革、发展与稳定相结合。

在渐进式转轨道路中，不以牺牲发展为代价来换取转轨，强调转轨仅仅是一种手段。同时，转轨不应该引起社会动荡，要在一个稳定的社会环境中进行转轨，以谋求发展。

（6）经济上的市场化同政治上的多元化相分离。

在经济转轨中，最终目标是要建立市场经济体制，而在政治上，则要坚持中国共产党的领导，不搞西方式的政治多元化，整个转轨都要在共产党的领导下有序地进行。当然，在政治体制改革中，也要不断完善党的领导，建立社会主义民主和法制。

（四）渐进式转轨成功的原因

根据林毅夫的分析，我国渐进式转轨道路成功的原因主要在于：① 放松准入，使非国有主体可以进入那些被压抑的部门，使生产得到发展；② 所有转轨的国家对微观经营都有很多干预，微观主体的积极性就会降低，因此，只要能提高微观主体的积极性，建立有效的利益激励机制，产量就会增加，效率就会提高，资源就会被投资到被压抑的部门中去，经济增长就会加快；③ 国家没有放弃对那些没有自生能力的部门的保护，从而中国能够同时维持稳定与发展。

二、渐进式转轨道路的评价

（一）渐进式转轨道路的优点

（1）避免了激进式转轨道路中所发生的短时期内大幅度的经济下降和剧烈的社会动荡。

（2）有效地分散和缓解了社会矛盾。

由于经济转轨中包含着大量的利益关系调整，会引起利益损失者的不满甚至抵触，而且在体制转轨中，人们长期养成的观念与生活习惯等也有一个转变适应的过程。在转轨引起的矛盾总量一定的情况下，渐进式转轨由于持续时间较长，从而把矛盾分阶段、分步地释放，使人们能够逐步适应和承受，这就可以避免激进式转轨在短期内集中释放矛盾，超过人们承受能力后引起的社会动荡。因此，凡是实行渐进式转轨的国家，经济和社会局势都比较平稳。

（3）减少了激进式转轨中由于决策失误引起巨大损失的机率。

在渐进式转轨中，往往先是在局部地区搞试点，取得经验，并发现问题，完善决策，即使第一次决策失误，其损失也仅限于一个小范围内。这就避免了在激进式转轨中，由于一步到位、全面推开，而决策失误时所造成的大面积损失的情况。

（4）符合我国的基本国情。

正如萨克斯指出的，中国是一个农业社会，儒家文化源远流长，人民群众能够吃苦耐劳，这些都有利于发展经济，有利于培育私营经济。同时，中国还有众多的海外华人，在对外开放政策的引导下，他们回国投资，也为发展经济作出了重要贡献。儒家文化中包含的服从和集中思想，也为政府调控提供了必要的文化土壤。

（二）渐进式转轨道路存在的问题

1. 分步到位导致转轨耗时较长

在渐进式转轨道路中，由于采取先易后难，分步到位的策略，致使转轨速度较慢。尽管我们已经建立起了社会主义市场经济体制，但原有计划经济体制中一些深层次的核心内容，至今仍未完全转变，例如国有企业改革问题，电信、民航、电力、石化、粮食流通等所谓基础性产业的国家垄断和专营问题，还未得到根本解决。此外，社会保障制度建立耗时过长，速度太慢，不能适应经济社会发展的需要。

2. 政府职能未实现彻底转变

渐进式转轨道路的一个显著特点是保留了较多的政府干预，甚至计划经济体制中的一些本质性内容也被变相地保留了下来，所以，政府职能迟迟得不到彻底转变，一个明显的表现就是保留了大量的行政审批制度。由此产生的问题，一是政企分开难以真正落实；二是行政机构改革举步维艰；三是政府官员腐败的体制基础和土壤仍然存在。因此，还需要进一步完善宏观调控体系，彻底转变政府职能。

3. 收入差距过大，可能引发社会不稳定因素

在渐进式转轨理论中，一方面强调效率优先，另一方面强调最终实现共同富裕。但是在具体的操作上，由于对力度与时机把握不当，导致收入差距过大。由此引起了一些低收入阶层的不满，加上对腐败现象的痛恨，构成我国近年来社会不稳定的潜在因素。

第六节 我国渐进式改革的实践方式与成功经验

世界银行《2020年的中国》报告（1997）指出，支持中国经济自1978年以来持续高速增长有四个重要条件：高储蓄率和高投资率；经济结构的变革；选择了适合中国特殊国情的务实和渐进的改革方式；市场化改革。据此可以认为，中国能够比较成功地推动经济改革，很大程度上得益于"渐进式"的改革方式。

把中国的改革视为一场"渐进革命"，这包括了两个方面的含义：首先，中国的改革就其本质而言是一场革命，它从根本上改变了国家计划经济体制的主要特征，使其朝着市场经济方向发展；其次，中国改革就其演进过程而言是渐进变化的，显示出一种渐进变化的方式，并且实质上深刻地改变了计划经济体制，使其转向了市场经济体制。实践已经证明，渐进改革能够取得革命性的效果。这是中国改革成功经验的关键所在。

一、我国渐进式改革的实践方式

中国渐进式改革首先从农村的农业开始，然后推向城市的工业，之后在全国全面推开，这一改革过程可以从表3.1体现出来。

表 3.1　中国经济体制改革的发展阶段

大阶段	1978—1992 年		1992—2020 年	
	感性发展阶段：试验性、探索性破坏旧体制		理性推进阶段：系统性、主动性制度创新	
小阶段	1978—1984 年	1984—1992 年	1992—2005 年	2005—2020 年
	农村改革为重点	城市改革为重点	建立新体制框架	完善新经济体制

在我国整个的改革过程中，具体的改革实践方式则主要体现在以下几个方面：

（一）体制外改革

所谓体制外改革是在计划经济制度之外，发展新的市场主导部门，使其成为推动市场化改革的基本动力之一。在中国市场化改革过程中，这种体制外改革主要表现为产权制度的体制外改革，即允许在国有经济之外发展非国有经济；定价制度的体制外改革，即允许一些新产品的自由定价；市场组织的体制外改革，即允许在计划分配体制之外建立自由市场，等等。

中国的经济体制改革，是在中共十一届三中全会特别是在 1980 年 9 月中共中央印发的会议纪要《关于进一步加强和完善农业生产责任制的几个问题》中，允许"在那些边远山区和贫困落后的地区"，"包产到户"、"包干到户"以后在农村中开始的。仅仅用了两年多时间，全国广大农村就初步实现了由生产队集体经营为主到家庭个体经营为主的转变。到 1984 年，中国基本完成了农村微观基础变革的任务。1978—1984 年短短的六年间，以不变价格计算的农业总产值年均增长率为 6.05%，是 1949 年新中国成立以来农业增长最快的时期。在此基础上，以集体所有制为主的乡镇企业也蓬勃发展起来，从而形成对国有经济的竞争压力。于是，在 1984 年城市经济改革全面推开前后，国有企业先后进行了利改税、拨改贷、企业承包制等改革试验，这些改革措施都是在竞争压力下内生出来的。

正是由于非国有部门改革的迅速推进带来的竞争压力及由此带来的巨大改革成效的"示范效应"，促进了原有的国有部门改革。1984 年中共十二届三中全会通过了《关于经济体制改革的决定》，宣布了城市经济，主要是国有部门改革的全面展开。

事实上，体制外改革的好处主要在于能够趋易避难。体制外不存在由既定制度规定的利益格局，一般没有改革的受损者，所以也就不会遭到反对，是一种有效的帕累托改进；它避免了旧的计划制度的惯性对新制度安排的排斥；它对改革过程中日益活跃起来的非国有经济起到了缓释经济震荡的"减震器"作用，是支持经济繁荣的稳定力量。

（二）增量改革

与体制外改革不同，增量改革是在体制内，是在原有的计划经济系统内的一种改革方式。它不从资产存量的再配置上入手，而是着眼于让市场机制在资源增量的配置上发挥作用，这样就会使增量部分不断扩大，计划经济的存量比重逐步缩小。具体的做法是：允许国有企业或农民对完成政府承担的义务以后的增量部分，自主决定价格、销售方式和收益分配；国有企业的工人，可以采用"老人老办法，新人新办法"，即用计划经济中隐含的企业与工人的"合约条件"对待老工人，而用自由缔约的方式来聘用新工人，等等。

增量改革是渐进式改革的重要特征，它在尊重原有计划制度及其界定的利益格局的前提下，实现了市场机制在计划体制内的生长和壮大。它的好处之一是可以降低矫正产业结构不合理的成本。传统计划经济体制下重工业优先发展战略造成中国经济增长的矛盾之一就是产业结构失衡，即重工业比重过高，农业、轻工业发展受抑制。在实行增量改革以后，国有企业在完成计划任务以后，可按市场信号配置资源增量，而在利润动机的驱使下，通常就会将新增的资源配置到受抑制的部门。一些原来受抑制的部门在获得发展后，也会将其新增资源配置到受抑制的本部门或相关部门，如农民将农业中的新增资源用来发展林业、牧业、副业和渔业以及乡镇企业。特别是乡镇企业的发展大大矫正了偏斜的产业结构，因为它们大多要通过支付市场价格来购买资源，其产品结构比国有企业更接近于中国资源的比较优势，因而从增量上改变了中国传统的重工业畸重的产业格局。新增的资源越是向受压抑部门倾斜，经济增长速度就越快，改革就能及时获益并只需支付较低的改革成本，这样改革易获得最大限度的支持，从而使政策获得持续性。增量改革的好处之二是可以平衡好稳定与速度的关系。因为在实行增量改革的过程中，整个经济形成的增量部门由于市场机制发挥重要作用而具有较高的效率，保证了经济的高速增长；而传统的存量部门，计划机制和行政命令仍在相当程度上发挥重要作用，在现实的改革进程中，它以牺牲一定的经济效益为代价来避免大量失业及由此造成的社会剧烈震荡，保证了改革的稳步推进。但是增量改革也不是没有成本的，因为这种改革方式是在新旧体制的冲突和交替中发挥作用的，因而并没有实现经济效益的最大化，而且增量改革是以价格双轨制为前提的，在这种条件下，经济主体更倾向于通过寻租获取收益，而不是完全依靠市场竞争力，这无疑也会阻碍竞争性市场体系的形成。

（三）试验推广

这一改革方式的含义是，将市场化改革限定在一定的范围（如地区、产业甚至是企业）内，取得经验后才在更大范围乃至全国加以推广。分析中国的经济改革，几乎每项改革措施都是从较小范围内的试验开始，在改革试点取得一定成果并积累了有关经验，群众有了心理准备以后，才加以推广，如家庭联产承包责任制的推行过程、企业承包制的试行和经济特区的创建等。

这种改革方式的主要优点是能尽可能地降低并分散改革风险。要保证改革成功就应尽可能避免大的失误和过高的成本，使人们能从改革中及时获得净收益，但是由于现实生活中信息的不完全，必然会使改革措施的结果具有不确定性。以局部的、试验性的方式进行改革可以避免大的全局性的失误，并把试错的成本分散化。特定范围内的改革成功又会很快消除人们对市场化改革功效的怀疑态度，减少人们对改革的反对意见，为开展更大范围的改革创造良好的环境。但是这种改革方式也存在一些问题。虽然行政手段可以将已改革的与未改革的部分人为地隔开，但是在经济上又不可能将它们完全隔开，所以获得改革特许权的局部更有效率的经济机制会把资源从其他地区或产业中吸引走，从而引起地区间、产业间的经济摩擦。而且改革进程在部门和地区间的不一致也会造成区域发展的不平衡和收入分配不均等一系列问题，增加了社会不稳定因素。对不同地区和产业区别对待的做法，在某种程度上又会刺激各地区或部门向中央政府争要不同于一般规则的特殊政策，这是不符合市场经济的公平规则的，也不利于市场秩序的建立与完善。

（四）补贴改革

当一种改革方案会给一部分经济当事人带来损失时，为了使这一改革能够较少阻力地实行，中央或地方政府会对这些改革受损者相应地给予补偿，这被称为补贴改革。例如我国 1979 年开始对粮食和副食品进行价格改革时，国家就给予了城市居民适当的价格补贴。所以即使粮食及副食品的涨价会有损于城市居民的利益，但由于对其进行了补偿，缓和了他们对改革方案的反对态度，使得有关粮食和其他农副产品的定价制度的改革，最终以取消粮票和其他有关票证的形式而较顺利地完成。但是大量的财政补贴必然牵制国家的经济建设，长远看是不符合人民群众的根本利益的。

（五）以开放促改革

为了尽量避免保守的习惯势力的抵制和减少贫乏的市场基础设施的限制，加快健全的市场体系的形成，可以充分利用"后发优势"（advantage of backwardness），通过对外开放将当代发展成熟的国际市场竞争机制引入国内。自 1978 年 12 月中共十一届三中全会决定实行对外开放政策以来，中国逐步形成了"经济特区—沿海开放城市—沿海经济开放区—沿江开放区—内陆腹地"的全方位、多层次、阶梯式的对外开放格局。对外开放使某些资源的国际价格被动地逐渐向国际市场靠拢，促进了国内价格体系的改革；对外开放带来的大量外资以及先进的技术和管理经验，将市场竞争机制传导到国内，给国内企业带来了巨大的压力，促使企业改善经营管理、提高产品质量、降低产品成本，推动了中国经济的市场化进程。

总之，中国的经济改革采取了符合中国国情的"渐进式"道路，将市场化改革在空间上和时间上分解为较小的单位，使其分阶段、分层次、分领域地逐步展开，然后逐步加以扩展和推广。

二、我国渐进式改革的成功经验

我国渐进式改革被世界公认为是成功的经济体制改革方式，它的成功经验在于：

（一）可以避免大的社会动荡，降低改革成本

激进式改革必然会强烈地损害到某些社会集团的既得利益，招致激烈的抵制，而且经济体制和社会发展的不均衡性，使激进式的整体推进的改革方式必然会面临巨大障碍，造成社会资源的浪费，增大改革的成本。而渐进式改革将一步到位的改革成本化整为零，将一个阶段的改革成本分摊到多个阶段中，减少了改革的阻力，降低了改革的成本，而且政府可把握和调控改革的出台时机、步骤，从成本较低、收益较高的部门开始改革，阻力小而收益大，容易取得成效，使大部分社会集团可以很快从改革中获取收益，

进而使改革成为一个不可逆转的过程。绕开阻力较大的局部，从改革阻力较小的局部入手，还可以产生连锁效应，使原来阻力较大的局部因其它局部改革而变为阻力较小的局部，进而推动了整体改革的进展。如中国的改革首先从农村承包责任制改革入手，绕开了传统计划经济的核心部门，调动了农民的积极性，增加了农业产值，取得了巨大成功。而农村改革的成功，为城市提供了广阔的市场、充足的劳动力和良好的示范效应，从而推动了城市的改革。

（二）内在逻辑上的有序性和不可逆性

虽然中国的改革并没有一个事先设计好的所谓"一揽子的改革方案"，已出台的改革措施和改革强度也是针对经济运行中出现的主要问题和社会的承受能力来确定的，具有"摸着石头过河"的基本特征。但是，通过分析改革的历程可以看到，这种渐进式改革有其内在逻辑上的有序性和不可逆性。从中国经济改革的实际过程来看，改革首先着眼于微观激励机制的改进，包括在农村实行家庭联产承包责任制，对国有企业进行放权让利。结果是农村乡镇企业的兴起和国有企业拥有了对新增资源的配置权。由于这种新增的资源通常配置到传统计划经济体制下受压抑的部门，所以带来的增长和收益是巨大的。以乡镇企业为代表的非国有经济的介入和国有企业对新增资源的使用又推动了资源配置制度的改革，形成了资源配置和价格的双轨制。在这种放权让利式的改革中，不仅微观经营单位是既得利益者，整个社会皆由此获益。因此，当先行的微观经营机制和资源配置制度改革与宏观政策环境发生矛盾，产生制度安排上的不适应时，虽然政府常常倾向于选择行政性收权的传统方式，以解决前者与传统战略下的宏观政策环境不相适应的问题，但结果是既得不到微观经营单位的支持，还造成自身财政收入的拮据，最终只能采取改革宏观政策环境，使其与变化了的微观经营机制和资源配置制度相适应。渐进式改革正是在这种机制中不断向纵深发展的，逻辑上具有不可逆性。

（三）使分步改革成为现实

对于所有进行改革的国家，价格扭曲都是传统经济体制的一个主要弊端。在波兰等东欧前社会主义国家，物价改革通常采取快速到位的方案。这种改革方式造成了大量企业破产，工人失业，引起全社会的经济和政治的剧烈动荡。虽然也不乏成功的例子，如战后的联邦德国和日本等，但中国的具体国情（人多地少、资源紧缺、国企效率低下、就业刚性强等）决定了中国物价改革不能采取快速到位的改革方式，只能循序渐进地稳步前进，否则就有失败的危险。中国的价格改革采取了"在计划内调整，让计划外生长"的双轨制或混合制过渡方式。首先，微观经营环节的改革使企业获得了根据市场信号自主决定新增资源配置的权利，形成了双轨并存的资源配置制度和价格体系。同类产品的计划调节和市场调节并存，市场价格合法化，就必然要求对计划价格进行调整并为其提供了参考的标准。由于经济的快速增长主要是由计划外的非国有经济做出的，所以市场价格调节的范围和总量不断扩大，计划价格调节对经济运行的影响力不断降低。通过逐步调整，计划价格与市场价格的差别大大缩小，由此带来的利益差别不再那么重要，这时鸿沟已经近于填平，可以毫无风险地分两步跨越过去。这是一种风险小、成本低的改革方式。其实，改革方式采取"激进"与"渐进"本身并非原则性问题，重要的是在于什么方法符合本国国情，也即什么方法符合在本国具体条件下向市场经济过渡的规律。渐进式改革道路是中国根据自己的国情做出的客观选择，实践证明，中国改革成功的一个重要保障就是采取了这条代价低、风险小、又能及时带来收益的渐进式道路。虽然也存在着一定的问题，但只要我们继续沿着市场化的正确方向坚持改革，就能克服前进过程中的困难，逾越各种障碍，实现经济的持续、快速、健康发展。

第四章　社会主义市场经济的理论与体制

我国经过改革开放以来 14 年的艰辛探索，终于在 1992 年中共第十四次全国人民代表大会上确定了经济体制的改革目标是建立社会主义市场经济体制。从而确立我国资源配置的主体是市场，在我国经济理论界和政府部门真正按市场经济理论和政策指导我国经济发展，开创了我国经济发展的新局面。

第一节　社会主义经济制度的演变

一、马克思、恩格斯对社会主义经济制度的论述

在《共产党宣言》、《资本论》、《哥达纲领批判》、《反杜林论》等著作中，马克思、恩格斯对社会主义社会的基本特征作了科学的预测，认为社会主义经济制度具有以下特征：

1. 社会代表全体劳动者直接占有全部生产资料

"首先把生产资料变为国家财产。"[①]"一切生产部门将由整个社会来管理，也就是说，为了公共的利益按照总的计划和在社会全体成员的参加下来经营。"[②]即实行生产资料的社会所有制（或产权社会化，即全民所有制或国有制）。

2. 实行排斥商品货币关系的计划经济

恩格斯指出，一旦社会占有了生产资料，"社会生产内部的无政府状态将为有计划的自觉的组织所代替"[③]。

3. 实行按劳分配原则

关于按劳分配的思想，马克思在《资本论》中就提出了，他说："劳动时

---

①、③《马克思恩格斯选集》（第 3 卷），人民出版社 1995 年第 2 版，第 754 页，第 757 页。
② 《马克思恩格斯选集》（第 1 卷），人民出版社 1997 年版，第 217 页。

间又是计量生产者个人在共同劳动中所占份额的尺度，因而也是计量生产者个人在共同产品的个人消费部分中所占份额的尺度。"①在《哥达纲领批判》中，马克思进一步阐明了按劳分配的内容。按劳分配原则主要包括以下内容：① 实行生产资料的社会所有制，从而使个别劳动直接表现为社会劳动，这样，按劳分配不必通过货币形式迂回地实现，而可以采用"劳动券"形式来实现；② 按劳分配是对社会总产品作了各项扣除之后的其余部分的分配，是对个人消费资料的分配，分配的对象是劳动者个人，而非劳动者集体或企业；③ 按劳分配承认劳动是谋生的手段，也默许不等的个人天赋，因此也就承认了劳动者的劳动数量和质量的差别，它要求劳动报酬同劳动者提供的劳动量成比例，多劳多得，少劳少得，不劳不得；④ 在全社会范围内而不是在一个局部范围内实行按劳分配，它完全排除因生产资料占有上的差异而造成劳动报酬上的差异。

二、对社会主义经济制度认识的发展

马克思、恩格斯关于社会主义经济制度的论述，对各国社会主义的实践产生了重要影响。以至于长期以来，我们形成了一种习惯的看法，认为决定社会主义制度的，一是社会主义公有制，二是按劳分配，三是无产阶级专政。这三者通常被看成是社会主义本质的特点，这种观点的最大缺点，就是忽视了生产力，忽视了共同富裕。

任何社会都要注重生产力的发展，任何社会经济制度都要将发展生产力作为它的目的，否则它就难以存在下去，并不仅仅是社会主义经济制度如此。发展生产无疑是社会主义制度的极其重要的任务，但如果我们说发展生产是社会主义经济制度的本质，那就无法将社会主义与资本主义区别开来。当我们说贫穷不是社会主义的时候，只是说社会主义社会应具有很高的生产力，人民应该很富裕，而绝不是说，一个社会具有很高的生产力就是社会主义。

正是由于上述观点的确定，使得邓小平同志的社会主义观在"什么是社会主义"这个最重要的问题上，同传统的社会主义观根本区别开来。早在1984年，邓小平同志就说过："什么叫社会主义，什么叫马克思主义，我们过去对

① 《资本论》(第1卷)，人民出版社1975年第1版，第96页。

这个问题的认识不是完全清醒的。"1985年邓小平同志再一次指出："我们总结几十年搞社会主义的经验。社会主义是什么，马克思主义是什么，过去我们并没有完全搞清楚。"因为在苏联模式的影响下，我们当时对社会主义的认识有许多不正确的东西，例如，错误地认为社会主义经济就是计划经济，不能实行市场经济，要把市场、货币等取消；把按劳分配理解为实行平均主义的分配，反对关注个人物质利益，反对注重利润等。因此，邓小平同志在南方谈话中说："社会主义的本质，是解放生产力，发展生产力，消灭剥削，消除两极分化，最终达到共同富裕。"从而发展了马克思的社会主义观，对我们发展社会主义、发展社会主义经济产生了重大的影响。

那么，公有制、按劳分配，是否还是社会主义的本质特征？邓小平同志并没有把公有制、没有剥削和计划经济三者作为社会主义的本质特征，而认为解放生产力，发展生产力，消灭剥削，消除两极分化，最终达到共同富裕，才是社会主义的本质。因为公有制和没有剥削，在原始社会就存在，不是社会主义独有的。消灭私有制，建立公有制，消灭剥削，实行按劳分配都是为了解放生产力，也是手段，而不是目的。如果将公有制、没有剥削作为社会主义的目标来追求，就会认为公有制越公，规模越大，越符合社会主义目标的要求，在分配上会认为越平均分配越没有剥削，越符合社会主义的要求。通过邓小平同志对社会主义本质的论述使我们对社会主义获得了一种重新认识，不再将三大特征作为社会主义的本质特征，而作为达到目标的一种手段。这样，就为我们的经济体制改革提供了更大的回旋余地，只要能解放生产力，有利于达到共同富裕，一切手段都可以采用。根据邓小平同志对社会主义本质所下的定义，对社会主义可以用四个字来概括，即"效率"和"公平"：解放生产力，发展生产力，主要是为了提高劳动生产率，实质上是一个效率问题；消灭剥削，消除两极分化，实质是一个公平问题。而效率和公平也是现代市场经济的特征，创建市场经济体制，正是为了实现社会主义的本质。在邓小平同志的社会主义观中，发展生产力始终是一个中心，但是生产力的发展必须克服阻碍因素。而最主要的阻碍因素就是那种高度集中、僵化的经济体制，要通过改革来改变这种经济体制。而经济发展、体制改革要靠坚持社会主义道路、坚持人民民主专政、坚持中国共产党的领导、坚持马克思列宁主义毛泽东思想这四项基本原则来保证。这是邓小平同志把马克思主义的普遍原理同中国的具体实际相结合的产物，是社会主义观中又一个重要内容，从而把马克思关于上层建筑对经济基础的能动作用的学说向前推进了一大步。

三、市场经济的社会属性问题

根据邓小平同志的社会主义本质论的概括，要解放生产力、发展生产力，促进经济发展效率的提高，就要改革传统僵化的经济体制，建立社会主义市场经济体制。但由于一直以来社会主义实践与理论的制约，这个问题的解决需要一个过程。改革经济体制，首先要解决的就是市场经济的社会属性问题。

关于市场经济的社会属性问题，邓小平同志认为市场经济不等于资本主义，计划经济不等于社会主义，市场经济资本主义可以用，社会主义也可以用。市场经济只有一种，不存在社会主义性质的市场经济或资本主义性质的市场经济。从而提出市场经济没有姓"社"姓"资"的问题，实现了认识上的一次飞跃。

市场经济本来是一种资源配置方式，是一种手段，这种配置方式是随着社会生产力、社会分工的发展逐渐形成的，而且现在看来在资源配置上市场经济比计划经济优越，可以说市场经济是人类文明的一个重要成果。尤其是经过 20 世纪试验过的各种不同的经济体制模式的比较，人们终于认识到，虽然市场经济不是完美无缺的，但可以说它是人类迄今为止已经找到的最佳经济体制。我们选择市场经济是因为它具有比计划经济更高的效率，这是因为：① 参与市场活动的各个主体作为独立的利益主体，具有很强的利益激励和约束；② 在市场经济中存在着灵敏的信息反馈机制。这两点能克服市场的盲目性和自发性，从而克服市场的无政府状态造成的资源配置效率损失。针对市场会引起经济的周期性波动，甚至引发经济危机，从而造成资源配置效率的损失这个问题，需要说明的是，尽管市场经济国家没有消除经济的周期性波动，但已经能够运用恰当的财政政策和货币政策以及其他各种措施来减弱经济的周期性波动，从而减少经济周期性波动造成的资源损失。还需要指出的是，这些国家采取的各种反周期的政策和措施虽然是对市场的干预，却不是排挤市场，相反，是立足于依靠市场、利用市场，可以说，离开了市场，这些政策和措施是难以奏效的。针对人们指责市场中的竞争，是因为竞争会导致大量企业破产、停业或被兼并，这会造成资源的损失，同时，竞争还会导致垄断，而垄断又会阻碍技术进步，造成效率下降。那么，怎么看待市场竞争呢？竞争是市场优化资源配置的重要机制，竞争促使各个企业改进技术、降低成本、开发新产品、提高产品质量，同时，竞争促使资源由效益低的部门流向效益高的部门。竞争机制是一种选择机制，即优胜劣汰的机制，没有竞争就没有市场优化资源配置的功能。在竞争中一些企业被迫停产、被兼并甚至破产，这正是市场优化资源配置的一种途径。那些在市场上缺乏竞争力的企业遭淘汰，意味着资源从效益低的这些部门撤出来流向效益较高的企业。没有淘汰就没有择优，淘汰了这部分效益低的企业恰恰可以促进效益好的企业的发展。由于市场是通过竞争来发挥资源优化配置功能的，所以竞争越充分、越公平，市场越能有效地发挥它的功能。至于竞争导致的市场垄断问题，很多国家都制定了相应的措施；至于收入差距扩大则可以通过其他途径来解决，如累进的个人所得税制等；而失业、物价波动问题，本是同市场优化资源配置的功能分不开的。

四、对社会主义经济的重新认识

1. 社会主义经济与计划经济的关系

社会主义经济是计划经济，这是传统的理论。其依据是，社会主义经济是建立在社会化大生产基础之上的，社会化大生产要求将社会生产力置于全社会的管理之下，实行计划经济，保证国民经济有计划、按比例地发展，避免市场经济中生产的盲目性和无政府状态给社会造成的巨大浪费和损失。根据传统的理论，由于社会主义经济与资本主义经济是相对立的，与此相适应，计划经济就是与市场经济相对立的，从而计划经济与社会主义经济是同一的，否定计划经济也就是否定社会主义。因此，当人们否定了计划经济，转而肯定市场经济时，就与"社会主义经济是计划经济"的传统理论发生了根本的冲突。那么，就优化资源配置而言，到底是计划经济更有效，还是市场经济更有效？这是一个复杂的理论问题。如果从奥地利经济学家米塞斯于 1920年发表《社会主义共和国的经济计算》[①]一文引起的一场关于计划经济能否优化资源配置的争论算起，到现在这个问题已经被思考了八十多年了，最后由实践做出了结论：除了极个别的国家或国家的特殊时期外，实行计划经济的国家先后都摒弃了计划经济，转而实行市场经济。

此外，哈耶克从 1938 年发表的《自由与经济制度》一文到 1944 年出版的《通向奴役的道路》一书，对计划经济一贯坚持极端否定的态度。在他看

---

① 米塞斯认为，在计划经济中不可能有经济计算，因而也不能解决资源的合理配置问题。这是因为，在计划经济中不存在生产资料私有制，而且不存在交换资本货物的市场，没有市场就没有资本货物的价格，而没有资本货物的价格也就在资本货物领域得不到"选择指数"，无法进行经济计算，使资源配置的合理性失去依据，从而不能在不同的方案之间做出合理的选择。

来，私人企业制度和自由市场经济是维护个人自由和提高经济效率的最好保证。哈耶克认为，计划经济就是对经济的集中指挥和管理，但技术的进步并不一定要求对经济实行集中指挥和管理。他声称，直至第二次世界大战之前的技术发展表明，技术恰恰是在分权的体制中和市场竞争中发展起来的；技术进步是社会分工的结果，而不是人们有意识地调节和集中管理的结果。只有竞争制度才能提供技术进步所需要的多样性、复杂性和灵活性。而集中的计划管理才真正妨碍了技术的进步。

哈耶克认为，计划经济的本质是垄断，计划经济和市场经济是根本对立的。他列举了计划经济的弊病：

（1）计划经济下的集中决策不可能合理。因为合理的决策需要完备及时的信息，而经济信息是分散的和千变万化的。因此，只有个体经济单位根据市场情况自由竞争的原则进行分散决策才可能是合理的。而计划经济所要求的集中决策由于无法充分及时地掌握信息，因而不可能做出正确及时的决策。

（2）计划经济和公有制否定了私有制，否定了利己的动机，使个人丧失了主动性和责任心，从而使经济发展失去了原动力。

（3）计划经济要求对经济实行集中管理，排斥了市场机制的作用，使资源得不到有效的配置，因而必定是低效率的。

（4）计划经济要求个人服从国家，不尊重消费者主权，会使消费者的利益受到损害。

根据以往广泛流行的理论，计划经济用集中的指令性计划来配置资源，可以使国民经济有计划按比例地发展，避免市场经济中生产的盲目性和无政府状态，从而可以避免由此造成的社会资源的严重损失，使社会资源的配置得以优化。但是，要做到这一点，必须具备以下三个条件：

（1）中央计划部门必须掌握充分的信息，并能及时地掌握信息的变化。只有这样才能制定符合实际情况的计划，并正确地配置资源。但是，由于种种原因，包括各方面利益的原因，中央计划部门往往不能掌握充分正确的信息，更没有及时地掌握信息的变化。因此，计划常常建立在不充分的、不准确的甚至错误的、过时的信息的基础上，从而导致决策的失误。而且，计划的失误往往牵涉的面广，甚至影响国民经济的全局，由此导致资源的损失是巨大的。显然，这比起市场经济中市场主体的失误仅仅涉及自身的决策失误所造成的危害要大得多。

（2）中央计划部门能够根据获得的信息，从国民经济的全局出发，从国家的整体得益考虑，做出客观正确的判断和决策，而各个方面也不会发生由于对自身利益的追求，不顾国民经济的全局和国家的整体利益而导致资源的不良配置和损失。但是，由于计划是人制定的，难免不受决策者个人的偏见、错误判断以及外界压力的干扰和影响，而且在计划经济中缺乏的优化资源配置的客观标准，以及推动资源配置趋向优化的客观力量，导致不符合国家整体利益的决策时有发生。而市场经济中各市场主体的决策由于受竞争、供求关系和价格的影响，失误要小得多。

（3）指令性计划在实行过程中必须不断地调整和纠正，以适应变化中的情况，避免发生失误，为此必须有一种灵活的信息反馈机制。但是，由于指令性计划是依靠行政命令的机制来运行的，这种机制缺乏灵活性和主动性。当计划出现失误或不符合变化了的情况时，中央决策部门不能迅速地得到反馈；执行计划的企业由于不掌握国民经济计划的全局，很难判断他们执行的计划是否正确和恰当；即使他们发现了问题，由于他们没有自行修改计划的权力，只能逐级向上反映。这样，往往要等到计划出现重大失误或严重背离实际情况时，中央计划部门才能发现，等他们采取了纠正的措施，再将措施逐级传达到基层并付诸实施，一般要经历相当长的时间，在这个过程中，往往要造成巨大的损失。而市场经济则不同，在竞争性市场中价格变化依赖的是一种灵敏的反馈机制，能够迅速地对各个市场主体的决策做出反馈并迫使其纠正决策，而且他们也有权自行纠正决策。

由于这三个前提条件不可能具备，所以指令性计划经济并不像以往的理论所说的那样，可以保证国民经济有计划按比例地发展，相反，经常发生决策的重大失误，比例经常发生严重失调。

各个社会主义国家实行计划经济几十年，虽然国民经济也取得了不小的发展，但那是以耗费大量的资源为代价而取得的。当资源充足时，这些国家的国民经济可以保持较高的速度，而当资源无法继续支撑高速增长时，国民经济的高速增长就难以为继了。而且，由于只能依靠大量的投入来支撑高的增长速度，就不得不限制人民生活水平的提高。由于这种原因，使得计划经济国家与市场经济国家相比，在经济发展和人民生活水平方面拉开了距离。因此，实践证明，在社会主义经济中长期实行计划经济并不是正确的选择，更不是必然的选择，把社会主义经济等同于计划经济的理论没有经受住实践的检验。我国在改革过程中经过长时间的探索和争论，最终摒弃了计划经济，确定实行市场经济，并把社会主义经济与市场经济结合在一起，彻底地否定了社会主义经济只能是计划经济的传统理论。

2. 社会主义经济与公有制经济的关系

社会主义经济是公有制经济，这是传统的社会主义经济理论的最基本的内容。根据这个理论，社会化大生产与私有制不相容，必须用公有制代替私有制，这是社会化大生产的必然要求，因此，建立在社会化大生产基础上的社会主义经济只能是公有制经济，非公有制经济是与社会主义经济相对立的。与此同时，社会主义经济是公有制经济，它又与社会主义经济是计划经济相一致，公有制经济是实行计划经济的前提，实行计划经济是公有制经济的要求。因为，实行计划经济要求社会资源集中到中央政府部门，通过制定和实施指令性计划集中统一地来配置，只有公有制经济才能够将其占用的资源、生产的产品、创造的盈余集中到中央政府部门由其集中配置，并且也只有公有制经济能够按照中央政府部门下达的指令性计划行动，严格执行下达的计划。因此，公有制经济是实行计划经济的前提，只有公有制经济才是前面提到的计划经济所要求的那种微观基础。而非公有制经济则不能将其拥有的资源、生产的产品、创造的盈余集中地由中央政府部门配置，也不能按照中央政府部门下达的指令性计划行动。因此，非公有制经济与计划经济不相容，不能成为计划经济的微观基础。同时，公有制经济也要求实行计划经济，因为，以国有经济来说，既然国有经济的财产是国家所有的，就必须由国家统一来支配和使用国有财产，由国家统一安排它们的活动，以便实施国家的目标和政策，也就是实行计划经济。而非公有制经济则要求实行市场经济，因为只有在市场经济环境中它们才能自主地经营和发展，追求获取最大的利润，计划经济则捆住了它们的手脚，使它们无法自主经营，不能追求最大利润的目标。因而，在单一的公有制经济的基础上是不可能形成市场经济的，商品的交换只能在不同所有者之间发生，也只有在不同所有者之间才能有真正的市场竞争，从而才能发展市场经济。

由于我国的经济体制改革已从计划经济过渡到了市场经济，则适应市场经济的各项制度安排就会相继产生。既然社会主义经济不等于计划经济，而可以采用市场经济机制，那么社会主义经济也不等于公有制经济，而是以公有制经济为主导，多种所有制经济共同发展的混合所有制经济，即除了公有制经济外，非公有制经济也是社会主义经济的重要组成部分，它不是外在于社会主义经济的。

3. 实行市场经济与社会主义初级阶段的关系

有人认为，我国是由于处于社会主义初级阶段，所以才实行市场经济并允许非公有制经济存在和发展。其实，从社会主义本质上来理解，并非如此。因为，生产力越发达，社会分工越发达，人们的需求也就越多样化，越不能实行计划经济。相反，随着生产力的发展、生产社会化程度的提高，市场经济会更加发达和完善，与此相适应，非公有制经济也将继续存在和发展。可见，我们只能从实行市场经济的必要性来论证发展多种所有制经济的必要性，论证非公有制经济是社会主义经济不可缺少的组成部分。而不能从社会发展阶段来切入，否则就失去了对问题本质的把握。在社会主义市场经济中之所以需要以公有制为主导，是因为公有制在社会主义市场经济中有其特殊的功能，即为政府调节经济提供物质条件，促进社会公平，保护市场经济中弱者的利益，提高国民经济的整体效率，维护国家的安全。那么，为什么在社会主义市场经济中，公有制经济又能与非公有制经济兼容呢？因为，如果只有公有制经济，而没有非公有制经济，那么在公有制经济的基础上是不能发展出市场经济的，也就是说，单一的公有制经济是与市场经济不能相容的。但是，如果形成了以公有制经济为主导的多种所有制经济，即除了公有制经济外，还允许非公有制经济的存在和发展，那么，在非公有制经济内部以及非公有制经济与公有制经济之间就会发生和发展市场关系，从而形成市场经济，在此情况下公有制经济也将被纳入市场经济的轨道。

4. 计划与市场关系的创新

随着新的科学技术革命的发展，市场经济全球化趋势日益明显，商品经济的充分发展越来越显示出其是社会经济发展不可逾越的阶段，即使是实行社会主义制度的国家也不例外。商品经济的充分发展本身表明，作为商品经济基本规律的价值规律的作用得到充分的发挥，使市场在社会资源的配置中起着越来越大的作用，提高了资源使用的有效性和劳动生产率，使实行市场经济体制的很多国家取得了经济发展的巨大成就。而在那些坚持实行计划经济体制的国家，由于不具备计划经济所必需的客观条件，使计划经济的优越性不能得到发挥，导致经济发展缺乏生机和活力。这种世界经济发展的现实，使社会主义国家的领导层和经济学家不得不对计划经济与市场经济关系的传统观点进行重新审视。

20世纪50～60年代，在东欧各社会主义国家和苏联，出现了一个批判和改革传统高度集中的计划经济体制的浪潮，它提出了内容丰富的多种流派的市场理论。最早对计划经济的传统观点提出挑战并且以市场经济体制为取向进行改革的是南斯拉夫。著名理论家卡德尔首先批评国有制，提出企业自治，其实质就是使企业成为自主经营的经济实体，企业之间的交换就是商品交换。之后，南斯拉夫相继建立了自由商品市场与资金市场，一定程度的劳动力市场也开始出现。这样，南斯拉夫最终形成了"市场社会主义"模式，社会经济中的投资、生产、分配等活动均由市场来调节，商品、劳动力、知识和社会资本自由流通。

在波兰，兰格、布鲁斯等一些有影响的经济学家积极倡导经济改革，提出他们的市场经济理论。1956 年，兰格提出了著名的"经济新模型"，在这一模型中，他要求实行分权，使企业在计划规定的范围内自主从事经营活动，各个企业之间通过价格相互联系，决定价格的形成必须是计划定价和市场机制自由定价相结合。计划的实现应优先利用经济手段，从而在经济活动中建立起自动调节机制。布鲁斯在 1961 年出版的《社会主义经济的运行问题》一书中，提出了他设计的市场体系模型、市场机制模型和市场调控模型，系统地阐述了他的市场理论。

在匈牙利，著名经济学家科尔奈于 1957 年发表了《经济管理中的过度集中》一书，批评了高度集中的计划管理体制不能很好地处理国家、企业和个人之间的利益关系，不能很好地解决生产动力、管理效率以及企业和劳动者的主动性、积极性和创造性。所以，必须改革这种经济体制，要扩大企业自主权，充分发挥市场机制的作用。

在捷克，著名经济学家锡克在 1958 年发表了关于社会主义市场关系的观点，阐明了社会主义条件下计划和市场关系的特点，提出了独特的市场体系模型、市场机制模型以及计划与市场的结合方式，对捷克的经济体制改革产生了重大指导作用。

自从近一个世纪以前提出公有制经济的运行问题以来，市场和计划的关系问题几乎成了社会主义经济学的"永恒主题"。

在计划和市场关系问题的讨论中，"计划经济"一词往往有双重含义：第一重含义是从经济的运行方式来立论的，指明这种经济靠人们预先规定的计划在各经济行为主体之间配置社会资源；第二重含义是从经济的运行状态立论的，指明在这种经济中，社会能够有意识地保持国民经济的平衡，即按比例的发展。从词义的历史演变看，第一重含义显然更具有本源的性质。

稀缺资源的配置问题，历来在经济学的研究中占有重要的地位，其原因大体是，经济学的研究对象首先是物质财富的生产，而对于生产进行一般的分析，又离不开两个公理性的假设：一是资源的稀缺性，二是目标函数的最大化。这样，根据一定时期的技术条件和经济发展水平，在各种可能的用途之间最有效地配置稀缺资源，就成为在可用资源的约束条件下生产尽可能多的产品，以便最大限度地满足人们需要的关键。为了达到有效配置资源的目的，社会有必要做出一定的制度安排和竞技规则设定，即建立一定的经济体制。所以说到底，经济体制是由处理生产问题的需要产生的，它的首要功能便是有效地配置资源。由此还可以得出结论：衡量各种经济体制和经济政策优劣的最终标准，乃是它们能否保证资源的有效配置和提高经济效率。

从理论上说，在社会性、协作性的生产中，资源可以通过两种方法和手段来配置：一种手段是行政命令，例如，不论在哪一种经济体制下，在一个经济行为主体（如一个生产单位）内部，通常运用行政手段来配置资源；另一种手段是市场力量，即通过商品在市场上按照价格进行的交换，在不同的经济行为主体（部门、地区、企业、个人等）之间配置资源。按作用的范围划分，资源配置可以分为一个厂商（firm）内部的微观配置和厂商之间的社会配置。就后者而论，按照基本的配置方法，可以划分为两种社会资源配置方式：① 以行政手段为基础的行政配置（或计划配置）；② 以市场机制为基础的市场配置。

对于市场资源配置的机理，古典作家只作过原则的说明。其中最为著名的，首推亚当·斯密关于市场这只"看不见的手"[①]引导商品生产者为了自身的利益去满足社会需要的论述。对于市场机理较为精密的分析，是 19 世纪 70 年代以后由以马歇尔、瓦尔拉、帕累托等人为代表的新古典经济学家作出的。新古典经济学把自己的研究重点放在稀缺资源的有效配置这一经济运行的根本问题上，对市场机制如何实现资源的有效配置进行了具有数学精确性的分析。这些分析证明：在完全竞争的条件下，由市场供求形成的均衡价格，能够引导社会资源作有效率的配置，使任何两种产品对于任何两个消费者的

---

① 亚当·斯密关于"看不见的手"的那段著名的话是这样说的：在"自然秩序"下，每个人"由于他管理产业的目的在于使其生产物的价值达到最高程度，他所盘算的也只是他自己的利益。在这种场合，像在其他许多场合一样，他受一只看不见的手的指导，去尽力达到一个并非他本意想要达到的目的。他追求自己的利益，往往使他能比在真正出于本意的情况下更有效地促进社会的利益。"（《国富论》（下卷），商务印书馆 1988 年版，第 27 页）。斯密的论述，正如斯蒂格勒所说，至今仍然是"资源配置理论的基础"。

"边际替代率"都相等、任何两种生产要素对于任何两种产品生产的"技术替代率"都相等、任何两种产品对任何一个生产者的"边际转换率"同"边际替代率"都相等，从而达到在任何资源的再配置都已不可能不使任何人的处境变坏的同时，使一些人的处境变好的所谓"帕累托最优（Pareto optimality）状态"。

新古典经济学，尤其是其中的新福利经济学，不但对保证市场资源有效率的前提条件作了精密的分析，还对保证行政资源有效配置的前提条件作了细致的研究。帕累托在 1902—1903 年出版的《社会主义制度》和 1906 年出版的《政治经济学手册》两书中已经肯定，由一个"社会主义的生产部"来制定和实施经过科学计算的计划，是可以实现资源的优化配置的。1908 年，帕累托的追随者巴罗尼在著名论文《集体主义国家的生产部》中详尽地分析了在行政配置的情况下实现有效性的前提条件。他指出，只要这个"生产部"能够求解经济均衡方程，据此确定各种稀缺资源的价格，并使各个生产单位按照边际成本等于价格的原则安排生产，则经济计划也可以达到市场竞争力量所导致的相同结果，即稀缺资源的有效配置。两种资源配置方式的区别仅仅在于求解上述方程的方法不同：一个是通过市场竞争求解，一个通过计划求解。所以，两者只在解法上有孰优孰劣或可行不可行的比较，而和社会制度的本质特征没有直接联系。

第二节　社会主义市场经济的内容与特征

一、对社会主义市场经济的理解

我国在社会主义经济理论与实践的发展中，对社会主义市场经济这个问题，有几种不同的理解：

一种理解是，社会主义市场经济是社会主义的市场经济，或者说是社会主义性质的市场经济。按照这种理解，当然不存在社会主义与市场经济是否兼容的问题。但是，这种理解并没有解决问题。因为，它首先必须回答，市场经济是否具有社会属性的问题。什么是社会主义性质的市场经济？既然有社会主义性质的市场经济，那么也应有资本主义性质的市场经济了。这与市场经济只是资源配置的方式，并不具有社会的属性相矛盾。这种看法是有其历史原因的。因为从历史起源看，市场起源于私有制社会，而在资本主义经济中达到了最发达的形态，人们称之为市场经济。由此，人们很自然地把市场与资本主义联系在一起，把市场看做是资本主义的本质特征，市场经济即是资本主义经济；在历史上，社会主义经济制度作为资本主义经济制度的对立物而产生，经济计划作为市场的对立物出现于公有制的社会主义经济。因此，人们又把计划经济同社会主义联系在一起，并把他们看做是社会主义经济的本质特征，即社会主义经济是指令性计划经济。但我们应确认的是，虽然社会主义与资本主义在调节经济方面有些区别，但作为配置方式却并没有本质的区别。

　　另一种理解是，社会主义市场经济是社会主义条件下的或社会主义基础上的市场经济。那就是说，市场经济本身并无社会属性，但其存在和发展的社会条件或社会基础具有社会属性。这样，社会主义与市场经济也是可以兼容的。那么社会主义或社会主义基础又是什么呢？许多人认为是公有制，即认为它是以公有制为主体的市场经济。这种理解会产生一些问题：如果我们不从"公有制"功能来理解"公有制为主体"的话，这种理解容易使人们着眼于公有制在国民经济中的比重，因为"主体"通常是就其所占比重着眼的，认为公有制占绝对比重就是社会主义，如果比重下降了不占绝对比重了就怀疑我们现在还是不是在实行社会主义。另外这种理解实际上可能会把公有制经济等同于社会主义经济，而把非公有制经济排斥于社会主义经济之外。其实从市场经济角度看，公有制比重太大也不利于市场经济发展。在社会主义市场经济中，公有制经济和非公有制经济有不同的功能，各有优势和劣势。社会主义经济是以公有制为主导的多种所有制经济并存的混合经济，非公有制经济不是外在于社会主义经济的成分，而是社会主义经济的有机组成部分。以公有制为主导，不是着眼于其所占比重，而是着眼于其在社会主义市场经济中的特殊功能，它有助于实现社会公平，有助于提高整个国民经济的整体效率。而在竞争性领域，非公有制经济一般有较高的效率，但却不利于实现社会公平。

　　还有一种理解认为，社会主义市场经济可以由两种形式表示，其一：社会主义市场经济＝社会主义经济＋市场经济。其中的社会主义经济就是以公有制为主导的多种所有制的混合经济。这种所有制结构的混合经济是可以与市场经济兼容的，也即是结合的。其二：社会主义市场经济＝社会公平＋市场效率。社会主义的本质是实现社会公平，也就是邓小平同志说的："社会主义的本质，是解放生产力，发展生产力，消灭剥削，消除两极分化，最终达到共同富裕。""共同富裕"就是"社会公平"。我们摒弃计划经济，转向市场经济，是因为市场经济有比计划经济更高的效率。但它又会产生种种失败，其中之一就是市场经济中的竞争会引起财富和收入分配的不公，带来种种社会不公，而这是不符合社会主义的宗旨的。尽管人们对社会主义有多种理解，但有一点是共同的，那就是社会公平。因此我们实行社会主义市场经济体制，一方面要注重经济效率，另一方面还要注重社会公平，把两者结合起来。既不能只顾效率而不顾社会公平，也不能为了社会公平而牺牲市场效率。社会主义与资本主义的根本区别不在于前者实行计划经济，后者实行市场经济。虽然二者在所有制的结构上有差别，所有制结构对社会分配也有影响，但二者的根本区别在于，在实行市场经济中是否在提高市场经济效率的同时注意实现社会公平。

蔡昉和林毅夫认为，社会主义市场经济这个概念，实际上是关于中国今后经济体制模式的一个综合表述，其核心是市场机制作为资源配置的基本方式。具体来说它包括以下几个方面：① 建立一个与市场经济相容的微观经营制度。国有企业通过公司化改造，建立起产权明晰，权责明确，政企分开，管理科学的现代企业制度。同时，各种非国有经济共同发展。② 建立全国统一开放的市场体系。城乡市场一体化，国内市场与国际市场相互衔接。③ 允许按劳分配与按照资金和土地等生产要素分配同时并存。生产要素价格的形成机制也建立在市场机制的基础上。提倡效率优先，兼顾公平。第四，建立一个适合中国国情的多层次社会保障体系。

二、社会主义市场经济调节方式的转变

计划调节与市场调节在资源配置中存在明显的区别：指令性计划调节，实施者是政府，其微观基础只能是作为政府附属的国有企业，调节的机制是实行集中的指令性计划，实施调节的手段是行政服从，调节所需的信息的获取和传输主要是纵向的，信息的载体是指令性计划、指标、指令、命令之类。市场调节中调节的实施者是市场，其微观基础是作为市场活动主体的自主经营、自负盈亏的企业，调节的机制是竞争，实施调节的手段是利益的激励与约束，调节所需的信息是横向的，信息的载体主要是价格。因此，在社会主义市场经济条件下，资源配置方式由计划向市场转变，即由计划调节向市场调节转变，这是由市场经济要求市场在资源配置中起基础性作用决定的。

三、社会主义市场经济与资本主义市场经济的区别

社会主义市场经济与资本主义市场经济的区别，概括地说，主要有两个方面：

（1）所有制基础不同。资本主义市场经济是以私有制为基础的，而社会主义市场经济则是以公有制为主导的。

（2）收入的分配不同。在资本主义市场经济中，来自财产所有的收入是构成收入的重要组成部分，一般来说，收入差距较大。当然，有些国家实行了一些政策正在减小这些差距，不过，在这些国家里，财产收入仍是造成收入差距的一个重要因素。在我国的社会主义市场经济中，来自财产所有的收入在人们收入中的比重在加大，但不构成收入的重要组成部分，而是力求实现收入的公平分配。

四、社会主义市场经济的体制框架

1993年11月，党的十四届三中全会通过的《中共中央关于建立社会主义市场经济体制若干问题的决定》，回顾、总结了我国改革开放的历程和实践，把建立社会主义市场经济体制的理论、原则和要求具体化、系统化，提出了我国社会主义市场经济体制的基本框架：坚持公有制为主体，多种所有制经济共同发展的方针，进一步转换国有企业经营机制，建立产权清晰、权责明确、政企分开、管理科学的现代企业制度；建立全国统一开放的市场体系，实现城乡市场紧密结合、国内市场与国际市场相互衔接，促进资源的优化配置；转变政府管理经济的职能，建立以间接手段为主的宏观调控体系，保证国民经济的健康运行；建立以按劳分配为主体、多种分配方式并存的收入分配制度，效率优先，兼顾公平，鼓励一部分地区一部分人通过合法经营和诚实劳动先富起来，走共同富裕的道路；建立多层次的社会保障制度，为城乡居民提供同我国国情相适应的社会保障，促进经济发展和社会稳定。

五、现阶段我国市场经济的特征

1. 发展不平衡，市场经济呈现出多层次、多水平发展模式

同中国生产力水平低且发展不平衡相适应，中国市场经济也是极不平衡的。从总体上看，中国现阶段的市场经济就其主导力量来说，是现代市场经

济，但同时存在着大量的古典市场经济特征。这表现在：在中国一些城市，80% 以上的大中型国有工业企业是现代化企业，这些企业生产力水平较高，采取科学的管理方法，并在国家宏观调控下进行生产，具备现代市场经济的基本特征；在中国广大的农村地区，市场经济与自然经济同时并存，且自然经济所占比重较大，农产品的商品率仅达到 50% 左右。

2. 市场经济具有非规范性

由于中国的市场经济没有经过典型的资本主义发展阶段，也没有经过充分发展的古典市场经济阶段，而是在国家政策的催化下，由带有自然经济与产品经济因素的混合经济形式转化而来的。特别是在农村经济中，自然经济的成分仍广泛存在，人们的生活方式及其思想观念基本上没有摆脱自然经济模式的影响。城市经济由于受改革前计划经济的影响，虽然我们进行了市场经济体制改革，但还没有建立起完善的市场经济秩序，因此，出现了一些"无序"现象，影响了改革的进程。

3. 完善的市场经济体制尚未确立，市场经济发展的外部环境仍需进一步改善

在目前我国的市场经济发展过程中，从整体上看，适应市场经济发展的政治体制、户籍制度、社会保障体系、教育制度、医疗卫生体制等这些非市场经济的外部环境还没有根本改变，仍在一定程度上制约着我国市场经济体制的进一步完善。

第三节　社会主义市场经济体制的制度框架

一、社会主义市场经济体制的内部条件

每一种经济体制作为一种社会资源的配置方式，必然有其自身特殊的经济运行机制，这些特殊的运行机制是由该经济体制内部特有的经济条件决定的。根据市场经济的一般理论，结合我国的实际，建立社会主义市场经济要具备以下内部条件。

（一）自主的市场经济主体

市场经济运行的基本特点是：通过市场上商品供求的变化，引导商品市

场价格的波动，在利益机制的驱动下，市场上各经济主体之间为追求利润最大化而展开竞争，竞争的结果导致资源在不同的商品生产部门之间转移，最终实现资源的合理有效配置。可见，建立市场经济体制，首要的内部条件是具备市场经济主体，而且这种市场经济主体应当在社会各经济领域占绝对优势。作为市场经济主体，必须具备两个条件：一是具有自身独立的经济利益。其动力和压力都来自于对自身利益最大化的追求，只有这样，各经济主体之间才能展开竞争；二是能够自主经营，即能够灵敏地根据市场信号，以追求利益最大化为目标，自行决定生产什么、生产多少、怎样生产和为谁生产等问题。在现代的经济活动中，市场经济主体主要是自主经营、自负盈亏的法人主体——企业。只有在整个社会经济领域中，全部或绝大部分经济主体是由这样的经济主体构成，才能形成竞争机制充分发挥作用的载体和条件，从而才能通过市场竞争把资金、生产资料和劳动力配置到效率更高的部门中去，最终实现市场在社会资源合理配置中的基础性作用。

（二）完善的市场体系

建立社会主义市场经济体制，关键是要实现经济活动的市场化，充分发挥市场在资源配置中的基础性作用。市场体系是市场经济运行的载体，是资源配置的枢纽，也是经济运行的中心环节。因此，尽快建立统一开放、竞争有序、健全完备的市场体系，是社会主义市场经济体制的客观要求与重要内容。

市场体系可以从不同的角度来划分，因而有多种多样的市场体系类型。我们在经济学上所说的市场体系，主要是由商品市场和要素市场构成，即以进入市场的商品形态来进行划分的，并且市场体系伴随着商品经济的发展而不断扩展和完善。只有具备了健全而完善的市场体系，市场上的各种生产要素的价格随着社会需求状况而涨落，才能在市场中合理流动、优化组合，从而市场有效配置资源的功能才得以充分实现，整个市场经济才能高效地运行。

（三）由市场竞争与供求形成价格为主的价格机制

在市场机制中，价格机制是最重要的机制。这是因为，商品市场价格的涨落，直接影响到商品生产者的经济利益，在其他条件不变的情况下，它反映商品在市场上的供求状况与社会资源有效配置的程度。

所谓市场竞争与供求形成价格，是指商品在市场中自发形成的价格。这也符合自主的市场经济主体所具有的选择价格的权利。只有价格是在市场上自发地由竞争和供求决定，才能真正反映社会资源的配置状况及配置效率。

二、社会主义市场经济体制的外部条件

经济体制的内部条件决定着该经济体制在资源配置上特有的运行机制，而这些运行机制能否按其正常的轨迹运行，还要受到一些外部条件的制约。

（一）政府职能的转变

现代市场经济是政府宏观调控下的市场经济，政府的宏观调控职能，应严格注意与计划经济体制下的职能的区别，为此，必须转变政府职能，真正履行社会主义市场经济体制下政府应有的职能，既不"缺位"，也不"越位"，做到恰当地发挥政府的各项职能特别是经济职能。这就要求政府转变计划经济体制下的调控方式，由直接调控转变为间接调控，由行政调控转变为经济调控，这样才能保证企业根据市场需求的变化，按照企业自身利益最大化的原则，有效地调整企业的生产经营活动，从而使市场在资源配置中真正起到基础性作用。

（二）完备的市场法律法规

市场经济是法制经济，市场经济活动应有相应的法律法规进行规范与约束，这样才能保证市场活动的正常进行。市场经济中的法律法规应科学合理地划分经济主体的各种权利、责任和义务，保障公平竞争的市场机会与市场秩序等。所以，建立完备的市场法律法规制度，是构建社会主义市场经济体制的一个重要的外部条件。

（三）完善的收入分配制度与社会保障制度

个人收入分配直接涉及每个成员的物质利益，是调动劳动者积极性的动力机制。必须建立完善的既体现效率又体现公平的收入分配制度。结合我国实际，就是要建立以按劳分配为主体，多种分配方式并存的收入分配制度。此外，为保持社会稳定，保证劳动力资源有效地配置，必须建立多层次的社会保障制度，以保持经济的持续、快速、协调发展。

第二篇

社会主义市场经济体制的制度构成

2003 年 10 月 14 日中国共产党第十六届中央委员会第三次全体会议通过的《中共中央关于完善社会主义市场经济体制若干问题的决定》指出，完善社会主义市场经济体制的主要任务是：完善公有制为主体、多种所有制经济共同发展的基本经济制度；建立有利于逐步改变城乡二元经济结构的体制；形成促进区域经济协调发展的机制；建设统一开放竞争有序的现代市场体系；完善宏观调控体系、行政管理体制和经济法律制度；健全就业、收入分配和社会保障制度；建立促进经济社会可持续发展的机制。

根据《中共中央关于完善社会主义市场经济体制若干问题的决定》所提出的社会主义市场经济体制的主要内容，本篇安排了社会主义市场经济体制的主要制度构成，包括：第五章，社会主义市场经济体制下的所有制结构；第六章，社会主义市场经济体制下的市场体系；第七章，社会主义市场经济体制下的收入分配制度；第八章，社会主义市场经济体制下的社会保障制度；第九章，社会主义市场经济体制下的政府经济职能与宏观调控。

第五章 社会主义市场经济体制下的
所有制结构

根据社会主义市场经济体制的框架要求，首先应培育、发展和完善市场经济主体，在市场经济主体中，最为重要的就是企业，但由于我国长时期的计划经济体制所导致的所有制过于单一的情况，有必要对我国的所有制结构进行调整，以适应市场经济体制的要求，同时，应大力发展非公有制经济，以实现市场经济主体的多元化。

第一节 经典作家关于社会主义所有制结构的论述

一、马克思、恩格斯关于社会主义所有制结构的理论

马克思、恩格斯关于社会主义所有制结构的理论可以概括为：消灭资本主义私有制，建立生产资料公有制。具体地说，他们的所有制结构理论包括以下几个方面的内容：

1. 符合社会主义要求的所有制形式是生产资料全民所有制

马克思、恩格斯在他们的许多论述中，虽然没有明确指明代替资本主义私有制的公有制是哪种公有制，但根据他们的精神可知，代替资本主义私有制的就是生产资料全民所有制。因为能够在全社会范围内克服资本主义基本矛盾和其他一系列矛盾的只能是全民所有制，而且马克思、恩格斯认为，社会主义是建立在高度发达的资本主义基础上，而在高度发达的资本主义社会里，个体经济和合作经济已经被消灭。

2. 在社会主义初级阶段生产资料全民所有制采取国有制形式

在《共产党宣言》里，他们指出："无产阶级将利用自己的政治统治，一步一步地夺取资产阶级的全部资本，把一切生产工具集中在国家即组织成为

统治阶级的无产阶级手里，并且尽可能地增加生产力总量。"①在《反杜林论》里，恩格斯指出："无产阶级将取得国家政权，并且首先把生产资料变为国家财产……国家真正作为整个社会的代表所采取的第一个行动，即以社会的名义占有生产资料。"②

3. 在资本主义向社会主义过渡时期存在集体经济

在资本主义向社会主义过渡的国家里，对于农村中的大土地私有制自然要收归国有。但对于有的国家依然还存在的小农怎么办？恩格斯认为要引导他们走集体化的道路。

4. 要彻底消灭非公有制经济

他们认为，生产资料私有制是资本主义制度的经济基础，社会主义必须消灭私有制。《共产党宣言》指出："共产党人可以用一句话把自己的理论概括起来——消灭私有制。"

二、列宁关于社会主义公有制的理论

列宁创立了两种公有制形式同时并存的理论：首先，在城市建立以国家为主体的全民所有制；其次，在农村建立合作社。

三、斯大林的所有制理论

斯大林发展了列宁的二元公有化理论，明确提出无产阶级夺取政权后，不可能实行单一的生产资料公有制，而在相当一段时期内，社会主义的两种公有制形式同时并存。这是对马克思主义所有制理论的重大贡献。但斯大林的逻辑推理中隐含了两个基本的判断：一是国家所有制等于全民所有制；二是国家所有制优于集体所有制。因此，只有当二元公有制结构向一元公有制结构过渡时，才能在交换方面，变现行的商品交换和初步萌芽的产品交换为单一的产品交换；在分配方面，变不完全市场因素的按劳分配为完全实物形式的按劳分配，以完成向共产主义过渡，其过渡方式就是"把集体农庄所有制提高到全民所有制的水平"。在斯大林看来，国家所有制有利于把全部国家

---

① 《马克思恩格斯选集》（第1卷），人民出版社1995年第2版，第293页。
② 《马克思恩格斯选集》（第3卷），人民出版社1995年第2版，第630-631页。

经济完全纳入国家计划以便集中统一管理，而集体农庄发展到一定程度会妨碍把全部国民经济特别是农业经济完全纳入国家计划进行集中统一管理。在这一理论指导下，在实践中出现了片面追求"一大二公"的倾向。斯大林确立了"社会主义经济＝占统治地位的国有制＋计划经济"的公式。在斯大林的亲自指导下，由苏联科学院经济研究所编写的《政治经济学教科书》，把国家所有制和国家机关组织实施的计划经济列为社会主义最基本的经济特征。《政治经济学教科书》写道"国家所有制是社会主义社会中占优势的、起主导作用的所有制形式"，体现着"最成熟、最彻底的"社会主义生产关系；国有制"这一社会主义所有制的高级形式，在整个国民经济中起着领导和决定作用"①；集体所有制之所以具有社会主义性质，也是由国家所有制占支配地位的情况决定的。

与单一的公有制（主要是国有制）的所有制结构相适应，斯大林模式表现出了以下特征：① 国家、部门和企业的全部经济决策都集中于中央，中央决策的计划面向下一级行政单位或职能部门，下一级再以类似的纵向方式面向下一级机构，最后直到企业；② 经济运行的协调主要靠行政机制和行政手段，即决策以指令形式下达，计划就是法律，计划指标具有强制性，并作为考核一切企业及其领导者的唯一指标；③ 经济运行的动力主要依靠行政手段和经济计划强制推行。

第二节　社会主义所有制结构及其调整

一、社会主义所有制结构的内涵

1. 生产资料所有制的内涵

生产资料所有制作为经济范畴，是指人们在生产过程中处理生产资料的关系体系，它包括人们对生产资料的所有、占有、支配和使用诸方面关系的总和。其中，所有是所有制关系的主要内容。所有制内部这些经济关系在法律上就表现为所有权、占有权、支配权和使用权的关系。通常人们把占有权、支配权和使用权总称为"经营权"。生产资料所有制就是生产资料所有权与经营权的辩证统一。

---

① 苏联科学院经济研究所编：《政治经济学教科书》第三版增订本（下册），三联书店 1959
年中文版，第 111-117 页。

生产资料所有权是所有制关系的主要内容，因而通常都是根据所有者主体的不同来区分各种所有制的性质。但所有权并不是所有制的全部内容。一般来说，所有权决定经营权，有什么样的所有权就要求有与之相对应的经营权；但经营权对所有权的巩固和发展又有一定的反作用。生产资料的所有权与经营权既可以统一，又可以分离。在现实经济生活中，所有权与经营权的关系主要有两种基本形式：一种是所有权和经营权统一于一个主体；另一种是所有权与经营权的分离。所有权与经营权是统一还是分离，是由客观经济条件决定的。

生产资料所有制是生产关系的基础，它和生产、分配、交换、消费等社会再生产的各个环节有着内在的密切的联系。任何社会的性质，都是由占统治地位的生产资料所有制性质决定的。

人类社会发展至今，生产资料所有制的基本形式主要有私有制和公有制两种。私有制是生产资料为私人所有的形式。历史上的私有制主要有奴隶主私有制、封建地主私有制和资本家私有制三种形式。此外，还存在着一种以个体劳动为基础的小私有制，它存在于各个社会中，但从未成为占社会统治地位的私有制形式。人类社会至今为止的公有制主要有原始社会公有制和社会主义公有制两种形式。

除了上述生产资料所有制基本形式外，在我国经济改革与发展过程中还出现了一种私有制和公有制融合的新形式，即混合所有制。由于参与混合所有制的各种所有制的性质保持原有的所有制性质不变，所以混合所有制并不具有独立的性质。如果一种所有制在混合所有制中占主体，则这种占主体地位的所有制性质可以决定整个混合所有制经济的基本性质。

2. 所有制结构的内涵

所有制结构，是指各种所有制形式在社会经济中所占的比重、所处的地位以及它们之间的相互关系。一个社会的所有制结构是否合理，直接关系着这个社会的生产力能否得到迅速发展。因此，任何一个社会都存在着调整和优化所有制结构的问题。

一定社会的结构一旦形成，就具有相对的稳定性，它总是要通过一定的形式来表现自己。在一定的所有制结构中，各种所有制形式会根据客观条件的变化，不断调整自身在社会经济中所占的比重、所处的地位以及与其他所有制形式之间的相互关系，以不断适应生产力发展的要求。

任何一个社会的所有制结构，都不是由单一的所有制形式构成的，而总是以一种性质的所有制形式为主体，同时存在其他性质的所有制形式。一个社会经济制度的性质是由占统治地位的所有制形式决定的。如果一个社会占统治地位的所有制形式没有发生根本的变化，该社会的性质也不会改变；一旦占统治地位的所有制形式发生了根本的变化，那么，该社会的性质也就从根本上发生了变化。这是我国在所有制结构调整中必须把握的基本尺度。

二、中国所有制结构及其调整

1. 传统经济体制下的社会主义公有制

我国在传统经济体制下的社会主义公有制是以马克思设想的生产资料全民所有制为前提，在借鉴苏联经验的基础上形成的。而这一段时间中，所有制的特点也经历了从多元所有制结构到单一所有制结构变化的过程。

第一阶段是 1949—1952 年多元化所有制结构并存的时期。1949 年新中国成立初期的经济成分包括：外国资本所有制、官僚资本所有制、民族资本所有制、封建地主土地所有制和劳动者个体所有制等五种形式。到三年国民经济恢复时期结束时，中国社会的经济成分表现为：全民所有制即社会主义的国家所有制、民族资本所有制、劳动者个体所有制和集体所有制等四种主要形式，其中全民所有制居于领导地位。

第二阶段是 1953—1956 年社会主义改造时期。在这一时期，根据过渡时期的总路线，即"一化三改"：在一个相当长的时期内，逐步实现国家的社会主义工业化，并逐步实现国家对农业、手工业和资本主义工商业的社会主义改造。由于过渡时期总路线的实行，我国的所有制结构发生了巨大的变化，公有制性质的经济所占比重有了很大提高。

第三阶段是 1957—1978 年。这段时期，在所有制结构的认识和政策上，主要是追求"一大二公"，否定商品生产和市场的作用，公有制成为单一的所有制形式。在城市，是单一的国有经济，集体经济也已经成为一种"准全民"经济；在农村，主要实行集体所有制，不存在其他经济成分。

2. 改革开放之后所有制结构的变化

我国自党的十一届三中全会以来的历次重要会议，突破传统模式的束缚，对社会主义经济理论的发展有过一系列的建树，推动了改革开放的逐步深入。党的十一届三中全会历史性地将党的工作重心转到经济建设上来；党的十二届三中全会把社会主义经济定义为有计划的商品经济；党的十三大提出我国处于社会主义初级阶段，因而需要采取以公有制为主体、多种所有制并存的方针；党的十四大确立了我国经济体制改革的目标是建立社会主义市场经济。党的十四届三中全会为实现这一目标作出了具体规划，并对"公有制为主体"作了进一步的解释。这些都已触及对社会主义本质和社会主义经济基本特征的理解。但是，当问题涉及正面论述社会主义的所有制结构，特别是国家所有制的地位和作用问题时，由于缺乏充分的说明，传统观念的影响仍然广泛地存在，从而成为进一步推进改革开放的主要理论和思想障碍。

20 世纪 80 年代后期以来，我国改革的重点和难点集中在国有经济的改革方面。国有经济存在的问题是双重的：一方面，国有企业长期采取政企不分，政府直接经营企业的经营方式，它所掌握的资源不能得到有效的利用。另一方面，国有经济的布局存在很大的问题。这表现在，国有资本数量十分有限，却分布在几十万个企业之中，造成了单个企业资金过少，不能实现规模经济，难以进行重大技术更新，因而竞争能力较差；而且，由于过度负债，一些国有企业特别是上级主管机关形成了不计成本，乱铺摊子的不良经营作风；与此同时，许多应当由国家办的事情，例如重大高新技术项目的研究、大型资源性产业的开发、为政策性银行融资等，却因为国家无钱而办不起来，甚至连提供基本的公共服务也采取了收费的办法。这些问题导致国有企业改革进程缓慢，企业经营每况愈下。

以上情况说明，加快国有经济的战略性改组已经成为推进国有企业改革的主要方向。因此，需要适当收缩国有经济的过长战线，使国有资本向国家必须掌握的战略部门集中；同时，支持和鼓励一切有利于国计民生的经济成分的发展。

随着经济改革的逐步深入，国有经济的资产总量虽然获得了巨大的发展，但是在整个国民经济中的比重不断下降，从国民经济的整体结构来看，已经成为多样化的混合经济。同时，我国关于所有制结构的表述也在逐步发生变化，从最初的"其他经济成分是公有制经济的重要补充"到"其他经济成分是公有制经济的重要的、有益的补充"，最终发展到"以公有制为主体，多种经济成分共同发展"，"非公有制经济是社会主义市场经济的重要组成部分"。从而在理论上廓清了所有制结构调整和优化的思路与方向。

三、社会主义市场经济体制下的公有制经济

我国改革开放以来，特别是中共十四大确立建立社会主义市场经济体制

的目标以来，关于所有制的理论与实践日益丰富，不断完善了所有制结构理论，明确了公有制经济的内涵。

1. 公有制的含义

所谓公有制是指一个群体（一个社会的全体成员或部分成员）共同占有生产资料的一种财产权利制度。其基本含义是，公有的生产资料属于该群体的全体成员，而不属于其中的任何一个成员，群体有对该生产资料占有、支配、使用的权利，但是具体到单个的主体，则没有这种权利。

2. 公有制经济的含义

按照传统的认识，所谓公有制经济，就是指全民所有制（国家所有制经济）和社会主义集体所有制经济。其实现形式就是国有独资的国有企业和集体独资的集体企业。但显然这种认识现在看来是不全面的。

随着所有制改革的日益深入，国有企业与集体企业的独资特征逐步弱化，各种经济成分之间相互投资，相互参股的现象越来越普遍，混合所有制经济发展很快，而且公有制经济在混合所有制经济中所占的份额越来越大，有的已占控制地位，因此，再用传统的公有制经济概念便不能涵盖现实中的公有制经济。因此，对公有制经济含义的理解应是：公有制经济不仅包括国有经济和集体经济，还包括混合所有制经济中的国有成分和集体成分。

3. 公有制与市场经济相结合的问题

传统理论认为公有制不能与市场经济相结合。而实践证明，公有制能够与市场经济相结合，但是，能够与市场经济相结合的公有制已经不是传统的那种纯粹公有制，即不搞商品货币、不受市场机制调节、只受国家计划指令调节的公有制，而是一种新型公有制。这种新型公有制有两个典型特征：① 存在着商品货币和交换关系，接受市场机制调节；② 产权关系清晰。这种新型的公有制的主要特征是产权多元化的股份制经济，从所有制的意义上说，就是混合所有制经济。

4. 如何理解"公有制优越性"

对于不同的行业、产业和不同规模的经济，公有制经济与非公有制经济，其适应性和优越性的发挥是不一样的，对于竞争性行业，特别是竞争性中小企业，公有制特别是国有企业，显然不具有优越性或只有较低的优越性。而非公有制经济对于竞争性行业特别是竞争性中小企业，则具有比较明显的优势。对于弱竞争、非竞争性行业，非公有制经济则不具有积极性和优势，而必须由国有企业承担。中共十六大指出："各种所有制经济完全可以在市场竞争中发挥各自的优势，相互促进，共同发展。"

5. 如何理解"以公有制为主体"

在相当长的时期内，对"以公有制为主体"的内涵的理解基本上是从"数量"上来理解的，多年来，在研究所有制结构和所有制发展趋势中，人们习惯于进行数量规划。实际上，在市场经济体制下，各种不同的所有制经济，其发展数量及其比例关系不能人为地规定而应由市场竞争来决定。

从"数量"上来界定"公有制为主体"，越来越无法解释我国经济改革的实际情况。如东部非公有制经济已经超过了公有制经济；从全国整体上看，非公有制经济的规模在继续扩大。在这种情况下，对"以公有制为主体"的理解必须创新。因此，"以公有制为主体"必须转到"功能论"的角度来创新。首先，要全面认识公有制经济的含义。公有制经济包括国有经济、集体经济和混合经济中的国有、集体成分。随着改革的深化和经济的发展，国有经济在整个国民经济中的相对量会逐步下降。但集体经济却会大大发展起来。传统的集体经济有两种形式：农村集体经济和城镇集体经济。改革开放以来已经形成了新型集体经济并有了相当大的发展，主要有：社会集体所有制、社团集体所有制、社会基金所有制、联社集体所有制等。但关键不在于数量，而在于功能。随着改革的不断深入和现代企业制度的发展，股份制、股份合作制等混合经济也广泛地发展起来。混合经济中的国有、集体成分并不需要在数量上很大，但只要处于控股地位（今后越来越多的是相对控股），就会使该混合经济在总体上具有公有制的倾向，从而接受公有制经济的调控和引导。因此，以"功能型"的主体替代"数量型"的主体，客观上也要求以"质量型"的主体替代"数量型"的主体。公有制经济的主体地位关键不在于数量的多少，而在于质量的好坏。因此，在改革的深化过程中，使公有制经济在规模上适当收缩一些，提高它们的质量，对国民经济的支配力，控制力就会增强。

6. 国有经济的主导作用

"以国有经济为主导"是指国有经济在国民经济中的地位问题，是对国民经济的决定与影响作用而言的，它并不涉及国有经济的数量问题。党的十五大提出："国有经济的主导作用，主要体现在控制力上。要从战略上调整国有经济布局，对关系国民经济命脉的重要行业和关键领域，国有经济必须占支配地位。在其他领域，可以通过资产重组和结构调整，以加强重点，提高国有资产的整体质量。"国家控制的主要手段，一是对财政金融等经济部门的控制和运用；二是通过促进关系国民经济命脉的关键领域和行业的国有企业的发展，掌握必要的社会经济资源，构成控制力的物质基础。

经济体制改革的实践表明，要保持国民经济的协调发展，国家就必须具有对个别特殊行业的生产经营垄断权，这是因为，只有在国家掌握少数关系国计民生行业的所有权与经营权的条件下，才有可能更好地兼顾社会效益，更好地发挥对整个经济发展的协调、引导作用。

四、社会主义市场经济体制下公有制经济的实现形式

1. 传统的公有制实现形式

传统的公有制实现形式，认为社会主义只能采取国家所有制和在国家控制下的集体所有制这两种公有制形式，这是由斯大林在 1920 年末苏联共产党内的严酷斗争环境中强行作出的界定。在斯大林的直接授意下由苏联科学院经济研究所编写的《政治经济学教科书》，把国家所有制和国家机关组织实施的计划经济列为社会主义最基本的经济特征，其中，国家所有制更被看做是整个社会主义制度的基础。《政治经济学教科书》认为，"国家所有制是社会主义社会中占优势的、起主导作用的所有制形式"，体现着"最成熟、最彻底的"社会主义生产关系；国有制"这一社会主义所有制的高级形式，在整个国民经济中起着领导和决定的作用"；集体所有制之所以具有社会主义性质，也是由国家所有制占支配地位的情况决定的。虽然斯大林的社会主义定义带有明显的被马克思主义经典作家强烈批评过的"国家迷信"的色彩，但是它在相当长的时期内仍被某些社会主义国家的领导人视为马克思主义的普遍真理。例如在我国，改革开放以前数十年追求"一大二公"的方针，显然是在这种影响下提出来的。

2. 社会主义市场经济体制下公有制经济的实现形式

公有制的实现形式与公有制本身是两个不同的概念，它们的区别是：公有制或公有制本身反映主体与客体的关系，即客体由谁来占有、支配和使用，本质问题是生产资料归属问题，其形式的差别和变化主要通过所有权主体的差别和变化表现出来。而公有制或所有制的实现形式是相对于所有权主体的目的而言的。同一种存在形式，其实现形式可以多种多样；不同的存在形式，

其实现形式可以相同，也可以不同。无论是所有制的存在形式和实现形式都不是一成不变的。相比较而言，所有制的存在形式比较稳定，而所有制的实现形式则变化较大较快。

以往的理论认为，公有制只有两种即全民所有制和集体所有制。这种理论的缺陷在于：① 把公有制与公有制的实现形式混为一谈；② 排除了"两种公有制"以外的任何公有制和公有制实现形式。中共十五大指出："公有制实现形式可以而且应当多样化，一切反映社会化生产规律的经营方式和组织方式都可以大胆利用。要努力寻找能够极大促进生产力发展的公有制实现形式。"提出公有制的实现形式应当多样化，不仅在理论上突破了传统的公有制理论，而且在实践上大大促进了社会生产力的发展。

应当看到不同的公有制及其不同的实现形式都有其特定的经济原因，有其不同的存在和发展的领域，对社会生产力的发展有其不同的作用。国家所有制和集体所有制的长处是容易顾及社会成员的公共利益，有助于促进社会公平，能够贯彻政府的公共政策，但是它与社会成员的个人利益联系不紧密，利益的激励与约束都不强，容易产生效率低下的情况，不宜在竞争性领域存在和发展。

在传统经济理论中，似乎每种经济成分都只能有一种实现形式，不允许所有制实现形式的多样化，从而把所有制本身与所有制的实现形式混为一谈。但随着中国经济体制改革的发展，经济理论界逐步形成了共识，即任何一种经济成分，都有着多种实现形式。

3. 公有制实现形式多样化的理论依据

（1）投资方式的多样化。

在现代经济条件下，经济的货币化、信用化、证券化已经相当发达，任何投资者几乎都不可能脱离资本市场而谋求收益。也就是说，任何一种经济成分要获得最大收益，都不能仅靠创办独资企业，把独资企业作为自身的实现形式，而是应该通过股权与债权等形式在资本市场上进行投资，将股权与债权也作为自身的实现形式，或者说，一种经济成分既可以通过实物形式（创办企业）实现，也可以通过证券形式及货币形态实现。投资方式的多样化促进了各种经济成分实现形式的多样化。

（2）产权关系的多样化。

任何一种产权关系，都是一组权利关系，包括对财产所有权，以及由它引发的占有权、使用权、处置权等。这些权利可以有不同的排列组合与制度安排，例如可以统一于一个经济主体，也可以分属于不同的经济主体，这些不同的排列组合与制度安排，就使得一种经济成分有了不同的实现形式。特别是产权关系中的某项权利可以外化，例如使用权与所有权分离；同时，不同产权关系也可以相互融合，例如以股份制方式使不同的产权关系融为一体，这些都使得任何一种经济成分可能具有多种实现形式。

（3）企业体制的多样化。

企业体制不可能是一成不变的，而应该是多样化的，从企业发展史的角度看，至今为止，典型的企业体制有业主制、合伙制、公司制。企业选择哪种体制，其根本标志是看哪种体制有利于企业发展。已有的企业理论研究表明，选择不同的企业体制主要是考虑剩余索取和风险两方面的因素，而这两个因素往往具有替代关系：高的剩余索取权往往意味着高风险，剩余索取权的适度让渡，则往往伴随着风险的降低，所有者为获得最大利益便需要在两者之间进行权衡，寻求最优点。正是对这一最优点的求解，导致不同的所有者选择不同的企业体制，导致同一种经济成分出现多样化的企业体制。企业体制的这种多样化，必然导致经济成分实现形式的多样化。虽然这种企业体制的多元化导致了经济成分实现形式的多样化，但并没有也不可能改变这种经济成分的性质。

（4）产业、行业间的经营差异性。

各种产业及行业在经营上的差异性是很大的，任何一种经济成分进入某个行业或产业时，都必须考虑该产业或行业的经营特点，这样就使得各种经济成分的实现形式在不同产、行业间呈现出多元化的形态。

（5）社会生产力发展水平的不同。

任何经济成分的实现形式，从根本上讲都受制于一定的社会生产力发展水平，以及与此相关的信息差异和社会道德基础。纵向讲，不同的生产力发展水平可以导致经济成分的不同实现形式。例如，初期资本主义的所有制实现形式与现代资本主义的所有制实现形式就有根本性的差异。横向讲，不同生产力发展水平的地区，即使同一种经济成分也有完全不同的实现形式。例如，我国落后地区与沿海发达地区的私营经济成分就有根本性的差异。当然，除了上述因素外，一个国家的国情及民族性格，也会影响各经济成分的实现形式。

党的十一届三中全会以来，我们正是按照上述原则去发展生产力和推进改革开放的。例如，在我国改革开放的过程中，人们普遍地认识到，计划经济不是一种有效的资源配置方式，从而决定用市场经济来取代计划经济。同时，我国实践也突破了在所有制上追求"一大二公"和把国有制看做公有制的高级形式的框框，支持公有制的多样化和多种经济成分的共同发展。

4. 股份制和股份合作制都是社会主义公有制的有效实现形式

中共十五大指出："股份制是现代企业的一种资本组织形式，有利于所有权和经营权的分离，有利于提高企业和资本的运行效率，资本主义可以用，社会主义也可以用。不能笼统地说股份制是公有还是私有，关键看控股权掌握在谁手中，国家和集体控股，具有明显的公有性，有利于扩大公有资本的支配范围，增强公有制的主体作用。目前城乡大量出现的多种多样的股份合作制经济，是改革中的新事物，要支持和引导，不断总结经验，使之逐步完善。以劳动者的联合和劳动者的资本联合为主的集体经济，尤其要提倡和鼓励。"

这实际上就明确了股份制和股份合作制是公有制的两种有效实现形式，股份制的作用已经在现实经济中得到了充分体现，是国有大中型企业建立现代企业制度的主要形式；股份合作制目前作为中小企业改革的主要方式也得到了迅速发展。

5. 公有制的其他实现形式

在我国经济中除股份制和股份合作制两种主要形式外，还存在承包经营责任制、资产经营责任制和租赁制等形式。

承包经营责任制主要在我国农村实行，有两种形式：一是包产到户；二是包干到户。至于工业企业的承包经营责任制，则是在坚持公有制的基础上，按照所有权与经营权分离的原则，以承包经营合同的形式，确定国家与企业的责、权、利关系，使企业做到自主经营、自负盈亏的经营管理制度。

资产经营责任制是在国家对企业进行资产评估的基础上，通过招标招聘经营者承包经营的经营管理制度。它通过国家与企业签订责任书的形式确定企业经营者在责任期内的净资产保值增值指标、利润增长指标以及经营者的奖惩办法等，明确国家与企业的财产关系。它能够促使经营者在经营期间注重资产增值，有较强的约束力。

租赁制是通过签订租赁合同，将企业的经营权在一定期限内让渡给经营者，由其自主经营的一种经济责任制。它通常要通过公开招标选拔经营者，并根据出租企业的资产价值收取一定数量的租金。

五、非公有制经济发展的特征与意义

（一）非公有制经济发展的阶段性

在我国，非公有制经济是与市场经济同步产生和发展起来的。在理论上，经历了"利用论"、"补充论"、"补充提升论"、"重要组成论"四个阶段；在实践中，经历了逐步发展的过程。总体上说，非公有制经济的发展，新中国成立后到现在经历了一个"U"字形的发展路径。

1. 第一阶段（1978—1981）：理论上的"利用论"与实践上的艰难起步

在这个阶段，人们追求"一大二公三统四纯"的公有制模式（"大"是指生产资料公有制的规模大；"公"是指公有化程度高，在集体所有制与全民所有制这两种模式中，认为集体所有制的公有化程度没有全民所有制的公有化程度高；"纯"是指纯而又纯的公有制，不允许其他经济成分存在；"统"是指对公有制经济进行统一计划、统一生产、统一分配、统一管理），把非公有制与社会主义的关系视为不能共存。但是，由于中国生产力水平低，物质产品缺乏，加上所有制结构单一，群众的需求得不到有效的满足，因而提出要利用非公有制经济这种形式来满足群众的生产和生活需要。于是，在这一思想指导下，非公有制经济开始起步。

2. 第二阶段（1982—1991）：理论上的"补充论"与实践上的有所发展

在这个阶段，人们在理论上把非公有制经济视为公有制经济"必要的、有益的补充"，它承认了个体经济是社会主义公有制经济的必要补充，肯定了它存在的合法性。但由于仍认为非公有制经济是社会主义经济的补充，因而其发展仍很缓慢。

3. 第三阶段（1992—1997）：理论上的"补充提升论"与实践上的高速发展

在这个阶段，非公有制经济的发展先是在实践上有了突破，然后才在理论认识上有了新的提高。1992年以来，随着社会主义市场经济体制的建立与发展，非公有制经济在实践中得到了很大发展。实践的发展促使人们对非公有制经济进行重新认识，而理论认识上的提高也有力地促进了非公有制经济在实践中的发展。

4. 第四阶段（1997 年至今）：理论上的"重要组成论"与实践上的跨越式发展

在这一阶段，非公有制经济在总量上达到了一定规模，在进入范围和领域方面也有很大的拓展，加之经济全球化进程的加快，从而非公有制经济进入了一个跨越式发展的历史机遇期。

（二）非公有制经济发展的意义

改革开放后，以经济建设为中心的指导思想启动了非公有制经济的再度发展，其原因在于非公有制经济的发展适应了改革开放后我国经济社会发展的需要。

（1）非公有制经济为社会创造了大量财富。

（2）发展非公有制经济是增加就业的一条重要途径。在改革开放初期，允许非公有制经济发展的一个重要目的也是为了解决当时日益严峻的城镇和农村就业问题。

（3）非公有制经济的发展有力地促进了社会主义市场经济体制的完善。要建立完善的市场经济体制，各经济主体之间必须存在利益的差别，因为只有存在利益的差别，才存在交换的可能性，才存在市场的必要性。

（4）非公有制经济的发展能够提高公有制的经济效率。市场经济是竞争经济，非公有制经济的发展，为公有制经济提供了一个竞争对手，在市场竞争中，非公有制经济的发展能够迫使公有制经济认识到自己的缺点和不足，从而推动公有制经济提高经营效率。另外，非公有制经济的发展还能够为公有制经济的改革提供资金支持，从而保证了公有制经济的顺利改革和发展。

六、大力发展中小企业

我国发展中小企业的问题，最初是在 1998 年 4 月考虑国有企业下岗职工如何分流时提出的。国有企业改革进入攻坚阶段，出现了数千万国有企业下岗职工，造成了一系列社会问题。原来的设想是在各个城市设立再就业中心，通过再就业中心把国有企业下岗职工集中起来，进行培训、分流。但从实践看来，由于下岗职工数量很大，而新的就业岗位不足，各个城市建立的再就业中心只进不出或进多出少，造成再就业中心堵塞的问题。因此，在探讨这个问题时发现，单就国有企业谈国有企业职工下岗分流问题是解决不了的。根本问题在于新的就业岗位不够，如果不能创造足够多的工作岗位，这个问题是很难获得解决的。

目前，仍存在大量下岗职工需要分流的问题，同时，农村不但不可能提供新的就业岗位，而且还有 1 亿以上剩余劳动力需要转移到非农产业就业。根据世界各国的经验，只有中小企业才能创造大量新的工作岗位。中国的情况也是这样，于是提出了应以更大力度扶植中小企业发展的问题。

但是，发展中小企业的意义，远不止解决下岗职工分流问题。第二次界大战结束以来，许多国家的政府领导人认识到，发展中小企业不仅能够创造大量新的就业岗位，而且是支持整个产业发展的基础，对于保持经济活力、提高效益、促进创造发明、增强竞争力都有着非常重要的作用。也就是说，中小企业是主要的创新力量。这同 19 世纪上半期"大就是好"的观念形成了鲜明对照。"大就是好"是一种基于第一次产业革命的观念。18 世纪 70 年代到 19 世纪 30 年代的产业革命的核心内容，是从手工生产过渡到机器和化石燃料的使用。在第一次产业革命的技术条件下，规模经济是提高效率最重要的因素。这种追求规模扩大的趋势在 20 世纪初期达到最高点。由此形成的生产方式称作"大规模生产方式"（mass production），例如美国的"福特生产方式"。它以扩大生产来降低生产成本，创造规模效益，提高竞争能力。

20 世纪初的新技术革命，电能的广泛运用使动力的分散供应成为可能。一方面，资本密集和大量耗能的大规模企业的消极影响日益显著；另一方面，人力资本作用的扩大使小企业的优势逐渐显露。1973 年英国经济学家舒马赫写了一本名为《小的是美好的》一书，获得了普遍认同。这标志着人们在观念上有了一个新的转折。舒马赫的主要观点是，企业不是越大越好。大型化导致效率降低，环境污染，资源枯竭。相反，小企业有自身的优势，它有利于处理好企业内部的关系，充分调动每一个员工的创造力，形成更大的合力。高度依赖每个人聪明才智的高新技术产业最适合采取中小企业的形式。所以西方国家政府不采取偏袒大企业的做法，而是努力消除大企业的垄断地位，保持竞争环境，为众多小企业创造自由竞争的空间。在这样的环境下，大量的小企业得以生存和发展，始终保持发明创造的活力，从而保持了经济的持续发展。可以说，在一个劳动力资源相对丰富和以促进充分就业为政策目标的国家，中小企业的发展始终是一个国家促进就业、推动经济发展的重要力量。

第三节　我国所有制结构改革的理论与实践

从 1953—1956 年，经过社会主义改造运动，我国建立了社会主义的生产资料所有制结构。改革开放以来，我们对传统的所有制结构认识发生了变化，随着理论创新的不断开展与实践中的不断探索，目前，初步形成了有中国特色的社会主义所有制结构理论。

一、"以公有制为主体，多种所有制经济共同发展"理论的形成

我国过去经济发展缓慢的一个重要原因是在所有制结构上追求"一大二公"，搞单一的所有制结构。这既不符合我国生产力发展水平多层次性的要求，也不利于调动各方面的积极性。经过探索，我们认识到，解决的办法就是在坚持公有制为主体的前提下发展多种所有制经济。于是形成了"以公有制为主体，多种所有制经济共同发展"的理论，这一理论的形成大致经历了 20 年的时间。

早在 1981 年，在《关于新中国成立以来若干重大历史问题的决议》中，就提出了"国有经济和集体经济是我国基本的经济形式，一定范围的劳动者个体经济是公有制经济的补充"。

1982 年，党的十二大一方面强调国营经济的主导作用，另一方面提出发展多种经济形式。

1984 年，党的十二届三中全会提出"坚持发展多种经济形式和多种经营方式"，其中多种经济形式主要是指个体经济和外商投资经济。

在 1986 年 3 月通过的《关于发展国民经济第七个五年计划的报告》中，开始提出"多种形式的所有制"。

在十二届六中全会上，提出了"要在公有制为主体的前提下发展多种经济成分"。这里的多种经济成分就包含了私营经济，只不过提法比较模糊，这说明了在这个时期我们已经默许发展私营经济了。

在 1987 年党的十三大上第一次明确提出私营经济、中外合资合作企业和外商独资企业等非公有制经济，是公有制经济必要的和有益的补充。

1992 年，中共十四大进一步提出："以公有制包括全民所有制和集体所

有制经济为主体，个体经济、私营经济、外资经济为补充，多种经济成分长期共同发展，不同经济成分还可以自愿实行多种形式的联合经营。"

1993 年，十四届三中全会提出"国家要为各种所有制经济平等竞争创造条件，对各类企业一视同仁"，还提出要"坚持以公有制为主体、多种经济成分共同发展的方针"。

1997 年，党的十五大则把"公有制为主体、多种所有制经济共同发展"作为"我国社会主义初级阶段的一项基本经济制度"确定下来。正式提出"非公有制经济是我国社会主义市场经济的重要组成部分，对个体、私营等非公有制经济要继续鼓励、引导，使之健康发展"。

1999 年，全国人大九届二次会议在修改宪法时，将十五大关于所有制方面的理论写入了宪法。至此，我国所有制结构改革与发展的理论得以形成，并在社会经济实践中得到逐步推行。

二、国有经济存在的问题及改革的理论与实践

（一）国有经济存在的问题

在我国社会主义经济建设的实践中，国有经济发挥了重要的作用，但也存在一些问题，主要是：经营管理不善，机制呆滞，冗员众多，技术落后，产品陈旧，效率低下等。这些问题的形成，一是计划经济体制造成的，二是国有企业在计划经济中的功能决定的。国有企业的种种问题成为严重的问题，甚至威胁其存在和发展，是在计划经济加快向市场经济转变，计划经济体制基本退出，市场经济体制开始形成的时期凸显出来的。这是因为：① 国有企业在加速形成的市场经济体制下，面临激烈的国内外市场竞争，一时失去了计划经济体制下国家对它们的保护，不能再依赖国家，于是便出现了问题。② 经济体制已发生根本性的变化，而国有企业的功能定位却没有发生根本变化，即仍要求国有企业在市场经济中发挥其在计划经济中类似的功能，也就是国有企业除了一般企业经营的概念以外，还有非国有企业所不具备的特征，就是它承担了本不应该承担的一些社会职能（社会负担），大约占企业支出的7～10 个百分点。正如林毅夫指出的："影响大型企业绩效的因素，关键不在于国有还是私有，而在于是否有政策性负担。如果有政策性负担，即使私有

企业也有问题；如果没有政策性负担，即使国有企业也有可能经营不错。"①
也就是说，如果这个企业没有政策性负担的话，实际上等于它已经有了7%～10%
的利润，因为其他的民营企业和外资企业没有这块负担。

（二）国有经济改革的理论与实践

国有经济改革在理论上经过了四个发展阶段：放权让利阶段（1978—
1984）、以两权分离（承包制）为主的改革阶段（1985—1991）、对国有企业
进行股份制改造建立现代企业制度阶段（1992—1997）、从战略上调整国有经
济布局的阶段（1997年以后）。

1. 放权让利阶段（1978—1984）

在这一阶段，由于党的十一届三中全会的召开，启动了第一次思想解放
的高潮，社会主义多样化理论与全民所有制实现形式多样化的思路开始形
成，这些都为国有企业改革提供了理论依据。从实际情况看，改革前国家
对国有企业管得过多、管得过死，使企业的活力严重不足；而且国有企业
技术设备落后，产品老化，同国外企业的差距拉大。这种状况成为国有企业
改革的物质动因。

由于理论与实践两方面的促动，中国从1978年10月开始，先后在四川、
北京、上海、天津等地进行国有企业改革的试点，进入20世纪80年代初，
国有企业改革在全国普遍展开。但这一阶段的改革内容仅限于四个方面：一
是国家下放部分权力，扩大企业的自主权，特别是给企业一部分利润权；二
是实行责、权、利相结合的经济责任制，建立健全企业经济核算制；三是出
台"两步利改税"的措施，实行以税代利的新政策；四是对投资体制进行改
革，将财政拨款制逐渐过渡到银行贷款制，即"拨改贷"。可见这个阶段改革
的主要内容是政府对企业的"放权让利"。

放权让利理论认为，传统的经济体制存在的一个重要问题是企业没有自
主权，企业不能根据生产力发展水平和市场变化情况及时地作出正确的决策，
只有放权让利才能调动企业生产经营的主动性和积极性。1978年12月党的
十一届三中全会指出："现代我国经济管理体制一个严重缺点是权力过于集
中，应该有领导地大胆下放，让地方和工农企业在国家统一计划的指导下有
更多的经营自主权。"在四川省和国家经委搞扩大企业自主权的试点时，采用

---

① 林毅夫：《论经济发展战略》，北京大学出版社2005年版，第92页。

了与苏联 1965 年柯西金改革相类似的一套办法，主要内容就是扩大国有企业的自主权。

放权让利确实在调动地方和企业的积极性和主动性方面发挥了极大的作用，但这并没有涉及企业存在的深层次问题，仍存在极大的局限性。其主要表现如下：在改革的目标上，没有提出否定计划经济体制的目标；在改革的内容上，并没有使企业成为独立自主的市场经济主体；在改革者的方法上，缺乏配套性、整体性。

2. 以两权分离（承包制）为主的改革阶段（1985—1991）

1984 年召开的中国共产党十二届三中全会通过了《中共中央关于经济体制改革的决定》。该文件在宏观上确立了社会主义经济"是在公有制基础上的有计划的商品经济"，经济体制改革的目标是建立有计划的商品经济新体制；在微观上提出了生产资料所有权与经营权相分离的改革思路，确立了增强企业活力是经济体制改革的中心环节。围绕这一中心环节，主要解决好两方面的关系：一是处理好国家与企业之间的关系，政企分开，扩大企业自主权；二是处理好企业与职工的关系，保证职工的主人翁地位，这为进一步的国有企业改革提供了理论基础。

在十二届三中全会精神的指导下，我国从 1985 年开始加快了国有企业改革的步伐，把它作为中心任务来抓。通过改革，试图使政企分开，把国有企业培育成为自主经营、自负盈亏的经济实体。这个阶段改革的主要内容：一是实行两权分离，搞活国有企业；二是把计划调节与市场调节结合起来，让国有企业更多地利用市场机制。

国有企业承包经营责任制，是指国家把国有企业的经营权承包给企业或个人，企业或个人依据承包合同向国家完成上缴利润等责任，实行超收多留、歉收自补的一种经营制度。承包制的理论基础是所有权同经营权适当分离。承包制的优点在于：它是一种责、权、利相结合的经营制度，企业可以根据承包合同获得相应的自主权，生产经营有了一定的主动性和积极性；企业有完成上缴任务的压力，更有追求缴后留利的动力；在保证国家财政收入的同时又初步打破了企业吃国家"大锅饭"的平均主义分配制度。但承包制也有一定的缺陷，例如，对国有企业改革的复杂认识不足；出现"一包就灵"，"一包就了"的现象；忽视了产权制度改革，限制了股份制改造的探索；没有把国有企业推向市场；承包基数不好掌握等。

3. 对国有企业进行股份制改造建立现代企业制度阶段（1992—1997）

对国有企业进行股份制改造、建立现代企业制度，是继承包制后搞活国有企业的又一重大举措。1993 年 11 月，党的十四届三中全会通过的《关于建立社会主义市场经济体制若干问题的决定》，在总结国有企业改革历史经验的基础上，明确了从计划经济过渡到市场经济的改革目标，提出"进一步转换国有企业经营机制，建立适应市场经济要求，产权清晰、权责明确、政企分开、管理科学的现代企业制度"，明确指出"以公有制为主体的现代企业制度，是发展社会化大生产和市场经济的必然要求，是我国国有企业改革的方向"。可将这一阶段改革的主要过程与内容概括如下：1992 年以破"三铁"为中心的转换经营机制的改革；1993 年开始的建立现代企业制度试点的改革；1995 年以建立现代企业制度为中心的"三改一加强"、"分类指导，分批搞活"、"优化资本结构"、"减员增效"等改革；1996—1997 年出台的"抓大放小"、"资产重组"、"下岗分流"和"再就业工程"等改革措施。通过这一阶段的改革，涉及的矛盾多、层次深，因而难度很大，改革的成效不明显，改革的任务还远未完成。

现代企业制度是指产权清晰、权责明确、政企分开、管理科学的现代公司制度。它主要由三个部分组成：一是法人财产制度；二是有限责任制度；三是科学的组织和管理制度。现代企业制度使所有权与经营权的分离建立在公司法和公司章程的基础之上，公司各行为主体的权、责、利由法律和章程明确规定。国家与企业之间的产权边界是明确的，这可以真正实现政企分开、所有权与经营权的分离。有限责任制度是人类制度文明的优秀成果，它对投资者和经营者都有利。对投资者来说，它减少了投资风险，增大了获利机会；对经营者来说，可以独立自主地经营。

可以说，这三个阶段的改革，其解决的主要问题，是国有企业自身的问题，即国有经济微观层次上的问题。在这一层次，国有企业的改革目标在于：第一，解决国有企业历史遗留的沉重负担，如债务问题，资本金不足问题，非经营性事业问题，离退休职工的社会保障问题，冗员问题等；第二，使那些应该退出的国有企业有序地退出；第三，使那些应该保留和发展的国有企业得以更好地发展，以发挥其特有的、难以被非国有企业替代的功能。

4. 从战略上调整国有经济布局的阶段（1997 年至今）

国有企业经过放权让利、实行承包制和进行股份制改造，依然存在不少问题，如何进一步改革国有经济就成为一个非常紧迫的问题。党的十四届五中全会明确提出，要着眼于搞好国有经济，通过存量资产的流动和重组，对国有经济进行战略性重组。从经济改革的理论和政策方面看，一是大胆利用一切反映社会化生产规律的经营方式和组织形式，努力寻找能够促进生产力发展的公有制实现形式；二是按照"三个有利于"的原则，完善所有制结构，实现多种所有制经济的共同发展。通过企业在资本市场上的自主行为，实现国有资本从一般性竞争领域向战略性领域的集中。可以按照政府应当发挥作用的大小对国有资本的进入排出优先次序，据此安排国有经济的新格局。从战略上调整国有经济布局，是国有经济宏观层面上的改革。因此，从宏观上说，给国有企业在社会主义市场经济中恰当定位，以发挥其特有的或难以为市场替代的功能，同时原则上从竞争性部门退出，让非国有企业发展。"有进有退，有所为有所不为"，这就是从战略上调整国有经济布局的基本原则。据此，国有经济主要控制以下四类行业和领域：① 涉及国家安全的行业，如国防工业、造币工业以及国家的战略储备系统（包括粮食、能源储备等）；② 自然垄断的行业，如邮政、电信、电力、铁路、航空等；③ 提供重要的公共物品的行业，如城市供水、煤气、公交及港口、机场、水利设施、重点防护林工程等；④ 支柱产业和高新技术产业中的骨干企业。除以上四个方面以外，其他行业和领域可以考虑通过资产重组等方式予以退出。

1997 年 9 月，党的十五大指出："国有经济起主导作用，主要体现在控制力上。""要着眼于搞好国有经济，抓好大的，放活小的，对国有企业实施战略性改组。""抓大放小"就是在抓好大型国有企业的同时，采取改组、联合、兼并、租赁、承包经营和股份合作制、出售等形式，放开搞活小型国有企业。1999 年 9 月，党的十五届四中全会通过的《中共中央关于国有企业改革和发展若干重大问题的决定》进一步指出：从战略上调整国有经济布局要"坚持有进有退，有所为有所不为"，"放开搞活中小国有企业。"从而国有企业改革及国有经济布局的调整在理论上与政策上得以确立。2006 年 10 月中共十六届六中全会通过的《中共中央关于构建社会主义和谐社会若干重大问题的决定》，提出了以国有经济结构调整为主的国有企业改革目标。

三、计划经济体制下的国有企业制度与市场经济体制下的现代企业制度的区别

1. 产权关系不同

在国有企业制度下，国有企业的产权关系模糊、单一化。出资者的资产

所有权与经营者的企业法人财产权合一，由此决定了所有权与经营权合一，在具体的经济运行过程中，导致了财权、物权、债权不清；资产所有者与法人所有者的权利与义务不明确，导致了资产运营责任不明，资产运营低效；产权归属不清晰，导致国有资产流失现象严重。

现代企业制度的产权关系是明晰的。资产所有者与法人财产权相分离；资产所有者的责、权、利同企业法人代表的责、权、利划分明确；在资产管理方面，出资者只对资产进行价值形态上的管理，而资产的实物形态则由法人代表进行管理；所有者和经营者彼此相互独立，又相互依赖和相互制衡，共同负责资产的保值增值。

2. 投资主体不同

在国有企业制度下，资金来源单一，只有国家进行投资。由于投资主体单一，产生了效益低下的局面。在这种企业制度下，国家既是财产的所有者，又是生产过程的实际经营者，在生产、分配、交换、消费的全过程，国家享有高度集中的权力。由此决定了资金运动呆滞、增值缓慢。

现代企业制度下的企业投资主体是多元化的。投资主体的多元化，决定了利益分配的多元化。在利益分配多元化的基础上形成了一种利益驱动机制，使资本运动加快，效益提高，增值能力增强。

3. 生产经营目标不同

在国有企业制度下，企业的经营行为只对国家的计划目标负责，经营目标是完成国家计划指标，除此之外，企业还要完成国家行政和其他方面下达的许多与企业经营无关的任务，企业包袱沉重。

在现代企业制度下，企业以利润最大化为主要目标，兼顾各种利益，形成了以利润最大化为核心的经营目标体系。在该制度下，企业围绕利润最大化这一主要目标，实行以质量求生存、以科技求进步、以市场求开拓、以管理求效益的经营战略。

4. 调控方式不同

国有企业制度是国家直接介入经济活动的制度，所以国家更多地采用行政手段，实行直接调控的方式；较少运用经济手段和法律手段，实行间接调控的方式。加上中国特殊历史条件下所形成的高度集中的管理体制，因而在调控方面主要是采取直接调控。

在现代企业制度下，企业是独立自主的市场经济主体，国家介入经济活动的程度很低，主要是运用经济手段和法律手段进行间接调控，形成了间接调控体系。因此，建立现代企业制度的一项主要内容应是转变政府职能，改变宏观调控方式，建立以间接调控方式为主的调控体系。

5. 经营自主权不同

在国有企业制度下，企业缺乏自主权，因而也缺乏独立性，它是国家机关特别是主管行政部门的附属物。在这种体制下，企业没有独立性，不可能成为独立的经济实体。政府主管部门对企业管得过多过死，致使企业没有活力。在生产经营中，企业没有多少自主权，既没有负亏的责任，也没有负亏的能力，更没有扭亏为盈的压力。没有独立性和自主权是传统的国有企业制度固有的、内在的弊端。

在现代企业制度下，企业是独立的法人，具有真正的独立性。企业以其法人资格，享有充分的自主权，依法自主经营、自负盈亏；企业具有自我调整、自我改造、自我适应等能力。现代企业制度下的企业具有独立性，是真正的自主经营、自负盈亏的市场经济主体。

6. 企业管理体制不同

在国有企业制度下，企业管理权主要掌握在各级政府手中，企业的管理人员很大程度上是政府经营决策的执行者。这样，企业这一经济单位完全行政化，导致了政企不分状况的出现。从人的管理来看，企业干部的任免、职工的招聘与辞退都掌握在政府部门手里，人员优化组合难以进行，生产经营者缺乏积极性。从物的管理来看，由于产权不清晰以及国有资产所有权的虚置，导致资源配置的不合理和低效运营，由此出现国有资产流失。在管理目标上，单纯以物为目标，忽视对人的管理；在管理方式上，排斥市场机制的作用，采用单纯的直接管理方式，这在一定程度上影响企业管理的科学性。

现代企业制度下的管理是适应现代市场经济和社会化生产客观要求的科学管理。其科学性体现在企业组织制度、领导制度、用工制度、分配制度、财务制度、生产指挥制度、监督制度、员工的社会保障制度、科学的管理方式和管理手段等方面。企业是独立的经济主体，他们的经济利益及其所产生的各种生产经营行为都是围绕企业利润最大化这一目标进行的，适应市场供求关系变化而开展的生产经营性活动。

7. 企业权利与义务关系不同

在国有企业制度下，企业的权利与义务是相分离的，各种权利控制在政府主管部门手里，企业只有义务和责任。在生产经营活动中，企业只有完成上级下达任务的义务，而没有权利向上级提出各项要求和保证。企业不但缺少应有的权利，而且也无能力保护自己的正当利益。

在现代企业制度下，企业不仅有权利，而且有义务，是权利和义务的统一体。从权利方面看，首先，企业拥有生产经营活动全过程的自主权，如自主决策权、产品定价权、人事权、赢利分配权等。其次，企业还具有要求政府为其生产经营活动服务的权利，例如，要求政府提供信息服务、要求政府建立健全法律体系、提供公平竞争的市场秩序等。从义务上看，企业有纳税的义务，通过纳税活动，满足国家利益。因此，建立现代企业制度的过程，就是实现企业权利与义务统一的过程。

8. 企业经营项目不同

在国有企业制度下，企业的经营项目是单一的、呆滞的。在国家计划的控制下，企业的经营活动主要是为了完成国家计划。在高度集中的计划经济体制下，企业只经营单一项目，不能满足社会日益增加的多种需求，导致生产与需求脱节。

在现代企业制度下，企业的生产经营项目是按照市场供求关系来确定的，即以市场需求为导向。因此，现代企业制度下企业的生产经营项目是多种多样的，产品种类齐全、结构合理，能够很好地满足多样性的社会需求。

第六章　社会主义市场经济体制下的市场体系

市场体系是市场经济运行的场所和载体。培育完善的市场体系是建立和完善市场经济的一个重要内容。健全的市场体系是市场经济体制的内在要求，是市场经济运行的基础性条件。在我国社会主义市场经济体制逐步完善的过程中，必然要求加快形成健全的市场体系。中共十六大报告指出："在更大程度上发挥市场在资源配置中的基础性作用，健全统一、开放、竞争、有序的现代市场体系。推进资本市场的改革开放和稳定发展。发展产权、土地、劳动力和技术等市场。创造各类市场主体平等使用生产要素的环境。深化流通体制改革，发展现代流通方式。整顿和规范市场经济秩序，健全现代市场经济的社会信用体系，打破行业垄断和地区封锁，促进商品和生产要素在全国市场自由流动。"

中共十七大报告指出："加快形成统一开放竞争有序的现代市场体系，发展各类生产要素市场，完善反映市场供求关系、资源稀缺程度、环境损害成本的生产要素和资源价格形成机制，规范发展行业协会和市场中介组织，健全社会信用体系。"

第一节　市场体系的构成与特征

一、市场体系的含义

市场作为商品交换关系的总和，是随着商品经济的发展而不断发展和完善的。随着社会生产力水平的不断提高和商品经济的发展，交换成为社会经济活动经常的普遍的形式，各种不同内容、不同形式、不同规模、不同层次、不同功能的市场应运而生。这些市场在经济运行中相互联系、相互制约，共同发挥作用，构成了一个整体。所谓市场体系就是各类市场的有机统一体，也就是用系统的观点来考察的各种层次、各种形态、各种类型的市场关系的总和。

在市场体系中，商品市场是整个市场体系的基础，资本市场是市场体系运作的中枢，劳动力市场是市场体系运行的动力。商品市场、资本市场和劳动力市场构成现代市场体系的核心内容，是整个市场体系的支柱。

二、市场体系的构成

一个完善的市场体系的构成可以从不同的角度进行考察，可根据不同的标准进行划分，如市场体系的主体构成、时间构成、空间构成、形态构成等。市场体系的主体构成，是市场体系的基础构成，作为市场主体，都必须是独立的经济利益主体。一般而言，市场主体包括个人、家庭、企业和国家。按市场体系的时间构成来划分，可以分为现货交易市场和期货交易市场。现货交易市场是指即时实现交易行为并就交易对象进行交割的交易市场，在这种交易方式中，市场主体和交易对象的权利让渡和空间易位同时进行。期货交易市场是指交易行为在前，实物和货款交割在后的进行期货合约买卖的市场，在这种交易方式中，市场主体权利让渡和交易对象的实际换位在时间上分离。市场体系的空间构成是指各种市场活动范围等级所占的比重及其相互关系。一般而言，市场体系的空间构成可以分为四个层次：以地方分工为基础形成的地方市场；以经济活动地域专业化分工为基础的区域市场；国内统一市场；在各国经济之间相互开放基础上形成的国际市场。市场体系的形态构成是指市场体系中各种交易场所的存在形式及构成。它是随着商品交换的发展而不断完善的，市场体系按存在的形态可划分为有形商品市场和无形商品市场。其中有形商品市场可分为农产品市场、工业品市场、消费品市场、生产资料市场和房地产市场；无形市场可分为产权市场、服务市场和文化市场。

在市场体系的构成中，其中最主要的是按交易对象或市场客体的不同进行划分，市场可分为商品市场和要素市场。

1. 商品市场

商品市场主要包括消费品市场和生产资料市场。

（1）消费品市场，是消费品的交换场所及其交换关系的总和，即为消费者提供最终的、直接消费品的商品市场。消费品市场中的商品，包括有形的物质产品和无形的非物质产品。

（2）生产资料市场，是生产资料的交换场所及其交换关系的总和，即为满足社会再生产的需要而进行物质生产资料交换的商品市场。

2. 要素市场

要素市场是指生产过程所需要的各种要素的交换场所及关系，主要包括资本市场、劳动力市场、房地产市场、企业家市场；此外，随着科技的不断进步，信息工具与信息交换的不断发展，技术市场和信息市场也分别逐渐形成为相对独立的特殊的要素市场。

（1）金融市场。

金融市场对于市场经济至关重要，它就像神经中枢一样发挥作用，聚集一个国家的储蓄并且将这些储蓄分配到各种促进经济增长的投资中。金融市场也把储蓄的流动与实际生产活动联系起来。由于世界各地许多国家的储蓄和投资都是相互重叠的，金融关系显得更为复杂且更为有效。当各国参与到其他国家的生产活动中去、当他们把消费品市场扩大到国际市场时，当他们参与到其他国家人们的储蓄及投资决策中去时，世界各地的工人都享有更多的机会以提高自己的生活水平。与自给自足的经济相比，统一的全球经济以更低的成本创造了更大的利润。

金融市场是以资金商品作为交易对象的市场，它既是融资的场所，又是融资关系的总和。金融市场可以依据不同的标准分类：按资金融通方式不同，可分为直接融资市场和间接融资市场；按资金融通的期限不同，可分为短期金融市场（货币市场）和长期金融市场（资本市场）；按市场地域和范围不同，可分为地方性金融市场、区域性金融市场、国内金融市场和国际金融市场等；按信用工具交易层次不同，可分为一级市场（亦称发行市场）和二级市场（亦称流通市场）；按市场业务职能不同，可分为货币市场、资本市场、外汇市场等。其中，按市场业务职能不同对金融市场的分类，是一种最基本、最通用的分类方法。

① 货币市场，是指经营一年期以内货币资金融通的市场。有短期拆借市场、短期证券市场、票据贴现市场、银行短期信贷市场等。货币市场具有融资时间短、信用工具流动性强、参与者众多和利率多变等特点。其基本职能是调节货币的供应量和调剂各市场主体之间短期资金的余缺。

② 资本市场，是指经营一年期以上的中长期资金借贷和（有价）证券的市场。具体包括证券市场和银行中长期贷款市场。与货币市场相比，资本市场具有较高的风险性。资本市场在促进资本的形成和有效配置方面的功能，

主要表现为资金筹措和资本交易。资本市场是市场体系运作的中枢，在完整的市场体系中居于主导地位，主导着商品市场和其他一切市场的运行。资本市场的完善能更好地集聚社会各种资本，挖掘和控制社会资本潜力，为经济建设和国民经济发展服务；有利于推动企业提高经济效益，促进社会资本的合理流动和产业结构的调整；有利于银行经营机制的转换，促进金融业的相互竞争，提高资本融通效率和资本利用效率；可以为国家的宏观经济调控提供金融工具。

③ 外汇市场，是指专门买卖外汇的市场，属于国际金融市场的范围。现汇交易是现行外汇市场运行的主体。外汇市场的主要职能和作用在于实现国际资本借贷转移，方便国际支付结算，避免或减少国际交易的外汇风险，促进世界经济的发展，等等。

（2）劳动力市场。

劳动力市场是指把劳动力要素作为商品进行买卖的场所，是劳动力交换关系的总和。在劳动力市场上，直接表现为劳动力商品与货币的交换关系。劳动力市场的主要职能是，运用市场机制调节劳动力的供需关系，推动劳动力的合理流动，实现劳动力资源的合理配置，进而促进物质资源的有效配置和经济产出的极大化。劳动力市场的特点是：一切具有劳动能力且愿意就业的法定劳动年龄人口都可以进入劳动力市场；市场供求关系调节着社会劳动力在各地区、各企业之间的流量、流速和流向；工资受劳动力市场的供求和竞争的影响；劳动力的市场配置不可避免地会产生结构性失业；劳动力市场的流动性在某种程度上受到行业、职业、地点、信息等的制约和限制；劳动力市场受工会、政府等组织的干预较强。

（3）房地产市场。

房地产市场是指进行房地产交易的场所，是房地产交换关系的总和，包括房产市场和地产市场。

① 房产市场，是房产的所有权或使用权的交易或转让的场所。我国目前房产交易主要有四种形式：一是房产的买卖，即购买者支付一定数量的货币买到房屋的所有权或长期使用权。房产买卖是房产流通的一种最重要形式。二是房产租赁，即房屋出租人将房屋的使用权分期出租给承租人，而房屋的所有权不变。三是房产调换，房产调换有两种情况：房屋所有权的置换；房屋的所有权不变，只调换使用权。四是房产抵押，即房屋的所有者由于贷款或为第三者担保债务，将房屋抵押给债权人作为保证。房产市场的完善，有利于加快住房建设，推动城市住房体制改革，改善城市居民居住

条件；有利于加快城市改造和基础设施建设；有利于房产资源的节约和合理使用；有利于调整消费结构、产业结构和经济结构，扩大内需，带动国民经济的增长。

② 土地市场，是土地所有权或土地使用权的交易或转让的场所，它是房产市场的基础。我国宪法规定，土地属于国家或集体所有，不能作为商品买卖，因此，我国不存在土地所有权买卖市场，只有土地使用权的让渡市场。土地使用权出让通常采用三种方式：第一种方式是协议方式，即土地出让方和受让方通过协商的方式转让土地使用权。在土地市场还不成熟的情况下，一般采用这种方式。第二种方式是招标方式，即土地出让方以指定的地块、面积、用途、年限、建筑容积率、开发要求等公开招标出让，在规定的期限内，由符合条件的单位、个人书面投标，土地出让方择优而取。第三种方式是拍卖方式，即土地出让方在指定的时间、地点，利用公开场合，由土地管理部门代表政府就某块土地的使用权公开叫价出让，由出价最高者获得土地使用权。目前，我国存在着三级土地市场，一级市场是国家的地产垄断机构进行垄断经营的市场，即国家有偿征用集体所有制土地和有偿出租或转让国有土地使用权的市场；二级土地市场是指土地开发市场，即具有法人资格的土地开发公司对土地进行综合开发、经营所形成的市场；三级土地市场是指拥有土地使用权的用地单位之间进行土地使用权交易所形成的市场。上述三级市场共同构成了统一的土地市场体系。土地市场的完善，有利于形成土地流转形式的多样化，合理保护、开发、利用土地资源，优化土地投资方向，提高土地使用的综合效益，保持人口、资源、环境的协调发展。

（4）企业家市场。

企业家是市场经济中最稀缺的要素，企业家是从事创造性生产经营活动的特殊劳动力，正是这一重要特征，使企业家市场与一般劳动力市场区分开来。企业家报酬与一般劳动力价格在定价原则上也是有区别的，一般劳动力的工资由劳动力市场的供求关系决定，并依劳动合同保持相对固定或稳步的增长，但企业家的报酬中包含创新和风险的回报，因此是有弹性的绩效工资。

（5）技术市场。

技术市场是技术商品（包含科技知识和科技成果）交换的场所，是技术商品交换关系的总和。技术市场的交易活动主要有三大类：第一类是技术转让与引进；第二类是技术许可证贸易；第三类是技术咨询与服务。与普通商品市场相比较，技术市场具有以下一些特征：一是技术市场上交易的不是实物商品，而是知识形态的无形产品。二是技术贸易不仅是商品流通领域中的活动，而且往往是交易双方在技术应用等生产领域的长期合作，因而是交换过程的延伸。三是技术贸易所转让的是技术商品的使用权，而不是所有权。四是技术商品的使用价值会发生快速的无形损耗。技术商品的损耗主要是自然损耗和商业损耗。自然损耗是商品有形的损耗；商业损耗是指技术从诞生到广泛应用的一段时间内，随着时间的推移和市场竞争压力的加剧，商品使用价值会被其他先进的技术所取代，从而发生的无形损耗。五是技术商品的价格确定比较复杂，通常技术市场价格由交易双方自由商定。发展和完善技术市场，有利于促进科技成果迅速转化为现实生产力；有利于更好地发挥科研机构同生产单位经济利益相联系的桥梁和纽带作用；有利于不断扩大经济增长中的科技含量，使科技进步成为经济发展中的决定性因素；有利于推动企业的技术创新和技术进步，促进和推动科研机构的改革；可以扩大科技人员的活动空间，有利于科技商品的流通。

（6）信息市场。

信息市场是专门进行信息商品交换的场所，是信息商品交换关系的总和。信息市场具有以下一些特点：① 信息市场对其他市场具有导向性；② 信息市场的运行具有迅捷性；③ 信息市场具有公开性；④ 信息商品的无限性；⑤ 信息市场正逐步由卖方市场向买方市场转化，在信息商品的交换和价格决定上，买方有更多的选择余地和更大的发言权。发展与完善信息市场，有利于实现信息生产的专业化，大大降低信息生产费用，缩短信息转化为现实生产力的时间；有利于促进信息资源的优化配置，提高社会的经济效率；有利于调动信息生产人员的积极性，增强全社会的信息意识，提高信息利用率。

三、市场体系的特征

1. 统一性

统一性是相对于分割性而言的，即指各类市场在一国范围内应是一个有机的统一体。市场体系的统一性具体表现在：市场体系是一个结构完整、层次合理的统一体。市场体系是由商品市场和要素市场构成的，只注重商品市场的运行而忽视要素市场的存在及其功能，社会资源就无法实现优化配置。这就是说，在全国范畴内不存在地域上的行政分割和划地为界的地区封锁，也不存在部门、行业之间的人为分隔。所有商品和要素都根据市场经济规律和商品经济的自然流向规律自由流动，实现资源的合理配置。建立全国统一的市场，要打破和清除各种封锁和非法垄断，要坚决取消各种关卡，消除地方保护主义，不得以任何借口和手段阻碍商品流通。为此，要求制定统一的市场法规和统一的市场政策，并在全国认真地加以贯彻执行。只有形成统一的市场体系，才能使国民经济成为一个有机的统一体，才能真正打破市场流通的封锁和垄断，实现资源配置的社会化和科学化。衡量市场统一性的概念是"市场一体化程度"，最常用的指标是同类产品或要素的地区差价，差价越小，表明市场的一体化程度越高。

2. 开放性

市场体系的开放性是相对于封闭性而言的，即指市场体系在空间上必须是一个开放型的。社会化大生产和商品经济的发展，要求市场体系是一个开放性的系统。这不仅是指各地市场的对内开放，即随着生产社会化和商品经济发展，各地方市场不断发展和完善，成为相互联系、相互渗透、相互开放的整体系统，而且还指国内市场的对外开放。市场体系不是一个地域性的封闭体系，而是同世界市场存在着广泛联系的开放性体系。商品经济是一种开放性经济，它本身内在地要求不断扩大市场，而市场的扩大则必然要求不断地突破原有的边界进入新的领域。商品就其本性来说，总是按照价值规律和供求规律的要求，以最经济、最合理的方式运动，它本能地要求各地区之间互相开放市场，使商品自由地流入和流出。对外开放是市场经济的内在要求。只有在一个开放的市场体系下，市场的容量和范围才能不断拓展，市场经济才能得到不断发展。

3. 竞争性

具有健全的市场机制的市场体系必然具有竞争性。竞争是追求各自利益的经济活动当事人之间的复杂的相互作用过程，是市场体系有效运作的必要条件。竞争性是相对于垄断性而言的，即指各类市场主体是平等的竞争者，他们在开展市场活动中必然存在公平的竞争。竞争是商品经济内在本质的外在表现，是市场经济的必然产物。而市场是展开竞争的场所，因此，竞争与市场的关系是相互的。市场体系要求有充分有效的竞争，而发达的市场体系又是竞争充分展开和其作用充分实现的必要条件。只有保护和发展平等的竞争，才能推动技术进步、科学管理、服务周到和价格合理。

4. 有序性

有序性是相对于无序性或混乱性而言的，即指市场体系运行的规范化、秩序化。市场体系运行的有序性是以价值规律为核心的客观经济规律所要求的，价值规律要求商品交换等价进行，而平等竞争有利于实现等价交换。因此，等价交换和平等竞争要求市场运作的有序性。市场运作的有序性又主要表现在市场主体的经济行为的合理化、有序化。为此，一切经济活动不论是市场主体的进入和市场交易行为，还是市场内部的管理和市场外部的环境，都需要遵循平等的原则和公正交易的规则,需要在法律的规范下有序地进行。

四、市场体系中的地方保护主义

1. 地方保护主义的影响

地方保护主义与现代市场经济所要求的市场体系是格格不入的，它在相当大的程度上损害市场体系的完整性、统一性、开放性、竞争性和有序性，从而造成经济效率的损失。经济会由于庞大的政治权力干预处在低效率均衡，从而造成整体社会福利水平的下降。特别是在经济转轨时期，这种影响更为明显。

在现实社会经济中，由于地方（政府）可以从对企业的保护中换取现有企业的租金和政治支持，从而压制了区域内部的竞争，并加剧了对企业的软预算约束。因此，在地区和地方层面上，在政府和重要的企业之间，似乎已经形成了一种共生关系。有些地方政府或官员会通过对中央政府政策的"因地制宜"的修订，实质性地达到对某些企业的保护，这也导致对新企业进入的更多限制，因此，同没有保护时的均衡相比，社会福利会下降。

在地区层面上，在那些大型企业少且相互并不激烈竞争（即属于不同的行业）的地方，地方官员的政治势力是强大的。他们的基本出发点在于，为少数大企业提供保护，地方官员就可以从企业获得巨额租金。地方官员会通过控制向烂企业提供转移支付来维持政治权力，从而维护与大企业的谈判力量。地方官员也反对新企业的进入，因为它可能带来竞争，从而降低地方官员所能获得的租金，也可能为地方官员的政治对手提供政治支持。如果在一个地方只有几家大企业，那么，地方官员向这些企业提供保护，这将导致对区域内市场进入的更多限制。这种情况可能会阻碍企业管理层重组企业，因为对地方官员而言，控制一个重组后的企业的成本会更高。

2. 地方保护主义的理论模型

在模型中，有三类参与者，他们分别是中央政府、地方企业和地方官员。

在每一地区，企业拥有现金流，并对中央政府负有纳税义务。它们决定是否用当前的现金流纳税，或者是否向地方官员寻求保护，以免向中央政府纳税以限制区域内的竞争。地方官员保护企业，从中获得报酬，并寻求连任。其他的地方长官也为企业提供保护。企业的员工构成选民的一部分，他们投票支持企业的保护者。下面我们分别加以具体的说明：

（1）企业。

在每一个地区，都有一定数量的有可能进入该地区市场的企业。所以，每个企业的应税利润随着进入市场企业数量的增加而下降。地方官员的选择是本地区企业的数量多少，而这又取决于其获得企业租金的结构。如果新进入市场的企业提供的租金既有利于官员的连任，也不少于由于保护原企业或所有企业向中央政府缴纳的中央税，则只要新进企业愿意承担这项成本，即可进入。而如果低于这项收入，则保护主义就会起关键作用。

（2）地方官员。

企业向地方官员支付一定的好处以获得保护，而地方官员则利用这些手段获得连任。如果地方官员的唯一目标是增加他保住官位的可能性，并可以限制竞争，那么，假定地方官员设立了一定数额法定的进入费用，则只有那些税后利润超过进入费用的企业才会进入市场。如果企业的数量可被限制在一定的范围内，并且地方官员保护其不缴纳中央税的收入大于为保护企业而承担的政治成本，则这种保护可以得以实现。

如果地方官员所能获得的选票收益小于其承担的政治成本时，他就不会去保护任何企业。在这种情况下，他就会选择让企业自由进入地区市场。如果地方官员在其所在地区面临激烈的政治竞争、与企业讨价还价的能力不够强而且中央政府对地方保护行为施加的成本很高，压制竞争的动机就会更弱。

（3）中央政府。

中央政府的主要目标是在税率给定的情况下，提高税收收入。中央政府的主要措施旨在增加地方保护的政治成本或反对中央政策的强度。以此使中央的政策在地方得到实施。

地方官员可以选择本地区的竞争程度和保护程度。让更多的企业进入地区市场有两个相互抵消的效应：每增加一个企业给地方官员带来的选票增加额，以及企业利润随着进入市场的企业增多而下降。只要地方官员从保护企业中获得的那部分收入大于其提供保护的成本，他就愿意保护企业免交中央税。而如果大企业的利润是低的，那么地方官员就没有什么激励来限制市场的进入。

一般性结论如下：

地方官员相对于大企业的谈判能力越强、税率越高、地区内部的政治竞争越弱、投票人的政治依附性越强，地方官员不仅越有激励保护企业使之免交中央税，而且越有激励将企业的数量限制在一定的水平上。

保护的成本反映了地方官员在其所辖区域内保护企业的能力。中央政府可以以各种方式加大地方官员保护企业的成本。更高的保护成本迫使地方官员减少受保护的企业数量，其原因有二：① 在保护成本上升的情况下，大企业的赢利性不再受到保护。② 对地方官员来说，在小企业的就业人员的相对价值增加了，因此地方官员更不愿意以牺牲竞争的方式从受保护的企业中获取租金。一般性结论如下：

保护成本的增加使地方官员更有激励促进地区内的竞争，但是保护大企业的激励将减少。

如果所有的地方企业具有相同的利润，地方官员将支持就业人数多的企业。从而在一定程度上为企业维持冗员提供了依据。地方保护主义为企业经理维持冗员提供了激励，政治竞争越强，冗员就越严重。

从技术上看，如果中央政府在打击地方保护主义方面拥有成本上更有效率的技术，保护均衡出现的可能性就比较少。由此可以得出：中央政府越强大，保护均衡出现的可能性就越少。如果中央政府足够强大，就会有无保护的均衡。

五、现代市场体系的发育过程

人类社会经济发展的历史表明，市场的产生、发展以及现代市场体系的形成过程基本上是一个自然历史过程，是依赖于客观经济条件而逐步地发育成熟起来的。从简单商品交换市场到市场体系的形成是在原始市场经济向古典市场经济的转化过程中完成的；而从市场体系的完善到现代市场体系的形成是在古典市场经济向现代市场经济的转化过程中完成的。如果从市场经济发展的历史过程来考察，市场的形成和市场体系的发育、完善大体经历了四个阶段。

1. 市场的萌芽阶段

在原始社会末期，随着生产力水平的提高，产品开始有了剩余，于是出现了简单或偶然的物物交换，与此相适应，出现了萌芽状态的市场。随着商品交换的进一步发展，出现了以货币为媒介的交换，社会分工有了进一步的发展，市场经济的基础初步建立，这就为市场的形成和市场体系的萌芽提供了基本条件。

2. 市场的雏形阶段

在奴隶社会和封建社会初期、中期，市场已经形成。但总的来说，这时的市场仍以原始市场为主。由于受到商品交换的广度和深度的制约，市场还不成熟、不发达，市场的类型少，结构单一，时空差异不大。因此，市场体系仅仅开始萌芽，尚未形成。到封建社会后期，随着市场经济的发展，商品交换的领域和空间进一步扩展，各类市场也得到了一定的发展，市场成为人们生活中不可缺少的一个组成部分。于是，市场管理便提到议事日程上来。一些重要的市场交易规则、交易制度被制定出来，并出现了专门维护市场秩序的组织。人们在市场上的行为便逐渐规范化，并作为习惯慢慢地固定下来。

3. 市场体系的形成阶段

进入资本主义社会以后，由于生产力的发展以及社会分工的进一步细化，商品生产与商品交换越来越发达。在资本主义商品生产与商品交换的推动下，世界市场体系已初步形成。这表现在：一方面，劳动力市场和资本市场的形成以及生产要素市场的出现，使原有的市场体系得到了进一步完善；另一方面，政府、企业和家庭形成市场运行的三大主体，并在市场竞争中自行确定商品的市场价格，促进了供求关系、竞争关系的完善，从而使市场体系初步形成，市场机制开始成熟。

4. 市场体系的完善和现代市场体系的形成

19世纪中后期，资本主义世界市场体系的初步形成，为市场体系的完善和现代市场体系的形成创造了极为有利的条件，到20世纪初，市场体系的发育进入完善阶段，同时现代市场体系开始形成。这表现在：一方面，从市场结构看，市场的客体结构由单纯的物质资料市场和劳动力市场、资本市场等，发展为物质产品与非物质产品相结合的多种市场，不但有了全部产品成为商品的一般商品市场，而且有了各种生产要素市场。与此同时，市场的主体结构、空间结构、时间结构等也逐步趋于合理，各种类型的市场同时并存、互相渗透，形成了以生产要素市场为主体，各种市场有机结合的庞大、完备的市场体系。另一方面，从市场机制看，由单纯的价值规律发生作用的市场机制发展为价值规律、计划规律等多种手段共同调节，共同发挥作用的现代市场机制。各种调节手段在现代市场上的综合运用与有机结合，形成了现代市场体系的统一调节机制。

第二节 我国市场体系的形成及存在的问题

一、我国市场体系的形成过程

综观我国市场体系的形成过程，大体经历了三个阶段：

1. 第一阶段：1978—1984 年

这一阶段市场发育的重点是农村。我国农村改革的成功，使农民成为独立的商品生产者和经营者，农产品收购政策和价格政策的调整，使农村经济走上了商品经济的轨道，农副产品市场随着商品经济的发展在广大农村和中小城镇迅速发展起来。城市改革从扩大企业自主权开始不断深化，企业由行政机构的附属物逐步变成自主经营、自负盈亏的商品生产经营者，同市场紧密地联结起来，推动了市场的发展。但这一时期的市场组织比较单一，市场设施和管理水平都比较落后，处于市场发育的初级阶段。

2. 第二阶段：1985—1992 年

这一时期经济体制改革的重点由农村转向城市。随着计划体制、价格管理体制和国有企业制度改革的深入，各种形式的消费品交易市场蓬勃兴起。

3. 第三阶段：1992 年至今

这一时期我国确立了社会主义市场经济体制，市场在国民经济运行中逐步发挥基础性作用，市场发育的速度明显加快。但是在市场建设的过程中，也存在着盲目性和无序状态。各地针对前几年在市场建设过程中出现的有场无市、盲目发展的状况，进行了科学的规划和管理，市场法规建设的步伐加快，市场的整体素质有了很大的提高，市场结构趋于合理，市场主体日趋成熟，市场辐射范围逐步扩大，一个完整的市场体系已经初具规模。

二、我国市场体系发育的现状

1. 市场组织进一步发展，结构进一步完善

从商品市场来看，商品流通企业已经逐步成为独立的市场主体；商品市

场范围几乎扩大到所有消费品和生产资料；市场体系的框架已逐步形成。市场总量迅速扩大，产品的商品化率明显提高。

从生产要素市场看，金融市场的组织体系发生了深刻变化，基本形成了以中央银行为领导、以国有商业银行为主体、多种金融机构并存的多元化、多层次的金融市场体系，以金融机构同业拆借为主的货币市场，以国债等各种债券、股票为主体的资本市场和以银行外汇交易为主的外汇市场已初具规模；在劳动力市场方面，劳动力市场改革进一步加快，城乡劳动力市场体系基本形成，用人单位和劳动者双向选择、合理流动的机制正在形成，劳动力市场已经成为劳动力流动的重要因素，市场导向就业的机制在就业和再就业市场对配置劳动力资源起着主导作用。劳动仲裁和劳动力市场管理也有了很大的加强；随着土地使用制度改革、城镇住房制度改革和房屋商品化政策的推行，房地产市场在经过多年的宏观调控后逐渐进入稳步发展的轨道，土地市场的市场化定价机制初步建立，政府对土地市场的宏观调控得到加强和完善。更多的生产要素进入市场交换，使市场在资源配置中的基础性作用得到更大发挥。

2. 市场主体多元化的格局已经形成

在传统体制下，公有制企业一统天下，而现在大量的个体、私营和外资企业已逐步成为市场发展的主体。

3. 市场配置资源的作用极为显著

目前，计划配置资源总量在国内资源总量中的比重不断下降，市场配置资源的比重逐步上升，资源的配置职能已主要由市场来完成。市场机制已在经济活动中发挥重要作用，市场配置资源的基础性作用已得到充分体现。

4. 市场建设已经逐步规范

近年来，随着市场体系的逐步建立，政府减少了对经济活动的直接干预，加强了法规体系的建设，制定出台了一系列包括规范市场主体的组织和行为，规范市场交易行为和秩序，规范与其密切相关的劳动、社会等关系和行为的法律法规。各省市、地区也根据本地实际制定了一批有关市场行为的地方性法规。这些法律法规为发展社会主义市场经济提供了坚实的法律保障，也标志着中国市场经济正在向法制化轨道迈进。同时，规范市场秩序、维护和协调不同利益主体关系的市场中介组织也正在建立和发展。

5. 建立了重要商品储备制度和重要农产品风险基金

重要商品储备是市场体系建设的重要组成部分和商品流通宏观调控最直接最有效的手段之一，是在放开市场搞活经营条件下，政府保证人民生活基本需要和生产建设顺利进行，平抑物价，稳定市场，应付自然灾害和突发性事件的物质基础。按照社会主义市场经济条件下商品流通宏观调控的要求，重要商品特别是农副产品都建立了市场风险基金。

三、我国市场体系存在的主要问题

1. 各类市场之间发育不平衡，要素市场发育相对滞后

在我国市场体系中，市场结构矛盾突出。商品市场比较成熟，尤其是消费品市场较为发达。要素市场发展虽然也很快，但从总体上看发展仍然相对滞后。后者主要表现在：① 资本市场发展远远不能满足经济发展对资本市场的客观要求；② 经理市场不发达，既不利于企业家阶层的形成，也不利于企业家资源的优化配置；③ 土地价格的形成机制存在缺陷，使土地资源的节约和优化配置难以实现。

2. 全国统一市场尚未真正形成，地区、部门对市场的分割和封锁依然存在

统一性是市场体系发展的内在要求。然而，不同地区、部门之间的市场分割和封锁始终是困扰我国市场体系健康发展的突出问题。这种分割和封锁的表现形式也随着市场环境的变化在不断变换。由于部门和地区对市场的分割，人为地缩小了市场的规模，限制了资源的自由流动，从而降低了市场机制配置资源的效率。

3. 存在较严重的市场歧视，各类市场主体不能展开公平的市场竞争

在市场发育过程中，我国非公有制经济活动仍然受到较大的限制，在有些行业或领域甚至被排斥在外，缺乏在市场上平等竞争的基础。而行政性垄断总量依然突出，特别表现在资本市场、劳动力市场、信息市场和中介服务市场等要素市场方面。目前，公平竞争的市场环境仍未形成，主要表现在：一是行业垄断问题；二是各类市场主体之间平等使用生产要素的环境尚未完全形成，国内很多市场的对内开放程度仍很低，对一些商品和服务仍然实行严格的专营制度和审批制度。

4. 法制不健全，市场秩序较混乱

我们的法律法规仍有不完善、不健全之处，与市场经济发展的客观要求相比仍有不小的差距。由于市场规则不健全，缺少必要的市场规范，加之有法不依的现象比较严重，导致市场主体行为不规范、市场秩序较混乱，已经成为危害我国市场正常发育的突出问题。如：不尊重知识产权、假冒伪劣屡禁不止等。目前我国信用缺失和市场无序问题比较严重，无论是商品市场还是要素市场，都存在交易无序和信用问题。由于法制不健全、市场秩序较混乱，已威胁到市场经济的健康发展。

第三节 进一步完善我国市场体系的措施

在经济全球化趋势加速发展的形势下，为更大程度地融入国际市场，更多地分享经济全球化的成果，我们必须积极地加快经济全球化进程，加快建立现代市场体系，提高我国经济在国际市场上的竞争力和参与国际市场的能力，从根本上说，我们应加快完善现代市场体系。

一、进一步发展和完善商品市场

进一步发展商品市场，是完善市场体系的基础。完善商品市场体系的目标是按照建立统一、开放、竞争、有序的现代市场体系的要求，在优化市场结构的基础上，努力扩大市场规模，完善市场功能，建立现代化的商品流通网络体系，初步形成布局合理、结构优化、功能齐备、制度完善、现代化水平较高的商品市场体系。具体来说，应进一步完善日用消费品市场；增强和完善城市商业功能，对中心商业区、区域商业中心、社区商业及专业特色街进行科学规划和布局，形成功能明确、分工合理的多层次的城市商业格局；加快农产品市场体系建设，围绕社会主义新农村建设，构建顺畅高效、便捷安全的农产品流通体系；推进生产资料市场创新，按照现代生产方式的要求，发展多样化生产资料经营方式。

二、重点培育和发展要素市场

加快培育和规范各类要素市场，改革要素市场的价格形成机制，是完善

现代市场体系的重点。具体地说，应加快培育和发展要素市场，主要是继续发展土地市场，改进和完善政府管理土地市场的方式，建立市场化的土地交易定价机制，由市场确定土地使用者和土地转让价格，进一步发挥市场在土地资源配置中的基础性作用。完善土地税制和土地二级市场的管理，建立资源占用的约束机制，综合运用经济、法律和行政手段，切实保护农民土地财产；积极发展劳动力市场，重点是建立健全市场化的用工机制，合理引导劳动力流向；进一步健全技术市场，促进技术成果向现实生产力高效转化，放活技术市场主体，放开技术市场要素，拓宽技术市场范围，扩大技术市场功能；大力发展资本市场，建立多层次资本市场体系，完善资本市场结构，丰富资本市场产品。加强市场的基础性制度建设，从根本上解决资本市场与市场需求及国民经济发展不适应的矛盾。

完善要素市场的价格形成机制。加快资源价格改革步伐，进一步减少政府对资源配置和价格形成的干预，切实建立起反映市场供求、资源稀缺程度以及污染损失成本的价格形成机制。

三、建立国内统一的市场体系

建设现代市场体系的首要任务是加快形成统一开放的全国大市场，促进商品和要素实现跨地区自由流动，这是进一步完善社会主义市场经济体制、提升市场资源配置功能和提高经济运行效率的内在要求，具体任务包括：① 要增强市场的统一性，打破市场垄断。废除妨碍公平竞争、设置行政壁垒、排斥外地产品和服务的各种分割市场的规定，打破行政性垄断、行业垄断、经济垄断和地区封锁，增强市场的统一性。② 完善市场法规，消除市场分割性。加快制定或修订保护和促进公平竞争的法律法规、政府规制，保障各类经济主体获得公平的市场准入机会，依法规范政府行为，界定政府在市场准入与市场运营方面的权限和行为，提高市场准入程序的公开化和透明度，针对国内市场分割，强化打破地区封锁的协调工作机制，消除行政壁垒、地方保护等分割市场的行为。③ 推进流通现代化，促进要素自由流动。积极发展电子商务、连锁经营、物流配送等现代流通方式，促进商品和要素在全国范围内自由流动和充分竞争。

四、加快发展现代服务业，积极发展市场中介组织

服务业是现代市场体系的重要组成部分，是发展潜力巨大的市场。当前，

主要是拓展生产性服务业和消费性服务业，细化深化专业分工，降低社会交易成本，提高资源配置效率和社会服务水平。具体来说，优先发展交通运输业和现代物流业。合理布局交通基础设施，使各种运输方式有效衔接、有效组合、有效配置，提高共享程度和利用效率。发展现代物流业，按照现代物流的理念和技术改造传统的物流方式，建立新型供应体系，积极发展第三方物流服务，培育专业化的物流企业；有序发展金融服务业和信息服务业，健全金融体系，完善服务功能，创新服务品种，提高服务质量，发展综合类金融服务和网上服务，包括融资服务、理财服务、租赁服务和创业投资等。积极发展电子商务，加快推进电子政务，整合网络资源，提高信息资源的利用效率和效益；积极发展商业服务和公共服务业，特别是发展围绕发挥市场机制基础性作用提供服务的中介服务业，如咨询服务、投资和资产管理服务、科技服务、法律服务、信息技术服务、会计审计服务、税务资产评估服务、知识产权服务等行业。继续发展和丰富消费性服务业，如商业、餐饮业、养老服务、物业管理等行业。注重发展就业吸纳能力强的社区服务。加快发展公共服务，如医疗、教育、卫生、供水、供气、供热、公共交通、污水处理、垃圾处理、供电、通信、邮政等公共服务业。

五、继续规范和整顿市场秩序

建立现代市场体系，必须继续整顿和规范市场秩序。要加大对各类违法犯罪活动的打击力度，净化市场环境和社会环境。强化市场法制，加快推进法制建设、制度建设和信用体系建设，特别是加快建立现代社会信用体系。建设良好的社会信用是建立规范的社会主义市场经济秩序的重要保证，建立失信惩罚机制，提高失信、犯罪成本，建立维护市场秩序的长效机制。

第七章　社会主义市场经济体制下的收入分配制度

收入分配是社会生产环节的重要组成部分，它不仅衡量人们对社会生产的贡献这一效率指标，也衡量一个社会的公平程度。在社会发展的过程中，收入分配不仅是市场机制作用的表现，同时也是政府宏观经济政策的重要组成部分。因此，在社会生产和再生产过程中，收入分配制度是一个社会的重要制度。

第一节　马克思主义经典作家关于收入分配的论述

一、马克思按劳分配理论的设计

马克思认为，按劳分配制度是社会主义阶段唯一合理的分配制度，它是对资本主义剥削关系和分配不公现象的根本否定。马克思按劳分配理论内容的设计是建立在其对未来社会主义制度设计的基础之上的，而马克思的社会主义蓝图与今天社会主义国家现实相比，具有以下一些较为重要的差别：一是具有在资本主义充分发展基础上建立起来的更高层次的社会生产力水平；二是生产资料实现了全社会范围内的共同占有；三是商品经济不复存在。因此，在这样一种根本社会制度的前提下，马克思在《哥达纲领批判》等著作中系统地设计了这样一套按劳分配的理论内容：

（1）按劳分配方式，只限于在生产资料公有制范围内施行。生产资料所有制形式是社会生产关系的基础，它决定着社会生产的全过程。有什么样的所有制形式，就有什么样的分配方式。生产资料公有制排除了某个集团和个人依据对生产资料的占有而获取收入的可能，在这种所有制形式下，就只能对个人消费资料进行按劳分配。从另一个角度讲，生产资料公有制是按劳分配的制度前提与保证，因此，按劳分配方式只能在生产资料公有制范围内实施。

（2）按劳分配的对象是劳动者个人，分配的内容是个人生活消费品。在社会主义社会中，每个有劳动能力的社会成员都必须向社会提供劳动，社会也就必须向每个劳动者进行按劳分配。同时，社会主义公有制排除了任何集团或个人私自占有生产资料的情况，每个社会成员除了个人的消费资料，没有任何东西可以成为个人的财产，因此社会向每个社会成员进行分配的劳动成果，只能是个人生活消费品。

（3）按劳分配的唯一尺度是劳动者提供的劳动。在生产资料全社会占有的条件下，劳动者对社会的唯一贡献就是提供劳动，因为他们除了自己的劳动，谁都不能提供其他任何东西。同时，社会衡量劳动者对社会贡献大小的唯一参考物就是劳动者劳动的数量和质量，因此社会向每个劳动者分配生活消费品的唯一标准就只能是劳动者提供的劳动，且等量劳动获取等量报酬。

（4）按劳分配的实现形式是劳动券形式。在实现了全社会范围公有制的社会主义社会中，一切社会经济活动都能通过劳动者个人联合体以计划手段轻而易举地实现，劳动者的个别劳动能直接成为社会劳动的一部分而无需通过市场（商品经济关系）的转换，劳动者的劳动直接实现了一种形式的一定量的劳动可以和另一种形式的同量劳动相交换，因而也无需依靠市场（商品经济关系）作为媒介，个人生活必需品的获得直接由社会按劳分配到每一个劳动者手中而无需借助货币的职能。因而商品经济失去了存在的意义，按劳分配也就无需通过商品货币的形式实现，而是通过劳动券的形式实现，即劳动者"从社会方面领得一张证书，证明他提供了多少劳动（扣除他为社会基金而进行的劳动），而他凭这张证书从社会储存中领得和他所提供的劳动量相当的一份消费资料。他以一种形式给予社会的劳动量，又以另一种形式全部领回来"①。

（5）按劳分配的劳动量直接以劳动时间或劳动强度来确定。劳动者虽然都只能向社会提供一种共同的东西——劳动，但由于劳动者的个人天赋、劳动能力存在差异，因而劳动具有质与量的区别。既然劳动是按劳分配的唯一依据，这就需要将不同的劳动用同一种标准统一起来，这种统一的标准就是劳动的时间或强度。一个人在体力或智力上胜过另一个人，因此在同一时间内提供较多的劳动，或能够劳动较长的时间；而劳动，为了要使它能够成为一种尺度，就必须按照它的时间或强度来确定，不然它就不能成其为尺度了。

---

① 《马克思恩格斯选集》（第3卷），人民出版社1972年版，第11页。

（6）按劳分配的个人消费品，必须是社会总产品中进行了必要扣除的剩余。马克思认为，劳动者的劳动最后会物化成社会总产品，按劳分配的物质对象不是全部总产品，而是要在分配之前对社会总产品进行两个步骤共计六项扣除，剩余下来的个人消费品才能进行按劳分配。马克思在《哥达纲领批判》中指出："如果我们把'劳动所得'这个用语首先理解为劳动的产品，那么集体的劳动所得就是社会总产品。现在从它里面应该扣除：① 用来补偿消费掉的生产资料的部分。② 用来扩大生产的追加部分。③ 用来应付不幸事故、自然灾害等的后备基金或保险基金。剩下的总产品中的其他部分是用来作为消费资料的。在把这部分进行个人分配之前，还得从里面扣除：① 和生产没有关系的一般管理费用。和现代社会比起来，这一部分将会立即极为显著地缩减，并将随着新社会的发展而日益减少。② 用来满足共同需要的部分，如学校、保健设施等。和现代社会比起来，这一部分将会立即显著增加，并将随着新社会的发展而日益增加。③ 为丧失劳动能力的人等设立的基金，总之，就是现在属于官办济贫事业的部分。"①

二、马克思按劳分配理论的前提

马克思所设想的按劳分配原则是以一系列条件为前提的。根据马克思对按劳分配原则的规定，它的充分实现至少要以下述基本条件为前提：

（1）在全社会范围内实现了生产资料公有制。按劳分配的一个必要前提是全体劳动者必须能够平等地占有和使用生产资料，这样才能够消除由于占有生产资料的不同所造成的劳动者在分配上的差别，使劳动成为决定和衡量财富分配的唯一因素。由于生产资料的质量是不同的，同质、同量的劳动与不同质的等量生产资料相结合，会产生不同的收益。因此，要完全实现按劳分配，就必须以全社会共同占有生产资料为前提，使各个劳动者联合体由于使用较优的生产资料所获得的级差收益全部转移给社会，在作了各项必要扣除之后，社会再把剩余的部分按照每个社会成员提供的劳动数量分配给全体劳动者。如果这部分剩余不是根据每个人提供的劳动，而是按人头平均分配，那么，生产资料公有制就会变成另外一种经济关系，按劳分配原则也就难以得到完全的实现。

（2）在马克思所设想的未来社会主义经济中，商品经济已经消亡，全社

---

① 《马克思恩格斯全集》（第19卷），人民出版社1965年版，第19-20页。

会范围内实行统一的计划经济。整个社会的生产是在统一的计划组织下进行的，各个劳动集体之间虽然也还要进行劳动交换，但劳动者的劳动在交换之前就已经直接表现为社会劳动了。劳动者的劳动直接表现为社会劳动，而成为社会必要劳动的一部分，这也是实行按劳分配原则的一个必要前提。

（3）必要劳动与剩余劳动的划分由全社会统一决定。按照马克思等人对社会主义分配制度的构想，整个国民收入中积累与消费的比例，劳动者现实利益与长远利益、个人利益与整体利益的关系，以及劳动者生存需要与发展需要、个人需要与公共需要的选择，都是由社会统一决定的，是通过社会在总产品中预先所作的若干扣除实现的。劳动者个人没有任何决策权，至多只能在工作与休闲之间作出某些变相的选择。劳动者在他为社会创造的财富中所直接分得的，仅仅是满足他生活所必需的消费资料。分配个人消费品的凭证是劳动券，它是劳动者从社会储存中领得同他所提供的劳动量相当的那一份消费资料的凭证，其本身没有积累的职能。所以，除了可供个人消费的消费资料之外，没有任何东西可以成为个人的财产，即使劳动者压抑现实的消费，社会也不会给予他特殊的物质鼓励，以补偿他由此所作出的"牺牲"。因此，这里完全排除了劳动者凭借任何形式的财产权获取报酬的可能。

三、按劳分配原则的内涵

按劳分配是马克思对未来社会主义分配制度的设想，并被确定为社会主义公有制经济中个人消费品分配的基本原则。在以后的社会主义经济实践中，按劳分配也一直是支配个人收入分配的主要原则，甚至是唯一的分配标准，因为这一原则被看成是社会主义经济制度的本质体现之一。按照马克思的分析，按劳分配是生产资料公有制在经济上的体现，是对资本主义分配制度的彻底否定。一方面，生产资料归社会占有，人们在生产资料的占有上处于完全平等地位，任何人不得凭借生产资料的垄断占有而获得特殊的经济利益，劳动成为人们获得社会产品的唯一依据；另一方面，由于存在社会分工，劳动还主要是一种谋生的手段，同时脑力劳动和体力劳动、简单劳动与复杂劳动之间还存在质的差别，人的劳动能力还是一种个人天赋的权利，具有私人占有的性质。因此，劳动者创造的产品在作了各项社会扣除之后，必须以各自付出的劳动多少为基础来分配个人消费品。

根据马克思和恩格斯的分析，从根本上说，实行按劳分配是由生产力发展水平所决定的。生产力发展水平的高低是产品分配的物质基础，它直接决定着一个社会可供分配的产品数量，也就同时决定了产品的分配形式。恩格斯在谈到未来社会的产品分配方式时曾指出："分配方式本质上毕竟要取决于可分配的产品的数量。"①这说明，即使在马克思、恩格斯对未来社会主义分配制度的构想中，社会生产的发展程度和物质财富的丰富程度也是选择产品分配方式的先决条件。

关于按劳分配原则的基本规定及内涵，按照马克思对于社会主义分配制度的最初设想，至少应包括以下几点：

（1）凡是有劳动能力的人，都必须参加劳动以作为获取消费品的前提条件。即在全社会范围内以劳动者提供的劳动作为唯一的尺度分配个人消费品。

（2）这里所说的劳动，仅仅指物质生产领域的活劳动，而这种活劳动排除了任何客观因素的影响，只包括劳动者自身脑力与体力的支出。

（3）作为分配尺度的劳动，既不是劳动者实际支出的个别劳动，也不是决定商品价值量的社会必要劳动，而是社会平均劳动，即在平均熟练程度和平均劳动强度下生产单位使用价值所耗费的劳动，而不论其客观条件如何。由于排除了生产条件的差别，劳动者个别劳动时间与社会平均劳动时间的差别，也就仅仅取决于由劳动者不同的个人天赋所决定的劳动能力以及劳动强度的差别。

（4）按劳分配是在对社会总产品作了各项扣除后进行的，分配给劳动者的仅仅是以实物形态存在的个人必要消费品。

四、马克思按劳分配理论对现实社会主义的不适应性

马克思所设计的按劳分配原则是由社会主义社会的生产资料公有制性质和生产力的发展水平决定的。虽然按劳分配并不是人类社会最理想的分配制度，但是它从根本上否定了几千年"劳者不获，获者不劳"的剥削制度，因此是人类历史上分配制度的一场革命，是划时代的进步。按劳分配制度有利于调动劳动者的积极性和主动性，有利于促进生产力的发展。传统的社会主义理论一直把按劳分配当做社会主义社会唯一的分配原则和本质特征。然而，社会主义实践表明，按劳分配原则从来都没有得到完全的贯彻和落实，这不仅仅是由于长期以来"左"的思想的影响、平均主义作祟和政策上的失误，更重要的原

---

① 《马克思恩格斯选集》（第4卷），人民出版社1995年版，第475页。

因在于,马克思按劳分配理论应具备的前提条件至少在当代社会主义社会尚不完全具备,在这种情况下,试图完全按照马克思当初的设想实行单一的按劳分配原则,必然会使分配关系与实践发生较大的背离。因此,在具体分析社会主义初级阶段的分配关系之前,首先要阐明马克思的按劳分配理论与社会主义实践的矛盾,从而说明传统意义上的按劳分配并不是社会主义的唯一分配原则。

在现阶段的社会主义经济中,之所以无法完全按照按劳分配原则来分配社会产品,这主要是由于现实的客观经济条件与马克思当初的设想相去甚远,无论是按劳分配所要求的所有制结构,还是经济体制类型,以及劳动的社会性质,都不完全符合马克思设想的要求。传统意义上的按劳分配具有特定含义,是在当时的社会历史条件下对未来社会分配制度作出的一种设想,按劳分配的具体含义和实现形式都应当随着客观条件的变化而加以改变。

第二节   社会主义收入分配结构

市场经济运行的目标是实现公平和效率的结合,效率是通过资源配置来实现的,公平是通过一定的收入分配体制来实现的。

在社会主义市场经济条件下,由于生产资料所有制结构的多元化,收入分配体制采取按劳分配、按生产要素贡献分配和按效率分配相结合的分配体制。这一分配体制主要是在初次分配中实现的。为了实现社会公平,保证社会稳定,还要通过税收、社会保障制度进行收入再分配。初次分配遵循生产要素贡献和市场效率原则,再分配遵循社会公平和社会稳定原则。

一、社会主义分配结构及其特点

(一)社会主义分配结构及其依据

个人收入分配制度是整个经济体制改革的重要组成部分,也是建立社会主义市场经济体制的重要环节。分配作为社会经济关系的一个重要环节,在生产和消费之间起着承上启下的关键作用。分配关系是否合理,分配制度是否有效,将直接关系到人们的正当利益能否得到实现,关系到国民经济能否持续、快速、健康地发展。

传统的分配理论是马克思、恩格斯等经典作家在关于未来共产主义社会的设想中形成的。由于实行单一的生产资料公有制，因此在分配上就必然实行单一的按劳分配制度。改革开放后，我们确立了正确的"社会主义初级阶段论"，并进而确立了"以公有制为主体、多种所有制经济共同发展"的所有制结构理论。因此，我国的收入分配制度，也就相应地确定为"以按劳分配为主体、多种分配方式并存"的制度。要把按劳分配和按生产要素分配结合起来，允许和鼓励资本、技术等生产要素参与收入分配。这是我们党在社会主义初级阶段分配结构理论和实践上的一个重大突破，为社会主义分配结构的形成奠定了坚实的基础。

在我国现阶段，实行按劳分配和按生产要素分配相结合这一分配结构的客观依据是：

1. 社会主义初级阶段的所有制结构

公有制为主体、多种所有制经济共同发展，是我国社会主义初级阶段的基本经济制度。在实践中，公有制实现形式可以而且应当多样化，公有制经济与非公有制经济可以相互交织，相互融合，从而形成多元化的产权结构。社会主义初级阶段的所有制结构，必然要求分配结构与此相适应。公有制经济的性质和主体地位，必然要求在分配上坚持按劳分配为主体；为了适应所有权和投资主体多元化的现实，又必然要求按生产要素所有权进行分配。

2. 社会主义市场经济体制

市场经济作为一种资源配置方式，实质上也就是对生产要素的配置。配置的过程就是通过价格机制，引导生产要素的所有者对生产要素的投向做出合理选择，从而使生产要素按市场的需求得到有效配置。由于要素价格就是根据生产要素的稀缺程度给提供者的相应报酬，因此，要素价格的实现过程，也就是按生产要素分配的过程。市场经济本身就包含着按生产要素分配的内在必然性。当然，与社会主义市场经济的制度性特征相适应，分配上就必须实行按劳分配与按生产要素分配相结合的收入分配结构。

3. 现代社会生产力结构

现代社会生产力是由多种要素构成的有机统一体，它不仅包括劳动者的劳动这个主体性要素，也包括各种生产资料、资本等客体性要素，还包括科学、技术、信息、教育、管理等中介性要素，它们共同组成生产力的要素体系。各种要素在社会生产过程中，都有自己独特的功能和作用，都做出了各自的贡献。因此，各种生产要素所有者就可以依据投入要素的多少和实际贡献的大小参与收入分配。在坚持按劳分配为主体的同时，承认按生产要素分配的合理性，把它纳入现阶段我国个人收入分配结构之中，可以调动要素所有者投入要素的积极性，提高经济资源的利用效率，促进生产力的发展。同时，按生产要素分配，也体现了投入与收入相一致，贡献与报酬相统一的公平原则。

按劳分配和按生产要素分配相结合，既坚持了社会主义的发展方向，又促进了社会主义市场经济的发展和完善，充分体现了社会主义基本原则和市场经济的基本要求。特别是在社会主义初级阶段，实行按劳分配与按生产要素分配相结合，更具有十分重要的现实意义。把按劳分配与按生产要素分配结合起来，允许生产要素参与收入分配，人们可以通过职工内部入股、购买上市公司股票和购买债券等多种形式参与国有企业的投资和改造，实行劳动者的劳动联合和资本联合相结合，为深化国有企业改革，建立现代企业制度提供了有利条件；实行按生产要素分配，有利于一切生产要素所有者根据自己的意愿选择投资项目，保证投资者凭借资产所有权参与收益分配和取得相应收入的合法性；有利于充分发挥一切生产要素的作用，推动经济发展；有利于生产要素的合理流动，利用国际国内两种资源，实现资源优化配置；有利于技术人员把自己的技术作价入股参与收入分配，可以调动科技人员研究开发新产品的积极性，为外国先进技术进入中国提供一条新的途径，促进我国高新技术产业的发展。

（二）按劳分配

1. 按劳分配的性质

所谓按劳分配，是指在社会作了各项必要的扣除之后，按照劳动者向社会提供的劳动数量和质量来分配个人消费品，多劳多得，少劳少得，等量劳动领取等量报酬。它是社会主义个人消费品分配的基本原则。这一原则的主要内容是：① 凡是有劳动能力的人，都必须以参加劳动作为参与消费品分配的前提；② 实行按劳分配的对象不是全部社会产品，只是其中的个人消费品；③ 社会以劳动作为分配个人消费品的尺度。

2. 实行按劳分配的原因

在社会主义市场经济条件下，个人收入实行按劳分配的原因主要有以下几个方面：

（1）生产资料社会主义公有制，是实行按劳分配的前提和基础。因为，消费资料的任何一种分配，都不过是生产条件本身分配的结果。生产条件的分配，指的是生产资料归谁所有的问题，即生产资料所有制。生产资料所有制的性质决定分配的性质。实行生产资料社会主义公有制，是实行按劳分配的前提和基础。值得指出的是，在公有制为主体、多种经济成分并存的所有制结构中，按劳分配也主要在公有制经济中得以实现。

（2）社会主义社会的生产力发展水平是决定按劳分配的物质条件。分配方式本质上取决于可分配产品的数量，可分配的产品数量又取决于社会生产力发展水平。在生产资料公有制的条件下，由于原始社会生产力十分低下，只能采取共同劳动、平均分配的方式；未来共产主义社会生产力高度发达，社会产品极为丰富，又可以实行按需分配；而社会主义社会的生产力，虽然有了一定的发展，但还不够发达，因此，只能以劳动作为尺度，实行按劳分配原则。

（3）在社会主义初级阶段，劳动还是谋生的手段，这是实行按劳分配的直接原因。在社会主义经济条件下，劳动还没有成为人们生活的第一需要，劳动仍然是谋生的手段。人们还不可能做到不计报酬地为社会进行劳动。因此，按照劳动者的劳动数量和质量来分配个人消费品，就具有客观必然性。此外，社会主义社会还存在着工农之间、城乡之间、体力劳动同脑力劳动之间的差别。这些也是实行按劳分配的原因。

按劳分配是人类分配制度上的一次深刻革命，标志着人类历史上的一个划时代的进步，按劳分配与不劳而获是根本对立的，它能够促进社会生产的发展。按劳分配又是与平均主义不相容的，按劳分配是社会主义性质的，体现着社会主义的平等。实行按劳分配，有利于培养人们的劳动习惯，调动劳动者的生产积极性，促进社会生产的发展；有利于鼓励劳动者提高技术水平和熟练程度，改善企业的经营管理；有利于社会主义公有制的巩固和发展。

按劳分配把劳动作为个人消费品分配的同一尺度，这是平等的，体现着社会主义的平等关系。但是，把这个同一尺度用在条件不同的劳动者身上，必然会出现事实上的不平等。也就是说，按劳分配还存在着某种局限性。这种局限性特别是在社会主义初级阶段是不可避免的。只有经过生产力的高度发展，才能从根本上消除按劳分配所带来的在社会主义社会实际上存在着的不平等。

3. 社会主义市场经济体制下按劳分配的特点

马克思设想的按劳分配是在不存在商品货币关系，生产力水平相当高的社会中实行的。而我国仍处于社会主义初级阶段，实行的是社会主义市场经济体制。在这种体制下，按劳分配必然具有不同的特点。

（1）国有企业是实现按劳分配的主体。国有企业作为市场主体，是自主经营、自负盈亏、自我发展、自我约束的商品生产者和经营者，具有独立的责、权、利关系。企业根据劳动力市场供求变化和国家有关政策规定，选择适合本企业特点的分配形式，制定相应的工资奖金制度。企业以劳动者提供的劳动数量和质量，给予相应数量的货币工资和奖金，使职工的个人劳动报酬同其劳动贡献紧密联系起来，促使劳动者从自身的物质利益上去关心企业的发展。

（2）按劳分配的实现程度与企业的经营效益相联系。在市场经济条件下，企业生产的产品必须符合市场需求，如果企业生产的产品不符合市场需要，无法实现其价值或不能实现其全部价值，那么尽管劳动者在生产中付出了劳动，但由于企业没有相应取得经济效益，按劳分配也难以充分实现。因此，在整个社会范围内，由于各个企业发展不平衡，经济效益不同，按劳分配的实现程度也不尽相同。

（3）按劳分配是现阶段个人收入分配的主要原则，但不是唯一原则。按劳分配只适用于公有制范围内，而不适用于社会主义市场经济中其他经济形式。即使是公有制范围内的劳动者，除了按劳分配收入外，还有社会保障方面的福利收入。同时，劳动者还可以有其他按生产要素分配获得的收入。

4. 以按劳分配为主体的意义

确立以按劳分配为主体，明确了劳动在生产中的首要地位，体现了劳动者是首要的、起主导作用的、决定性的因素，把劳动要素放在第一位，也是基于劳动特别是简单劳动在与资本、技术、管理等要素的博弈过程中，经常处于相对弱势地位这一客观事实考虑的。因此，国家有责任利用法律的、政策的手段，充分保障劳动者的正当权益，包括对各种劳动权益的法律保护和覆盖社会低收入者在内的社会保障制度。

（三）按生产要素分配

生产要素是指生产经营活动所需要的各种资源，即进行生产经营活动所必须具备的因素和条件，如土地、劳动力、资本、技术、信息、经营管理才能等，经济学家一般把它概括为土地、劳动、资本、企业家才能四种。按照生产要素市场化的理论，凡是投入生产过程的生产要素，即劳动、土地、资本、企业家才能等，由于都参与了生产过程，因而其所有者有权要求依据投入生产要素的比例和贡献的大小参与相应的收入分配。在社会主义市场经济条件下，企业的各种生产要素都转化为价值形式，这些生产要素的所有者，无论是国家、集体和个人，还是民营企业或外资企业，都有权获取收入和报酬，即出资者享有资产收益权，这是现代企业制度的基本特征之一。所谓按生产要素分配，就是指按生产要素所有者在生产经营中投入的各种生产要素的质量和数量进行收入分配的方式。

由于劳动力也是一种生产要素，按照劳动者提供的产品数量和质量来参与收入分配，本身就是按生产要素分配的一种形式。因此，就广义而言，按生产要素分配涵盖了按劳分配。但是，在我国社会主义初级阶段的分配结构中，之所以要将按劳分配独立于按生产要素分配之外，并强调按劳分配为主体，是由我国生产资料公有制为主体的基本经济制度所决定的，也是社会主义初级阶段分配结构与资本主义分配结构的一个重要区别。按生产要素进行分配，是发展社会主义市场经济必不可少的重要环节，也是除按劳分配之外的又一重要分配原则。按生产要素分配的具体形式有：

1. 资本收入

资本是能给所有者带来价值增值的价值，它是市场经济运行发展的基本要素。资本是可以流动的，是一种以市场为导向，以获取收益最大化为目标的自由流动，最终达到资源的优化配置。资本有货币形态和实物形态之分，其实物形态表现为机器、设备、厂房、原材料等。我国现阶段的资本，依据归属主体的性质不同，可分为私有资本和公有资本。

资本收入就是凭借资本的所有权或占有权参与劳动成果的分配而形成的收入，是资本的所有权或占有权在分配上的体现。我国现阶段资本收入的形式主要有：① 各类市场主体凭借投资获得的收入；② 股票、债券等有价证券的持有者凭借有价证券获得的股息、红利以及银行存款利息的收入；③ 各类市场主体凭借实物资本的使用权让渡获得的收入；④ 企业凭借自有积累资金更新或添置技术装备所获得的超额收入。

确定按资本分配的原则，为保护资本市场投资者的权益提供了更加明确的理论依据。根据马克思的理论，资本是自行增值的，在平均利润形成后，资本具有生产平均利润的能力，每个资本在正常的情况下被利用，就能带来平均利润。因此，每个资本都有权在总利润中按照自己在社会资本中所占的份额来分享平均利润。这就是资本参与分配的理论依据。

承认和保护资本收入，有利于在全社会范围内合理配置资本，提高资本的利用率；有利于调动各类市场主体的投资积极性，有效解决我国经济建设中存在的资金短缺的矛盾；有利于节约资金的占用和消耗，减少消费资金，增加生产性资金，聚集社会闲散资金用于经济建设，发展社会生产力；有利于推动企业制度的深化改革，彻底转换经营机制，确保公有资本有效增值。

2. 土地收入

土地作为一种自然资源，是生产活动必不可少的要素，因而也必然要有收入回报。土地收入包括土地所有权收入和土地使用权收入两个层次。投入土地要素参与收入分配的具体形式是地租。由于土地资源具有稀缺性、有限性、固定性等特点，一定时期土地的供给量是有限的，而随着经济发展，对土地的需求会不断增加，土地资源的这种供求状况决定了地租在总体上有逐步上升的趋势。

我国土地实行社会主义公有制，归劳动者集体和国家所有。长期以来，由于我们在观念上错误地把地租与土地私有制联系在一起，认为社会主义土地公有制条件下不存在地租，因而在实践中实行的是土地无偿使用制度，结果造成土地使用效率低下，土地资源大量浪费。改革开放后，我国开始实行土地有偿使用制度，国家以土地所有者的身份向土地使用者、经营者收取地租。从理论上讲，地租是土地所有权在经济上的实现，如果取消地租，就等于取消了土地所有权。因此，使用社会主义国家所有或劳动者集体所有的土地仍要支付地租。

社会主义经济中的地租，来自对社会剩余产品价值的扣除，是超额利润的转化形式。土地作为自然资源，既不创造价值也不转移价值。但是，土地数量的多少和质量的优劣直接影响到劳动的自然生产力的变化。在存在着土地所有权和土地经营权垄断的条件下，由劳动的自然生产力所决定的收益的变化应该作为绝对地租和级差地租转交给土地所有者。社会主义地租不仅是社会主义土地公有制在经济上借以实现的形式，而且是调节土地供求、实现土地资源优化配置的手段。

土地作为生产要素参与收入分配，有利于促使稀缺的土地资源得到合理的配置；有利于节约使用土地资源，提高土地的利用效率；有利于调整国家、集体与土地使用者之间的利益关系；有利于国家稳定地获得相应的财政收入。

3. 企业家才能收入

企业家或经营者的经营才能也是一种生产要素，它是实现生产过程中劳动、资本、土地等生产要素有效组合的决定性因素。企业家的经营才能在于能掌握市场动向，抓住市场机会，实行经营创新，开发潜在市场，获取潜在利润。一个企业生产经营的好坏、效率的高低，关键在于经营者的经营才能。社会对企业家才能的需求是很大的，但企业家才能的供给又很有限，并非人人都有企业家的天赋，都能受到良好的教育和锻炼。要培养和造就企业家才能，必须付出高昂的培养费用。经营者才能的供给成本高，数量又少，对它的需求却很大，这一特点决定了企业家才能参与企业收入分配的收入较高。

企业家或经营者的劳动是一种复杂的高智力劳动，经营者不仅需要有专门的技术并熟悉企业的全面情况，还要有经营能力、管理经验、创新意识和不失时机捕捉市场机会并做出准确决策的能力。做出正确经营决策的劳动是能给企业带来巨大经济效益的劳动。企业家或经营者的劳动成果或贡献，既不表现为劳动时间，也不表现为个人的实物成果，而是以企业的总体经济效益——利润率和资产增长率——来体现的。其劳动的成效或贡献大小最终由市场来检验或评价。企业家或经营者的劳动还是一种风险劳动。由此决定了企业家或经营者的经营才能收入，必然包括了经营性劳动收入、风险收入和机会收入等多种收入。

我国国有企业经营者和管理者的经营收入，已由原先的级别工资逐步向年薪制转变。年薪制的实现，极大地调动了企业经营者和管理者的积极性；也有助于加强廉政建设，是我国分配制度的一项重大改革。同时，一些有条件的企业正在试行股票期权的做法。如果说，年薪制只是企业收入分配方面的改革的话，那么，股票期权改革就不仅仅是企业收入分配方面的改革，它同时也是企业产权制度的一种改革。

总之，企业家才能参与收入分配，有利于调动经营者和管理者的积极性，充分释放人力资本的能量；有利于形成对经营者收入分配的激励和约束机制，实现经营者责、权、利相结合，贡献与收益相对等；也有利于加强廉政建设，解决国有企业由于体制原因而存在的固有矛盾。

4. 技术要素收入

随着社会生产力的发展，科学技术在经济增长和社会发展中的贡献越来越大。目前，发达国家科技进步对经济增长的贡献已超过 70%。发展科学技术，使之尽快转化为现实的生产力，已成为我国的当务之急。既然科学技术是现代社会生产力发展必不可少的一个要素，那么技术成果的所有权者自然就可以凭借技术成果的所有权参与相应的收入分配，获得相应的收入。技术要素收入也就是技术所有权或占有权在分配上的实现。

确认并鼓励技术作为生产要素参与收入分配，有利于调动科技工作者的积极性，使他们多出成果，多获收益，使广大科技人员的收入与他们劳动创造的价值和贡献相符合；有利于科学技术能较快地转化为现实的生产力，加快企业的技术改造和技术进步，促进产业结构的升级换代，从而加快国民经济的发展速度；科学技术按贡献参与分配，有利于保护知识产权，保护发明、专利和科技成果参与分配的积极性、主动性和创造性，能够促进科技事业的发展，促进经济和社会的可持续发展。

以上分别介绍了几种主要的生产要素分配的形式，除此之外，还有信息收入、风险收入等。在现实生活中，每个劳动者的收入结构中，可能会存在既有按劳分配的收入，又有按生产要素分配的收入，而且还可能会存在按多种生产要素收入的情况。

二、社会主义收入分配制度的原则

分配结构是所有制结构在分配领域的体现。经过 20 多年改革形成的按劳分配与按生产要素分配相结合的分配制度，就总体而言，与社会主义初级阶段的市场经济体制是相适应的，应该把它作为分配的一项基本制度稳定下来。但我们也应该看到，我国目前的分配体制仍需不断完善和发展，分配领域仍有各种关系需要我们处理，最主要的是要处理好效率与公平的关系，一部分人先富起来与共同富裕的关系。

（一）坚持效率优先、兼顾公平的原则

效率优先、兼顾公平是我国现阶段收入分配的总原则。我国现阶段实行"效率优先，兼顾公平"的原则，是由市场经济体制的现实和社会主义基本制度的性质决定的。

1. 社会主义市场经济必须坚持效率优先原则

经济效率指经济活动中消耗的劳动量与所获得的劳动成果的比较。在分配上体现效率原则，就是个人收入分配不仅要和劳动挂钩，而且还要与劳动成果紧密相联，个人收入高低与其劳动效率成正比。效率优先，对每一家企业、每一个劳动者都是平等的，因此社会主义市场经济必须首先坚持这一原则。坚持效率优先原则，企业必然由原来追求产量、产值，转到以提高经济效益和经济效率为中心上来，有利于打破长期形成的平均主义分配制度，适当拉开个人收入差距，以调动劳动者的积极性，改变经济效率低下的状况。

2. 社会主义市场经济还必须在分配上兼顾公平

如果说人与自然的关系可以通过社会生产力的有效发展和对生态环境的积极保护，创造更多的物质财富来满足人们日益增长的物质文化需求，则人与人的关系就是人们之间的利益分配机制的协调，从而形成对社会财富的合理分享。

公平原则在社会主义市场经济中，就是在效率优先的前提下，兼顾公平。兼顾公平是指在个人收入分配中，社会成员或社会各阶层之间的收入差距大体上要保持合理，不能过分悬殊，不能超过人们现实的社会心理承受能力。社会主义初级阶段，个人收入差距是由许多因素造成的，有来自于按劳分配的因素；有来自于劳动者的个人天赋和工作能力的差异；也有来自于按生产要素分配方面的因素，如社会成员之间的资本、财产、技术等所有和占有的差异或经营才能、市场机会的不同等；还有体制性因素和政策性因素等。只要实行按劳分配和按生产要素分配相结合的分配原则，个人收入差异的存在就有其合理性。但是，作为社会主义分配制度，还要求在促进和提高效率、允许合理拉开收入差距的前提下，防止收入分配高低悬殊，建立起比以往社会形态更公平的分配制度。

在社会主义市场经济条件下，效率与公平是同一原则的两个方面，它们之间既互相统一，又互相矛盾。效率是公平的基础，公平是效率的前提。只有提高经济效率，增加社会财富，才能为个人收入的公平合理分配提供物质保障；同时，只有公平合理的社会分配，才能照顾到社会弱势群体的情绪，激励他们勤奋工作，提高经济效率，为社会增加更多的财富。当然，效率与公平之间也经常存在矛盾的一面。在社会主义市场经济条件下，正确处理两者关系必须坚持效率优先，兼顾公平的原则。

效率优先和兼顾公平虽然是同一原则的两个方面，但在贯彻和执行这一原则时，在不同领域、不同分配环节，以及不同分配机制下有不同的侧重点。一般来说，在经济领域应强调效率优先，在社会领域则应更多地考虑公平；在初次分配环节应强调效率优先，而在再分配领域，则应侧重公平；在市场分配机制方面应强调效率优先，而在政府的分配机制方面则应更多关注公平问题。

经济领域，特别是生产领域，是社会资源经济性配置的主要领域，属于社会初次分配的范围，因而在这里应强调贯彻效率优先的原则。根据效率优先的原则，推进生产要素的市场化流动进程，让市场机制发挥配置资源的基础作用，从而促使企业对相关的生产要素进行竞争性使用。对于初次分配的结果，政府可以通过再分配渠道来弥补市场分配的缺陷，实现社会公平的目标。

3. 关于公平与效率的不同看法

在西方学者视野下，对公平与效率的关系有三种代表性的观点[①]：① 效率优先论——起点或过程公平。持此观点的西方学者一般受自由主义思想的影响，强调市场机制在经济活动中的主导作用，反对政府的行政干预，常将效率放在优先的政策目标上。对于如何提高效率，他们提倡起点或过程公平，给私人经济以充分的自由，认为公平规则或机会平等能赋予人们最大的公平，而政府如果搞"均等分配"，就会损失效率，导致更大的不平等。这一观点的代表人物是亚当·斯密和马歇尔。② 公平优先论——结果公平、兼顾效率。公平优先论者认为，如果放手让市场机制充分发挥作用，会造成严重的收入两极分化，从而产生结果不公平。效率本身不代表公平，因为人所受到的约束条件各不相同，在现实中获得所谓完全平等的机会是不可能的，也不可能总在公平的规则下从事经济活动。市场是有缺陷的，市场缺陷要求政府按公平原则进行一定程度的干预。这一观点的代表人物是庇古和加尔布雷斯。③ 公平与效率交替优先。持此观点的经济学家认为公平与效率同等重要，二者应当同时兼顾，作为政府目标，可以在不同的时期有所偏重，即有时以局部的不公平换来全局效率的提高，有时以最小的效率损失换来最大的公平。这一观点的代表人物是凯恩斯和库兹涅茨。

我国改革开放以来，收入分配机制发生了根本性的变化，尤其是确立"效率优先，兼顾公平"的方针，为实现公平与效率的良性互动，促进社会生产

---

① 陈江生：《西方经济学视域中的公平与效率》，《科学社会主义》，2005（5）。

力的发展开辟了新的道路。但在二者的关系方面，我国学者也提出了较为明确的看法，如刘国光认为："'效率优先，兼顾公平'这一提法具有时效性，它只适应于社会主义初级阶段的起步阶段，不适应于社会主义初级阶段的整个时期。"[1]也有学者认为："由于效率和公平是不同经济主体所追求的目标，因而双方不存在主辅关系，更不存在谁优先、谁兼顾的关系。"[2]

（二）正确处理一部分人先富与共同富裕的关系

社会成员的共同富裕是社会主义制度优越性的最重要表现之一，是社会公平的具体体现，实现共同富裕是社会主义的最终目标。因此，共同富裕是生产资料社会主义公有制的基本要求，也是社会主义市场经济要达到的重要目标。社会主义的本质，是解放生产力，发展生产力，消灭剥削，消除两极分化，最终达到共同富裕。但是，共同富裕不等于不分先后的同步富裕，社会成员在迈向共同富裕的道路上，必然存在先富和后富的问题。为了实现共同富裕，选择的道路应是：坚持改革开放，使一部分人先富起来，先富带动后富，逐步实现共同富裕。

在整个社会主义初级阶段，致富有先有后，不同地区不同人之间的富裕程度差别将长期存在，鼓励在一部分地区、一部分人先富起来的基础上，实现共同富裕，将是我国一项长期的方针。改革开放以来，我国通过贯彻按劳分配和按生产要素分配，打破平均主义，有效地提高了经济效益，社会物质财富迅速增加。与此同时，社会收入差距也在急剧扩大，国际上流行的标准是：基尼系数为 0.3 是比较理想的收入分配状况；0.4 为警戒线；0.6 以上表示收入差距悬殊，就会影响社会的和谐与稳定。我国的基尼系数，各种调查有不同的结果，但基本的趋势是：我国在转型过程中，收入分配差距在逐步扩大。1981 年，我国的基尼系数是 0.28，1991 年是 0.33，2001 年是 0.4，已达到国际警戒线，2002 年是 0.454，已超过国际警戒线。这些数据表明，我国个人收入分配已处于不和谐状态，尤其是城乡收入分配不均问题尤为严重，2003 年城乡收入分配差异达到了 3.23：1。特别是在人均 GDP 处于 1 000 美元到 3 000 美元这个时期，正是居民收入结构和各种经济关系发生剧烈变化的时期，需要政府的充分关注。今后在收入分配中必须控制和缩小收入差距，以保证社会主义市场经济的健康发展。

---

[1] 刘国光：《把"效率优先"放到该讲的地方去》，《经济学动态》，2005（11）。
[2] 王家新，许成安：《效率与公平并重论及其保障机制》，《经济学动态》，2005（8）。

第三节　我国收入分配制度的演变过程

一、我国收入分配制度的演变

改革开放以前，我国在个人收入分配上，虽然在理论上一直主张"社会主义个人收入分配原则是实行按劳分配"，但在实际上并没有完全贯彻按劳分配的原则。我国原有的个人收入分配制度，存在着许多弊端，主要表现在：① 分配方式单一，不存在其他分配方式；② 国家统得过多过死，工资总额、工资标准、工资形式、工资制度以及奖励方式等，都由国家统一规定；③ 平均主义严重，特别是分配的平均主义，它作为小生产的产物，在中国这样一个小农经济有着悠久历史的国家，具有深刻的历史根源和广泛的社会基础。它是几千年来一直沉淀在我们民族思想中的一种小农意识，因此，千百年来，历次农民起义都是依靠"等贵贱、均贫富"的口号来代表民心、汇聚民意的。新中国成立后，党的领导人也认识到贫富不均将是中国民心浮动、社会不稳的根源。因此，便开始全面实施一种彻底的平均主义的分配模式。然而，个人收入分配的平均主义，既牺牲了效率，又牺牲了公平，没有最终解决在高效率基础上实现全体社会成员共同富裕的问题。因此，总的来说，改革前以按劳分配为名实则推行平均主义的个人收入分配制度，严重地挫伤了广大劳动群众的积极性、主动性和创造性。

1976 年，"文化大革命"结束后的中国，人民生活极度贫困，正如邓小平同志指出的那样："现在说我们穷还不够，是太穷。"中国最紧迫的任务，是设法迅速恢复极度衰退的国民经济。要恢复经济，就必须调动广大工人、农民群众的生产积极性，提高效率。而要提高效率，就必须打破平均主义的分配模式，使人们的收入与付出的劳动挂钩，与人们的经营成果挂钩。

1978 年 12 月，以党的第十一届三中全会的召开为标志，我国开始了经济体制改革。从此，平均主义的个人收入分配制度开始逐步地退出。中国的经济体制改革，从某种意义上说，是从改革分配制度开始的。这种改革首先从农村入手，家庭联产承包责任制使农户在完成国家税收和集体提留任务后的收入全部归自己。1984 年整体经济体制改革以来，城市国有企业和事业单位中，实行工资制度改革，并全面恢复了计件工资、奖金和津贴制。这些改革在一定程度和一定意义上，克服了平均主义并促进了劳动者的生产积极性。

随着多种经济形式的出现和发展，随着社会主义市场经济的发展，中国个人收入分配出现了以按劳分配为主体的多种分配方式并存的格局，最终确立了按劳分配与按生产要素分配相结合的社会主义收入分配制度。

二、邓小平同志的收入分配理论

在平均主义分配制度退出，新的收入分配制度产生的过程中，出现了收入分配理论的新思维，其最具代表性的人物，就是改革开放的总设计师邓小平。

"文化大革命"后逐步完善、发展起来的邓小平同志的收入分配理论，在内容上是一个"双论结构"。

第一论是"收入差距论"，即从提高劳动生产率的角度出发，承认个人收入适度差距的合理性。在这方面，又具体分为三项内容：

（1）坚持按劳分配原则。如前所述，马克思的按劳分配原则，是承认劳动有质量和数量差别的，也就是说在真正的按劳分配模式中，是会产生人们收入的适度差距的，"文化大革命"中时而把按劳分配等同于平均主义对待，时而又把八级工资制、按劳分配、货币交换当做"资产阶级法权"进行批判，这无疑是对马克思按劳分配原理的误解和歪曲。邓小平同志关于按劳分配的论述是对平均主义分配直接的、全面的否定，对马克思主义按劳分配理论的重新回归。早在1975年8月，邓小平同志就提出了他对按劳分配原则的思考，他认为按劳分配"这在社会主义建设中始终是一个很大的问题……人的贡献不同，在待遇上是否应当有差别？同样是工人，但有的技术水平比别人高，要不要提高他的级别、待遇？技术人员的待遇是否也要提高？如果不管贡献大小、技术高低、能力强弱、劳动轻重，工资都是四五十块钱，表面上看来似乎大家是平等的，但实际上是不符合按劳分配原则的，这怎么能调动人们的积极性"。"文化大革命"后，邓小平同志更是公开主张"按劳分配就是按劳动的数量和质量进行分配。根据这个原则，评定职工工资级别时，主要是看他的劳动好坏、技术高低、贡献大小"。

（2）讲求物质利益与物质鼓励，主张收入分配向贡献大的人倾斜。为了改变"文化大革命"期间片面讲求精神鼓励的做法，邓小平同志认为"革命精神是非常宝贵的，没有革命精神就没有革命行动。但是，革命是在物质利益的基础上产生的，如果只讲牺牲精神，不讲物质利益，那就是唯心论"。因此主张恢复奖金制度，要有奖有罚，奖罚分明。对干得好的、干得差的，经过考核后要给予不同的报酬。"对发明创造者要给奖金，对有特殊贡献的也要给奖金。搞科学研究出了重大成果的人，除了对他的发明创造给予奖励外，还可以提高他的工资级别。"

（3）允许一部分地区、一部分人先富起来。这一思想是邓小平同志对马克思按劳分配原理的大胆发展与理论创新，是对马克思主义学说的重大贡献。既然马克思认为"不同等的工作能力"会导致不同等的劳动收入，那么为了进一步提高效率，在现阶段生产力水平并不发达的中国也就可以把这一原理推而广之，我们不仅要承认人们按劳分配的收入差距，而且承认不同地区与个人因发展速度、劳动方式、经营方式不同而产生的收入差距。可以说，邓小平同志"允许一部分地区、一部分人先富起来"的思想是马克思主义基本原理同中国经济建设的具体实践相结合的典型范例，它的意义在于既推动了人们的思想解放，又极大限度地解放了生产力，因为"一部分人生活先好起来，就必然产生极大的示范力量，影响左邻右舍，带动其他地区、其他单位的人们向他们学习。这样，就会使整个国民经济不断地、波浪式地向前发展，使全国各族人民都能比较快地富裕起来"。因此，在社会主义初级阶段，由于受生产力发展水平等多方面因素的制约，全体社会成员不可能在同一时间以同等速度富裕起来，那么，鼓励一部分人，依靠合法经营和诚实劳动先富起来，是走向共同富裕的必由之路。

第二论是"共同富裕论"，即社会主义的最终目的是消灭剥削、消除两极分化，最终实现共同富裕。这一方面，可以具体分为两项内容：一是要防止两极分化。在邓小平同志看来，是共同富裕还是两极分化，这是社会主义与资本主义的本质区别。中国的改革开放，必须坚持社会主义方向，因此我们的政策只能导致共同富裕。但我国现阶段适当的收入差距现象，是我国经济底子薄、发展不平衡造成的，是人们劳动能力差异的结果，这不是两极分化。二是要支持、帮助贫困落后地区。这种支持和帮助是从两个方面来进行的。一方面是"先富带后富"，即通过一部分地区和一部分人先富起来的示范效应，激励和带动其他地区、另一部分人也富裕起来，并鼓励先富起来的地区和个人对贫困落后地区进行资金、技术、人才援助或共同开发建设，最终实现共同富裕。另一方面是国家通过制定均衡发展战略，从各方面给贫困落后地区以帮助，"特别是从物质上给以有力的支持"，以便增加贫困地区的生产积累，加快发展步伐，最终赶上富裕先进地区的生活水平，实现共同富裕。

关于共同富裕，通过学术界对共同富裕研究中存在问题的廓清及对马克思、恩格斯、列宁、斯大林、毛泽东尤其是邓小平共同富裕思想的全面剖析，我们认为，共同富裕就是我国在科教事业、社会生产力高度发达和政治结构、经济结构、社会结构、生活环境全面优化的基础上，全民族共同享有的富裕、平等、高质量的物质、精神生活。

三、收入分配效应与收入分配政策

福利经济学认为，福利由效用构成，人的本质就是追求最大的满足，即最大的效用，也可以说是最大的福利，从而提出了国民收入极大化和收入均等化两个福利概念。认为影响经济福利的因素主要有两个：一是国民收入的多少；二是国民收入在社会成员中的分配情况。国民收入是一国国民福利的总和，因此，国民收入总量越大，意味着国民福利或全社会的福利越大，要增加经济福利，就要增加国民收入，增加国民产品的数量，消除国民收入分配的不均等。增加国民收入总量有两个途径：一是实现生产资料最优配置，使生产资料在各个生产部门中的分配达到最佳状态；二是收入均等化，即政府通过一些措施把富人的部分收入转移给穷人，按照边际效用递减理论，一个人的收入愈多，货币收入的边际效用愈小，收入愈少，货币收入的边际效用愈大。因此，将富人的一部分货币收入转移给穷人，就可以增加货币的边际效用，从而增加一国经济福利的总量。降低收入不均等的程度是福利极大化的必要条件。实现收入均等化的途径有两个：一是收入自愿转移，即通过私人慈善福利；二是强制转移，即国家通过征收累进所得税和遗产税，把集中起来的国民收入的一部分补贴给穷人。强制性转移又可以通过两个方面进行：一方面，国家以举办社会保险和社会福利事业的办法，通过给付养老金、失业补助金、医疗费、教育费和住房补贴等，直接增加低收入者的实际收入，以增大社会福利事业的发展来实现；另一方面，对于低收入者最迫切需要的日常用品的生产部门和服务单位，政府给予补贴，促使其降低产品和服务的价格，使低收入者受益，当所有的人收入均等，从而货币的边际效用相等时，社会福利就会达到最大化。

改革开放以来，随着以按劳分配为主体的多种分配方式并存格局的形成，我国居民收入的来源和性质呈现出多渠道、多元化的趋势。在居民收入中，既有劳动收入，也有非劳动收入。劳动收入中既有按劳分配的劳动收入，也有非按劳分配的劳动收入。这就要求我们制定合理的收入分配政策。我们的政策总的来说就是：保护合法收入，合理拉开收入差距，调节过高收入，防止贫富悬殊，坚持共同富裕的方向；对以非法手段牟取暴利的，要依法严厉制裁。

第四节　建立现代分配制度

我国的收入分配制度，在其历史发展过程中，经历了不同的发展阶段，形成了各个历史时期不同的收入分配制度。一般来说，在新中国成立后到改革开放这段时间，我国实行的是"平均主义"的收入分配制度；改革开放后，我国真正确立了按劳分配的收入分配制度，这一收入分配制度会在相当长的经济发展过程中起到主要作用，并成为主要的收入分配方式；中共十四大确立建立社会主义市场经济体制以来，我国收入分配制度将会发生较大的变化，这一新的收入分配模式就是按劳分配与按生产要素分配相结合的现代收入分配制度。

一、现代分配制度的含义及作用

现代分配制度中的"现代"有三个重要的含义：第一，现代的社会主义市场经济条件下的分配制度。这包括两方面：一方面，现代的市场经济是与古典的市场经济相比较而言的。虽然二者都主张以市场作为配置社会生产资源的主要方式，但后者是反对国家干预经济，主张自由放任；而前者是反对自由放任，主张国家干预。另一方面，现代的社会主义是与传统的社会主义相比较而言的。后者实行计划经济体制，前者实行市场经济体制。第二，知识经济条件下的分配制度。如果仅从社会生产力发展的程度以及与之相联系的某个生产部门在社会生产中占主要地位这个角度来划分人类社会发展的历史分期，大体上可分为三个阶段：一是农业经济社会，二是工业经济社会，三是知识经济社会。当然，中国当前还处于工业化阶段。但中国工业化是处于知识经济化已经到来的时代。因而工业化已经在一定程度上，并在越来越大的程度上实现与知识经济相结合。第三，经济全球化条件下的分配制度。经济全球化萌芽于资本主义生产方式的准备时期，产生于资本主义生产方式确立时期，形成于帝国主义及殖民体系在全世界的拓展时期，大发展于现代市场经济成为世界潮流和科学技术成为第一生产力的时期。

这里所说的分配制度，就是以劳动、资本、技术和管理等生产要素按贡献参与分配的原则为基础的分配制度。概括地说，就是在社会主义市场经济条件下，劳动力商品按其价值分配，物质资本和智力资本按其形成利润分配。正如中共十六大提出的："确立劳动、资本、技术和管理等生产要素按贡献参与分配的原则。"

建立现代分配制度，是建立社会主义市场经济的一个重要内容。只有建立现代分配制度，实现按劳动力价值分配以及按货币资本和智力资本形成的利润分配，才能体现这些市场主体对经济利益的要求。从这个意义上说，建立现代分配制度，是完善市场经济的一个重要标志。另外，也只有建立现代分配制度，才能从根本上推动劳动力市场、资本市场和人才市场的建立和发展。

二、现代分配制度赖以形成的经济条件

1. 按劳动力价值分配的经济条件：劳动力的商品化

按照马克思在《资本论》中的分析，劳动力商品化的条件有二：一是从封建经济制度下人身不自由的劳动者变成人身自由的劳动者；二是劳动者自由得一无所有，成为无产者。在这种条件下，劳动者不仅必须依靠出卖劳动力为生，而且有可能做到这一点。诚然，马克思分析的是从封建经济制度向资本主义经济制度过渡的状况。这同当前中国从社会主义计划经济体制向社会主义市场经济体制过渡的情形，是有原则区别的。但从一般意义上说，马克思的上述分析是有指导作用的。

从理论上说，在社会主义经济制度下，劳动者在人身上是完全自由的，有自由选择职业的权力。但在计划经济体制下，劳动力这种资源的配置，是由国家行政指令计划统包统配的，集就业与工资、福利分房以及医疗、劳动保险和养老保险于一体的。这样，对在国有企业中就业的劳动者来说，事实上是不存在选择职业自由的。对在集体企业就业的劳动者来说，还要加上城乡之间隔离的体制（特别是其中的户籍体制）的限制，不仅在农村中没有选择职业的自由，在城乡之间也没有选择职业的自由。当然，这种不自由同封建制度下人身不自由还是有原则区别的。

在社会主义市场经济体制下，劳动者是市场主体之一。自由选择职业是其现实应有的权力之一。这样，随着劳动、工资、住房、保险和户籍等项制度的改革，多种所有制经济以及对外开放的发展，劳动者不仅在公有制企业或非公有制企业中，而且在国内和国外两种劳动力市场中都获得了选择职业的自由。但这还仅仅是社会主义市场经济条件下劳动力商品化的一个可能性条件。还有一个必要性条件，那就是在社会主义初级阶段，劳动还仅仅是谋生手段，劳动者必须以劳动力商品所有者的身份提供劳动力给各种经济类型企业。所以，既然劳动力也是商品，那么也就能够实现按劳动力价值分配。

2. 按利润分配的经济条件

（1）货币的资本化。

既然在社会主义市场经济条件下，劳动力是商品，也就为货币的资本化创造了根本条件。在这里，劳动力商品化也是形成剩余价值的根本条件，从而也是货币资本化的根本条件。在市场经济条件下，各种类型的企业追求利润最大化就是其本质的内在要求。所以，货币的资本化是现阶段生产力发展的要求。

（2）智力的资本化。

纵观人类社会经济发展史，在社会生产力发展的不同历史阶段，各生产要素在发展社会生产力方面的作用呈现出巨大差异。与此相联系，各生产要素的分配也有不同状况，这种差异又决定着收入分配的不同状况。在原始共产主义社会，劳动力和土地是基本的生产要素。而且，这时社会生产力水平极低，只有集体劳动才能进行原始的农业生产。正是这种状况决定了这些基本生产要素必须归原始社会公有。由此又决定了收入的集体平均分配。

到了奴隶社会和封建社会，生产力有了不同程度的发展，但仍不高，农业仍是社会生产的主要部门，劳动力和土地还是基本的生产要素。这种状况决定了土地归奴隶主或封建地主所有，劳动力归奴隶主完全所有或封建地主部分所有。这种生产要素分配状况决定了在奴隶社会条件下收入分配除了维持劳动力最低限度的生活外，其余全部归奴隶主所有，封建社会条件下地主占有地租，农民只能得到必要产品。

在资本主义生产方式确立以后，实现了工业化，社会生产力有了空前的发展。这时农业虽然还是国民经济的基础，但工业已经上升为社会的主要生产部门。这时，劳动力和土地虽然还是社会生产的基本要素，但物质资本成为最重要的、最突出的生产要素。当时社会生产力构成要素的变化状况及其发展要求资本归资本家所有，土地归地主所有，劳动力归劳动者所有。资本主义社会条件下的生产要素分配的这种状况决定了利润归资本家所有，作为平均利润余额的地租归地主所有，工资归劳动力所有者的劳动者所有。

但在工业化完成以后，进入知识经济时代的条件下，资本主义社会生产要素构成及其分配状况又发生了重大变化。其主要表现是：智力资本作为独立的生产要素从原有的生产要素中分离出来，并且成为最重要的生产力。其主要标志是：智力劳动者在全体劳动者中的比重愈来愈大，甚至占了主要地位；以智力劳动为主的服务部门在国民经济中占的比重愈来愈大，甚至占了主要地位；智力劳动在经济增长中所占份额也愈来愈大，以至占了主要地位。如果说，一般劳动者凭借劳动力商品化仅仅实现对劳动力价值的占有，那么，智力劳动者适应社会生产力发展的要求，并凭借智力资本实现对由此形成的利润的占有。

三、现代分配制度下各种收入的源泉及其性质

在社会主义市场经济条件下，各种分配关系是各种生产要素分配的结果，这是它们的共同点。但就由各种分配关系形成的各种收入源泉来说却是有差别的。

就劳动力所有者按劳动力价值分配来说，其收入源泉是劳动者的必要劳动创造的必要产品的价值。这部分收入可以称之为归劳动者个人的劳动收入。

就货币资本所有者按其形成的利润分配来说，其收入源泉却是劳动者剩余劳动创造的剩余价值。但其性质因其企业性质的不同而又有原则差别。就社会主义公有制企业来说，这部分剩余价值是由该企业劳动者集体劳动创造的，并且是用于包括这些劳动者在内的集体需要或全社会需要的。因此，收入的性质仍然可以称作归集体（或国家）所有的劳动收入。就私营企业来说，这部分剩余价值是归私人企业主所有的。但就其用途来说，与资本主义制度下的情况却有重大差别。在资本主义制度下，从总体上和根本上来说，剩余价值是用于资产者个人或资产者国家的需要的。但在社会主义市场经济条件下，剩余价值中的一部分是通过税收形式上缴国家的，并用于全社会的公共需要。

就智力资本所有者按其形成的利润分配来说，则呈现出复杂的情况。智力资本是归智力劳动者所有的。他一方面以智力劳动者身份取得由其必要劳动创造的劳动力价值部分。这当然是归他个人所有的劳动收入；另一方面他又以智力资本所有者身份取得由其剩余劳动创造的剩余价值，其性质仍然可以称之为归个人所有的劳动收入。在这里，智力资本所有者与一般劳动力所有者的区别是，他不仅拥有按劳动力价值分配的部分，而且拥有按利润分配的部分；与货币资本所有者的区别是，他不仅拥有按劳动力价值分配形成的归个人所有的劳动收入，而且拥有按利润分配形成的归个人所有的劳动收入。

四、建立现代分配制度的条件

建立现代分配制度，需要相应的条件作支撑，具体地说有以下几个方面：

（1）从根本上改变计划经济体制下的分配观念，建立与现代分配制度相适应的观念。

（2）进一步确立各市场主体对其拥有的劳动力商品、货币资本和智力资本所有权，以此为基础发展全国统一的、开放的、竞争的、有序的劳动力市场、资本市场和人才市场。显然，这两方面都是实现劳动力商品按其价值分配以及货币资本和智力资本按其形成的利润分配的基础和前提，否则，就是根本不可能的。

（3）借鉴国际先进的薪酬理念，建立现代企业薪酬制度。适应发展社会主义市场经济的要求，要拓展和更新原有工资理念的内涵，借鉴国际先进的薪酬理念和制度。这种理念和制度与传统计划经济体制下的工资理念与制度相比较，其主要特点有：一是较全面地涵盖了现代企业在薪酬制度方面所必须具有的内容，既包括一般劳动者的工资、奖金和福利等，也包括了经营管理人员和科学技术人员的年薪、职务报酬、发明报酬和股权收入等。如果再加上货币资本所有者的投资收益，那就比较全面地反映了现代分配制度的要求。二是体现了经济的市场化、现代化和全球化的要求，从而有利于在收入分配方面逐步实现与国际薪酬制度的接轨，并有利于在世界市场竞争中争得平等地位。需要指出的是：伴随经济的市场化、现代化和全球化的发展，人类社会经济活动的各方面都有国际化的趋势。三是较全面地反映了按各种生产要素贡献分配的原则，从而较好地兼顾了出资人、经营管理人员和科学技

术人员以及劳动者的经济利益。这就能够充分发挥各生产要素所有者的积极
性，提高要素的运营效益。可见，现代薪酬制度无论在内容上、形成的依据
上和作用上都与传统的工资制度有重大的原则区别。这是建立现代分配制度
的重要形式。

（4）充分发挥政府在建立现代分配制度方面的作用。为此，政府管理需
要在政企分开的前提下，实现一系列转变。一是政府在这方面的管理任务要
由计划经济体制下的传统工资制度向现代薪酬制度转变；二是管理范围由国
有企业向各种所有制企业转变；三是管理目标由总量调控向水平调控转变；
四是管理手段由主要依靠直接的行政手段向主要依靠法律和经济手段。当然，
必要的行政手段也是不可少的，尤其在转轨时期更是这样。

第八章 社会主义市场经济体制下的社会保障制度

社会保障制度是社会主义市场经济体制的重要组成部分，社会保障制度完善的程度如何，在一定意义上决定着市场在资源配置中的效率与宏观经济稳定程度。因此，建立健全完善的社会保障制度是市场经济条件下社会经济发展的重要内容。

第一节 社会保障思想与理论

一、马克思主义社会保障学说

马克思主义社会保障学说是由马克思主义经典作家在论述分配理论和再生产理论的过程中建立起来的。① 马克思主义社会保障理论指出，社会保障制度的实质是国民收入的分配，为了实现国民收入的合理分割，国家和政府应当参与分配，通过社会保障制度在分配机制上的特有功能，缓解社会分配的不公正状态，从社会道德和人类文明所要求的公正目标出发，为一部分特殊的社会成员提供基本物质生活需要，以求得国民收入分配的公平性。这说明了社会保障制度在积累和消费以及社会再生产的过程中具有"缓冲器"的作用。② 马克思主义社会保障学说站在社会再生产的角度上，明确了社会保障制度的社会地位，说明了社会保障是社会再生产的必要条件，特别是劳动力再生产所必需的条件，为劳动力再生产过程中随时可能遇到的风险、灾害提供保障，成为再生产的"安全阀"。这说明了社会保障制度是社会经济正常运行的稳定系统。在这方面，社会保障对社会经济运行有两方面的作用：一方面建立生产后备，防止再生产中断，直接为经济运行服务；另一方面为丧失劳动能力者提供救济，为其他成员提供养老和医疗保障，间接地为经济运行服务。③ 从政府行为的角度说明了社会保障的责任主体。从马克思主义经典作家的论述看，社会保障是一项社会化的事业，任何个人和团体都无法使社会保障实现其功能社会化，只有通过国家和政府的权威性以及立法的形式来实施，才能保证社会保障制度的统一性、平等性和有效性。④ 把社会公平作为社会保障制度的运行目标。马克思在论述其资金来源的"扣除"理论时，主要是结合按劳分配理论说明的，马克思看到了按劳分配事实上的不平等，为了弥补这种不平等和贫富差距，从而实现社会公平，他主张从消费资料中进行一些扣除，建立社会保障后备基金，一方面满足社会成员的公共福利，另一方面给丧失劳动能力的人或贫困者提供援助和救济，使他们能够维持基本生活需要。

二、其他学说

1. 德国新历史学派的社会保障思想

以古斯塔夫·史穆勒、阿道夫·瓦格纳、路德维希·布伦坦纳等为主要代表人物的德国新历史学派，反对经济自由主义的理论和政策，主张国家干预经济生活，强调国家的经济作用，认为国家除了维护社会秩序和国家安全外，还具有文化和福利目的，应该由国家兴办一部分公共事业来改善社会秩序和国家安全，国家的职能在于直接干预和控制经济生活，国家应该制定劳动保险、孤寡救济、劳资合作等一系列法律措施，通过国家举办的公共福利事业，调节再分配，以缓和、协调阶级矛盾。新历史学派的国家福利思想，促进了德国社会保障制度的产生，并对其产生了深刻的影响，他们的一些政策主张，成为德国政府实行社会保障制度的依据。

2. 福利经济学的社会保障思想

旧福利经济学认为，人们的理性经济活动就是追求最大的快乐和避免痛苦，从而把"最大多数人的最大幸福"作为人们行为的道德标准。由于福利由效用构成，所以按照边际效用递减理论，货币收入的多少与货币的边际效用成反比。因此，只有将富人的一部分货币收入转移给穷人，才可以增加货币的边际效用，从而增加一国经济福利的总量。降低收入不均等的程度是福利最大化的必要条件，为此，国家可以通过征收累进所得税和遗产税，把集中起来的国民收入的一部分补贴给穷人。这可以通过两个措施来实现，一是国家以举办社会保险和社会福利的办法，通过给付养老金、失业补助金、医疗费、教育费和住房补贴等，直接增加低收入者的实际所得，以增大社会福利。二是对于低收入者最迫切需要的日常用品的生产部门和服务单位，政府给予补贴，促使其降低产品和服务的价格，使低收入者受益。当所有的人收入均等，从而货币的边际效用相等时，社会福利就会达到最大。

新福利经济学虽然与旧福利经济学在分析方法上有很大区别，但对于增加社会福利从而实现福利最大化的社会目标却是一致的。特别是在其平等与效率理论中，突出体现了新福利经济学的社会保障思想。新福利经济学认为，要解决平等与效率的矛盾，从制定国家经济政策的角度来看，可以通过增加教育支出，提高全社会的文化水平，提高劳动力素质，缩小收入差距；修订福利措施，特别是对丧失劳动能力的人和有劳动能力但无职业或收入很少的人，给予照顾等。福利经济学经过不断地演变与发展，已成为社会保障制度重要的理论基础。

3. 瑞典学派的社会保障思想

瑞典学派关于收入再分配的主张认为，为了增加社会总效用，可以由社会来规定或由工会来规定最低工资或最大限度的工作日。并且认为经济学的目标在于使人人得到福利。为此，他们在制定收入再分配政策、提供集体服务、政府稳定经济、实行分权化、改进竞争以及反垄断等多项措施方面体现了其社会保障的思想。

4. 凯恩斯理论的社会保障思想

凯恩斯经济学是为对付20世纪30年代资本主义世界经济危机而产生的，因此，他企图提供在短期内使资本主义经济得到恢复的办法。为此，凯恩斯一反20世纪30年代前的自由竞争、自动调节、自由放任的经济原则，提出国家干预经济以实现充分就业的经济增长理论。他认为，当时资本主义国家的主要社会问题是失业，因而主要的社会目标就是充分就业。根据凯恩斯的论证，既然总需求不一定能够保证充分就业，所以有必要通过国家对经济的干预，增加政府支出，以增加需求，抑制失业。

凯恩斯的有效需求不足理论对当时西方国家实施"普遍福利"政策产生了最直接的影响，这一理论的核心内容在于增加国家的财政支出，用以扩大投资和消费。主要是通过财政支出、大兴基础设施建设，包括种种有关公众福利的基本建设以刺激经济，并在经济萧条时，增加政府转移支付，增加失业救济金的发放和其他福利支出，以此来抵消个人收入的下降，促进社会有效需求的增加。凯恩斯的有效需求理论作为社会保障制度的重要理论基础之一，对西方各国的社会保障制度产生了不同程度的影响。

5. 新剑桥学派的社会保障思想

新剑桥学派主张按照凯恩斯的基本理论发展收入分配理论，并制定相应的社会政策。主张分配论要以价值论为研究基础，并且认为在收入分配格局的形成基础方面，应注意到财产占有制度及劳工市场的历史条件。在此两者的基础上，新剑桥学派提出的社会政策包括：通过累进的税收制度来改变收入分配的状况，给予低收入家庭以适当的补助，提高失业者的文化技术水平等。不赞成通过管制工资和物价的收入政策把现实社会中收入分配失调的现象以行政和法律的形式予以固定化。总之，新剑桥学派强调，现实社会中人们的收入分配是不合理的、不公平的，这种不合理和不公平应当予以打破，而不能把它固定下来；以收入再分配为目标的社会政策，有助于改变收入分配的失调。

三、社会保障与政府责任

社会保障由政府提供的原因，可以从以下几方面理解：

（1）市场经济条件下的市场失灵是政府提供社会保障的直接依据。

社会保障是存在或建立于市场经济基础上的，其目标是为了弥补市场的缺陷。社会保障制度作为一种财政再分配的制度安排，能够作为市场经济条件下的一种有效的稳定机制。

（2）社会保障的公共物品性质是政府提供社会保障的主要原因。

社会保障作为一种物品或服务，很明显具有公共物品的性质，而政府一般对公共物品负有提供责任。因此，政府可依据公共物品性质的强弱而承担相应的支出责任。

（3）市场的不完全性是政府提供社会保障的必然要求。

市场无法提供的产品不仅仅是公共产品和具有外部性的产品，还有许多产品市场无法提供或无法充分提供，此时则存在着市场不完全的问题。例如，在保险市场中，保险业存在着"逆向选择"的风险。在商业保险中，某一固定的保险费率总是相当于该保险项目的平均风险；风险高的投保人投保，保费支出体现的风险水平低于可能出现的风险；风险低的投保人投保，保费支出体现的风险水平高于可能出现的风险，也即是以平均风险水平定价的保费在风险高的人与风险低的人之间产生了不公平。于是，低风险的投保人退出保险市场，从而使得该保险项目的平均风险增大，保险费用提高。如此周而复始，该商业保险的保费不断提高，投保人不断减少，最后的结果必然是该保险项目无法支付或少数高风险者以高费投保。另外，私人市场仍然不能为很多重要的风险提供保险。综上所述，政府部门直接进入保险市场，为社会提供养老保险、失业保险等社会保险是非常必要的。

四、社会保障的经济功能

社会保障的经济作用一般主要体现在以下几个方面：

（1）影响资源配置。

由于社会保障基金是一个庞大的数额，因而其流向会产生资源配置格局的相应变化。根据世界各国社会保障基金的运行状况，大都规定将社会保障基金的一定比例用来购买国债，一定比例存入银行，一定比例在资本市场上运营等，因此，社会保障基金的流向就影响到其所代表的社会资源的配置能力在政府、银行和企业之间的配置结构。

（2）具有稳定经济的作用。

社会保障支出具有自动调节经济波动，发挥"自动稳定器"的作用。当经济过热时，相应的社会保障收入增加，失业保险金、救助类支出等社会保障支出减少，从而起到抑制经济膨胀的作用。当经济萧条时，社会保障收入减少，社会保障支出自动增加，起到了增加总需求、促进经济回升的作用。

（3）具有调节收入分配的作用。

社会保障是政府调节收入分配的手段之一。在市场失灵的状态下，市场无法最佳配置社会资源；然而，自发运行的市场即使处于充分竞争和最佳资源配置状态下，也会产生市场自身无法克服的若干弊病。例如，市场在资源配置中可能是处于帕累托最优状态，但如果此时的收入和福利分配是不公平的，则不符合公平准则的要求，从而市场自身难以改正和克服，这时就需要政府通过社会保障支出来发挥收入分配的调节作用。

五、现代社会保障的可行性与功能

工业革命的到来、自然经济的解体、市场经济的产生，迫切需要建立社会保障制度——社会的"稳定器"和"安全网"，而现代化大生产大大提高了整个社会的经济发展水平，使得社会保障制度的建立成为可能。工业革命给人类社会带来了深刻的变化，不仅生产技术日新月异，突飞猛进，社会的体制和结构也发生了巨大的变化，市场经济取代了传统的自然经济。在市场经济体制下，依靠市场的力量，资源得到更加有效的配置，生产效率大大提高，但同时，社会生产与生活中的不确定性因素大大增加，风险增大，经济周期波动和经济结构调整，导致工人失业，工伤、疾病和穷困也不可避免。减轻这些问题带给人们的影响和困扰，不能单单依靠市场的力量，必须以政府为主体，建立起现代社会保障制度。在现代社会，劳动生产能力大大提高，产品大量增加，整个社会的经济发展水平大幅度提高，使得建立现代社会保障制度成为可能。

现代社会保障制度是工业革命和社会化大生产的产物，是人类在 20 世纪才得到的完善的、重要的文明制度之一。目前全世界有 160 多个国家和地区相继建立了作为现代国家安全体系的社会保障制度。

社会保障作为工业社会和经济发展的产物，成为一种正式的制度安排，最早萌芽于 17~18 世纪的英国。1889 年德国建立的公共养老金计划，标志着社会保障制度已经开始走向国家化和社会化。

社会保障是现代市场经济体制的重要组成部分，具有特定的经济功能，它是经济持续增长和稳定发展的重要保障。社会保障制度能够保障人们的基本生存，是市场经济社会的"安全阀"和"减震器"；它通过为劳动者提供经济保障、劳动保护和技能培训等，维护劳动者的基本权益；它作为一种收入再分配的手段，有助于调节收入差距，弥补市场竞争的某些负面效应，促进社会公平；广泛的社会保障制度可以推进城市化的进程，有利于劳动力就业结构的调整和产业结构的升级；为了实现社会保障基金的保值增值，社会保障必然与资本市场相结合，从而有利于促进资本市场的繁荣和稳定。

就社会保障制度本身来说，其价值取向与建制理念是公平为先，社会保障制度设计的宗旨，一方面具有保障的功能，即为满足人们基本生活需要提供物质保障的功能；另一方面，社会保障是国家对经济进行调节的"内在稳定器"，从而为经济的可持续发展提供基本的保证。

中国的社会保障制度是从 20 世纪 50 年代初建立和发展起来的，其面对的主要是国家机关、企业和事业单位的职工，部分内容还涉及城镇居民。1951年，当时的政务院颁布了《中华人民共和国劳动保险条例》，对保险费的征集及管理和支配、保险项目及标准、保险实施范围、执行和监督都进行了明确的规定。到 60 年代中期，中国已经建立了适应社会主义计划经济的一套社会保障制度，在保障职工基本生活、医疗和社会稳定等方面发挥了积极的作用。70 年代末期，中国实行改革开放政策，逐步建立起社会主义市场经济体制，原有的社会保障制度日渐暴露出其弊端，已不能适应社会经济发展的需要。到 80 年代中期，形成了以企业为主体的社会保障系统，由企业负责资金的筹集、发放和管理，属于典型的"受益基准制"，保障水平较高，其覆盖面主要是国有企业。直到 90 年代中期，社会保障制度改革主要针对企业职工养老制度和公费医疗制度进行，机关事业单位社会保障制度变化不大。

总的来说，社会保障是政府的支出计划。因此，社会保障制度贯彻与执行的结果，最终受制于社会保障的资金来源是否持续、可靠。这就要求我们在实施社会保障制度时，首先要考虑提供社会保障资金的人的数量与接受社会保障资金的人的数量的关系，如果提供社会保障资金的人的数量大于接受社会保障资金的人的数量，则社会保障制度既完善又有较高的保障水平，而如果是接受社会保障的人的数量大于提供社会保障资金的人的数量，则社会保障的水平就会较低。从年龄构成上来分析社会保障制度，有助于我们分析是哪些人向哪些人支付了社会保障资金，并对社会产生了哪些值得注意的影响。

六、现代社会保障制度的形成及主要模式

现代社会保障制度萌芽于最早实现工业化的英国，开始于社会救助形式。1601 年，英国颁布了世界上第一部《济贫法》（the Poor Law Act），慈善救济开始以立法的形式过渡到社会救济。1834 年，英国通过《济贫法》修正案，规定社会救助既是公民应得的合法权利，也是政府应尽的义务，从而第一次将社会救助以立法形式确定下来。

德国是世界上第一个实行社会保障制度的国家，社会保障最早以立法的形式出现在德国。1883—1889 年，德国相继颁布了《疾病保险法》、《工伤事故保险法》、《老年、残疾、遗嘱保险法》等一系列社会保险的法规，开创了资本主义国家社会保障体系的先例。并且，德国社会保险立法中的三个重要原则：权利与义务统一的原则、以交费为享受保险条件的原则、保险费用多方面分担的原则，也成为以后各国社会保险体系的基础。

1935 年，美国制定并颁布了《社会保障法》（the Social Security Act），这是一部以联邦政府为主体、全国性的社会保障立法，也是美国第一次提出社会保障概念。根据此法案，美国联邦政府的老年社会保险、社会的失业保

险、各州主管的劳动者工伤补偿保险，以及社会救助和社会福利事业构成了美国的社会保险体系。

根据不同国家社会保障的实施项目、覆盖范围、资金来源和筹集方式、待遇支付水平等,可以将世界上的社会保障的主要制度模式划分为三种类型：国家福利型、社会共济型和强制储蓄型。国家福利型的社会保障模式，强调政府的责任，其基本特征是：全民保障，范围广泛；资金主要来源于一般性税收；社会保障支出占财政支出的比重大；实行广泛而优厚的公共津贴制度。社会共济型的社会保障模式，强调政府、企业、个人的责任，其基本特征是：权利与义务相对应；社会保障费用由政府、企业和劳动者三方共同负担，以保障基本生活水平为原则；待遇给付标准与劳动者的个人收入和缴费相联系；强调公平与效率兼顾。强制储蓄型的社会保障模式，强调个人的责任，其基本特征是：建立个人账户，雇主和雇员的缴费全部计入雇员的个人账户；个人账户资金合理运营，以实现保值增值；雇员退休后的养老金待遇完全取决于其个人账户累积额。

第二节　我国社会保障制度的建立与改革

《中华人民共和国宪法》规定：“中华人民共和国公民在年老、疾病或者丧失劳动能力的情况下，有从国家和社会获得物质帮助的权利。”根据宪法，社会主义市场经济条件下的社会保障，是指国家通过立法积极动员社会各方面资源，保证无收入、低收入以及遭受各种意外灾害的公民能够维持生存，保障劳动者在年老、失业、患病、工伤、生育时的基本生活不受影响，同时根据经济和社会发展状况，逐步增进公共福利水平。

一、社会保障制度的建立

新中国成立后，尽管百废待兴，财力十分困难，但仍努力解决了旧中国遗留下来的四百多万人的失业问题，救济了大量流离失所的农村灾民，积极安置了退伍、转业军人。这些社会保障工作卓有成效，使人民政府赢得了广大人民群众的信任、拥护和支持。

1949—1958 年，是新中国社会保障制度的创建阶段，全国建立了统一的社会保障制度和体系，制定了一系列发展社会福利和企业职工福利的政策措施，建立了必要的福利设施，颁布了一系列有关社会优抚工作、社会救济等的各项政策法规，社会保障制度开始逐步走上正轨。1951 年 2 月 25 日，当时的政务院授权劳动部和中华全国总工会拟订的《中华人民共和国劳动保险条例（试行)》颁布实施，这是我国第一部社会保障法律，标志着新中国的社会保障制度正式开始创建，全国统筹的社会保障制度开始形成。

经过三年的经济恢复工作，我国国民经济得到了全面恢复，为了迎接经济建设高潮的到来，我国又分别颁布了一系列法规条例，并在 1953 年重新修订和公布了《中华人民共和国劳动保险条例》，并逐渐以颁布单项法规的形式，对国家机关、事业单位和党派团体工作人员的疾病、养老、生育、工伤、死亡、抚恤等待遇以及劳动保险金的征集与管理等做出了明确规定。1957 年末，我国根据经济力量，建立了基本社会保险制度，完成了基本的立法工作，为以后的社会保险事业发展奠定了基础。此后，随着我国财政经济状况的好转和大规模经济建设的展开，国家颁布了救灾救济、优抚安置等一系列社会保障政策，并根据社会经济的发展对有关政策进行了充实和调整。经过多年的发展，以计划经济条件下统收统支为基础的社会保障制度为国民经济的发展提供了良好的制度保证，为机关事业单位、国有企业、大部分集体企业广大职工解除了后顾之忧。

新中国成立已半个多世纪，社会保障作为与新中国社会经济发展相伴而生的一种制度安排，也经历了五十多年的发展变化。但从总体来看，可以划分为两个大的阶段，即改革开放前的发展阶段和改革开放后的转型阶段，相应的也可以将这两个阶段称为国家-单位保障制阶段和国家-社会保障制阶段。

改革前的社会保障制度被称为"国家-单位保障制"，由国家扮演着社会保障制度的确立者、保障者的角色，国家（通过政府）和单位共同扮演着社会保障的供给者与实施者的角色，国家与单位相互依存，承担共同责任；而社会成员则被分割在各个单位（在城市是各种机关、事业单位和企业单位，在农村则是人民公社和生产大队或小队等集体组织）并与所在单位构成不可分割的关系，无偿地享受着相关社会保障待遇，从而形成一种典型的国家-单位保障制模式。

国家-单位保障体制下的社会保障是由国家保障、城镇单位保障、农村集体保障三部分构成。国家保障是由政府主管部门直接实施的社会保障项目，在国家统一政策规范下，以政府财政拨款为基础，主要项目包括：机关事业单位工作人员社会保障，城镇居民价格补贴、军人保障、民政福利、农村救灾救济。城镇单位保障由企业从收益中直接提取经费并自行组织实施、封闭运行，且服从于国家统一的政策规范，当企业经费不足时，国家财政通过补贴的方式给予最后保障，这部分主要包括职工劳动保险、职工集体福利，另外，这一部分因其保障全面而且水平较高而成为中国社会保障的主体。农村集体保障是指农村居民通过所在的社队集体获得有关社会保障，其经费来源于社队集体单位统一核算中的统一提留，国家只提供有限的救灾救济。

在传统体制下，财政对于社会保障的投入在不同层次上存在很大差异性。就机关事业单位来说，财政承担了全部成员的保障，包括养老保障、医疗保障以及社会福利等。对于城镇单位来讲，因为主要由单位保障，所以财政的投入较少，财政只起辅助作用；但在计划经济体制时期国有经济占绝对优势的条件下，单位对于职工的社会保障实质上也是政府对职工的保障，只不过这种保障表现为隐性的财政支出。在传统社会保障制度下，最薄弱的部分就是农村集体保障这一部分，这导致了财政在农村社会保障发展中的缺位问题。

传统的国家-单位保障制度并不具备可持续性，因为这一制度的财政基础并不可靠，缺乏责任共担机制。各个单位承担的责任只不过是国家责任的延续，单位缺乏扩大社会保障资源的内在动力，而个人无需在享受社会保障时考虑成本，最终国家财政成为全国社会保障制度的财政基础。在社会保障制度所需成本持续膨胀的条件下，单纯依靠国家财政几乎是不可持续的。而当时，在中国公共医疗经费不断膨胀、城镇单位职工福利负担沉重的情况下，财政更是难以为继。

二、社会保障制度的改革

（一）社会保障制度改革的原因

新中国成立后，逐步建立起来的与当时生产力发展水平相适应的这种社会保障制度，使得我国社会保障事业从无到有，在保障人民基本生活、促进社会安定和生产发展等方面发挥了巨大作用，最大限度地向人民提供了各种社会保障，成绩显著。但由于在建立社会保障制度过程中，受到生产力发展水平和计划经济体制的制约，再加上经验缺乏，因而存在着许多问题和弊端。从保障范围来看，仅限于全民所有制单位和城镇区县以上大集体企业中实施，小集体企业和广大农村基本上没有建立社会保障，覆盖面狭窄；社会保障待遇标准过低，社会福利设施不足；社会保障待遇、制度、办法、层次单一，加重了国家和企业的负担；企业办社会、无偿保障，影响了企业的生产和发展；就业与保障高度重合，助长了职工不求进取的依赖思想；社会保障管理体制多头管理，政出多门，政策不配套。显然，这种传统的与计划经济相适应的社会保障制度，已经不能适应改革开放和社会主义市场经济发展的要求。而且在计划经济体制下，企业集多种职能于一体，实行的是企业办社会的职工福利制度，不仅从事生产经营，还承担着职工养老、医疗、待业等繁重的职工福利保障责任。这加重了企业负担，削弱了企业在生产经营上应有的职能，在市场经济条件下，无法在公平基础上与其他企业进行竞争，抑制了企业的生产经营积极性。因此，到了 20 世纪 80 年代后期，中国社会保障制度进入了全面改革的新时期。

现代企业制度对社会保障制度有以下内在要求：① 社会保障要能保证企业利润最大化目标，追求保值增值是资本的本性，为了实现资本的保值增值，企业在生产经营活动中必须以利润最大化为首要目标；② 社会保障制度要有助于建立企业破产机制，竞争是效率的源泉，只有竞争才能够实现资源的优化配置、经济的高效运行，而竞争必然导致企业的优胜劣汰，这就要求有健全的社会保障制度；③ 社会保障负担应由企业平等承担，不同类型的企业对其职工的保障费用应按统一费率上缴，以保证企业之间有一个平等的竞争环境。只有完善社会保障制度，使各种经济类型的企业都能在同一的标准下进行竞争，才能增强企业的市场竞争力，使企业真正成为市场竞争的主体。因此，为了发挥企业应有的活力，积极推进企业的改革，就必须建立健全适应社会主义市场经济发展要求的社会保障制度。

社会保障是政府和社会为保护公民基本生活需要而提供的一种公共服务，是市场经济运行的一个重要补充。在中国建立社会保障体系，具有两个含义：① 改革传统的社会保障方式本身。在计划经济条件下，中国的劳动者在单位内劳动，从单位获得相关的保障，两个过程是合一的。由于传统社会保障体系把生产活动与社会保障混在一起，一方面从财务上不能明确地把企业的成本与赢利水平独立地显示出来，因而无法考核企业业绩，损害了生产效率；另一方面社会保障又要受到企业经营状况的约束，所以保障水平也不能得到提高。随着旨在提高经济效率的改革的推进，这种保障模式必须改革。② 为全面的经济改革创造一个良好的保障环境。在市场经济建立的过程中，不同的社会群体都面临着一定的转轨风险，如老年人能否按时、足额得到养老金，失业者能否获得失业保险，陷入贫困的家庭能否获得社会的救助等，都有赖于能否尽快形成一个有效的社会保障网络。

（二）社会保障制度的改革

以 1978 年 12 月党的十一届三中全会为标志，我国开始了对计划经济体制以及与之相适应的社会保障制度的渐进式改革。改革开放 30 多年来我国的社会保障制度改革与世界范围内的社会保障制度改革基本同步，也与我国总体的经济体制改革同步，通过探索逐步建立了适应社会主义市场经济体制要求的现代社会保障制度。

我国社会保障制度的改革大致可以分为两个阶段：

第一阶段从 1978 年到 1992 年，是我国社会保障制度改革的初步探索时期，其特点是社会保障改革主要作为国有企业改革的配套措施，在关系国有企业改革的单项项目上分别进行了探索，改革的指导思想局限在计划经济与市场调节相结合的框架内。1984 年，国家在部分全民、集体企业开始了退休费用社会统筹试点。1986 年 4 月，社会保障制度社会化作为国家-单位保障制的对立物首次被正式载入《国民经济和社会发展第七个五年计划》。1986年 7 月 12 日国务院发布《国有企业实行劳动合同制暂行规定》和《国有企业职工待业保险暂行规定》，明确规定国营企业由劳动合同制取代了计划经济时的"铁饭碗"，合同制工人的退休养老实行社会统筹，并由企业与个人分担缴纳保险费的义务；为了满足企业破产和职工失业期间生活保障的需要，首次在我国建立了国有企业待业保险管理制度，并实行了用工制度改革。1986 年11 月 10 日劳动人事部颁发《关于外商投资企业用人自主权和职工工资、保险福利费用的规定》，强调外资企业必须缴纳中方职工退休养老基金和待业保险基金，消除了社会保障单位化的隐患。因此，郑功成认为，从 1986 年开始，国家-单位保障制真正开始向国家-社会保障制转变，中国的社会保障制度开始进入了制度重构时期。

在这一阶段，农村经济体制改革取得了巨大进展，促进了城市经济体制改革的启动，主要是建立以承包为主的多种形式的经济责任制，增强企业特别是大中型国有企业的活力。因此，根据这一改革形势的需要，社会保障改革首先被作为企业改革的配套措施，以单位改革为突破口，在社会保险模式选择、保险费用分担等方面，进行了积极探索，推动了企业改革的顺利进行。1991 年，国务院通过了《关于企业职工养老保险制度改革的决定》，规定实行基本养老保险、企业补充养老保险和职工个人储蓄养老保险相结合的养老保险制度，养老保险费由国家、企业、个人共同负担。统筹体制在全国范围内实施，由目前的市、县级统筹逐步过渡到省级统筹，在一定范围内解决了不同国有企业之间的负担不均问题。

第二阶段自 1993 年开始至今,是社会保障制度全面改革并取得突破性进展的阶段。党的十四届三中全会通过的《中共中央关于建立社会主义市场经济体制若干问题的决定》(以下简称《决定》),把建立社会保障制度作为社会主义市场经济基本框架的五个组成部分之一,使之成为发展市场经济的重要支柱。在社会保障项目单项改革继续深化的同时,初步形成了我国社会保障制度改革的总体框架,明确了我国社会保障制度的基本内容,提出了建立社会统筹与个人账户相结合的多层次养老保险和医疗保险制度,以及政事分开、统一管理的社会保障管理体制。《决定》明确了我国社会保障体系的基本内容应包括社会保险、社会救济、社会福利、优抚安置和社会互助,"城镇职工养老和医疗保险金由单位和个人共同负担,实行社会统筹和个人账户相结合",明确要求建立多层次的社会保障体系。这些原则在中国的社会保障改革中具有里程碑性的意义,首次提出养老保险个人账户的概念,并指出基金预筹是不容置疑的改革目标和方向。

1994 年,劳动部颁布了《企业职工生育保险试行办法》,对生育保险的实施范围、统筹层次、基金筹集和待遇支付等进行规范,推动了生育保险制度改革。在养老保险方面,1995 年,国务院发布了《关于深化企业职工养老保险制度改革的通知》,决定建立社会统筹与个人账户相结合的制度模式,明确基本养老保险费用由企业与个人共同负担,并决定在全国进行社会统筹与个人账户相结合制度的试点。在医疗保险方面,1995 年,在江苏省镇江市、江西省九江市进行试点,开始探索建立社会统筹与个人账户相结合的医疗保险制度;1996 年,国务院办公厅转发了《关于职工医疗保障制度改革扩大试点的意见》,医疗保险改革试点扩大到 38 个城市。在工伤保险方面,1996 年,劳动部在总结各地经验的基础上,发布了《企业职工工伤保险试行办法》,规范了工伤保险的认定条件,形成了规范的工伤保险制度。

1997 年,中共十五大报告提出:"建立社会保障制度,实行社会统筹与个人账户相结合的养老、医疗保险制度,完善失业保险和社会救济制度,提供最基本的保障。"按照上述要求,从 1998 年以来,我国社会保障制度建设加快了步伐,全国上下对社会保障制度建设的重大意义认识之深刻、投入财力之多、下工夫之大,可以说是空前的,这一阶段是新中国成立以来社会保障制度建立和发展速度最快的时期。

经过艰苦努力,我国社会保障制度建设取得了长足进展,主要表现在:

(1) 基本实现了"两个确保"。首先,确保国有企业下岗职工的基本生活,在国有企业普遍建立了下岗职工再就业服务中心,由再就业服务中心为下岗职工发放基本生活费,并为他们缴纳社会保险费,所需资金由政府财政、企业和社会（主要是失业保险基金）三方面共同筹集。同时,组织下岗职工参加职业指导和再就业培训,引导和帮助他们实现再就业。其次,确保离退休人员的基本生活,保证按时足额发放基本养老金。为保证"两个确保"的实施,中国政府提出与"两个确保"相衔接的"三条保障线"政策:国有企业下岗职工在再就业服务中心最长可领取三年的基本生活费;三年期满仍未实现再就业的,可继续领取失业保险金,领取时间最长为两年;享受失业保险金期满仍未就业的,可申请领取城市居民最低生活保障金。至 2001年,绝大多数国有企业下岗职工领到基本生活费,离退休人员养老金基本实现按时足额发放。

（2）初步形成了以养老保险、医疗保险、失业保险和城市居民最低生活保障制度为主要内容的,适应社会主义市场经济基本要求的社会保障制度框架。1997 年,国务院发布了《关于建立统一的企业职工基本养老保险制度的决定》,统一了我国企业基本养老保险基金管理和调节力度,确保基本养老金按时足额发放,国务院下发了《关于实行企业职工基本养老保险省级统筹和行业统筹移交地方管理有关问题的通知》,将原来铁道部、交通部等 11 个行业部门的基本养老保险行业统筹移交地方管理。1998 年,在总结 1994 年以来职工基本医疗保险制度改革试点经验和反复调研论证的基础上,国务院发布了《关于建立城镇职工基本医疗保险制度的决定》,明确了我国城镇职工基本医疗保险制度的模式和改革方向。1999 年,国务院对原来的国有企业职工待业保险规定进行了修改,进一步明确了覆盖范围、筹资办法、缴费比例、享受条件和保障水平,并将规定上升为法规,发布了《失业保险条例》。同年,国务院颁布了《城市居民最低生活保障条例》,进一步规范了城市贫困居民的社会救济工作。同年,国务院颁布了《社会保险费征缴暂行条例》,为强化社会保险费征缴提供了依据。这一系列社会保障法规和政策的出台,标志着我国的社会保障制度框架初步形成。

（3）社会保险覆盖面不断扩大,是这一时期社会保障制度建设的基础工作。

（4）企业离退休人员养老金基本实现社会化发放,并积极探索退休人员的社区管理办法。

（5）社会保障筹资渠道进一步拓宽。1998 年以来,中央财政调整财政支出结构,较大幅度地提高了社会保障的资金投入,主要用于弥补地方下岗职工基本生活保障和养老金支付缺口。社会保险基金被纳入财政专户，实行收支两条线管理，专款专用。各级劳动和社会保障行政部门专门设立了社会保险基金监督机构，负责对社会保险基金的征缴、管理和支付进行检查、监督，对违法违规问题进行查处。此外，政府还通过强化基金征缴和提高社会保障支出占财政支出的比重等一系列措施，努力拓宽社会保障资金的来源。

（6）建立了城市居民最低生活保障制度。目前，全国所有城市和县人民政府所在地都已建立了城市居民最低生活保障制度。

（7）出台了完善社会保障制度的试点方案。国务院出台了《关于完善城镇社会保障制度的试点方案》，明确了完善社会保障制度的总体目标和基本原则，提出了试点工作的任务，并决定 2001 年在辽宁省及其他省份确定的部分城市进行试点。2000 年 12 月，国务院召开全国社会保障工作会议，全面贯彻落实中央关于继续做好两个确保的工作方针，对完善城镇社会保障制度试点工作进行了部署。

（8）通过机构改革，形成了统一的社会保障管理体制，基础管理得到加强。1998 年，全国人大九届一次会议通过了《国务院机构改革方案》，决定在原劳动部的基础上成立劳动和社会保障部，统一管理全国劳动和社会保障工作。原由劳动部管理的城镇企业职工社会保险、人事部管理的机关事业单位社会保险、民政部管理的农村社会保险、行业部门统筹的社会保险，以及卫生部门管理的医疗保险，统一划归劳动和社会保障部管理。随后，在地方机构改革中，地方政府按照上下对口的原则成立了统一管理本地区劳动和社会保障工作的职能部门。社会保障统一管理体制的确立，为我国社会保障事业的发展创造了条件。

三、社会保障制度改革的成效

经过三十多年的改革探索，我国的社会保障工作在改革发展和制度创新等方面都取得了巨大成就，已经逐步建立起与市场经济体制相适应，由中央政府和地方政府分级负责的社会保障体系的基本框架。确定了多渠道、多层次兴办社会保障的方针，探索出了实行社会统筹与个人账户相结合的社会保障运行模式，并取得了很大的成效。在促进经济改革和国民经济持续增长、保证社会的基本稳定等方面都发挥了巨大的作用。具体表现在以下几个方面：

1. 社会保障的价值取向从没有效率的"平均主义"转变为"公平
   与效率相结合"

社会保障制度由与计划经济体制相适应的国家负责、单位包办、板块分割、封闭运行、全面保障、缺乏激励的国家-单位保障制,逐步转变为国家主导、责任共担、社会化、多层次的国家-社会保障制,不仅完成了观念上的巨大转变,也实现了制度建设上的创新。

2. 初步形成了适应社会主义市场经济体制基本要求的社会保障
   体系框架

我国先后出台了一系列社会保障法规和政策,以养老保险、医疗保险、失业保险和城市最低生活保障制度为主要内容的社会保障体系基本框架已经确立,明确了社会保障建设与发展的主要方向。

3. 统一的社会保障管理体制已经形成

长期以来,我国社会保障工作由政府几个部门分别管理,缺乏统一管理和统一实施,处于分散、混乱的状态。1998 年以后,由新成立的劳动和社会保障部统一管理全国劳动和社会保障工作,地方政府按照上下对口的原则,成立了统一管理本地区劳动和社会保障工作的职能部门,并在实行统一管理的同时推进社会化管理服务。2000 年,我国决定建立全国社会保障基金,实现社会保障行政管理与基金管理分离。全国社会保障基金的来源包括:国有股减持划入资产及股权资产、中央财政拨入资金、经国务院批准以其他方式筹集的资金及投资收益。全国社会保障基金由全国社会保障基金理事会负责管理,按照《全国社会保障基金投资管理暂行办法》规定的程序和条件实行市场化运营,社会保障体制改革取得了巨大进展。

4. 社会保险的覆盖面不断扩大

随着社会保障框架体系的确立,社会保障的工作不断深入,社会保险的覆盖面不断扩大,我国的基本养老保险最初只覆盖国有企业和城镇集体企业及其职工。1999 年,我国把基本养老保险的覆盖范围扩大到外商投资企业、城镇私营企业和其他城镇企业及其职工。省、自治区、直辖市根据当地实际情况,可以规定将城镇个体工商户纳入基本养老保险。

5. 社会保障的筹资渠道进一步拓展

在人口老龄化加速、退休人员不断增加的背景下,我国的基本养老保险支付压力越来越大。为确保基本养老金按时足额发放,我国通过多渠道筹集基本养老保险金。资金来源由企业、职工个人和政府共同负担。其中企业和职工缴纳的社会保险费是社会保障资金的主要来源。企业缴费一般不超过企业工资总额的 20%,具体比例由省、自治区、直辖市人民政府确定;职工个人按本人工资的 8% 缴费。城镇个体工商户和灵活就业人员参加基本养老保险,由个人按当地社会平均工资的 18% 左右缴费。

6. 开展完善社会保障制度改革的试点

2001 年,我国开始进行完善基本养老保险制度改革的试点工作,主要包括逐步做实个人账户,实现部分基金积累,探索基金保值增值办法,改革基础养老金计发办法,将基础养老金水平与职工参保缴费年限更加紧密地联系起来。职工参保缴费 15 年后,每多缴费一年增发一定比例的基础养老金。统一灵活就业人员的参保缴费办法,缴费基数统一为当地职工平均工资,缴费比例统一为 20%。

7. 保障国有企业下岗职工基本生活,建立"三条保障线"制度

1998 年,鉴于国有企业分流富余人员的压力加大,而失业保险支撑能力尚显不足的实际情况,我国建立国有企业下岗职工基本生活保障制度,确保国有企业下岗职工基本生活费按时足额发放。有下岗职工的国有企业普遍建立再就业服务中心,下岗职工进入中心后,由中心为其发放基本生活费,基本生活费标准略高于当地失业保险金标准。中心还为下岗职工缴纳养老、医疗、失业等社会保险费。中心用于保障下岗职工基本生活和缴纳社会保险费用的资金,原则上采取"三三制"的办法解决,即财政预算安排三分之一、企业负担三分之一、社会筹集三分之一。1998 年以来,我国建立了以国有企业下岗职工基本生活保障、失业保险和城市居民最低生活保障为内容的"三条保障线"制度。下岗职工领取基本生活费的期限最长为三年;期满后未实现再就业的,可以按规定享受失业保险待遇;家庭人均收入低于当地城市居民最低生活保障标准的,可以按规定申请享受城市居民最低生活保障待遇。随着失业保险制度的日臻完善和基金积累的增加,国有企业不再建立新的再就业服务中心,失业人员纳入失业保险范围,按规定享受失业保险待遇。

8. 规范、完善失业保险制度

我国于 1999 年颁布了《失业保险条例》,使失业保险制度更加规范和完善。我国在推动企业用工制度改革和建立市场导向就业机制的同时,加快建

立和完善失业保险制度，城镇企业事业单位及其职工必须参加失业保险。省、自治区、直辖市人民政府按照低于当地最低工资标准、高于城市居民最低生活保障标准的水平，确定本地区失业保险金标准。保障职工失业后的基本生活，帮助失业人员实现再就业，推进国有企业下岗职工基本生活保障制度向失业保险并轨。

9. 实行社会统筹与个人账户相结合的城镇职工基本医疗保险制度，完善多层次医疗保障体系

在先行试点的基础上，我国于 1998 年颁布了《关于建立城镇职工基本医疗保险制度的决定》，在全国推进城镇职工基本医疗保险制度改革。基本医疗保险覆盖城镇所有用人单位和职工，包括所有机关、事业单位、各种类型企业、社会团体和民办非企业单位的职工和退休人员。城镇灵活就业人员可以参加基本医疗保险。基本医疗保险资金来源主要为用人单位和个人共同缴纳的医疗保险费。在建立基本医疗保险制度的同时，为满足不同参保人员的医疗需求，国家建立和完善多层次医疗保障体系，减轻参保人员的个人负担。各地区根据实际情况，普遍建立了大额医疗费用补助制度，其资金来源主要由个人或企业缴费，以解决超过基本医疗保险最高支付限额以上的医疗费用。国家鼓励企业为职工建立补充医疗保险，主要用于解决企业职工基本医疗保险待遇以外的医疗费用负担。

四、社会保障制度存在的问题及缺陷

随着经济体制改革的深入，我国社会保障制度尽管同时进行着改革，但由于人口老龄化的迅速到来、下岗失业人员的激增、医疗费用的迅速膨胀等原因，我国的社会保障制度面临极其严峻的挑战，已经成为影响社会安定、经济发展的重要因素，需要我们不断完善已有的法规，加大改革的力度。目前，社会保障制度存在的问题及缺陷主要有以下几个方面：

1. 我国的养老保险制度面临两个严峻问题

一是由于人口迅速老龄化引起的长期问题，20 世纪 80 年代初开始的独生子女政策和国人预期寿命的增长加速了这一进程。中国人口年龄结构由相对年轻型转变为相对老龄化，从比较短期的趋势看，养老负担十分沉重，与中国的经济基础不相适应。由于在传统国有企业管理模式下，并没有积累起

相应的职工养老基金，导致在离退休职工人数剧增和从企业养老到社会养老体制改革的转轨时期，将会出现比较严重的保障真空状况。在企业改革的过程中，已经出现离退休人员基本养老金不能按时、足额发放的现象，而真正的老龄化高潮将在今后十年以至更长的时期表现出来，届时养老保障的资金缺口将是巨大的。二是当前面临的紧迫问题——国有企业领取养老金的人数增长很快，在有些企业甚至多于职工人数。又由于一部分退休职工不能按时、足额领取养老金，导致城市一部分人口陷入贫困状况。原先现收现付制的养老保险制度既无法解决国有企业养老金短缺这一短期问题，更无法解决未来 30～50 年的老年保障这一长期问题。按照社会保障的功能，这种现实迫切要求有一个完善的、有效的最低生活保障制度来维持这部分人口的基本生存。

2. 国有企业和部分集体企业改革所带来的严重的下岗、失业问题

由于人口众多、劳动力资源丰富和经济结构调整等原因，我国面临巨大的就业压力。在传统的计划经济体制下，强调"充分就业"，实际上失业是隐性的。在市场经济体制下，市场机制决定了企业必须把效率和效益放在首位，必须节约劳动投入，失业由隐性转向显性成为必然。由于我国的人口基数太大，10% 的失业率对应的绝对失业人数比很多国家的人口还多，我国面临的是全世界数量最庞大的失业大军的威胁。

3. 医疗保障体制难以为继

人口迅速老龄化的趋势，对卫生医疗体制提出了巨大的挑战。中国长期把医疗保健看作是一种纯粹的福利事业，职工基本上不负担医疗费用，没有自我约束，刺激了不合理的医疗消费，而医药合一的医疗卫生体制使得药品及服务价格扭曲，造成医疗费用直线上升，国有经济单位存在着医疗保障过度、负担畸重的问题。1978—1997 年，国有经济单位职工医疗费用增长 28 倍，年递增 19%，远远高于同期 GDP 和财政收入的增长幅度。由于老年人比年轻人容易患病，在人口老龄化的同时医疗费用也会激增，如果不控制医疗费用的过快增长，我国的社会保障制度将雪上加霜。社会经济的变化以及人口年龄结构的变化，也带来了疾病流行模式的变化。人口转变类型与疾病流行模式有密切的联系，一般的规律是，随着人口逐渐趋于老龄化，在一个社会占主体地位的疾病类型也发生变化，要求卫生保健体制作出的相应变化。

4. 个人账户的"空账"问题

我国养老和医疗保险制度改革均引入了"个人账户"体制，从理论上说，这一新体制体现了公平与效率的结合，是具有历史意义的变革。但在几年来的实践中，职工的个人账户实际是"空账"。变个人账户的"空账"为实账，是我国养老保险和医疗保险体制改革成功的关键。从制度经济学的角度来看，"空账"问题其实就是制度变迁的成本。其他社会保障体制转轨国家如智利，处理旧体制遗留问题的责任由政府承担，这是体制转轨必须付出的成本。只有个人账户真正有积累，才有可能进行投资，由此才能真正从现收现付体制转变为社会统筹和个人账户相结合的混合型制度。

5. 农村社会保障制度的缺失

经济体制改革以来，农村实行的家庭联产承包责任制瓦解了传统的以集体经济为基础的农村社会保障体制。家庭联产承包责任制的推行和计划生育政策的实施，人口老龄化的加快，使得家庭养老、土地保障功能不断弱化。加上农村对发展养老金、医疗保险的重要性认识不足，注意力仍停留在家庭养老和集体救助的传统的保障制度上，作为现代社会保障制度体系核心的社会保险并未真正建立，影响了整个社会的均衡发展。问题的产生一方面是由于城镇社会保障制度改革已经给国家财政带来了沉重的包袱，如果把人口众多的农村也纳入全国统一的社会保障改革，国家财政难以承受；另一方面是由于存在着短期内无法消除的城乡差别，地区经济发展的不平衡更加剧了不同地区农民收入的差别，因此将农村纳入统一的社会保障制度范围的客观条件还不具备。

6. 社会保障法制化进程缓慢

长期以来，我国社会保障的法制建设一直比较滞后，缺少综合性的社会保障法，虽然制定了一些规定和条例，但不具备法律的权威性，实践中又没有很好地监督执行和贯彻落实，往往造成管理工作中无法可依、有据不依，社会保障资金收入来源和支出用途不规范，挤占、挪用和浪费现象严重，不利于社会保障制度的健康发展，对社会保障制度造成了很多的负面影响。

7. 社会保障体系不完善

我国虽然已经建立了基本的社会保障制度体系，但制度体系缺乏总体设计和协调。各项改革往往各自为政，单项突破，项目之间缺乏协调配合。缴费比率不统一，缴费形式不规范，待遇标准和范围及管理体制设计不统一。

各项社会保障制度项目的具体改革目标不明确，具体改革方案缺乏连贯性、统一性和预见性。多层次的社会保险体系中补充社会保险制度的建立严重滞后，加重了基本社会保险的承载负担。另外，行政事业单位社会保险改革滞后，我国的养老、失业、医疗社会保险制度一直未将行政事业单位职工纳入社会保险覆盖范围，这与市场经济条件下社会保险制度的统一性和社会性是不相容的，从而造成了社会保障体系的不完善，以致改革的目标也没有真正实现。

8. 社会保障覆盖面窄，保障资金供应不足

社会保障覆盖面窄，造成社会保障制度不能正常发挥"安全网"的保障功能，导致社会保障安全网出现漏洞，一些需要帮助的困难群体和弱势群体得不到应有的保障。社会保障资金供应不足，形成社会保障基金隐性债务，致使保险统筹范围较小，其调剂余地十分有限，抵御风险的能力也很低，在很大程度上降低了社会保障的保障功能。

第三节　我国社会保障制度的目标、原则、内容和特征

在 2003 年 12 月公布的《中共中央关于修改宪法部分内容的建议》中，中央专门就社会保障问题提出了修改意见，即在宪法第十四条增加一款，作为第四款："国家建立健全同经济发展水平相适应的社会保障制度。"这样，在宪法这一层面明确提出建立健全社会保障制度的要求，为未来社会保障制度法律体系的建设奠定了宪法基础。

一、我国社会保障制度建设的目标

中共十六大报告指出："建立健全同经济发展水平相适应的社会保障制度，是社会稳定和国家长治久安的重要保证。坚持社会统筹和个人账户相结合，完善城镇职工基本养老保险制度和基本医疗保险制度。健全失业保险制度和城市居民最低生活保障制度。多渠道筹集和积累社会保障基金。各地要根据实际情况合理确定社会保障的标准和水平。发展城乡社会救济和社会福利事业。有条件的地方，探索建立农村养老、医疗保险和最低生活保障制度。"这是对我国社会保障制度总体目标的高度概括，为我国社会保障制度改革指

明了方向，应当贯穿于建立健全我国社会保障制度的全过程。

在具体做法上，可以按照中共十五届五中全会通过的《中共中央关于制定国民经济和社会发展第十个五年计划的建议》中提出的"要加快形成独立于企业事业单位之外、资金来源多元化、保障制度规范化、管理服务社会化的社会保障制度"的要求来进行。其中的"独立于企业事业单位之外"，是对计划经济体制下社会保障制度的根本性变革，也是对原来"单位保险"体制的重大改革，体现了社会保障制度的本质特征。社会保障的重要特征之一是其社会性和互济性，这要求采取均衡负担、分担风险的办法，一方面为企业平等竞争创造条件，另一方面也可以切实保障广大劳动者的基本生活。因此，建立独立于企业事业单位之外的社会保障制度，已成为我国社会保障制度改革的重要内容。

资金是社会保障运行的物质基础，是完善社会保障制度的关键所在。为了保证社保基金的到位，一是要扩大社会保险覆盖面和做好基金征缴工作，使城镇所有用人单位及其职工都积极参加社会保险。二是加强社会保险基金征缴，参保单位职工都应按时足额交纳社会保险费，做到应收尽收；同时调整财政支出结构，压缩部分行政事业性经费支出，增加社会保障资金，预算超收的财力，除了保证法定的支出外，主要用于补充社会保障资金。三是可以变现部分国有资产。国有资产属于全体人民，是人民的劳动积累。变现部分国有资产，用于弥补社会保障基金的不足，是取之于民，用之于民。四是积极探索社会保障基金的投资运营方式。过去对积累的基金要求是一律购买国债或者存入银行，不允许进行投资，这已不符合当前形势的要求。而国外的养老基金是资本市场的重要机构投资者，可以分享资本增值带来的成果。随着我国资本市场的不断完善，社会保障基金进入资本市场的条件将逐步形成，应积极探索基金的市场化投资运营，严格进行投资监管，以实现基金的保值增值。五是发行社会保障债券和彩票。随着经济不断发展壮大，社会财富日益增加，我国可以借鉴国外动员社会闲散资金用于社会保障的办法，通过发行债券和彩票等手段筹集社会保障资金。六是开征新税种。开征新税种是许多国家调整收入分配关系、实行社会保障的重要手段。在我国，通过开征新税种，用于弥补社会保障资金缺口势在必行。

保障制度规范化是完善社会保障制度、深化我国社会保障制度改革的基本内容。一要加强立法。我国社会保障改革和发展的实践相当丰富，立法条件已基本成熟，应尽快制定颁布统一的《社会保险法》。同时，加强社会保障执法力度，依法规范和管理社会保障工作，将社会保障纳入法制化、规范化的轨道。二要完善制度。社会保障对象的界定、资金来源、缴费费率、待遇水平、发放办法等，要有一个全国基本统一的标准。三是规范运作。规范运作是实现管理制度规范化的基础。在登记申报、费用征缴、待遇发放等方面，应严格执行统一的规定，杜绝擅自改变管理体制和运作方法的做法。

管理服务社会化，是社会保障独立于企业事业单位之外的重要体现和完善社会保障制度的内在要求。所谓管理服务社会化，就是按照政事分开的原则，在政府的指导下，把从企业事业单位分离出的一系列社会保障事务，交由有关社会服务机构承担，充分体现保障制度的社会性、公共性。

二、我国社会保障制度的基本原则

中国传统的保障体系是与计划经济体制相适应的，其特点与城镇保证就业的劳动制度相关，即在政府保证城镇居民就业之后，职工几乎所有的保障都是通过企业提供。企业保证职工的终身雇佣、医疗保健、养老、住房、子女入托、入学，乃至对职工的生、老、病、死、残都负责到底。国家对企业则实行财务上的统收统支、统负盈亏。这种保障体系事实上成为旧体制"大锅饭"的一部分。

伴随着 20 世纪 70 年代末开始的经济改革，特别是国有企业的改革，传统的保障体制不再适应职工养老、医疗和失业保险的新要求。尤其是在那些经营困难的国有企业，支付离退休职工的养老金和在岗职工的医疗费发生困难。因此，保障体系开始了以社会化为目标的改革，逐步试验实行养老、医疗和失业的"社会统筹"，即在保证现行保障条件基本不变的前提下，逐步向社会化保障体系过渡，并逐步建立社会统筹与个人账户相结合的保障筹资模式。

社会保障的内容、水平和方式，一般都要受到一个国家政治、经济和社会等因素的影响。我国的社会保障制度建设，必须考虑现阶段社会经济发展状况，必须建立在我国现有国情的基础之上。总体上说，我国社会保障制度遵循了普遍保障、适度保障、权利与义务对等原则以及公平与效率统一的原则这四项基本原则。但结合我国具体的国情，我国在社会保障制度改革过程中又具体地体现出了一些特有的原则，这些原则主要表现在以下几点：

（1）社会保障体系独立于企业和事业单位之外。过去承担职工保障职能的企业和事业单位，今后仅仅履行依法缴纳社会保险费的义务，不再负责发放基本社会保险金，也不再履行社会保障对象的日常管理。基本社会保险金由社会保险经办单位发放，社会保障对象由社区进行管理。相应的，社会保障基金的管理、运作和社会保障服务也实现社会化。

（2）统账结合的多元化资金筹集渠道。社会统筹与个人账户相结合的基本社会保险制度符合我国国情，是必须遵循的原则。并可考虑统一征收社会保障税，由独立于企事业单位之外的社会保障机构管理、运作，实行收支两条线，为基本社会保障构筑一个稳定可行的资金基础。此外，国家还可通过其他各种可行的办法筹集社会保障资金。

（3）社会保障的覆盖面广。对城镇各类企业职工实行统一的社会保险制度，即无论所有制如何，全部过渡到以统账结合的方式筹集和支付基本养老金和基本医疗保险金，并且失业保险应用于全部城镇劳动力，最低生活保障适用于全体城镇居民。在条件成熟时，进行农村社会保障体系的改革，逐步把社会保障覆盖到全社会。

（4）应该坚持基本社会保障的标准与我国经济发展水平以及各方面承受能力相适应的原则。目前决定我国社会保障制度建立的经济基础比较薄弱，保障水平也必须与经济发展水平相适应。国家基本的养老、医疗水平只能保障职工最基本的退休、医疗需要。

（5）坚持城乡有别和体现经济发展不平衡的原则。我国社会经济发展的一个显著特点是区域之间、城市与农村之间差距较大。从经济发展水平看，城市经济已经进入到工业化和社会化大生产的阶段，需要为广大劳动者建立包括养老、失业、医疗等项目在内的社会保障制度；农村经济市场化程度低，自给半自给经济仍然占相当比重，实行土地家庭承包制后，土地既是农民的生产资料，也是生活资料，能给农民提供一定的保障。同时，区域之间经济发展的不平衡，决定了不同区域社会保障的具体标准不可能一样。因此，要建立多层次的社会保障制度，满足不同水平的社会保障需求。

（6）坚持公平与效率相结合、权利与义务相对应原则。实行社会主义市场经济，要保持经济运行的较高效率，社会保障也不能再像计划经济那样吃"大锅饭"，而是在考虑权利、公平的同时，还要突出效率。社会保障制度对用人单位和职工个人应该具有较强的激励作用。实行社会保障制度，为企业经营、职工劳动就业创造了平稳的经济运行条件和安全的社会环境。用人单位和职工个人都从中受益，企业有责任缴纳社会保险费，职工个人在享受社会保障权利前必须履行缴费义务。这种做法符合世界社会保障制度改革的方向，符合市场经济的基本要求。

（7）坚持由近及远，逐步完善，保持政策连续性的原则。社会保障制度改革是一项十分复杂的系统工程，涉及社会各方面的利益，处置不当、步骤不妥，容易引发社会矛盾。另外，社会保障的实践也证明，一项社会保障制度是否成功，必须经过较长时期的实践检验，才能看出这是否符合国情国力，是否符合社会成员的需求，是否能实现可持续发展。我国社会保障制度的改革安排，不管是出台单项的制度，还是对体系的完善，都要注意把握改革政策出台的时机和社会各方面的承受力，注意保持有关政策的相对稳定和各项政策的衔接配套，注意采取平稳可行的过渡措施。

三、我国社会保障制度的主要内容

改革开放以来，随着经济体制和社会保障制度改革的不断深入，我国对社会主义初级阶段社会保障制度的主要内容有了更加明确的认识。社会保障的含义是国家或社会通过各种公共手段向社会成员提供保护，以帮助社会成员抵御因灾害、疾病、生育、工伤、失业、伤残、年老和死亡而导致的丧失收入或收入锐减所引起的经济和社会灾难。其基本功能是通过储蓄和再分配等机制，保障公民的基本生活，以维持社会公平和稳定，促进经济发展和增进公共福利。其基本特点通常有两个，首先，实施社会保障的主体是国家或社会。由于社会保障的公共性质，它是政府或社会的职能，是通过公共手段即公共筹资和公共提供进行的，而不是通过私人行为进行的，从其性质上看，社会保障是市场机制的补充而不是替代。其次，社会保障的对象既包括针对特殊人群的特殊困难状态的保障，如失业、工伤、伤残等，也包括针对广泛社会成员自然发生的特定情形的保障，如老年人、儿童、处于疾病和生育状态的人群等。

（一）社会保障体系的构成

一般来说，社会保障体系包括四个方面的制度安排，即社会保险制度、社会福利制度、社会救助制度和社会优抚制度。

1. 社会保险制度

这是国家通过立法形式建立的一种核心形式的社会保障制度，在劳动者发生风险事故而暂时性或永久性丧失劳动能力，并因此造成收入丧失或严重减少的情况下，为其提供基本的保障。针对劳动者的几个主要险种如养老保险、失业保险和医疗保险都属于这种保障的内容。通常社会保险具有强制性和共济性，即国家通过立法推行社会保险计划，要求符合一定条件的劳动者定期缴纳社会保险费，形成统一的社会保险基金。当个人遭遇失业、患病风险或自然进入法定退休年龄时，按规定领取一定金额的保险补偿。

2. 社会福利制度

国家或社会向法律规定的对象提供财力帮助和服务，以保证全部或特定人群享有一定生活水平和生活质量。通常包括国家兴办的以全体公民为对象的公益性事业如教育、文化、科学、环境保护、体育、卫生等设施，也包括针对特定群体的专门性福利事业，如为未成年人、老年人、残疾人提供的专门福利等。国家实行免费义务教育，或者实行免费老年人计划，都是社会福利制度的形式。

3. 社会救助制度

国家和社会向低于一定生活水平标准的特定人群提供最低标准的社会援助。这种制度通常承担社会保障"最后一道防线"的责任。社会救助的两种主要形式是贫困救助和灾害救助。前者是指国家或社会按照某种贫困线标准，针对贫困人口实行的最低生活保障制度；后者是指在发生各种不可抗拒的自然或人为灾害时，国家或社会对受灾群体提供的实物和现金救济。

4. 社会优抚制度

国家或社会针对法定的优抚对象，提供带有褒扬、优待或抚恤性质的资金补贴或服务，以保证特定人群享有规定的生活水平和额外服务。针对军属、烈属、自愿实行计划生育的家庭制定的特殊优抚政策，都属于社会优抚制度的内容。

（二）社会保障制度的主要内容

经过三十多年的艰苦努力，我国城镇初步形成了以社会保险为主要内容的社会保障框架，包括养老保险、失业保险、医疗保险、工伤保险和生育保险，以及城市居民最低生活保障制度。

1. 养老保险

我国现已基本形成了以基本养老保险为核心，包括企业年金和个人储蓄性养老保险的多层次养老保险体系框架，2000 年，国务院颁布了《关于完善城镇社会保障制度的试点方案》,确定了调整和完善我国城镇企业基本养老保险制度的基本政策。

我国的基本养老保险制度实行社会统筹与个人账户相结合的模式。基本养老保险覆盖城镇各类企业的职工;城镇所有企业及其职工必须履行缴纳基本养老保险费的义务。目前,企业的缴费比例为工资总额的 20% 左右,个人缴费比例为本人工资的 8%。企业缴纳的基本养老保险费一部分用于建立统筹基金,一部分划入个人账户;个人缴纳的基本养老保险费计入个人账户。基本养老金由基础养成老金和个人账户养老金组成,基础养老金由社会统筹基金支付,月基础养老金为职工社会平均工资的 20%,月个人账户养老金为个人账户基金积累额的 1/120。个人账户养老金可以继承。对于新制度实施前参加工作、实施后退休的职工,还要加发过渡性养老金。

为确保基本养老金的按时足额发放,近年来政府努力提高基本养老保险基金的统筹层次,逐步实行省级统筹,不断加大对基本养老保险基金的财政投入。此外,机关事业单位职工和退休人员仍实行原有的养老保险保障制度。

2. 失业保险

20 世纪 80 年代中期,我国开始建立失业保险制度。1999 年,政府颁布了《失业保险条例》,把失业保险制度建设推进到一个新的发展阶段。失业保险的主要作用,一是保障失业人员的基本生活,二是支持和促进失业人员再就业。这既是国际通行做法,也符合我国的实际需要。失业保险覆盖城镇所有企业、事业单位及其职工;所有企业、事业单位及其职工必须缴纳失业保险费。单位的缴费比例为工资总额的 2%,个人缴费比例为本人工资的 1%。享受失业保险待遇需要满足三方面的条件:缴纳失业保险费满一年;非因本人意愿中断就业;已经办理失业登记并有求职要求。失业保险待遇主要是失业保险金。失业保险金按月发放,标准低于最低工资标准、高于城市居民最低生活保障标准。领取失业保险金的期限根据缴费年限确定,最长为 24 个月。失业者在领取失业保险金期间患病,还可领取医疗补助金;失业者在领取失业保险金期间死亡,其遗嘱可领取丧葬补助金和遗嘱抚恤金。此外,失业者在领取失业保险金期间还可接受职业培训和享受职业介绍补贴。

3. 医疗保险

经过对传统医疗保险制度的改革探索,1998 年国务院发布了《关于建立城镇职工基本医疗保险制度的决定》，确定了医疗保险制度改革的目标、基本原则和政策框架，奠定了我国多层次医疗保障体系的基础。

我国的基本医疗保险制度也实行社会统筹与个人账户相结合的模式。基本医疗保险覆盖城镇所有用人单位及其职工；所有企业、国家行政机关、事业单位和其他单位及其职工必须履行缴纳基本医疗保险费的义务。目前，用人单位的缴费比例为工资总额的 6% 左右，个人缴费比例为本人工资的 2%。单位缴纳的基本医疗保险费一部分用于建立统筹基金，一部分划入个人账户；个人缴纳的基本医疗保险费计入个人账户。统筹基金和个人账户分别承担不同的医疗费用支付责任。

为保障参保职工享有基本的医疗服务并有效控制医疗费用的过快增长，政府加强了对医疗服务的管理，制定了基本医疗保险药品目录、诊疗项目和医疗服务设施标准，对提供基本医疗保险服务的医疗机构、药店进行资格认定并允许参保职工进行选择。为配合基本医疗保险制度改革，国家同时推动医疗机构和药品生产流通体制的改革。通过建立医疗机构之间的竞争机制和药品生产流通的市场运行机制，努力实现"用比较低廉的费用提供比较优质的医疗服务"的目标。

在基本医疗保险之外，各地还普遍建立了大额医疗费用互助制度，以解决社会统筹基金最高支付限额之上的医疗费用。国家为公务员建立了医疗补助制度。有条件的企业可以为职工建立企业补充医疗保险。国家还将逐步建立社会医疗救助制度，为贫困人员提供基本医疗保障。

4. 工伤保险

企业职工工伤保险制度按照"以支定收，收支平衡"的原则，建立工伤保险基金，支付工伤职工及其家属医疗、抚恤等费用；覆盖范围由国有企业和集体企业扩大到城镇各类企业和劳动者；根据不同行业的特点和事故发生情况，实行差别费率和浮动费率，以鼓励企业重视安全生产，积极预防事故；从实际出发，制定了较为科学合理的伤残等级评定标准、劳动鉴定制度、工伤预防和职业康复制度。

5. 生育保险

我国生育保险制度的目的是均衡企业生育费用负担，保障女职工在生育期间得到必要的经济补偿和医疗保健。国家规定，城镇企业及其职工必须按规定参加生育保险；企业按照规定比例缴纳生育保险费，职工个人不缴纳；

女职工生育期间享受产假、生育津贴和生育医疗服务等项待遇。

6. 城市居民最低生活保障制度

1999 年，国务院颁布《城市居民最低生活保障条例》，明确了城市居民最低生活保障的基本原则、基本政策和管理制度。目前，我国所有城市和县人民政府的所在地已全部建立了这项制度。城市居民最低生活保障制度是我国城市社会保障制度的"最后一条保障线"。它的保障对象是城市中收入低于最低生活保障标准的全部贫困人口；最低生活保障标准由市、县人民政府按照当地维持城市居民基本生活所必需的费用确定；所需资金由地方各级人民政府列入财政预算，纳入社会救济专项资金支出项目，专项管理，专款专用。同时，鼓励社会组织和个人为城市居民最低保障提供捐赠、资助。这项制度的实施，提高了社会救济的规范化、制度化水平，拓展了我国社会保障的内容。

四、我国社会保障制度的主要特征

社会保障的基本功能决定了各个国家的社会保障制度有共同之处。但是，由于国情的不同，各国社会保障制度又有一定差异。我国处在社会主义初级阶段，正在完善与社会主义市场经济体制相适应的社会保障制度。这种特殊国情和特定的经济发展阶段，决定了我国社会保障制度具有以下特征：

1. 基本保障

受我国国民经济发展水平比较低、社会财富积累不够多、人口众多等因素的制约，在相当长时期内，我国只能实行以保障基本生活为标准的社会保障。保障基本生活主要表现在两个方面：一方面要保持适当的缴费水平，不能给企业造成沉重的负担，以免影响企业的市场竞争能力；另一方面要保持适当的待遇水平，政府强制实施的基本社会保障，只保障被保对象的基本生活。具体而言，基本养老保险标准应使职工在退休以后能够维持中等生活水平；失业保险标准应能维持失业人员的基本生活，同时激励他们积极寻求再就业；基本医疗保险标准应满足职工一般的医疗需求，用较少的钱获得较好的医疗服务；城市居民最低生活保障标准只保证贫困居民的基本生存条件。如果保障对象希望获得较高的保障水平，可以通过补充保险和个人储蓄保险来解决。

2. 广泛覆盖

享受社会保障是每个公民的基本权利。社会保障作为国家一项基本社会经济制度和公共政策，要尽量覆盖到全体公民，体现其公共性。社会保障采用大数原则，具有社会共济的特点。参保人数越多，积累的资金规模就越大，抵御风险的能力就越强，因此，要采取各种措施，千方百计扩大社会保险覆盖面。目前，社会保障主要在城镇推行，以后随着经济的不断发展，还要逐步扩展到农村。

3. 多个层次

由于社会经济发展不平衡，我国城镇居民收入有了较大的差距，相应地出现了对社会保障不同层次的需求。借鉴市场经济国家的成熟经验，根据近年来社会保障改革的趋向，我国的社会保障制度应该由三个层次构成：第一层次是基本保险，是由政府强制推行的，包括基本养老保险、基本医疗保险、失业保险、城市居民最低生活保障等，保障标准是满足所有保障对象的基本生活需求；第二层次是补充保险，是由用人单位承担的，包括补充养老保险（企业年金）、补充医疗保险，是对第一层次的保障标准进行补充，以提高生活保障水平；第三层次是个人储蓄保险和商业保险，是收入水平较高者靠自己的积蓄、不动产投资长期金融资产或者商业保险以进一步提高保障水平。

4. 逐步统一

我国是一个地域广阔、人口众多的国家，地区之间经济发展不平衡，情况复杂。实行社会保障时，要从实际情况出发，在坚持缴费费率、待遇水平等大体相当的原则前提下，可以根据地方情况有所调整。但社会保障要实现公平目的，保障对象要享受基本权利，各地区的基本政策不能自行其是，各搞一套。从地区之间社会经济的协调发展和建立全国统一的市场体系来看，更要高度重视社会保障的统一和规范。这有利于形成统一的劳动力市场。尤其是在我国实施西部大开发战略中，有利于促进东部人才向西部流动。基本社会保障制度要逐步统一、规范，首要的是基本养老保险、基本医疗保险和失业保险等社会保险，要在全国实行统一制度。社会保险是政府行为，是一项庞大的社会系统工程，为了提高效率，协调行动，在管理机构、管理办法方面也要逐步统一，以便形成上下对口、政令畅通、工作协调、效率较高的行政管理体制和社会保险事业经办机构。

第四节　我国农村社会保障制度

农村社会保障制度在我国新中国成立后有了较大发展，但目前仍然是我国社会保障领域的薄弱环节。在市场经济条件下，建立健全农村社会保障制度在我国当前阶段，既显得十分必要，又面临诸多困难。

一、我国农村社会保障制度的发展历程

回顾我国农村社会保障制度的发展历程，具体来讲，其演变过程大致分为三个阶段。

1. 萌芽阶段——家庭保障

这一阶段大致处于中国新民主主义时期。在这一阶段，家庭是基本的生产单位，农民拥有自己的基本生产资料，并通过自己的劳动获取基本生活资料，从而使生活有了基本保障。但由于在这一时期内，在经济建设的指导思想上忽视农业和农村经济的发展，农民的基本生活保障仍然以家庭自我保障为主，政府、社区给予适当的扶助，即农民的老、残、病、死以及农业生产中遭遇到的一般自然灾害，主要由家庭承担；如果遇到大的自然灾害，超出了家庭的承受能力，由各级政府及时进行救济，并组织生产自救，保障基本生活需要，进而以此维护社会稳定。但这段期间，保障的社会化程度很低，除社会优抚外，社会保障制度尚未形成。

2. 形成与发展阶段——集体保障

这一阶段包括从实现农业合作化开始到十一届三中全会召开。在此时期，为了适应计划经济体制下经济建设的需要，开始着手在农村建立社会保障制度，农村"五保"供养制度的不断完善，成为农村社会保障的重要组成部分。从初级合作社开始，普遍建立了公益金制度，老、残、病、死基本依靠集体经济力量给予保障。人民公社时期，中央制定的人民公社"六十条"，允许生产队每年可以从分配的总收入中提取 2%～3%的公益金，作为社会保障和发展集体福利事业的资金来源。此外，还普遍推行合作医疗制度，开展了广泛的农村卫生防疫工作。总之，在这一时期，农民的基本生活保障开始走出了以家庭保障占绝对主导地位的模式，开始由自然经济条件下的自我保障为主走向以集体经济为依托，国家给予适当扶持的社会保障道路。

3. 大力发展阶段

这一阶段从十一届三中全会到现在。1978年，以家庭联产承包为主要内容的农村经济体制开始改革，人民公社"三级所有，队为基础"的集体经济被家庭经济形式所取代，农村集体经济的解体使农村社会保障制度失去了基本的经济基础。同时，农村商品经济的发展，风险条件的急剧变化，人口流动速度加快，家庭结构的转变，价值观念的变化，这些都成为诱发农村社会保障制度发展的重要因素。另外，家庭联产承包责任制的推广，使得农村劳动力得到了极大的解放，农村社会经济得到了飞速的发展。因而在这一时期，社会保障在农村也取得了长足的发展。

二、我国农村社会保障制度的现状分析

我国的社会保障制度是随着新中国的建立而建立起来的，改革以前的社会保障制度带有明显的计划经济特征。近些年来，随着社会主义市场经济体制的建立，与其相适应的新的社会保障体系正在形成。但是，从目前社会保障制度建设的进程来看，这项制度还基本上是在城镇，广大农村还没有真正建立社会保障制度。新中国成立以来，我国农村社会保障事业得到了相应发展，广大农村地区建立了包括社会救助、优抚安置等初步的社会保障制度。实行"五保"政策，使生活无依无靠的老、弱、病、孤、残农民得到了基本的生活保障；建立了合作医疗制度，改变了农民缺医少药的状况，对于保障人民安居乐业曾发挥过极为重要的作用。但农村实行家庭联产承包责任制以来，集体经济逐渐削弱，在原有基础上建立的社会保障体系也发生了急剧变化，它对农村社会发展的保障功能日趋弱化，弊端和问题日渐突出。

1. 在农村推行的社会保障项目，并不具备社会保障的性质

社会保障一般应具备的基本特征有如下几个主要方面：① 社会保障的责任主体是国家，社会保障需要由国家或政府统一管理；② 社会保障资金来源于政府财政、单位和个人三部分；③ 社会保障是国民收入再分配的一种形式；④ 社会保障目标是为社会成员的基本生活权利提供安全保障，以确保其不因特定事件的发生而陷入生存困境；⑤ 社会保障是在全社会范围内实行的统一保障制度；⑥ 社会保障是一种由国家强制实行的保障制度。显然，目前在农村实施的任何一种保障项目都不完全符合社会保障的基本特征。

无论是农村医疗保险制度还是农村社会养老保险制度，或是农村计划生

育保险都是在一定的社区范围内，以本社区居民为保障对象的一种福利制度，它们都不是一种由国家强制实行的、全国范围内统一实施的保障制度，也没有国家财政的支持，更不属于国民收入再分配的一种形式。因而，这种类似于农民群众的自我储蓄积累保障，根本无法发挥社会保障分散风险的功能。

2. 农村社会保障发展不平衡

这主要表现在两个方面：一是农村社会保障发展水平不平衡。一般来说，经济较发达的东部地区，农村社会保障水平亦较高，而经济不发达的西部地区，农村社会保障程度仍然很低。农村社会养老保险事业在西部地区基本上未取得预想的成功。二是农村各地区社会保障项目发展不平衡。大部分地区的农村社会保障项目不全，而且各项目之间缺乏有机联系，未能形成配套，构不成整体优势。

3. 传统的"土地保障"方式严重妨碍农村的发展

实行家庭联产承包责任制后，每个农村居民都获得了一块长期使用的集体土地。土地成为农民生活保障的基础，形成了农村特殊的土地保障。但是，农村养老难以完全依赖土地保障。土地虽然是农民的最后一道保障线，但受土地制度、土地数量及土地收入的限制，不能对土地的保障作用估计过高；土地所有权并不属于农户所有，也没有自由转让权；每户农民家庭所分到的土地数量很少，而且种地成本不断上升，农产品价格相对较低，单纯依靠土地是无法实现生活水平不断提高的要求的。在三十多年的发展过程中，各地农村或迟或早，或多或少出现了非农产业化、农业规模经营化和农村城镇化的发展趋势，这种发展趋势体现了我国农村现代化的方向。但是，土地保障功能的存在，使得农村人口即使完全不再从事农业生产，也不愿放弃土地的使用权，并仍将土地作为将来遭遇困难时的最后依赖，这对农村农、工、商的合理分布、土地的规模经营以及农村城镇化的发展都是不利的。

4. 二元格局下城乡保障差别大

由于中国特殊的政治经济条件，中国采取的是一条与众不同的工业化道路，即在高度集中的计划经济体制下，政府用行政干预的手段将城乡分开，以牺牲农民的利益为代价实现国家的工业化。结果过多牺牲了农民的利益，大大削弱了农业资本积累和技术革新的实力，扼制了农业发展的后劲。因此，在中国的工业化过程中，原有的二元经济结构不仅没有得到改变，从某种意义上说还被加强了。二元经济结构导致了城乡社会保障制度的落差。

长期以来，中国的社会保障体系并存着两个相互独立又相互联系的层次，城镇企事业单位的职工享有相对较为完善、水平较高的社会保障服务；农村广大农民在这方面的情形却相差甚远，农村地区除享有社会救济外，基本不存在其他社会保障项目。由此，可以看出这种城乡分割的社会保障实际上是以牺牲农民利益为代价的，国家将本应平等投向全社会的社会保障资金大部分地投向了城市（从而成为我国工业化的成本），广大农民却无缘享受，其结果是进一步扩大了城乡的收入差距，不利于农村经济的发展和农村的社会稳定。

5. 农村非农人口社会保障基本缺失

工业化、城镇化是我国经济社会发展不可逆转的大趋势，伴随着城市化的步伐，吸引大量的农村富余劳动力从农村流向城市、从农业流向非农产业。这些工业化过程中形成的非农人口已经不再是传统意义上的农民，他们面临着与城镇职工一样由工业化所带来的生活风险问题，然而由于户籍制度的限制，这些人员还难以被城市化，也不能纳入城市社会保障体系。因此，如何为农村非农人口提供适当的社会保障，同时又不至于加重社会的就业压力，保证国民经济持续健康地发展，是我国现阶段必须重视的重大现实问题。

三、健全农村社会保障制度的政策建议

农村社会保障是我国社会保障体系的重要组成部分，在当前经济体制改革不断深入的情况下面临着一些新的任务。如在中国计划生育政策的实施、家庭结构的变化、人口老龄化以及农业现代化、农村工业化、农村城镇化等的趋势下，迫使我们必须建立起农村社会保障制度。具体来说，要加速建设农村社会保障体系，主要应注意解决好以下几个方面的问题：

1. 发展农村经济，增加农民收入

农村社会保障问题最有效的解决办法是发展农村经济，增加农民收入，提高农民自我保障能力。因此，首先应以金融改革为突破口，促进城乡非农产业发展。要提高农民的收入，关键在于将农村富余劳动力转移到城市和农村非农产业。这就要求在金融改革的推动下，大力发展劳动密集型的中小企业，从而促进农村剩余劳动力的转移。同时，也应建立健全全国统一的大市场，推动农村产业结构调整。

2. 从实际出发，因地制宜，逐步拓宽农村社会保障的覆盖面

完善农村社会保障制度只能从农村实际出发，以保障农民基本生活为目的，借鉴中国城市和国外社会保障的经验教训，从局部入手，逐步推开，走渐进式的发展道路。在经济较为发达的农村地区，应尽快建立保障项目较为完善的社会保障体系。而在一般地区，应先从养老保险和医疗保险入手，创造条件逐步展开。对经济落后的贫困地区，要把社会保险和社会救济工作统一起来，扶持贫困户参加社会保障。总之，拓宽农村社会保障制度的覆盖面应循序渐进，以适应当地经济发展水平与群众心理上、物质上的承受能力。

3. 逐步提高农村社会保障的社会化程度

社会保障的社会化程度取决于生产的社会化程度。在农村多数地区生产社会化程度还比较低的情况下，社会保障的社会化程度只能逐步发展，以便最终形成城镇一体化的社会保障模式。

4. 健全农村社会保障体系

应完善社会保障项目，在农村社会保障体系中，社会救济、社会优抚、社会保险、社会福利都应是社会保障项目的重要组成部分；构建多层次的社会保障体系，可建立以法定基本社会保障为主体、乡村集体保障和家庭储蓄保障为补充的多层次的社会保障体系。

第九章 社会主义市场经济体制下的 政府经济职能与宏观调控

在现代社会生产中，由于市场机制在资源配置中具有微观性和滞后性等局限性，因此，在市场配置资源的基础上，需要发挥政府宏观调控机制的作用，实现宏观重大比例关系的平衡和全社会福利的最大化。宏观调控是现代市场经济的重要特征，它是指在市场配置资源的基础上，通过计划、法律等手段，以宏观重大比例关系的平衡和全社会福利的最大化为目标，对市场经济的运行进行调节、管理的机制。

第一节 政府经济职能的历史发展及其一般内容

一、古代社会的政府经济职能

人类社会历史表明，政府的经济职能，是伴随最先产生的两个阶级社会（即奴隶社会和封建社会）而产生和发展的。在这两个社会，由于社会的生产力、经济制度和文化的发展水平等方面的差异，政府经济职能是有重大差别的。但是，由于这两个社会都是阶级社会，而且社会生产力水平都很低，而且主要使用手工工具，农业占主要地位，因而二者的政府经济职能又有许多共同点。概括起来，这两个社会的政府经济职能主要有以下三个方面：

（1）维护社会的经济基础（即作为基本经济制度的生产资料的奴隶主所有制和封建地主所有制）的职能。

（2）承担社会发展所必需的社会公共职能。由于物质资料的生产是人类社会生存和发展的基础，农业是古代社会最主要的生产部门。因此，政府的基本社会公共职能就是维护和促进农业生产的发展。这种职能的表现主要有：在封建社会的许多时期内，特别是在旧封建王朝覆灭、新王朝建立初期，都提出并在某种程度上实施过"抑制土地兼并"、"轻征薄赋"、"重农抑商"和

"兴修水利"等项政策，还实行过多次赈济农民的措施。实行这些政策措施的目的，在于限制地主对农民土地的过多剥夺，减轻政府加给农民的过重税负，以及遏制商人对农民的过度掠夺；兴建作为农业命脉的水利设施；维系作为农业基本生产要素的劳动力的再生产。这里所说的社会公共职能的某些方面就是后续社会政府职能提供的公共产品和服务的最初的形态。

（3）为了实现上述两项职能，古代社会的政府必须征收税收。因为这是政府履行职能的必要条件。这样，古代社会的政府还承担着国民收入的再分配职能。还有，为了实现上述两项职能，古代社会的政府还在一定范围内直接经营某些产业。在这方面最突出的例子，就是封建社会长期实行的盐铁专卖。当然，古代社会的"国营经济"并不只是限于这些方面，通常还包括某些军事武器的生产及封建帝王直接享用的某些消费品的生产。所以，如果把国有经济仅仅归结为资本主义和社会主义的事情，并不完全符合历史事实。

二、市场经济条件下的政府经济职能

1. 市场经济发展的两个阶段

原始社会、奴隶社会和封建社会的资源配置方式，都是自给自足的自然经济。这三个社会生产资源的配置分别是按照氏族社会首领、奴隶主和封建主的意志进行的。虽然从原始社会末期到奴隶社会和封建社会，简单商品生产也有了不同程度的发展，但这时的商品生产只是涵盖了社会生产的一小部分，在社会生产中居于主导地位的仍然是自然经济。

市场作为配置社会生产资源的基本手段或主要方式，是资本主义生产方式确立的产物。在19世纪上半期到19世纪下半期，资本主义生产方式先后在英国、法国、德国和美国这些国家取得了统治地位，商品生产也在社会生产中占了主要地位，价值规律以及与之相联系的价格机制就成为调节社会生产的主要方式，市场经济随之形成。

从总体上说，资本主义市场经济的发展经历了两个大的历史阶段：第一阶段（从18世纪下半叶到20世纪30年代），可以称做古典市场经济，自由放任是这个时期市场经济的主要特征。第二个阶段（从20世纪30年代到现在），可以称做现代市场经济，其主要特征是由国家干预的市场经济。

2. 古典市场经济条件下的政府经济职能

在资本主义生产方式准备时期（资本原始积累时期），作为原始国家干预的重商主义对促进资本主义生产方式的确立起了重要的积极作用。但是，对于英国这类资本主义国家，在资产阶级革命和产业革命相继取得胜利以后，产业资本在政治上和经济上都变得强大起来。在这种情况下，国家对经济生活的干预不仅显得不必要，而且约束了资本主义企业的发展。于是，反对国家干预、主张自由放任的市场经济，就成为当时资产阶级的强烈呼声。古典经济学创始人亚当·斯密于 1776 年发表的《国民财富的性质和原因的研究》（简称《国富论》），正集中、综合地反映了这一呼声。《国富论》从增进国民财富，实现社会资源最优配置的角度出发，首次系统提出和分析了自由放任的市场经济理论，其要义是著名的"看不见的手"理论。亚当·斯密这里说的"看不见的手"指的就是自由竞争形成的价格机制。在他看来，依靠这种机制的作用，就可以调节社会产品的供求平衡，可以实现社会生产资源的最优配置。亚当·斯密从主张实行旨在反对重商主义国家干预政策的、自由放任的市场经济出发，把国家的任务仅仅归结为以下三项：① 维护本国社会的安全，使之不受其他独立社会的暴行与侵略；② 保护人民，使社会中任何人不受其他人的欺侮和压迫；③ 建立并维持某些公共机关和公共工程。应该肯定，以亚当·斯密的理论为基础建立起来的市场经济体制在促进资本主义社会生产力发展方面起过重要的积极作用。不仅如此，即使在现代的市场经济条件下，亚当·斯密的市场经济理论仍有重要的作用。这是因为，现代市场经济虽然主张国家对经济生活的干预，但并没有从根本上否定市场是配置社会生产资源的主要方式。

其实，在自由放任的市场经济时期，除亚当·斯密界定的三个职能外，资本主义国家的政府经济职能还有以下几个方面：

（1）作为上层建筑的资产阶级政府，其基本职能必然是要维护资本主义的基本经济制度——资本主义私有制。同时还要承担维护自由放任的市场经济体制的职能。这主要包括：① 摆脱以等级制为特征的封建主义产权，建立自由的私人产权制度。② 废除劳动者的人身依附，建立"自由的"劳动者制度。③ 破除由封建割据形成的市场分割，建立统一的国内市场。④ 消除原来对资本的重赋，建立适合资本积累要求的近代税收制度。⑤ 适应资本发展的要求，建立以商业信用特别是银行信用为主要内容的近代银行制度。⑥ 破除维护封建特权的法律制度，建立适应以平等竞争为特征的商品经济的法律制度。这些制度正是充分发挥市场在配置社会生产资源方面的基础作用的必要条件。

（2）开拓世界市场成为资产阶级政府的一项全新的极其重要的职能。

（3）工业化的发展对公共设施的要求愈来愈广泛，政府在这方面承担的职能也愈来愈重要。

（4）工业化的发展与科学技术的关系愈来愈密切，对劳动者的文化素质的要求也愈来愈高。因而，政府在承担发展科学和教育方面的职能也日趋重要和广泛。

（5）工业化的发展，导致许多新的产业部门的产生。其中有些部门一开始生产规模就很大，以致在当时条件下私人资本无力容纳，国家不得不承担起对生产的领导。掌握这些国有经济又成为资产阶级政府的一项全新的职能。

（6）为了实现上述各项职能，政府在国民收入再分配中的功能也大大增强了。这充分体现在政府财政收支的绝对量、构成及其占国民收入总量的比重等方面。

3. 现代市场经济条件下的政府经济职能

在现代市场经济条件下，资产阶级政府也继承了维护资本主义经济基础的职能，而且为了维护这个基础，它同时还具有改革经济体制的职能，把以自由放任为特征的古典市场经济推进到以国家干预为特征的现代市场经济。

美国总统罗斯福 1933 年 3 月入主白宫后所推行的"新政"，就是有国家干预的市场经济的最早、最著名、最主要的代表，是把古典市场经济推向现代市场经济在实践上的开端，从而开创了现代的有国家干预的市场经济这个新的时代。

宏观经济学创始人凯恩斯 1936 年发表的《就业、利息和货币通论》，则综合地、集中地、系统地反映了要求有国家干预的市场经济的强烈呼声，并从理论方面标志着古典的自由放任的市场经济的终结和现代的有国家干预的市场经济的开端，为现代市场经济奠定了理论基础。凯恩斯认为，有效需求是决定社会总就业量的关键因素，能否实现充分就业就决定于有效需求的大小。因此，现实生活中经常存在的有效需求不足就是引发经济危机和严重失业的原因。所以，要解决失业和危机问题，必须依靠政府对经济的干预，刺激有效需求，以实现"充分就业均衡"，这要求把政府干预经济的重点放在总需求管理方面。其中心内容是：采取各种措施，增加社会的货币总支出，扩大社会对消费资料和生产资料的需求，以消除经济危机，实现充分就业。

需要指出，凯恩斯虽然摒弃了由亚当·斯密首先创立的自由放任的市场经济，提出了有国家干预的市场经济，但并没有从根本上否定市场经济（即以市场作为配置社会生产资源的主要方式）。正如凯恩斯自己所说，对古典经济学提出的"私人为追求利益将决定生产何物，用何种方法生产，如何将最后产物之价值分配于各生产要素等等，仍无非义"。

第二次世界大战后，旨在实现充分就业和经济稳定发展的凯恩斯主义在西方国家的普遍采用，是促进现代有国家干预的市场经济形成的最基本因素。除此之外，还有以下一些因素：社会主义国家实现计划管理和福利政策的影响；现代信息技术的广泛应用，为实行有国家干预的市场经济提供了有利的客观条件；垄断组织的进一步发展，妨碍了经济效率的提高；第二次世界大战后资本主义国家贫富差距的扩大，影响到社会的稳定；治理环境污染问题也显得尖锐；保护消费者权益问题也显得更为重要；随着知识经济时代的到来，高新技术创新往往成为增强国际竞争力和维护国家经济、政治安全的关键等。上述这些因素的影响在客观上也迫切要求国家加强对经济的干预。

4. 现代市场经济条件下的政府创新

现代市场经济条件下，政府创新应主要关注以下方面：

（1）合作机制的利用及某些市场原则和做法的采取有利于政府管理，公共服务领域的竞争也可以改变政府对公共服务的垄断。

（2）公民的满意度是衡量政府绩效的唯一合适标准。

（3）对社会的治理不再是政府的特权，公民社会、市场都能发挥作用。

（4）政府也可以采取竞争原则并且把自己承担的任务分包给私人部门，以利用它们的比较优势。

（5）国家的合适作用是为发展创造能动的环境并且赋权给公民。

（6）政府是社会公正的维护者和社会安全网的提供者。

（7）政府官员是富有创造力的创新者，他们创新的动力不是经济收入而是公共服务伦理。

（8）尽管公平和效率并非总是可以兼得，但是创新要努力加强民主制度和程序的完善和强大。

（9）成功的创新必须以提高了公民的福利为标准。

（10）政府创新的目的是提高生活质量并使政府能回应公民的要求。

三、计划经济条件下的政府经济职能（以中国为例）

列宁依据马克思主义理论曾经设想：在社会主义社会阶段，"整个社会将成为一个管理处，成为一个劳动平等、报酬平等的工厂"。"全体公民成了一个全民的、国家的'辛迪加'的职员和工人"。社会主义各国先后建立的计划经济体制，就是源于这个马克思列宁主义理论。

1949 年新中国成立后，人民政府没收了当时掌握国民经济命脉的官僚垄断资本，建立了在国民经济中处于主导地位的社会主义的国有经济。以此为基础建立了计划经济体制的雏形。到 1956 年完成了对生产资料私有制的社会主义改造，私人资本主义经济转变为社会主义国有经济，个体农民和手工业经济转变为社会主义集体经济，社会主义公有制扩大到整个国民经济范围。以此为基础，完整的计划经济体制也就在全国建立起来。

作为社会主义上层建筑的政府也具有维护社会主义公有制这一经济基础的职能，同时具有实行、强化和改进计划经济体制的职能。主要有以下一些方面：

（1）通过制定宪法把实行计划经济确定为政府的职能。

（2）构建各级政府承担计划经济职能的机构。其全国综合机构是计划委员会，代表政府执行计划经济的职能。

（3）构造实行计划经济的微观基础。这个基础的主要形态和典型形态，就是社会主义的国有企业。

以上三点是政府为推行计划经济创造的基础和条件。

（4）政府通过行政指令，确定经济发展的任务和速度，并据此把社会生产资源分配到国民经济各部门和各地区。

（5）企业的计划也依据政府指令计划的指标来制定，企业的产、供、销计划也分别纳入政府有关部门的计划，成为政府部门相关计划的组成部分。这样，企业内部的资源配置也是由国家行政指令计划确定的。

（6）在计划经济条件下，无论是投资品还是消费品，无论是公共物品还是私人物品和服务，其生产、运输和销售，不仅是由国家行政指令计划安排的，而且主要是国有企业和作为准国有企业的集体企业提供的。

以上三点是政府承担的计划经济职能最核心的内容。

（7）在计划经济条件下，承担国民收入初次分配职能的企业财务是国家财政的组成部分，而且财政又承担着国民收入再分配的职能。其再分配部分又占了国民收入相当大的比重。这样，财政就成为推行计划经济的另一个最得力的工具。

（8）在计划经济条件下，国有银行以及集体信用合作社都是从属于国家财政的，实际上是国家的会计机关，因而它又成为推行计划经济的另一个重要工具。

以上两点是政府推行计划经济的两个最重要工具。

（9）在计划经济条件下，不断发展生产以及在此基础上不断提高人民的物质文化生活水平，被称为社会主义的基本经济规律。其中，发展生产是手段，改善生活是目的。在中国当时的条件下，发展生产的最主要内容就是实现社会主义工业化。因此，推进工业化，并在此基础上不断提高人民生活水平，也是政府承担的计划经济职能的重要内容。

该点指明了政府承担的计划经济的两项基本任务。

第二节　社会主义国家政府的经济职能

我国是社会主义市场经济体制国家，我国的政府经济职能既要克服传统经济体制下的政府计划性特征，又要建立起适应市场经济要求的现代政府经济职能；既要处理好政府宏观调控，又要解决好市场在资源配置中的基础性作用。这样才能既避免计划经济体制下的弊端，又提高市场的资源配置效率。

一、政府经济职能的内容

社会主义国家除了具有保卫国家、维护国内秩序的政治职能，还具有领导和管理经济的职能。社会主义国家的经济职能是由政府来执行的。我国政府的经济职能，概括起来包括三个方面：政府作为社会管理者所具有的职能；政府作为宏观经济调控者所具有的职能；政府作为国有资产所有者所具有的职能。

政府作为社会管理者的经济职能，是由国家的职能和性质决定的。国家是阶级统治机关，又是社会管理机构。政府承担起对包括社会经济生活在内的社会公共事务的管理，是国家实行政治统治的前提。国家各级政府这种经济的、社会的职能表现为，确立人们从事社会经济活动所应遵循的原则和规范，维护社会经济秩序，对社会经济生产进行一定的协调和管理。这种社会经济职能，是作为上层建筑的国家维护其经济基础的职能。在社会主义市场经济条件下，社会主义国家作为社会管理者，必须通过发展市场经济，大力发展社会生产力，使社会主义经济基础得到巩固和发展。因此，政府作为社会管理者，应当培育和完善社会主义市场体系，建立健全市场规则和法律制度，维护社会经济秩序，调节社会分配关系和建立完善的社会保障制度，控制人口增长，保护自然资源和生态环境，检查、监督国家经济法律、法规的执行，为社会稳定、经济发展、社会进步、人民生活水平提高创造良好的社会环境。

政府作为宏观经济调控者，是生产社会化的产物。宏观经济调控是社会化大生产的客观要求，随着生产社会化程度的日益提高和社会各地区、各部门、各企业、社会再生产各环节之间的联系日趋紧密，客观上要求有一个社会中心对国民经济进行必要的宏观调控。在社会主义历史阶段，这个社会中心只能是社会主义国家。因此，随着生产的不断社会化，社会主义国家必然承担统筹规划、掌握政策、信息引导、组织协调、提供服务和检查监督的职能，制定和落实经济和社会发展战略、规划、方针和政策，调整产业结构和规划经济布局，部署重点项目建设，协调地区、部门、企业之间的经济关系，搞好宏观经济综合平衡，引导国民经济持续健康发展。

政府作为国有资产所有者所具有的职能，是与社会主义制度相联系的，是社会主义国家政府经济职能的一个特点。生产资料公有制是社会主义经济制度的基础，我国现阶段的所有制结构是以公有制为主体、多种所有制形式共同发展的所有制结构。社会主义全民所有制采取国家所有制的形式，国家对属于全民所有的资产拥有所有权，这就使得社会主义国家的政府具有作国有资产所有者的经济职能。政府作为国有资产所有者的职能，不是直接管理和经营国有企业，而是通过管理国有资产和监督国有资产经营，确保国有经济控制国民经济命脉，对经济发展起主导作用，增强国有经济的控制力和竞争力，提高国有资产的整体素质，保证国有资产的保值增值及其权益不受侵犯。

二、政府经济职能转变的要求与重点

当前，中国经济社会正处于全面转型时期，就当前现实情况来说，政府改革的重点放在加快政府职能的转变和强化监督制衡机制两个主要方面。

（一）加快政府职能的转变

我国过去高度集中的计划经济体制，长期将政府领导和管理经济的职能，混同于各级政府机关直接经营管理企业，存在着政企不分的问题，在政府行政机构包揽了许多不该管也管不了的事情的同时，政府作为社会管理者、宏观经济调控者的职能却没能很好履行。因此，要适应社会主义市场经济的发展，必须转变政府职能。

与成熟的市场经济相比，处于经济社会转型期的政府依然具有一些特殊的发展职能。在基础设施建设大规模发展的初期，政府作为投资建设主体的功能仍具有重要作用；在市场经济发展早期，经济运行中不可避免地存在着一些盲目性，政府在规范市场主体行为方面仍然占有主导地位；在经济社会全面转型期，制度建设的深化与完善，既是政府责无旁贷的任务，也是政府公共职能的重要内容。在这个意义上，可以说中国的市场经济具有较强的"政府主导型"特征。问题不在于现阶段"政府主导"应不应该，而是在于政府行为必须规范，并且需要根据市场化实际进程，逐步实现政府自身转型和职能转变。

（1）必须正确处理政府与公共、社会的关系。政府对人民负责、"权为民所用"，是一切政府行为的根本出发点和归宿，政府坚持"统治"人民和社会还是服务于人民和社会，是现代政府与传统政府理念上的根本区别。我们加强依法行政，首先就是要强调行政行为的法律授权，无论是投资领域的选择、行政审批的设定，还是间接调控的手段，政府行为的规范都要求有明确的法律规定。

（2）强化政府的公共服务职能，大力减少政府直接干预微观主体的行为。明确政府公共职能，主要是在非市场领域或市场本身无力调节的领域充分发挥政府作用，解决政府"缺位"的问题。① 制定和完善市场规则，打破行政性垄断，创造一个有利于各市场主体平等竞争的市场环境；② 协调经济发展与社会发展的关系，加强公共基础设施建设、义务教育发展、科技基础研究、生态和环境保护，为社会提供市场机制所不能提供的公共物品和服务；③ 完善收入分配职能，在完善分税制、企业和个人所得税的基础上，建立和健全规范的对贫困地区和贫困人口的转移支付制度，完善政府社会保障的基础平台，发展和规范商业保险、社会福利事业，逐步形成较为完整的多层次的社会保障体系；④ 宏观调控要改变过分依赖政府投资的扩张与收缩的局面，注重政策信号的引导作用，通过建立和完善信息公开发布制度，提高市场主体依据政策信息自主决策的能力。

（3）合理划分不同层级政府之间、部门之间的职能，规范政府的收入与支出。目前，各级政府几乎同中央政府一样承担着大体相同的经济和社会职能，即使是县级政府的职能，也与中央和省级政府职能在多方面重叠，只是在管理层次和范围上有所区别。现实经济活动中的"上有政策，下有对策"问题、企业改革的"逃、废债"问题以及"乱集资、乱收费"等问题屡屡发生，实际上都在不同程度上反映了政府职能划分模糊的缺陷。因此，在合理划分政府职能的基础上，应逐步规范政府收入和支出，政府活动的支出来源只应来自公共财政，现实中一些政府部门直接向管理对象收费以解决支出不足的做法，必须有计划、有步骤地清理，直至完全取消。

（4）转变政府职能，要科学地区分政府作为社会管理者、宏观经济调控者、国有资产所有者的三种职能，并按照经济规律和经济发展的客观需要，合理行使三种职能。政府机构的改革，必须按照政企分开和精简、统一、效能的原则，解决机构臃肿、人浮于事、职能交叉、效率低下等问题，建立精干和高效的宏观经济调控机构；增强综合经济管理部门，强化审计和经济监督，做好综合协调工作；形成科学有效的国有资产管理制度。

为了实现政府经济职能的转变，还必须积极推进财税体制改革、金融体制改革，深化投资体制改革，并进一步改革计划体制和一些专业部门的管理体制，健全科学的宏观管理体制和方法。

（二）强化和完善对政府行为的监督和制衡机制

在现代民主政治框架下，政府权力和责任的约束机制主要来自民主、法治和公民社会三个方面。民主的约束机制主要是通过公民选举产生的代表所组成的代议民主机构来发挥作用。代议民主机构按照法定程序对政府及其官员行使权力的行为直接或间接地进行询问、质询并要求其作出解释或答复；可以对政府及其官员的严重失职或滥用权力行为行使包括弹劾、信任投票、罢免等权力。法治则通过预先制定的法律及其执行机制来界定政府和公民的权利范围，抑制政府权力的任意扩张，确保权力的行使被限制在合法的范围之内。公民社会的约束主要通过舆论监督、公民个人或组织与政府的"对话"等形式，表达公民的意愿或诉求，检测政府权力运行是否符合"民意"。

强化和完善政府行为的监督和制衡机制，必须做到以下几个方面：

（1）要求政府活动必须贯彻公开原则。政治文明和政治民主的重要原则之一，就是公共权力的行使要透明，这是建立社会监督的基础。政府应贯彻行政公开原则，建立公开办事制度，定期发布所掌握的与公众利益密切相关的信息，使政府行政活动切实置于社会监督之下。应通过专门的信息公开立法，确立政务信息公开的基本内容和程序，形成政务公开的制度性框架，推进政府行政公开。

（2）按照政府的责任与权力对称原则，进一步完善政府问责机制。完善政府问责机制，不仅要加强政府行政系统内部上级对下级的督察，发挥审计与监察部门的作用，更重要的是来自政府"外部"的制衡，特别是人民代表大会的制衡。政府问责机制的完善，还要求按照党政分工的原则，改革执政党的执政方式，提高执政能力。

（3）加强对政府行为的社会监督，实现政府决策的科学化、民主化、规范化。近年来，一些政府部门就涉及公民重大利益的公共决策采取听证会的方式来实现，已经体现了社会监督精神，但在听证程序、听证与决策关系等方面仍需进一步完善，避免把听证单纯看做一种形式。同时，应充分发挥舆论监督的作用。政府行为的规范与否、是否对人民负责，最终是以能否符合人民利益来衡量的。应通过完善法律，确保群众媒体和群众的监督权利，发挥舆论监督和民意测验的积极作用，规范政府的决策程序和决策行为。

中共十六届三中全会通过的《中共中央关于完善社会主义市场经济体制若干问题的决定》对转变政府经济管理职能提出了以下任务：深化行政审批制度改革，切实把政府经济管理职能转到主要为市场主体服务和创造良好发展环境上来。加强国民经济和社会发展中长期规划的研究和制定，提出发展的重大战略、基本任务和产业政策，促进国民经济和社会全面发展，实现经济增长与人口、资源、环境相协调。加强对区域发展的协调和指导。完善政府重大经济社会问题的科学化、民主化、规范化决策程序，充分利用社会智力资源和现代信息技术，提高透明度和公众参与度。

第三节 社会主义市场经济体制下的宏观调控

随着我国经济体制的转变，政府宏观调控方式也应相应转变，以适应市场经济体制的要求。在市场经济体制下，要充分发挥计划、财政、金融体制的作用，使宏观调控在国民经济发展中实现其维持宏观经济稳定的职能。

一、国家对现代经济进行宏观调控的客观必然性

在市场经济条件下，国家是否应该干预和调节经济活动，这在经济理论界历来存在着重大分歧。新经济自由主义主张，经济活动应该由市场机制自发进行调节，在市场机制的作用下，经济活动能够达到自动均衡效果，实现经济的最高效率，因此，他们反对国家对经济活动的干预。而国家干预主义认为，市场机制的自发作用并不能实现经济的均衡，也不能达到经济活动的高效率，而且不可避免地会导致经济危机。只有靠国家采取措施进行干预，才能保证经济活动的正常运行。在各国经济发展的长期实践中，人们越来越认识到，在市场经济条件下，市场调节与国家调控并不矛盾，两者可以并存和互补。而且，市场调节与国家调控的结合已成为现代市场经济的一个基本特征。

在现代市场经济中，国家是社会经济活动的一个重要主体，社会生产的高度社会化和经济运行的基本特征，以及国家具有的职能，决定了国家对经济进行调控有客观必然性。

（1）国家调控是社会化大生产发展的客观要求。社会化大生产的发展从两个方面要求国家对经济活动进行调控：① 在社会化大生产条件下，要求通过国家的调控来保持各企业、各部门之间按一定的比例协调发展。因为光靠市场机制的自发调节是难以实现彼此独立的企业和部门形成协调的比例关系的。特别是一些涉及长远发展的产业，在一定时期是难以靠市场调节来实现其发展的。这就需要通过国家对整个经济的调控，主动地、自觉地根据经济发展的实际情况，干预和调节经济活动，使各企业、各部门之间能够保持协调的比例，以保证社会化大生产的顺利进行。② 在社会化大生产的条件下，要求通过国家的调控来为经济发展创造各种基础条件。社会化大生产所表现出来的一个特点是，企业的发展对社会基础条件的要求越来越大。生产的社会化程度越高，企业对社会基础条件的依赖也就越强。最典型的就是交通、通讯、能源、基础设施等。这些社会基础条件和基础设施的建设依靠市场调节是难以实现的，必须主要依靠国家进行建设，从而为经济发展创造良好的环境和条件。

（2）国家调控是弥补市场调节缺陷的需要。市场在对经济活动进行调节的过程中，存在着以下两方面的不足：① 市场并不是对所有的经济活动都能够起到有效的调节作用。其发挥作用的优势领域和范围，主要是在微观经济领域。但由于其盲目性、滞后性、逐利性，对于总供给和总需求的平衡、充

分就业、对经济发展速度和周期性的控制等问题，市场是解决不了的。市场解决不了的问题只能由国家来解决。② 市场在对经济活动进行调节的时候会带来一些负作用。市场调节经济活动是通过各经济主体追求经济利益的最大化来实现的，它的作用机制是纯经济性。但是，经济发展过程中需要解决的问题并不是纯经济性的，除了经济问题之外还有社会问题需要解决。而对于社会贫富分化，市场是无力解决的。这就需要由国家采取措施进行调控，在经济发展的同时处理好这些社会问题。

（3）国家调控是国家经济职能的具体实现。在现代市场经济发展中，国家对内、对外的经济职能都在进一步强化。① 国内经济的发展离不开国家经济职能的充分发挥。国家作为社会经济的管理者，要协调整个经济的运行，制定经济发展战略，确定经济发展目标，选择经济发展的重点。国家作为一个重要的经济主体，掌握了巨大的经济资源，并承担着为经济发展创造基础条件的责任。所有这些决定了国家在经济发展中具有重要职能。② 对外经济的发展离不开国家经济职能的充分发挥。在经济全球化发展的大趋势下，国家之间的经济关系越来越密切，各国都在为本国的企业能够更好进入国际市场、提高市场竞争力创造条件。国家具有经济职能决定了其对经济进行调控的必要性。三是政府作为国有资产的所有者，必须管理好国有经济。政府要通过宏观调控和计划引导，把国有经济各部门、各单位有机联系起来，将劳动者个人、企业和国家的利益有机地结合起来，把人民的当前利益与长远利益、局部利益与整体利益有机地结合起来。

综上所述，国家调控是现代市场经济发展的一个基本特征。市场经济必须是市场对资源配置起基础性作用，但现代市场经济又必须是国家调控的，只有把这两者有机地结合起来，才是发达的现代市场经济。

二、宏观调控目标

宏观调控目标是指政府在宏观经济调控方面所要达到的国民经济运行状态的预定目的。宏观调控目标是由若干具体目标所形成的一个目标体系。这个目标体系是由各类目标组成的，主要有一般目标和具体任务。一般目标包括经济增长、充分就业、物价稳定、国际收支平衡等内容。

（1）经济增长。经济增长是指国民经济的发展速度始终呈现不断增长的趋势。只有保持经济稳定增长，才能避免经济的大起大落，才有可能发展社会生产力，增加社会物质财富，提高人民群众的物质文化生活水平。国民经济稳定增长是宏观经济运行处于正常状态的动态表现。因此，经济稳定增长就成了宏观调控的首要目标。

（2）充分就业。充分就业有两层含义：一般是指有劳动能力并愿意工作的人都有就业机会；更深的一层含义是指已就业的劳动者，其能力得到充分发挥。将充分就业作为宏观经济调控的目标，能促使一国人力资源得以充分利用，促进经济发展，提高人民生活水平，保持社会稳定。

（3）物价稳定。抑制通货膨胀是我国宏观调控的主要任务之一。鉴于发展中国家在经济发展中容易走向投资（与消费）过旺，出现社会总需求大幅度超过社会总供给，从而引发通货膨胀和物价的大幅度上涨的情形，我国也把抑制通货膨胀列为宏观调控的主要任务。当然，经济总量是否失衡，经济是否过热，往往又是通过近似反映通货膨胀的物价过大幅度上涨表现出来的，所以，抑制通货膨胀也可以理解为是保持经济总量平衡要求的具体化。此外，如受1998年亚洲金融危机的影响，治理通货紧缩有时也成为宏观调控的主要任务。

（4）国际收支平衡。国际收支平衡是指一国在一定时期内国际收支的对比状况。国际收支对于国内的货币循环、资金循环和社会总供求都有直接的影响。国际收支出现过大的逆差和顺差，都不利于经济的稳定发展。所以，国际收支的宏观调控目标，应当是基本平衡，略有结余。

与西方一些市场经济国家不同，我国的宏观调控担负着保持经济总量平衡和促进经济结构优化的双重任务，目的是为了实现经济稳定增长。这双重任务，是发展社会主义市场经济的基本要求，也是由我国的国情决定的。因此，我们在实行宏观调控时，既要吸收和借鉴世界各国包括资本主义发达国家的经济管理和宏观调控经验，又要从我国社会主义初级阶段生产力不发达、各地区发展不平衡的实际出发。

三、宏观调控手段

政府进行宏观经济调控时，需借助一定的调控手段来实现调控目标。一般来说，宏观调控手段主要有计划手段、经济手段（经济杠杆）、法律手段和行政手段等。

（1）计划手段。这是通过政府所制定的长期、中期和短期经济计划，对国民经济的运行和发展进行宏观调控的一种手段。宏观调控计划是社会化大生产发展的必要手段，是社会主义宏观经济调控的重要手段之一。计划提出国民经济和社会发展的目标、任务，以及需要配套实施的经济政策。在市场经济条件下，计划的形式主要是指导性计划，突出其宏观性、战略性和政策性。

市场经济与经济计划并不是矛盾的。西方发达资本主义国家的市场经济也都有程度不同、形式不同的计划管理，有的国家政府还专设有计划部门。从他们的计划运行情况看，有如下一些特点：计划的形成是经过社会各阶层代表和社会力量的反复协商后产生的，具有明显的集思广益的特点；计划的性质是指导性计划，给予导向，对市场主体没有强制力；计划的实施要借助其他的经济变量和参数，具有较强的预测性，同时也为微观经济活动提供信息。

我国的计划体制改革，目的在于更好地发挥计划手段的长处，避免集中过多、统得过死的弊端。计划调控的主要功能是从宏观总体上保持社会总供求平衡，实现国民经济按比例地协调发展；在全社会范围内对资源配置进行调控，动员和集中必要的财力、物力和人力，进行重点投资，建设重大项目，合理调整产业结构；通过收入分配的宏观调控，促进社会公平分配和提高经济效率。计划调控的这些功能有效地弥补了市场功能的不足。

（2）经济手段。这是指政府在自觉依据和运用价值规律的基础上借助于经济杠杆的调节作用，对国民经济进行宏观调控的一种手段。经济杠杆是对社会经济活动进行宏观调控的价值形式和价值工具，主要包括价格、税收、信贷、工资等。

① 价格杠杆。为了防止或消除总量失衡与结构失衡，政府一般从两个方面进行价格调节：一是调整非限制性市场与限制性市场的比例，即缩小或扩大限制性市场的范围；二是调整限制性市场的价格，即降低或提高固定价格，重新规定协议价格的浮动幅度。究竟是缩小还是扩大限制性市场，限制性市场缩小和扩大以后究竟哪些产品不再被列入限制性市场或包括在限制性市场之内，究竟是降低还是提高固定价格和协议价格，降低或提高的百分比有多大，究竟哪些产品的固定价格和协议价格被列入降低或提高的范围之内——这一切都有待政府机构根据现实经济中的供求状况和对今后供求状况的预期而定，不可能按照某种固定不变的模式来实行，也不可能只依据过去的经验来制定。

② 税收杠杆。税收直接影响企业及个人的经济利益和经济活动，最终可以起到调节生产和流通、市场供求、国民收入分配、进出口贸易关系等作用。税收杠杆的调节功能也具有一定的局限性。例如，税收的固定性使之难以灵活地调节经济活动；对于需要增加供给、减少需求的商品，靠税收的调节也难以奏效。

③ 信贷杠杆。信贷杠杆的调控作用主要表现在，通过调节存贷款利率，能够把闲散的资金动员起来加以利用，支持经济的发展；能够控制投资规模，引导投资方向，促进投资结构合理化；能够控制货币流通量，调节社会总需求，保持价格总水平的稳定；能够促使企业提高资金的利用效率，提高经营管理水平。

④ 工资杠杆。工资杠杆的调节作用表现在，通过选择不同的工资形式，确定合理的工资等级差距，调动劳动者积极性；还可通过确定工资总水平，来调节国家、企业和个人的分配关系。工资杠杆作用的发挥，与完善分配结构和分配方式有重要联系。随着分配结构和分配方式的不断完善，工资杠杆的作用也将很好地发挥出来。

由上可见，几种经济杠杆各有长处和局限性，每种经济杠杆的作用范围、作用方向和程度都有所不同，单独运用某种经济杠杆进行宏观调控，常常难以达到预期目标。因此，运用经济手段进行宏观经济调控，关键是综合利用各种经济杠杆。

（3）法律手段。这是指政府依靠法制力量，通过经济立法和司法，运用经济法规来调节经济关系和经济活动，以达到宏观调控目标的一种手段。通过法律手段可以使宏观调控政策，比如在财政税收、货币金融等方面的政策规则法制化、强制化，使政府按规则调控，银行企业等市场主体按法律行事，保证宏观调控的规范化及效力。

法律手段的内容包括经济立法和经济司法两个方面。经济立法主要是由立法机关制定经济法规；经济司法主要是由司法机关按照法律规定的制度、程序，对经济案件进行检察和审理的活动，维护市场秩序和规则。

（4）行政手段。这是依靠行政机构，采取强制性的命令、指示、规定等行政方式来调节经济活动，以达到宏观调控的一种手段。行政手段具有权威性、纵向性、无偿性及速效性等特点。社会主义宏观经济调控还不能放弃必要的行政手段。因为计划手段、经济手段的调节功能都有一定的局限性，如计划手段有相对稳定性，不能灵活地调节经济活动；经济手段具有短期性、滞后性和调节后果的不确定性。当计划、经济手段的调节都无效时，就只能采取必要的行政手段。尤其当国民经济重大比例关系失调或社会经济某一领域失控时，运用行政手段调节将能更迅速地扭转局面，更快地恢复正常的经济秩序。当然，行政手段是短期的非常规的手段，不可滥用，必须在尊重客观经济规律的基础上，从实际出发加以运用。

宏观调控的计划、经济、法律和行政等手段，各具特点，各有所长，它们相互联系、相互补充，共同组成宏观调控手段体系。在这一体系中，由于经济手段较符合市场经济原则，所以，要以经济手段为主，综合运用其他手段，发挥各种调节手段的总体功能，以便有效地对宏观经济运行进行调控。

四、宏观调控政策

政府在进行宏观经济调控时，需要运用经济政策来实现调控目标。宏观调控政策主要有财政政策、货币政策、产业政策、收入政策、外汇政策等。

（一）财政政策

1. 财政政策的含义

财政政策是指一国政府为实现一定的宏观经济目标而调整财政收支规模和收支平衡的指导原则及其相应的措施。它是由税收政策、支出政策、预算平衡政策、国债政策等构成的一个完整的政策体系。

2. 财政政策的目标

（1）物价相对稳定，即避免过度的通货膨胀或通货紧缩。

（2）收入的合理分配。

（3）经济的适度增长。

（4）社会生活质量逐步提高。

3. 财政政策的工具

（1）税收。

税收的调节作用，主要是通过宏观税率的确定、税负分配（包括税种选择和税负转嫁）以及税收优惠和税收惩罚体现出来的。

① 宏观税率，即税收收入占 GDP 的比重。宏观税率高低一般反映政府集中掌握的财力或动员资源的能力。政府动员资源的能力如何，对于宏观经济运行的稳定以及经济的发展会产生巨大的影响。一般来说，宏观税率高，民间部门经济收缩，需求下降，产出减少。反之则相反。

② 宏观税率确定以后，税负分配就显得十分重要。税负分配，一方面由政府部门进行，主要是通过税种选择和制定不同的税率来实现；另一方面是通过市场进行，主要是通过税负转嫁的形式体现出来。

③ 税收优惠与税收惩罚主要是在征收正税的基础上，为了某些特殊的需

要而实行的鼓励性措施或惩罚性措施。税收优惠包括减免税、宽限、加速折旧以及建立保税区等。税收惩罚包括报复性关税、双重征税、税收加成、征收滞纳金等。

（2）公债。

公债是政府为弥补财政收入的不足，以信用原则筹集资金的一种融资方式。公债的调节作用，主要体现在以下三种效应上：

① "排挤效应"，即由于公债的发行，使民间部门的投资或消费资金减少，从而对民间部门的投资或消费起到调节作用。

② "货币效应"，即公债发行引起货币供求的变动。由于公债的发行，一方面使"潜在货币"变为现实流通货币。另一方面民间部门的货币转到政府部门或由于中央银行购买公债增加货币投放。

③ "收入效应"，即一般纳税人与债券持有人之间产生收入转移问题及"代际"收入与负担转移问题。

公债的作用主要通过调整公债规模、持有人结构、期限结构、公债利率综合体现出来。通过对公债的市场操作，可以协调两大政策体系：一方面，可以淡化赤字的通货膨胀后果，比透支对基础货币的影响小；另一方面，可以增强中央银行灵活调节货币供应的能力。

（3）公共支出。

公共支出主要是政府满足纯公共需要的一般性支出（或经常项目支出），包括购买性支出和转移性支出两大部分。政府可以通过变动公共支出的形式调控总需求水平，进而达到总供求平衡的宏观经济目标。

（4）政府投资。

政府投资是指财政用于资本项目的建设支出，最终形成各种类型的固定资产。资本项目领域主要包括：具有自然垄断性、外部效应大、产业关联度高、具有示范效应和诱导作用的基础性产业、公共设施以及新兴的高新技术主导产业。例如，政府可以在经济衰退时通过扩大投资以拉动需求，并进而消除一般社会投资的瓶颈制约，促进社会投资的增长。

4. 财政政策类型[①]

（1）根据财政政策具有调节经济周期的作用来划分，可以分为自动稳定的财政政策和相机抉择的财政政策。

---

① 陈共：《财政学》，中国人民大学出版社 2008 年第五版，第 411 页。

　　自动稳定的财政政策是指某些能够根据经济波动情况自动发生稳定作用的政策，它无需借助外力就可直接产生调控效果。自动稳定的财政政策主要表现在两个方面：一是税收的自动稳定性，主要是企业所得税和个人所得税；二是政府支出的自动稳定性。经济学家一致认为，对个人的转移支付计划是普遍的自动稳定器。

　　相机抉择的财政政策包括汲水政策和补偿政策。

　　汲水政策（pump priming policy）是在经济萧条时靠付出一定数额的公共投资使经济自动恢复其活力的政策。其特点主要有：① 它是一种诱导经济复苏的政策，是以经济本身具有的自发恢复能力为前提的治理萧条的政策；② 支出规模有限，使民间投资恢复即可；③ 载体是公共投资，以扩大民间投资；④ 它是一种短期政策。

　　补偿政策是政府有意识地从当时经济状态的反方向调节景气变动幅度的财政政策，以达到稳定经济的目的。

　　汲水政策与补偿政策的区别主要是：

　　① 汲水政策只是借助公共投资弥补民间投资的减退，是治理萧条的处方；补偿政策是一种全面的干预政策。

　　② 汲水政策的工具是公共投资，补偿政策则不仅包括公共投资，还有税收、支出等各项政策。

　　③ 汲水政策的公共投资不能超额，补偿政策可以长期超额增长。

　　④ 汲水政策的调节对象是民间投资，补偿政策的调节对象是社会的有效需求。

　　（2）根据财政政策在调节国民经济总量方面的不同功能，可以分为扩张性的财政政策和紧缩性的财政政策。扩张性的财政政策通过财政分配活动来增加和刺激社会的总需求，载体是减税（降低生产率）和（或）增加财政支出规模。其中所得税的减税作用主要体现在扩大需求方面，流转税的减税作用主要体现在增加供给方面。如果同时采取减税和增加支出，等同于赤字财政政策。紧缩性财政政策，是指在国民经济出现总需求过旺的情况下，通过财政收支规模的变动来减少和抑制总需求，以达到供求平衡的财政政策。实施紧缩性财政的手段主要是减少财政支出和增加税收。减少支出可以降低政府的消费需求和投资需求，增加税收可以减少民间的可支配收入，降低民间消费需求和投资需求。

以上各种财政政策和手段各有其针对性，政府在不同时期、不同条件下应采用不同的财政政策和手段。

（二）货币政策

货币政策是指政府为达到一定的宏观经济目标对货币流通进行管理和调节所确定的指导原则和行为准则，由信贷政策、利率政策等组成。货币政策的基本目标是稳定币值与发展经济。根据社会总供给与社会总需求矛盾的状况，与财政政策相配套，货币政策可具体分为三种类型，即均衡性货币政策、紧缩性货币政策和扩张性货币政策。均衡性货币政策是保持货币供应量与经济发展对货币的需求量大体平衡，以实现总供给与总需求的基本平衡。紧缩性货币政策通过提高利率、紧缩信贷规模、减少货币供给量，抑制社会总需求增长。扩张性货币政策通过降低利率、放松信贷规模、增加货币供给量，刺激社会总需求的增长或社会总供给的增长。货币政策手段主要有：调整法定存款准备金率、变更再贴现率和公开市场业务等。法定存款准备金率是指国家法律规定、各商业银行向中央银行缴存的存款占各商业银行所吸收到的存款的比率。再贴现率是指商业银行因再贴现而向中央银行支付的利息率，其实质是中央银行对商业银行的再贷款利率。公开市场业务是指中央银行在金融市场上公开买卖政府债券的一种经济活动。以上各种货币政策和手段各有其针对性，政府在不同时期、不同条件下应采用不同的货币政策和手段。

当需求不足时，中央银行可以采取降低存款准备金率、降低再贷款利息率和购买债券等措施，以增加社会的货币供给量，进而刺激需求的增加。当需求过旺时，中央银行可以采取提高存款准备金率、提高再贷款利息率、卖出政府债券等措施，以抑制社会的货币供给量，进而抑制需求的增加。在个人资产形式选择过程中，如果个人现金持有额有较大幅度的增加而形成对市场的一种压力，中央银行还可以用提高存款利息率的办法促使个人调整自己的资形式，增加个人储蓄存款。如果某些消费品滞销，中央银行可以采取一定的信贷措施，促使有关的企业实行消费信贷，增加这些消费品的销售量。

（三）产业政策

产业政策是指政府根据经济发展需要，促进各产业部门均衡发展采取的政策措施及手段的总和，由产业布局政策、产业结构政策、产业技术政策和产业组织政策所组成。一项完整的产业政策，包括政策主体、政策目标、政策手段三个构成要素。政策主体是指政策的制定者，一般是政府，我国产业政策由国家发展和改革委员会负责制定，国务院发布实施。政策目标是指政策预定要达到的目的，主要有：规划产业结构演进方向、步骤及各产业的发展顺序；确定支持什么产业，限制什么产业；选择重点产业、主导产业、支柱产业；妥善处理各产业之间的关系，最终促使国民经济各产业按比例协调发展。政策手段是指为了实现政策目标所采取的方法和工具，如在税收、财政拨款、信贷、投资、价格等方面对不同产业给予优惠或限制，以及采取相关的工商行政管理和市场调节等措施。

（四）收入政策

收入政策是指政府根据既定目标而规定的个人收入总量及结构变动方向，以及政府调节收入分配的基本方针和原则，一般来讲，收入政策包括政策的目标选择和具体实施措施两个部分。收入政策目标选择可分为收入结构政策目标选择和收入总量政策目标选择。当社会成员之间的收入差距过分悬殊、影响社会稳定和社会需求时，政府的收入结构政策就侧重于收入差距，增进公平；反之，如果劳动者缺乏积极性，经济效率低下，政府的收入结构政策则侧重于提高经济效率。收入总量政策目标选择是政府考虑国民经济的总量平衡，进行收入总量的变化，调节总需求，保障经济的稳定增长。

为了促进收入政策目标的实现，需要采取实施措施，一般有以下几种：① 以法律形式规定最低工资标准，这是为了保障社会成员的最低生活水平，维护社会稳定的措施。② 税收调节，政府通过完善个人所得税制，调节过高收入，增进公平目标的实现。③ 实行工资和物价管制，这是政府在特定情况下为实现收入政策目标而实行的非常措施。④ 增加转移支付和其他各种福利措施。例如，政府对贫困地区拨付扶贫款，对科技专家支付政府津贴，对失业者和低收入阶层发放失业补助金和救济金等。

（五）外汇政策

汇率是指两个不同国家的货币之间的比例。汇率之所以能够成为宏观经济调节手段，主要是因为汇率升降将引起一国国际收支的变化，从而影响社会总需求和社会总供给的平衡关系。具体地说，汇率升降的影响表现在：第一，汇率变动对进出口的影响。如果本国货币对外贬值，即汇率下跌，出口将增加，进口将减少；如果本国货币对外升值，即汇率上升，出口将减少，进口将增加。第二，汇率变动对资金流入流出的影响。如果本国货币对外贬值，即汇率下跌，在人们预期汇率不会继续下跌的条件下，资金流入量将增加，资金流出量将减少；如果本国货币对外升值，即汇率上升，在人们预期汇率不会继续上升的条件下，资金流出量将增加，资金流入量将减少。

在市场出现超正常的存货量，从而影响企业的生产量，造成经济增长率下降的情况下，增加出口是一项对策。如果本国倾向货币对外贬值，即汇率下跌，出口将增大，从而可以减少国内市场存货量，带动企业生产。在市场存货量减少，商品供不应求的情况下，为了防止物价上涨，可以选择下列与汇率调整相关的方式：一是本国的货币对外升值，以减少出口，增加进口；二是本国货币对外贬值，即以扩大出口的方式来换取国内所急需的商品进口。

汇率调节不仅包括政府调整本国货币与外国货币的比价，而且也包括实行浮动汇率制度。汇率浮动有利于充分发挥市场机制的作用，使国际收支自动调整，促进国际收支趋向平衡。汇率浮动的缺陷，有以下两点：一是听任汇率浮动会增加对外贸易的不稳定性；二是听任汇率浮动会助长外汇投机活动，不利于国际收支自动调整。

此外，汇率并不是影响国际收支的唯一调节手段，社会主义国家除调整汇率外，还可以动用其他手段来调节国际收支，如财政调节中的出口津贴、税率调整等，金融调节中的调整利息率的国际差距、对出口优惠贷款等。价格调节中的调整与进出口贸易有关的商品的价格，也包括调整与旅游等有关的价格。

外汇管理或管制可以采取以下措施：① 出口贸易外汇管制。例如，把从事出口贸易的全部或一部分外汇集中于有关部门，以供国家统一使用。② 进口贸易外汇管制。例如，规定进口所需外汇的批准手续，从事进口贸易的企业只有得到批准才可以得到外汇，用于进口商品。③ 非贸易外汇管制。例如，规定非贸易外汇支出（出国旅行支出、对外赡养汇款等）的限额，对外投资、吸引外资的审批。④ 黄金、外汇的输出管理。禁止把黄金、外汇带出国境。⑤ 本国现钞带出国境和带入国境的管理。禁止本国现钞出入国境。

宏观调控政策除以上主要政策外，还有投资政策、消费政策、区域政策等，它们共同构成宏观调控政策体系。各项宏观调控政策各有特点，各自调控的具体对象和力度不同，各项政策的具体操作有不同的选择。在宏观调控过程中，要从国民经济运行的实际出发，综合运用并有选择地采用各项调控政策，实现相互协调配合的总体功能，达到最佳宏观调控效果。

五、宏观调控系统

宏观调控系统是由一系列组织机构构成的，各组织机构相互联系、相互制约形成的宏观调控系统。这个系统由宏观经济管理组织、宏观经济监督组织等主控系统和社会中介组织等助控系统组成。

（1）宏观经济管理组织。宏观经济管理组织按照主要职能划分，可包括以下子系统：

① 宏观经济决策系统。由承担对国民经济和社会发展制定战略、目标、规划、计划及重大政策的组织机构组成。

② 宏观经济调控系统。由承担对宏观经济进行调控任务的机构组成。这主要包括金融、财政、计划等机构。

③ 宏观经济平衡协调系统。由承担协调各种经济关系和组织经济综合平衡的组织机构组成。目前主要包括国务院及其国家发展和改革委员会、国家经济贸易委员会等组织机构。

④ 宏观经济信息系统。由承担提供宏观经济预测、决策、调控所需经济信息并从宏观角度为企业微观决策提供信息服务的机构组成。这主要包括统计部门、信息中心及财政金融机构。

（2）宏观经济监督系统。宏观经济监督是宏观经济管理的重要组成部分，主要有以下三种形式：

① 法律监督。法律监督主要是依据法律，通过司法来完成其对经济活动的监督。它主要由各级人民代表大会以及法律工作部门（如人民检察院）执行。

② 经济监督。经济监督是依据经济政策、法规、指令等经济活动所进行的监督，包括财政、银行和审计等方面的监督。它主要由法律部门、财政税务部门、银行系统、审计部门以及企事业单位的会计监督完成。

③ 行政监督。行政监督主要包括工商行政、物价、质量和计量监督等，由相关的部门执行。

（3）社会中介和行业自律。在我国，宏观经济调控系统的构建，除了涉及政府机构改革与转变职能外，还涉及发挥非政府机构特别是社会中介组织的作用。政府要把不应由政府行使的职能逐步转给企业、市场和社会中介组织。社会中介组织能在国家宏观调控系统中起承上启下的媒介和助控作用，如服务、公证、监督等。

所谓社会中介组织，是指为委托人提供订约机会或充当介绍人而取得报酬的社会经济组织。我国社会中介组织的培育和发展主要来自两个方面：一方面是由政府原有专业经济部门改组而来，如改组为行业自律组织（行业协会、同业公会等），实施行业管理，将政府原来承担的一部分职能转移过来；另一方面是重新组建各种非政府机构，如各类资产评估、会计、审计、法律、房地产、信息咨询等中介组织，将政府部分专业经济管理职能剥离出来，通过社会来承担，使之更有效率。无论是从政府转移出一部分职能所形成的行业自律组织，还是剥离出来一部分职能所形成的其他社会中介组织，都必须根据市场经济发展的要求，进行行业自律性管理。

行业自律组织以及其他各种中介组织都是商品经济的产物，并随着商品经济的发育不断成熟和完善。就一般含义而言，行业自律组织是企业和企业家在激烈的市场竞争中，出于避免盲目竞争、谋求共同发展、维护自身权益的需要，自发组织起来，经政府批准，依法活动的法人社团。它主要包括行业协会、同业公会和商会等，其突出特点是同行管同行，管到点子上。从地位上看，行业自律组织是政府与企业之间、企业与企业之间、行业之间的桥梁和纽带。

行业自律组织位于政府宏观调控和企业微观管理之间，既是工商界自我协调、管理和服务的团体，又是政府管理经济的有力辅助和支持机构。尽管不是政府职能部门，但离不开政府的支持；尽管不是企业，但可以代表企业的利益。政府依靠它，可以摆脱大量不该管、不便管、管不好和管不过来的工作；企业依靠它，可以加强企业及行业间的交流与合作，集中反映自己的意见和要求，解决单个企业无法解决的问题。

我国的中小企业众多，只靠政府管不过来，需要充分调动各方面的积极因素，发挥中介组织作用，依靠行业自律，实现有层次、有秩序的管理，共同构成一个社会支持系统，维持宏观经济正常运行。目前我国行业自律组织在促进政府转变职能、实行政企分开、从对部门管理向行业管理转变等方面起到了积极作用。今后还应加强建设，逐步形成政府宏观调控（通过宏观经济管理组织、宏观经济监督组织）、企业自主经营、社会中介和行业自律组织协调服务的宏观调控体系。

第三篇

社会主义市场经济体制下的科学发展观

中共十六届三中全会通过的《中共中央关于完善社会主义市场经济体制若干问题的决定》指出，完善社会主义市场经济体制的目标是：按照统筹城乡发展、统筹区域发展、统筹经济社会发展、统筹人与自然和谐发展、统筹国内发展和对外开放的要求，更大程度地发挥市场在资源配置中的基础性作用。在论述深化经济体制改革的指导思想和原则中指出，坚持统筹兼顾，协调好改革进程中的各种利益关系。坚持以人为本，树立全面、协调、可持续的发展观，促进经济社会和人的全面发展。从而提出了科学发展观的深刻内涵："坚持以人为本，树立全面、协调、可持续的发展观，促进经济社会和人的全面发展"，坚持"统筹城乡发展、统筹区域发展、统筹经济社会发展、统筹人与自然和谐发展、统筹国内发展和对外开放的要求"。根据科学发展观的内涵，本篇安排了四章的内容：第十章，农村经济改革与发展的理论与实践；第十一章，经济增长与经济发展；第十二章，科学发展观与经济社会协调发展；第十三章，经济全球化与我国的对外开放。

第十章　农村经济改革与发展的理论与实践

一个贫穷、落后然而规模又很大的农村部门通常是发展中国家经济的突出特征。小农经济是传统农村部门的核心，对小农经济的改造是农村经济发展的重要组成部分。因此，农村经济的改革与发展是整个社会改革与发展的基础性内容。

第一节　我国农业经济的两种体制模式
——人民公社体制和家庭联产承包责任制

一、农业经济的特征

1. 农民的含义

农业经济的生产者主要是农民。而农民这个概念有着多重含义，它是一种职业、一种社会等级、一种身份或准身份、一种社会的组织方式、一种文化模式乃至心理结构，等等。而且一般地说，社会越不发达，后面这些含义就越显得比"农民"一词的职业含义更重要。

我们可以从以下几个方面理解农民的含义：

（1）农民家庭农场是基本的、多功能的社会组织单位。农民家庭不一定是自给自足的，他们也参与商品交换，参与劳动力市场的交易活动。但无论如何，农民的经济活动与家庭关系紧密地交织在一起。家庭劳动分工和家庭消费费用造就了农民特定的生存战略和资源使用方式。在家庭中，个人倾向于服从定型的家庭角色行为和以家长为核心的模式。

（2）土地耕作是维持生计的主要手段。农民的生产活动是一组任务的特定组合，这些活动的分工和专业化水平很低。与此相联系，职业训练通常是非正式的，以家庭为单位进行。农业生产对大自然的依赖性非常强，季节性严重地影响着家庭的生活。在农业生产中，土地和家庭劳动力是重要的生产要素。

（3）文化形态与农村小社区的生活方式密切相关。农民大部分的社会性活动都局限在小社区（村落）内，农民文化反映着小社区的特征和生活经验。与此同时，农民文化也强化着这些特征，不断地使社区的生活经验积淀下来。

（4）农民从属于"外部"的社会力量。农民通常被隔离在社会权力中心以外，处于弱势群体的地位。

2. 社会变迁中的农业经济

在现代社会的变迁中，农业经济将面临不断分化的趋势，农村中将出现专业化的生产方式及农业的工业化，逐步形成农工一体化。根据不同的历史条件，还会产生集体化或国有化，即政府控制农业生产，将生产单位组织成大规模生产单位。有时也会出现小农化，这种变化多由平均化的土地改革造成，有时是由于政治、经济和文化等因素，或是因为务农有了更好的营利机会。

二、农业合作化道路的确立

土地改革完成（"耕者有其田"）后，党内决策层和经济理论界都认为，必须对我国农村的小农经济实行社会主义改造，引导其走向社会主义集体化方向。但对于是否当时就立即起步向社会主义过渡以及采取什么方式向社会主义过渡却存在较大分歧。当时的主流意见认为，必须立即对农业进行社会主义改造，把农民组织到农业生产合作社里来。并且认为，在我国现有条件下，必须先有合作化，然后才能使用大机器，因为拖拉机及其他农业机器，不可能在小农经济基础上积累起来，也不可能在小农经济的小规模土地上大量使用，因此，只有在合作化的基础上才能机械化。我国的农业生产合作化道路由此确立，这一道路的选择，有其特殊的政治与经济背景，在我国经济发展的过程中有其特殊的重要作用，对于新中国成立初期原始资本的积累以及我国工业化进程的推进，都起到了促进作用。但由于我国特殊的国情，合作化在完成其历史使命后又显示出其固有的弊端，从而在我国改革开放的初期又不得不选择其他农业发展道路。

三、人民公社体制的建立

1949—1952年，我国农村的土地改革基本完成，根据过渡时期的政策，土地改革后，农业生产的组织形式是以家庭经营为基础的生产互助组。在此基础上，进一步组织发展了农业生产初级社——一种比互助组规模更大的生产合作社。1958 年，实施了一种激进的发展战略——"大跃进"，提出了在短期内"超英赶美"的战略目标。为了配合这一战略，农业集体化的进程进一步加快了，一种"一大二公"的农业生产的基本组织形式——人民公社——于 1958 年夏秋之交建立了起来。这里，所谓"大"，就是规模大，一乡一社，几千农户、几万人口组成一个公社；所谓"公"，是指"公有化程度比高级社高"。公社实行"工（工业）、农（农业）、商（商业）、学（文化教育）、兵（全民武装）相结合"和"政社合一"，公社既是社会结构的基层单位，又是政权组织的基层单位。

1958—1981 年，"人民公社"制度成为农业生产的基本组织形式。这种组织形式实行"三级所有、队为基础"，即公社、生产大队、生产队三级所有，生产队为基本核算单位。在"公社"内部，社员在生产队的组织下集中劳动，劳动者的收入按照所评定的"工分"来计算，到年末，生产队的净收入在扣除税收、公积金、公益金之后，依据每个社员一年内累积起来的"工分"数来分配收入。

四、人民公社体制的弊端

人民公社体制的最大弊端在于政社合一，在于国家直接经营。在政社合一的体制下，国家直接参与生产经营、直接干预流通和分配，不许农村生产要素按经济规律流动、合理布局，客观上否定了集体所有制，否定了集体经济是一个独立的经济实体（高尚全等，1998）。具体来说，人民公社体制的弊端主要表现在以下几个方面：

（1）生产什么，生产多少，怎样生产，都由国家层层下达计划，严格规定。从生产结构到每种产品的产量，从生产过程的操作到管理方式，都要从上到下制订详细计划。由于农民通常无权参与农业生产的决策，并且不得不遵从国家计划的各项指令，因此他们被剥夺了作出合理选择的机会。在公社和中央计划体制下，生产队通常接受有关计划部门下达的有关农业生产的各项决定。规定上缴国家农产品定额以及每种作物的种植面积由上级计划委员会向各个县传达，然后由各个县向公社，由公社向大队和生产队传达。结果，中央计划取代了决定农业制度运转的合理选择。

（2）农产品统购统销政策、剪刀差政策，从流通分配领域侵害了农民的利益，对农村生产力发展造成了极大的损失。早期的农业改革提高农产品价格，就是为了给农民更多的物质刺激，增加产量，让他们掌握盈余。因为，为了工业化，农民的利益受到很大的侵害。改革前，我国一直优先发展重工业和国防工业，对农业和消费产品工业投入很少。当时国家规定的农产品价格相对较低，工业品价格较高，它们重新分配了城市和农村之间的财富。长期牺牲农民的利益，导致农业总产出停滞不前。在人口持续高增长的情况下，某些主要农产品的人均产量一直在下降。

（3）由于农民在生产和流通分配上丧失了自主权，对个人消费品分配和消费也丧失了自主权。"大锅饭"式的分配政策和公社生产制度容忍并实际助长了"搭便车"行为和增多了不劳而获者，并且缺乏鼓励农民提高产量和效率的适当手段。在大锅饭体制下，一个人的生产和消费是没有联系的。同时，在实行大锅饭的集体中，因成员增加而创造的效益实际上可能远远低于增加的费用。对一个合理的经济组织来说，边际成本与边际利益的关系是决定投入与产出水平的重要因素，而这在计划经济下的人民公社体制中是被忽视的。

五、家庭联产承包责任制的推行和人民公社的解体

土地改革前，农民在公社体制下劳动，这种制度是在中央计划控制和"大锅饭"分配机制下运转的。当生产根本无法提供足够的粮食养活农民和城市居民时，农业改革迫在眉睫。

（一）"包产到户"三起三落的历史

早在 20 世纪 50 年代合作化运动中，浙江、四川第一次出现了包产到户，但由于一些理由，如难以抗拒自然灾害、不能很好完成国家征购任务、会导致两极分化、会破坏社会主义制度等而被消灭。

在 50 年代末，在人民公社化运动中，包产到户又一次在湖北、河南、陕西等地兴起，在全国范围内很快受到严厉批评，仅三四个月时间就被彻底压下去了。

在 60 年代初期经济十分困难的形势下，包产到户又第三次兴起，主要集中在河南、四川、安徽、甘肃等省区。但 1962 年 1 月中共中央在北京召开扩大工作会议，立即开始纠正包产到户的做法，广泛推行包产到户的行为，又一次被压了下去。

（二）关于真理标准的讨论为家庭联产承包责任制的兴起奠定了
　　　思想基础

1978 年 12 月，安徽省凤阳县小岗村 18 户村民秘密订约，决定在本生产队实行包产到户。当时，从理论到中央文件，都没有明确支持农民实行包产到户，这种做法受到了极大的压力。但是，随着 1979 年关于实践是检验真理的唯一标准问题的大讨论在全国范围的展开，人们开始敢于冲破长期禁锢思想的种种桎梏，使形势发生了巨大的变化。

邓小平同志于 1980 年 5 月发表了《关于农村政策问题》的讲话，肯定了肥西和凤阳农民自发实行的包产到户。同年 9 月 14～22 日，中共中央专门召开了省、市、自治区党委第一书记座谈会，讨论加强完善农业生产责任制问题，并颁布了会议纪要，第一次以中央文件的形式阐明了包产到户的性质。这个文件有力地推动了农村多种形式的联产承包责任制的发展和完善。

（三）人民公社体制的解体

1979 年以后，农村经营体制改革试行了很多方案，试图在一个农民或家庭的生产能力与他们可能希望获得的回报之间建立一种直接联系。经过几年的试验，包产到户在一些地区实践中所取得的初步成效，进一步推动了包产到户在面上的扩展。1982 年 9 月召开的党的第十二次全国代表大会再一次肯定了包产到户的方向。同年 11 月，中共中央又召开农村思想政治工作会议和农业书记会议，制定了《当前农村经济政策若干问题》的文件（即第一个中央一号文件），并在 1983 年 1 月 2 日作为中共中央文件印发。这一文件对包产到户给予了充分肯定和高度评价，文件指出："党的十一届三中全会以来，我国农村发生了许多重大变化。其中，影响最深远的，是普遍实行了多种形式的农业生产责任制，而联产承包责任制又越来越成为主要形式。联产承包责任制采取了统一经营与分散经营相结合的原则，使集体优越性和个人积极性同时得到发挥。这一制度的进一步完善和发展，必将使农业社会主义合作化的具体道路更加符合我国实际。"这一文件发表之后的 1983 年，成为中国农村改革进一步向纵深发展的一年，包产到户迅速发展成为农村的主要经济形式。1984 年底召开的中央农村工作会议又郑重宣布，"联产承包责任制和家庭经营长期不变"。这标志着联产承包责任制在全国普遍实行，人民公社制度已在实践中开始解体。

1983 年 10 月 12 日，中共中央、国务院正式发布了《关于实行政社分开建立乡政府的通知》，通知指出："随着农村经济体制的改革，现行农村政社合一的体制显得很不适应。宪法已明确规定，在农村建立乡政府，政社必须相应分开。""建立乡政府的工作要与选举乡人大代表的工作结合起来进行，大体上在 1984 年底以前完成"。对人民公社体制的改革进展顺利，到 1985 年春，农村人民公社政社分开、建立乡政府的工作全部结束。共建立 91 138 个乡（镇）人民政府，下辖 94 万多个村民委员会。政社分设和乡政权建立的完成，标志着农村人民公社体制的正式结束，中国农村完成了由人民公社"三级所有、队为基础"的制度到以家庭经营为主的"双层经营制度"的过渡。

六、家庭联产承包责任制的主要成效

联产，即以劳动者的最终产品的产量和质量作为计算劳动报酬的主要依据；承包，就是确定劳动者与合作经济组织之间责、权、利关系的经营形式，即将集体所有的生产资料或经营项目，通过承包合同，规定某种分配办法，交给农民去经营。这既发挥了集体经济的优越性，又发挥了农户家庭经营的积极性，因此，家庭联产承包责任制的推行使中国农业发生了翻天覆地的变化。

（1）大幅度提高了农产品的产量。

（2）大幅度增长了农民的收入。

（3）促进了农业及农村产业结构的日趋合理化。在农作物内部，粮食作物产值下降，经济作物种植业产值的比重上升，改变了过去"以粮为纲"的局面；通过农业产业结构的调整，农村工业（即乡镇企业）迅速发展，农业总产值占农村社会总产值的比重下降，而农村工业总产值的比重则上升，同时，农村建筑业、运输业、商业的总产值也不断上升。因此，家庭联产承包责任制的成功改革，不仅极大地推动了农村经济的发展，而且成为我国经济体制全面改革的发端，具有重大的历史性贡献。

第二节　农业发展新阶段及其改革展望

进入 20 世纪 90 年代，我国农业经济进入了新的发展阶段，在农业经济发展中出现了新的矛盾和特征，这就要求我们在农业发展的新阶段应逐步采取新的推动农业发展的政策和措施。

一、邓小平同志关于农业发展两个飞跃的理论

1990 年 3 月，邓小平同志指出："中国社会主义农业的改革和发展，从长远的观点看，要有两个飞跃。第一个飞跃，是废除人民公社，实行家庭联产承包为主的责任制。这是一个很大的前进，要长期坚持不变。第二个飞跃，是适应科学种田和生产社会化的需要，发展适度规模经营，发展集体经济。这是又一个很大的前进，当然这是很长的过程。"[①]

发展适度规模经营是农业第二个飞跃的一项重要内容，它所需要的条件是：① 农村非农产业要有所发展，农业剩余劳动力能够转移出去，这是适度集中土地、扩大农业规模经营所需的最重要条件；② 保证扩大农业规模经营所必需的农业生产资料供应，这里既有质的要求，又有量的要求；③ 农民文化素质的提高，特别是农民驾驭规模经营所需的管理素质的提高；④ 建立农村社会保障体制，消除农民放弃土地后可能产生的后顾之忧；⑤ 农民眷恋土地的传统观念的彻底转变。

从目前来看，我国除少数沿海地区和大城市郊区开始具备实现农业发展第二个飞跃的某些条件外，全国大部分内陆地区应该说目前仍处在第一个飞跃阶段，家庭承包责任制仍有待继续巩固和完善。现阶段稳定土地承包关系，巩固和完善家庭承包经营责任制，是政府在农村的一项长期的重要政策。

二、我国农业发展的新阶段及其主要矛盾

1998 年 10 月，党的十五届三中全会作出的《中共中央关于农业和农村工作若干重大问题的决定》指出："我国粮食等主要农产品已由过去的长期短缺变为总量大体平衡、丰年有余。"作出这一重要判断的依据，是我国粮食生产自 1995 年起连续获得好收成，1998 年的总产量又达到了创纪录的 5.12 亿吨，国家粮食库存和农民存粮都大幅度增加；与此同时，棉、油、肉、鱼、果、菜等产品也连年供应充裕，价格逐步下降。因此，农业发展已进入新的阶段。

（一）农业发展新阶段的主要特征

农业发展新阶段的主要特征有以下几个方面：

（1）农业生产中的结构性矛盾和粗放型增长方式还没根本改变；

---

① 《邓小平文选》（第 3 卷），人民出版社 1994 年版，第 355 页。

（2）农业基础薄弱、农村发展滞后局面尚未完全改观；

（3）农副产品普遍供过于求，农产品"卖难"十分突出，其价格普遍下跌比较明显。

（二）农业发展新阶段的主要矛盾

农业和农村发展新阶段的主要矛盾：一是农产品"卖难"矛盾突出。二是农民增产不增收的矛盾相当严重。三是农村潜在的过剩劳动力转移困难的矛盾。实现农村剩余劳动力向非农产业的转移是工业化过程的一项基本内容，也是提高农民生活水平的一条根本途径。我国人口基数大，农民人数众多，每人平均占有资源数量极为有限，农村剩余劳动力向非农产业转移的问题就显得更加突出。按劳动力人均 8～10 亩（1 亩≈666.67 平方米）耕地为合理的经验系数计算，我国目前农业剩余劳动力有 1.2 亿～1.5 亿人左右，占农业劳动力总数的 1/4～1/2 左右。如何转移这些农业剩余劳动力，成为今后我们面临的严峻问题之一。四是农业规模经营难以实现的矛盾。我国人多地少，农业生产方式凝固在小生产状态下，农业规模经营步履难艰，目前我国户均耕地不到 8 亩，劳动力人均耕地面积仅有 3 亩，远远低于劳动力人均 8～10 亩的合理面积。而且全国已有 600 多个县人均耕地低于 0.8 亩的警戒线，其中有 463 个县人均耕地还不到 0.5 亩。并且耕地的地域分布极不平衡。加之近年来我国耕地还在以每年 0.2% 的速度减少，耕地的减少使人地矛盾表现得极为尖锐，而人口增长和消费水平的提高及资源需求量的膨胀导致的粮食需求的增加，使人地之间的关系更加紧张。

（三）农业的产业地位

农业是经济发展的起点和基础。落后国家都是以农业为主的国家，农业在国民产品和劳动力中占有很大的比重，而且越是落后的国家，其农业的比重越大，因此常常把落后的国家称为农业国。要摆脱贫穷落后的状况，首先应该发展农业。这不仅仅是因为农业部门生产人们所需要的消费品，而且也是因为农业部门是其他部门发展的必要条件，是实现工业化和现代化的不可缺少的基础。没有农业的发展，其他部门是不可能得到顺利发展的，工业化是不可能实现的。

作为整个国民经济的一个组成部分，农业与其他产业一样，一方面受到国民经济发展水平的影响，另一方面也是制约国民经济发展的因素。从经济发展的规律看，农业比重下降是农业与国民经济关系的主旋律，由此引发出每一经济发展阶段特定的农业问题。

1. 农业比重下降的规律

我们从相当早的人类经济活动历史与世界性的农业发展规律中，也可以发现农业占整个国民经济的比重具有下降的迹象。古典经济学家很早就注意到农业比重下降的现象，也揭示了这个事实与农业劳动生产率的关系。

考察发达国家经济发展的历史，不难看出农业在经济中的相对地位呈下降趋势。比较发达国家和发展中国家的农业状况，也可以看出农业的相对地位与经济发展水平呈反方向变动的关系。美国经济学家库兹涅茨（Kuznets）曾对主要发达国家农业相对规模的长期变化趋势进行过广泛的统计考察。他发现，英国、法国、德国、挪威、意大利、美国、日本 7 个发达国家在过去一二百年的时间里农业产值和劳动力在国民收入和总劳动力中的比重一致地趋于下降，从而向人们揭示了在相当长的经济增长与发展过程中全世界各国农业比重下降的普遍趋势。他特别强调发达国家在进入现代经济增长阶段以后，这个过程以过去无法比拟的速度前进。而且，越是经济增长快的国家，农业份额下降得越快。

2. 农业比重下降的原因

虽然农业在国民经济中的比重在逐步下降，但从农业对国民经济的产品贡献来看，农业对于保障居民对农产品的需求、满足轻工业对加工原料的需求，以及消除城乡贫困，从而支撑国民经济的持续、稳定增长方面，仍然起着重要的作用。首先，农业比重的相对下降，是经济规律自发作用的结果，而不是政策扭曲所造成的。也就是说，该产业在国民经济中的比重虽然下降了，但它在保障整个经济对农产品的需求增长的作用并不会降低。其次，农业比重的相对下降，是与劳动生产率和土地生产率的提高相伴生的。由于激励机制的改进、农业装备水平的提高、农业科技水平的进步，特别是优质品种的采用，保障了农业生产的稳定性，在此情况下发生的农业比重下降，不会降低农业的产业地位。最后，农业的增长幅度与人口的增长幅度是相互配合的，例如，我国在食品与人口方面的矛盾的解决，既在于我国实施了有效的计划生育政策，也与农业的发展分不开。

综上所述，我们可以把农业比重下降的原因归纳为三点：

（1）农业生产率的提高，即农业劳动生产率和土地生产率的提高。农业劳动生产率是指一定数目的农业劳动者在既定时间内所能生产的农产品数量；土地生产率则是指一定的土地数量所能生产出的农产品数量。由于农业技术的进步，特别是优质品种的采用，农业机械的改进，以及劳动者素质的提高，从而导致农业生产率的增长是一个普遍的趋势。在这种情况下，农业自然不必要保持原来的相对规模。

（2）农产品具有需求弹性和收入弹性小的特点。一种产品的收入弹性，是指当人们的收入提高后，相应于这个提高的幅度，对某一产品的需求增加的幅度。或者说，一种产品的收入弹性，等于人们对该产品增加的百分比除以收入提高的百分比。农产品的收入弹性小，即当人们的收入提高后，他们倾向于只把增加的收入中的一个较小的部分用于购买农产品。因此，人均收入水平提高所产生的需求刺激，在农业中比其他产业要小。所以，这正是在需求方面导致农业比重随着经济发展和收入水平提高而下降的原因。

（3）农业比较优势的下降。在一般的生产过程中，需要土地、劳动力和资本这三种要素，而每种产品所需要的要素组合是不同的。通常在较低的经济发展水平下，土地和劳动力是比较丰富的要素；较发达的经济则拥有较丰富的资本。正是由于不同产品要求的要素密集程度不同，各国又在生产要素的禀赋上存在差异，形成了每个国家各自的比较优势。一个国家发展水平的提升，意味着资本拥有量的增加，比较优势必然从农业转变到其他产业上来。农业比较优势下降的情况是，由于农业生产需要土地的投入，而土地的禀赋是固定的；随着资本积累的增加因而土地变得越来越稀缺时，农业就不再具有比较优势了。因此，农产品在出口产品中的比重也相对下降。所以，农业比较优势的变化，导致农业在国民经济中相对比重的变化。

在我国，由于实行传统的经济发展战略及采用相应的体制模式，在土地改革以前几十年，中国的经济发展没有遵循农业比重下降这个规律，形成了中国产业结构变化的非典型化特征。自 20 世纪 70 年代末土地改革以来，经济增长在很大程度上是通过矫正产业结构扭曲而推动的，所以农业比重相对下降的规律日益明显。

三、农业在经济发展中的贡献

在经济发展中，农业部门的相对地位趋于下降，但这并不意味着农业部门在经济发展中的作用不再重要。农业对经济发展的贡献从 20 世纪 60 年代以后日渐受到重视。根据库兹涅茨的分析，发展中国家的农业部门对一个国家的经济增长和经济发展有四个方面的贡献。

1. 产品贡献

虽然农业部门在国民产品和劳动力中所占份额在长期是下降的，但这并不意味着农产品总量在长期是下降的。实际上，农产品总量随着工业化程度的提高而应该不断增加，否则工业化和国民经济的发展将会受到农产品供给不足的阻碍。

产品贡献是指，农业部门是自身和非农业部门所需粮食和副食品的主要来源。在大多数不发达国家，农业部门是非农业工人消费食品的主要来源。因此，经济多样化水平决定于国内食品生产者所生产的超过自身生存需要的"剩余"。正如刘易斯所说的那样："在一个封闭的经济中，工业部门的大小是农业生产率的函数。"① 也就是说，农业总产品中扣除掉农业部门消费的部分即为农产品剩余或农业剩余，它就是农业部门为非农业部门作出的产品贡献。一般来说，农产品剩余越大，农业部门的产品贡献就越大。

一般而言，非农业部门的扩大是以农业发展为前提的，农业不仅要为非农业部门的就业人员提供食物，而且也为某些制造业提供原材料。前者可称之为农业部门的粮食贡献，后者可称为之原材料贡献。

（1）粮食贡献。

所有关心经济发展的经济学家都十分强调粮食在经济发展中的关键作用，这是因为，在世界上有许多发展中国家，粮食供给不足严重地影响了国民经济的发展。在过去几十年中，发展中国家的粮食贸易逆差越来越大。

粮食是人们每天都不可或缺的必需品，是社会稳定和经济发展的前提。要实现工业化和产业多样化，农业部门就必须提供超过本部门需要的剩余粮食。发展中国家原有的收入水平低，食物消费在家庭预算支出中占很大比例；而且发展中国家的人口增长率高，再加上工业化和城市化的进展，导致粮食需求巨大，并在相当长一段时期里呈递增的趋势。许多发展中国家的农业生产跟不上日益增长的粮食需求，导致粮食价格上升，增加的收入中很大一部分用于食品消费，用于储蓄的部分相对较少，制约了经济增长。有些发展中国家粮食不能自给，只能依赖进口，结果使国际收支状况恶化，并且，进口食品不像进口资本品那样能增加资本存量，也就是说，食品进口的机会成本较高，从而进一步削弱了国内资本形成与积累的能力。

---

① 刘易斯：《国际经济秩序的演变》，商务印书馆 1984 年版，第 6-7 页。

粮食贸易逆差的出现和扩大表明发展中国家的粮食生产的增长日益落后于它们对粮食需求的增长，从而不得不依靠进口来弥补粮食供给的不足。结果，发展中国家粮食短缺问题越来越严重。解决粮食短缺问题，必须通过进口来弥补，这就需要大量外汇支出，而低收入国家一般创汇能力有限，把有限的外汇用来进口大量的粮食势必影响到国内工业的生产，从而抑制了非农业部门经济的扩张。另一方面，由于外汇短缺，也难以进口足够的粮食来填补供求缺口。结果造成粮食价格上升，城市居民生活费用增加，这就增大了城市工人要求提高工资水平的压力。而工资的上涨使生产成本增加，利润减少，投资下降，从而导致工业发展受阻。如果通过提高产品价格来抵消成本上涨，以保持一定的利润，这又增加了通货膨胀的压力。通货膨胀的加剧又带来公众的不满和社会的不稳定。最后，政府不得不采取紧缩措施，从而减慢经济发展速度。因此，粮食短缺问题所造成的后果是严重的。

粮食短缺对经济发展的阻碍使人们认识到农业尤其是粮食生产在经济发展中的重要作用。没有农业和粮食生产一定速度的增长，就不可能满足日益增大的粮食需求，其结果是工业化进程放慢，过去几十年一些发展中国家的发展经验和教训已证实了这一点。

发展中国家对粮食需求的增加，主要有以下几个方面的原因：

① 发展中国家居民的食品消费倾向要比发达国家高得多。在经济发展初期，增加的收入中将大部分用于消费，很小部分用于储蓄。此外，恩格尔系数表明，在低收入水平上，食物支出占预算支出中的比重较大。因此，发展中国家的粮食收入弹性远比发达国家要高。据统计，发展中国家该指标高达 0.8 以上，而发达国家只有 0.15 左右。

② 发展中国家与发达国家相比，人口增长率要高得多。由于这个原因，即使不考虑其他因素，仅就人口增长而言，发展中国家对粮食的需求也比发达国家要大得多。

③ 工业化以及伴随而来的城市化扩大了对粮食的需求。在这一点上，发展中国家与发达国家不同的是，发达国家的城市人口增长主要是城市人口自身的增长，而发展中国家的城市人口增长则主要是来自农村的人口流动。

（2）原料贡献。

原料贡献是指，农业能够为非农产业提供原料。在工业化的早期阶段，以农产品作为主要原料的轻工业和其他原料加工业在工业生产中占主要地位，如棉麻纺织、制糖、制茶、皮革和食品工业、烟草工业等，这类工业都直接依靠农业提供原料，农业的丰歉直接影响着其发展。由于原料丰富、技术要求较低,加工工艺相对简单,这些工业是各国初期优先发展的产业项目,在整个工业生产中的地位举足轻重。这些工业的发展,一方面有助于改善发展中国家的贫困状况,另一方面又为国家的进一步工业化提供了资金,而这些工业的发展有赖于农业部门提供大量、充足的加工原料。只有农产品以一个适当的比率增加时,使用农产品作为原料的工业部门的增长才能提高,否则就需要花外汇进口原料,虽然可以通过进口解决工业发展中的原料问题,但这对于外汇短缺的发展中国家是承担不起的,也是不现实的。这对多数发展中国家来说极不可取。许多国家的经验表明,农业丰收不仅有助于改善穷人的生活状况,还有助于工业的顺利增长。

在发展中国家,特别是在经济发展的较低阶段,以农产品为原料的工业生产一般在整个工业生产中占有相当大的比重。当然,随着经济的发展,以农产品为原料的工业生产比重会逐渐趋于下降。但是,尽管如此,在进入工业化之前,以农产品为原料的工业在整个工业中仍然占有相当重要的地位。一般来说,对于经济越不发达的国家,农产品为原料的工业的地位越重要。但是,从动态的角度来看,随着经济的发展,农产品为原料的工业所占比重具有下降的趋势。

2. 市场贡献

农业对国民经济的作用,一方面体现在它满足居民和其他产业对农产品需求的能力上面;另一方面,农业这个产业以及农业生产中的劳动者,同时又是其他产业产品的消费者。农业部门购买生产资料产品,农民购买工业用品,都对国民经济作出市场贡献。农业部门的产品贡献来源于农产品剩余的供给,而农业部门的市场贡献则来源于对非农业部门的产品需求。农业生产所需的投入一部分来自本部门的供给,另一部分则来自非农业部门的产品。此外,农业人口所需的生活消费品一部分来自本部门的产出,另一部分也来自工业部门。农业部门对非农业部门生产资料和消费品的需求的增加,扩大了非农业部门的销售市场,促进了非农业部门的经济增长。正是从这个意义上说,农业部门为非农业部门作出了市场贡献。

农业能为其他产业提供多少市场能力,取决于农民的收入水平。随着收入增加,农民家庭生活消费支出也相应增加。农民在满足了食品、衣着方面的基本需求之后,花在住房、医疗保健、交通通信、文化教育等具有较大收入弹性的项目上的资金越来越多。随着农业生产率的提高,农业剩余增加,农业对现代化机械设备的需求程度也相应提高。这也就是农业现代化的过程。

此外，农民为了提高农作物产量，在化肥、农药、种子的使用数量和质量上也大幅度增加了支出。

我们也应注意到，在发展中国家，大多数人口生活在农村地区。虽然农业人口的人均收入水平低于城市居民收入水平，但从总量上说，在一定时期，农业部门的货币总收入并不比非农业部门货币总收入少。因此，广大的农村地区是一个非常重要的工业品销售市场。而且，由于农民的收入水平比城市居民低，因此农民的消费倾向比城市居民高。这样，在一定数量货币收入条件下，农民对工业消费品的购买就要比城市居民多。此外，从动态角度来看，农民货币收入的增加与城市居民货币收入的同量增加相比，更有利于消费品市场的扩大和消费品工业的发展。也就是说，农业部门对工业部门生产的农业生产资料的需求也是一个重要的工业品市场。因此，农业的发展也促进了农业生产资料工业部门的扩张。

在一个封闭的经济中，即使工业部门的工人收入高于农民收入，由于农业部门的规模巨大，最初，农村必然是国内工业品的主要市场。农民购买服装、家具、日用品及建筑材料等消费品和化肥、农药、农机及其他农业投入品，扩大了对工业品的需求，刺激了工业生产的扩张。这样，农民作为工业品的需求者，对经济发展和工业化作出了贡献。另一方面，农业的市场贡献还应包括出售给非农业部门的粮食和其他农产品。库兹涅茨称前者为"生产过程的市场化"，后者为"农业净产品的市场化"。

总的来说，农业部门在与非农业部门的市场联系中发挥着重要作用。一方面，农业部门要向非农业部门的生产者和消费者出售粮食和其他农产品；另一方面，农民需要从工业部门购买生产投入品和消费品。虽然农业部门的收入水平低，但由于规模庞大，农业部门必然是发展中国家国内工业品的主要市场。在一定时期内，随着农业生产率的提高和农民收入的增加，农业部门对机械设备、化肥、农药、地膜等农用工业品和工业消费品的需求都会增加，通过市场提供给非农业部门的农产品供给也会增加，农业对经济发展的市场贡献会越来越大。在对外开放条件下，国内农业和非农业部门之间的市场联系可能会减弱，但由于国际贸易竞争的有限性以及社会体制、文化传统等非经济因素的影响，农业的市场贡献仍然是很大的。

3. 要素贡献

农业的产品贡献来源于农业生产，农业的市场贡献来源于农业和其他部门的交换，农业的要素贡献则来源于农业资源向其他部门的转移。

根据资源的种类，农业的要素贡献又可分为资本要素贡献和劳动力要素贡献。

（1）资本要素贡献。

农业部门的资本要素贡献，是指农业剩余的净流出。农业部门在向非农业部门提供农产品的同时，还要从非农业部门中购买工业品，以满足本部门生产和生活的需要。从农业剩余中减去农业部门购买的工业品数额即得到净农业剩余，即这里所说的农业部门的资本贡献。

由于发展中国家最稀缺的要素是资本，因此，农业部门对经济发展作出的最重要的贡献，或者说农业在国民经济中最重要的作用，是为非农业部门扩张提供尽可能多的资本。发展中国家在工业化的过程中，往往要通过一些方式，从农业中取得生产要素的积累。既然农业比之工业和第三产业是一个初级产业，那么在产业变革的过程中，资源从农业转移到其他产业是在所难免的。资源从农业转移到其他产业有两种转移机制，一种是政府机制，一种是市场机制。历史上各国农业对工业化的贡献，即农业中资源向非农产业的转移，往往是通过政府的扭曲政策达到的。几乎所有发展中国家的政策，都倾向于对农业的剩余进行剥夺；而在发达国家，则倾向于对农业进行补贴。或者说，当一个国家处于经济发展的较低阶段时，政府的农业政策与这个国家处于较高发展阶段的农业政策实质上是不同的。通常，通过扭曲政策剥夺农业剩余的办法有以下几种：① 直接的高额赋税；② 人为地压低农产品价格，抬高工业品价格，实行工农产品的不等价交换；③ 扭曲汇率，即通过高估本国币值，对出口产品征税，对进口产品予以补贴；④ 扭曲劳动力市场，即抑制农村劳动力向外流动，结果使农民收入下降。此外，还有城乡之间的储蓄转移，主要是农村储蓄转向城市，也成为一个扭曲政策。

在农业的资本要素贡献中，农业所提供的资本转移具有重大的意义和一般规模性。在工业化初期，一个国家的非农业部门尤其是工业部门规模很小，依靠自身的储蓄和积累来筹措资金是远远不够的。这样，规模巨大的农业部门必然是国内储蓄和资本积累的主要来源。农业部门不仅必须为非农业部门发展提供资本积累，而且也有可能把一部分资源转移到非农业部门。在工业化初期，农业部门也要有适度增长，生产率也必须提高，否则，它就不能为非农业部门发展作出贡献。农业的发展也需要资本投入。但是，在农业部门中，生产的增长和生产率的提高不一定需要投入大量的资本，至少不如非农业部门那么大。它可以增加更多的劳动投入来获得，而发展中国家劳动力是一个丰富的要素。因此，农业部门为非农业部门提供资本是完全可能的。

　　而在市场机制发挥作用的情况下，随着劳动生产率的提高，劳动力从农业转移到非农产业；随着土地生产率的提高，部分耕地转作非农用途；随着农业剩余的增加，资本从农业中转移出来，被投资于其他产业。这一系列过程都是通过产品市场和要素市场的机制而发生的。如果依靠市场机制自动转移，必须具备三个条件：① 农业必须向非农业部门出售产品，即必须有市场剩余；② 农民必须是净储蓄者，即他们的消费必须少于他们的收入；③ 农民的储蓄必须超过他们在农业上的投资，或者说，必须有农业净储蓄或资本净流出。历史上，有些国家主要是通过市场机制来转移农业剩余的，如美国、加拿大等国就属于这种自动转移类型。

　　在当今许多发展中国家，为了加快经济发展步伐，国家更倾向于运用政权力量强制性地把农业部门的一部分剩余转移到工业部门。政府转移农业剩余的手段有直接和间接两种。直接手段主要是对农业征收重税，如日本在工业化过程中对农业课以重税就属于这种直接手段。间接手段主要是对两部门产品交换比价进行控制，以低于其价值的价格向农业部门收购农产品，以高于其价值的价格向农业部门销售工业品。中国从 20 世纪 50 年代以来主要是通过农工产品不等价交换来转移农业剩余的。

　　世界各工业化国家和地区的发展经验表明，农业部门为非农业部门和国民经济发展贡献了大量的资本。中国的农业部门为工业部门的扩张也作出了重要的资本贡献。当然，随着经济发展和工业化程度的提高，农业部门的相对规模在缩小，工业部门相对规模在扩大，农业部门对工业部门的资本贡献趋于下降。

　　（2）劳动力贡献。

　　农业部门还向工业部门提供劳动力资源。由于发展中国家大约 2/3 的人口是农业人口，而农业人口实际上是增加工业城市人口的唯一来源。在发展进程中，农业人口在提供劳动这种生产要素方面起着重要作用。在发展的初期，几乎全部人口在农业部门中从事生产，即使有一些手工业和服务性活动，也是从属于农业的。随着经济的发展，这些活动才逐步脱离农业，成为独立的生产部门。

　　农业能够在多大程度上为工业部门提供劳动力，取决于农业部门的生产率。农业部门的生产率越高，超出农业部门自身的生产剩余就越多，向非农业部门转移的农业劳动力就可能越多。当然，农业劳动力向工业转移的速度还要受到工业本身吸收就业能力的限制。

　　20 世纪 70 年代末以来，城市严格执行"一对夫妇只生一个孩子"的计划生育政策，但在农村却具有较高的人口出生率和较高的人口自然增长率。80年代以前，农村人口自然增长率比城市约高40%～50%，而90年代后期仍然高出20%。由于农村人口基数本来就较大，加上较高的增长率，农村人口增长较快，劳动力供给的增长也较快。而与此同时，农村经济本身对劳动力的吸纳能力却较低。从农业生产来看，由于耕地扩大的可能性很小，所以农业生产最基本的生产要素几乎是一个固定的数值。事实上，因工业、建筑业和交通运输业等产业对土地的需求不断扩大，耕地每年还以较大幅度减少。所以，相对于耕地来说，农业劳动力产生了剩余。从乡镇企业发展来看，因技术改造的需要，乡镇企业日益倾向于提高资本密集程度，因而对劳动力的吸纳能力也逐年下降。此外，由于户籍制度、城市就业制度等的约束，农村劳动力转移到城市的速度仍然很慢，基于上述原因，农村出现了劳动力的剩余。事实上，劳动力转移也是农业对国民经济贡献的一种形式。

4. 外汇贡献

发展中国家在工业化进程中，外汇短缺是一个长期问题，农产品出口是换取外汇的主要来源。大多数发展中国家工业基础薄弱，科学技术落后，工业扩张所需的许多机器设备、中间产品和原材料必须从先进国家进口，这就需要大量外汇。发展中国家扩大农业出口具有相对优势：首先，出口的经济作物可以用扩大种植面积和增加劳动力的方式来提高产量，这对资本稀缺而劳动力丰富的一般发展中国家十分适合。其次，农产品的质量差异较小，发展中国家在国际农产品市场上的劣势不像在国际工业品市场上那样明显。

不仅如此，农业部门还可以通过增产来节约进口食品的外汇支出。在粮食短缺的国家发展农业生产，增加本国粮食产量以替代粮食进口，具有重大的经济意义和战略意义，可以把有限的外汇优先用于购买机器设备等资本品，以形成长期生产能力。因此，推动农业生产的发展，实现粮食自给，既节省了外汇，又能充分利用发展中国家丰富的劳动力资源。

在经济发展的初期，以农业为主的初级产品出口，通常占一个国家总出口额的较大比重。因此，对于这些急需外汇购买发展工业所需的技术设备的国家来说，农产品出口对于整个经济获得外汇收入具有重要意义。在新中国成立初期，由于当时的经济基本上处于自给自足和封闭状态，可供出口的产品品种有限，数额也小，换取外汇的能力很低。改革开放以来，中国对外贸易总规模迅速扩大，农产品出口对总出口的贡献已经很小，出口总额中初级产品的比重只有9.9%。我们可以从三个方面来看农业外汇贡献下降的现象：

① 它是中国农业相对比重下降过程的一个必然结果。既然农业产值在国民经济中的比重普遍下降了，农产品的贸易地位下降是合乎逻辑的，是经济发展规律的必然表现。② 它反映了中国农业比较优势的降低。而比较优势的变化意味着，在农业出口比重下降的同时，其他具有比较优势的产品出口比重提高。③ 虽然农产品出口的直接外汇贡献降低了，但中国出口产品特别是轻工业产品中许多是以农产品为原料的，所以农业仍然间接对国家的外汇收入作出贡献。

随着经济的发展，农业外汇贡献的重要性不可避免地要下降，但是，在相当长的一段时期内，农业的外汇贡献仍是不可忽视的。

四、农业发展新阶段的改革思路

在 2000 年中央农村工作会议上，党中央、国务院明确提出，重点抓好结构调整，是整个新阶段农业和农村工作的中心任务。农业和农村经济战略性结构调整的主要方向是：

（一）全面提高农产品的质量

在过去那种农产品供给数量不足的背景下，农产品的生产只能将追求数量的增长放在最重要的位置，而在当前，主要农产品供求中的数量矛盾已基本解决，这就使我国农业有条件在稳定、提高生产能力的基础上，将优化品种、提高质量放到突出的位置来考虑。目前，尽管农产品数量大多过剩，但品质结构的矛盾仍很突出，优质农产品仍供不应求。因此，全面提高农产品的质量，不仅是解决当前农产品卖难、农业增产不增收问题的重要途径，更是在人民生活由温饱走向小康进而到比较富裕的背景下，农业生产满足市场多样化、优质化需求的根本途径。

（二）合理调整农业生产的区域布局

在过去那种粮食等主要农产品各地普遍短缺的背景下，农业的生产布局很难做到因地制宜、发挥区域的比较优势，各地都只能把生产粮食放在当地农业的突出位置，现在则有条件利用粮食总量较多的机遇，进行农业区域结构的合理调整。沿海经济发达地区和大城市郊区，可以根据当地的实际情况，适当地调减粮食生产，既有利于发挥自身的区位、经济和科技等优势，积极发展高效农业、外向型出口创汇农业，又可以腾出部分市场，有利于粮食主产区进一步发挥粮食生产的优势，以形成互补、互利的农业区域格局。同时，在生态脆弱地区，在过去迫于生存压力而不得不过度开垦的地区，现在也有条件实行有计划、有步骤的退耕还林、还草、还湖，以发展林果业和畜牧业，改善生态环境，促进可持续发展。

（三）扩大农产品的转化和加工

人们对初级农产品的消费量总是有限的，因此，农业发展到一定程度就必须扩大对初级农产品的转化和加工，否则就难以打破市场需求的约束。因此，农业发展新阶段的变化要求重新定位农产品加工业的地位，要以市场为导向，立足于先进技术改造现有的农产品加工业，使我国的农产品加工、储运和保鲜等技术都有一个大发展，尽快赶上国际先进水平，提高农业的综合竞争能力。

（四）积极实施发展小城镇的战略

党的十五届三中全会作出的《中共中央关于农业和农村工作若干重大问题的决定》中明确指出："发展小城镇，是带动农村经济和社会发展的一个大战略，有利于乡镇企业相对集中，更大规模地转移农业富余劳动力，避免向大中城市盲目流动，有利于提高农民素质，改善生活质量，也有利于扩大内需，推动国民经济更快增长。"就目前来说，我国小城镇的发展还存在一些问题：① 小城镇基础设施建设进程缓慢，水平落后，综合服务水平低；② 小城镇发展缺乏长远发展预测和规划；③ 一些小城镇起点低，质量不高，城市化趋向不明显；④ 在促进小城镇建设和发展的战略问题上，急需国家宏观指导和具体政策的引导。

为了促进小城镇的健康发展，中共中央、国务院于 2000 年 7 月初出台的《关于促进小城镇健康发展的若干意见》指出，当前，加快城镇化进程的时机和条件已经成熟，抓住机遇，适时引导小城镇健康发展，应当作为当前和今后较长时期农村改革与发展的一项重要任务。为此，有以下几个方面的工作需要加紧进行：① 积极培育小城镇的经济基础，大力发展特色经济，着力培育各类农业产业化经营的龙头企业，形成农副产品的生产、加工和销售基地。② 要运用市场机制搞好小城镇建设，各地要制定优惠的政策，吸引企业、个人以及外商以多种形式参与小城镇基础设施的投资、建设和经营，多渠道投资小城镇教育、文化、卫生等公用事业，走出一条在政府引导下主要由社会资金投资建设小城镇的路子。国家则在农村电网改造、公路、广播电视、通讯等基础设施建设方面给予支持。③要改革小城镇户籍管理制度。

（五）推进农业产业化经营

"农业产业化"这个概念是进入 20 世纪 90 年代后才在我国学术界中开始出现的，但是就其内容来说，实际开始于 20 世纪 70 年代。当时，泰国正大饮料公司为了开辟中国市场，由公司向农户提供技术服务和种鸡、饲料等生产资料，带动农民家庭发展养鸡业，然后，再由公司收购成年活鸡进行屠宰、加工、分割、包装，向市场出售，使该公司得以站稳脚跟并获得发展，这是中国较早的"公司＋农户"的实践，有人称之为"正大模式"。20 世纪 80 年代中期，山东、江苏、浙江等东南沿海省份一些地区在建设外向型农产品基地时，针对国际市场的需求，涌现了一批贸工农一体化经营组织。

农业产业化是以市场为导向，以经济效益为中心，以主导产业、产品为重点，优化组合各种生产要素，实行区域化布局、专业化生产、规模化建设、系列化加工、社会化服务、企业化管理，形成种养加、产供销、贸工农、农工商、农科教一体化经营体系，使农业走上自我发展、自我积累、自我约束、自我调节的良性发展轨道的现代化经营方式和产业组织形式。农业产业化的实质是对传统农业进行技术改造，推动农业科技进步，推动农村改革发展，有效解决小生产与大市场的矛盾，是新时期农村经济体制机制的一大创新。

党的十七届三中全会审议通过的《关于推进农村改革发展若干重大问题的决定》，为新时期农村改革发展指明了方向，为农业产业化发展在组织形式、经营模式、管理方式等体制机制创新方面提供了政策保障。农业产业化的大力推进，必将对农村、农业经济的发展乃至整个经济社会的发展起到积极的推动作用。

五、推进农业可持续发展

1. 建立新的农业发展观

过去的农业发展观主要着眼于增加产量以解决粮食供给问题，为了达到这一目标而大量增加农业中物质和能量的投入。事实证明，在这种农业发展观指导下进行的农业现代化对自然和社会都造成了重大的负面影响，是不可持续的。农业的可持续发展要求建立新的农业发展观，把自然环境的保持和社会的和谐也视为财富，在农业增产的同时要保存或增进既有的财富，而不是以损害它为代价。为此，需要建立衡量可持续发展的指标体系，对农业复合系统进行综合评价。

不可否认，至少在短期和中期内，发展中国家在农业中实现可持续发展战略与产量的最大化是有矛盾的。原因主要在于缺乏有效的技术，以及对新技术的金融支持。可以建立把产量目标和可持续发展目标有机结合在一起的农业生态区，在满足粮食需求和保证农户收入水平的前提下，实施区域范围内的资源管理。

2. 科技进步与农业可持续发展

从长远看，要实现农业的可持续发展必须依靠农业科技进步。只有依靠科技进步，才能在保证粮食产量的同时较好地保护生态环境，提高农民的收入水平，实现农业的经济效益、生态效益和社会效益的统筹兼顾。

保护农业生态环境的科学技术主要包括以下内容：① 发展中国家一般土地资源有限且农业生产规模小，为此需推广多熟种植技术，即一年内在同一地块上种植两种或几种农作物。在强化种植的同时应注意对土壤有机肥料和无机肥料的双重投入，改善土壤的肥力条件。② 减少农药的使用量，采用轮作、害虫预测预报、气象卫星探测、播种期调节和害虫生物防治等方法进行综合有害生物防治。③ 为了保持农业的长期生产能力，采取防治土壤侵蚀的综合措施，除了通过植树、种草来提高植被覆盖率以外，还应采用保护耕作技术，并修建农田水土保持系统。④ 为了增强动植物健康，提高其抗病虫害能力，提高营养效率，应加强遗传育种和基因转移技术的研究。这些农业技术可以通过国内外若干较成熟的可持续科学技术获取，也可以从传统农业中的精华中获取，从而推动农业的可持续发展。

3. 农业政策与农业可持续发展

农业政策对农业发展有着很大影响。过去，由于没有认识到自然资源是一种宝贵的资产，许多国家实行了不利于农业可持续发展的农业政策。例如，美国的高补贴农业政策，造成农田养分流失和土壤流失严重的问题；发展中国家过去普遍实行剥夺农业以支持工业发展的政策，对农业的投入不足，农民收入水平低下，加之贫困人口压力，迫使发展中国家的农业加大对自然资源的掠夺，给生态、环境和社会造成了不小的损失。

实施农业可持续发展战略，首先应取消那些对价格扭曲较大、鼓励破坏和耗竭自然资源的政策。农业是一个弱势产业，目前多数国家都对农业实行保护政策，给予补贴。随着农产品国际贸易自由化的推进，发达国家纷纷对农业保护政策进行了较大力度的改革，主要是大幅度地削减或放弃了原有的具有短期效应的价格支持政策，转而大量采用具有长期效应、较少直接引起贸易严重扭曲的措施，如直接对农民进行收入补贴。这样既保护了农业，有利于社会公平，又减少了经济效益的损失。为推动农业可持续发展，发展中国家的农业科技政策应主要解决农业科学技术研究与经济效益相结合的问题、农业技术的推广和实施问题以及农业科技研究与推广的资金支持问题。可以通过公共投资以及农村金融体系的发展，通过国家财政和农民储蓄两个渠道筹集资金，向农民提供优惠贷款，鼓励农民扩大农业投资，促进新技术的推广。

第三节　二元经济理论

在我国经济发展过程中，明显地存在着城乡、工农二元经济结构特征，这一特征明显地制约着我国经济的进一步发展。为此，我们应从理论上充分了解二元经济结构形成的原因、产生的背景、历史特殊性以及如何推进二元经济结构向一元经济结构转化。

一、刘易斯的二元经济模型

1954 年，刘易斯发表了题为"劳动力无限供给条件下的经济发展"一文，提出了他的二元经济结构理论。他认为，绝大多数国家在经济发展的早期，其经济结构是二元的，即国民经济同时存在着两种性质不同的结构或部门。一个是生产技术落后，生产率低下，只能维持最低生活水平的农业部门或称传统部门。农业部门的主要特点是使用土地等非再生性资源，技术落后，生产率低到零甚至为负数，生产的动机主要是为了自己的消费，产品很少在市场上出售，而且存在着大量剩余劳动力。另一个是现代化程度较高的盈利部门，以工业为代表，其特征是大量使用厂房、设备等资源，所使用的生产和管理技术较先进，生产动机是谋利，产品主要在市场上出售。工业的规模随生产的发展和资本积累而不断扩大，这种扩大速度会超过人口的增长速度，所以它能从农业中吸收剩余劳动力。

古典学派假定，支付维持生活的最低工资就可以获得无限的劳动力供给，他们在这一假定下研究经济增长问题。这些经济学家认为，经济增长的源泉是资本积累。而资本积累的源泉是什么呢？税收是一个来源，但国内私人储蓄是更重要的源泉。经济增长问题因而转化成国内私人储蓄是如何增加的问题。

刘易斯从经济史的分析中得出，在欧洲，储蓄的增加来自国民收入中利润份额的提高。那么，是什么使利润份额提高呢？他认为"如果假定劳动供给有无限弹性，加上资本主义部门生产率在提高，我们就可以得到不断上升的利润份额"[1]。

在刘易斯看来，在那些相对于资本和自然资源来说人口相当众多的国家里，劳动的边际生产率很小或等于零，甚至为负数，劳动力的无限供给是存在的。（刘易斯并不认为劳动力无限供给的假设是普遍适用的。）

刘易斯认为，发展中国家如能使那些对生产没有贡献的人，即农村的剩余劳动力转移到现代化部门中去，就会使发展中国家的工农业逐年得到均衡发展，国民经济结构逐步转变。因为，工业部门的劳动生产率高于农业部门的劳动生产率，工业部门的工资水平远远高于农业部门的工资水平，由于两种工资水平的差异，促使剩余劳动力由农业向工业流动。农业中的劳动者愿意到工业部门中去，工业部门的资本家也愿意雇佣这些人。因为给他们的工资比较低，资本家可以获取更多的利润，从而扩大投资，增雇新工人。农业部门的剩余劳动力就这样进入了现代化工业部门，依此模式继续下去，农业部门的剩余劳动力将逐步被工业部门吸收。在城市工业规模和就业量逐步扩大的同时，农业的边际生产力和工资水平也逐步提高，工农业逐步得到均衡发展，发展中国家最终可以从二元经济过渡到现代化经济。

刘易斯的二元经济模式把经济增长过程和劳动力转移过程有机地结合在一起，与发达国家走过的道路相吻合，与发展中国家的实际情况也较为接近，它为后进国家实现经济赶超提供了一个可借鉴的模式。在20世纪50年代末和60年代，这一模式为很多发展中国家所接受。

尽管刘易斯模式具有重大的理论和实践意义，但从当代的角度进行反思，它也存在着一些缺陷。首先要指出的是，刘易斯模式几个主要的假设条件并

---

① 刘易斯：《二元经济论》，北京经济学院出版社1989年版，第3-4页。

不符合发展中国家的实际情况。① 刘易斯模式假设剩余劳动力只存在于农村地区，而城市处于充分就业状态。实际上，发展中国家的城市也存在着大量失业。② 刘易斯模式假定的固定工资率是不存在的，所以发展中国家劳动力的工资都是随着时间的推移而增加的。③ 刘易斯模式关于无限劳动力供给的分析不符合实际情况，这一模式忽略了农业劳动力转移的代价，而在现实中，这种代价是巨大的，无法回避的。还要指出的是，刘易斯模式只强调工业部门的扩张，而忽视了农业的发展。事实上，工业的扩张离不开农业的发展。在实践中，一些发展中国家农业的停滞阻碍了工业的扩张。

二、拉尼斯-费景汉二元经济模式

美国耶鲁大学的拉尼斯和费景汉发现刘易斯模式存在两个缺点：① 忽视农业在经济发展中的作用；② 没有注意到农业劳动力向工业流动是以农业劳动生产率提高而出现剩余产品为前提条件的。他们于 1961 年发表了《经济发展理论》一文，提出了二元经济模式。

拉尼斯-费景汉模式除了与刘易斯模式相同的假定外，还假定：① 存在农业技术进步；② 维持最低生存的相当于传统农业部门农民平均收入的工资水平线，并不始终与剩余劳动供给曲线相同。这一模式把发展中国家的经济发展过程分为三个阶段。

第一阶段，与刘易斯模式基本相同，即劳动力无限供给阶段。在这一阶段，大量劳动边际生产力为零，劳动力供给弹性无限大，劳动力从农业部门流入工业部门，既不会使农业总产量减少，也不会引起工业部门工资率的提高，而且还会使农业总消费减少，产生农业剩余，它正好可以满足工业部门增加的劳动力对粮食的需求。这一阶段是在农业部门的人均收入和工业部门的工资水平保持不变的情况下，工业部门可以不断扩张的阶段。

第二阶段，隐蔽失业者被工业吸收的阶段。这一阶段，劳动的边际产量大于零，但小于劳动的平均产量。当边际产量为零的劳动力转移完成后，劳动的边际产量就成为正数。工业部门所吸收的劳动力是一些边际生产力低于农业部门平均产量的剩余劳动力。工业部门吸收这部分劳动力以后，农业总产量会下降，因为这部分劳动力的边际产出大于零。在农业劳动力平均消费水平不变的情况下，农业总产出下降了，这样，提供给工业部门的农产品就不能维持原来的水平，经济中开始出现农产品特别是粮食短缺，农产品价格随之上升，这又促使工人的工资提高。拉尼斯和费景汉认为，最困难的就是这一阶段，工资水平的提高会减少工业的投资，有可能使工业部门的扩张在全部剩余劳动力被吸收完之前就停止。而且，在口粮减少、粮价上涨的威胁下，农业人口向工业转移也会受到抑制。要解决这一问题，就要在工业部门扩张的同时，提高农业劳动生产率，使农业发展与工业发展同步进行，这样才能在劳动力转移的同时，不减少农业中的剩余产品，从而保持工资水平不变，使工业部门的扩张和劳动力顺利转移同时进行。

第三阶段，农业全部剩余劳动力被工业吸收完毕阶段。在这一阶段农业劳动力与工业劳动力一样都是按其边际产出取酬，工业水平由市场决定。这时，农业生产进入商品化或资本化过程，社会上不再存在所谓的二元结构。拉尼斯-费景汉模式是刘易斯模式的重大发展，最重要的贡献是它强调农业对经济发展的贡献不仅在于为工业部门扩张提供所需的剩余劳动力，而且还为工业部门提供农业剩余。如果农业剩余不能满足工业部门扩张对农产品扩大的需求，劳动力转移就会受到阻碍，因而主张重视农业劳动生产率的提高和农业的发展，这一模式对后进国家发展经济和经济赶超具有十分重要的现实意义。它指出，后进国家在经济赶超过程中，必须注意农业与工业同步发展。

拉尼斯-费景汉模式的缺陷在于对经济中的一些假设与发展中国家的现实不相符。这表现在：① 依然假定城市人口已充分就业，因而增加的工人只能来源于农村。现实中，发展中国家的城市存在着大量失业。② 在农村剩余劳动力消失以前，城市的实际工资水平始终保持不变。事实上，城市工资水平总在上升。③ 农业劳动者的收入水平不会因农业生产率变化而变化。实际上，农民的生活水平随着农业的发展得到了提高。

三、乔根森的二元经济模式

刘易斯模式和拉尼斯-费景汉模式都是以农村中存在剩余劳动力、城市中不存在失业以及工业部门的工资水平取决于农村平均收入作为分析的前提，而许多发展中国家的实际情况恰恰相反，农村中没有剩余劳动力，城市中有大量失业人口以及工人工资不断上升。对此，美国经济学家乔根森于 1961 年在他的《二元经济的发展》一文中，创立了一个与刘易斯和拉尼斯-费景汉模式都不同的二元经济模式。

乔根森接受了马尔萨斯的人口论观点，认为人口增长取决于人均农业产出或人均粮食产出的增长，人口增长速度不会超过经济增长速度，否则，人们将会由于缺乏的粮食供给而自动降低生育率，使人口增长恢复到与经济增长相一致的水平。这意味着不会有剩余劳动力，因此，乔根森否认农业中有边际产量等于零的剩余劳动力存在，并由此也否认了该观点赖以建立的不变工资假说。他认为，由于技术进步和资本积累率的提高是必然的，因此，工资水平是上升的。

乔根森模式的主要内容是，人口增长取决于人均粮食供给，如果人口增长和粮食增长同比例进行，即增长的粮食全部被新增人口消费掉，则经济处于"低水平陷阱"。如果粮食供给是充分的，人口增长率将达到生理最大量。当人均粮食产出超过最大人口增长率时，农业剩余就产生了。农业剩余一出现，农业劳动力就开始向工业部门转移，于是，工业部门就开始增长。农业剩余越大，劳动力转移规模就越大，工业部门的发展也越快。因此，经济发展的必要条件是：第一要有农业剩余，第二要有工业的初始资本和一定的增长速度。

在发展过程中，工业部门能够不断吸收农业劳动力的直接机制是工资不断提高。工业部门的工资率取决于其劳动的边际生产力，而这又是资本积累和技术进步的结果，由于工业扩张总是伴随着技术进步和资本积累的不断上升而实现的，所以工业工资率上升总是超过农民的平均收入，这样将不断吸引农民转移到工业部门就业，而这又会带动农业工资率上升，从而促进经济发展。

乔根森认为，农村劳动力转移到城市还有一层意义，即消费结构的变化。因为人们对粮食的需求是有限的，而对工业品的需求是无限的。当粮食产出超过人口增长的需要时，人们的需求结构和消费结构就会发生变化，这使农业部门的进一步发展受到限制，从而进一步促使农业人口转向工业部门生产工业品，以满足人们对工业品不断扩大的需求。

乔根森模式强调技术进步的作用，重视农业发展，否定了固定工资的假定，这一方面比较贴近发展中国家的现实。它提醒后进国家在经济赶超中必须关注技术进步。它的缺陷在于没有考虑到城市中存在的失业问题，忽视了对农业部门增加物质投资的重要性。更重要的是，他关于粮食需求和经济增长之间的关系论证和农村不存在剩余劳动力的假定是不符合现实的。

四、走出二元经济

由传统农业社会到二元结构，再到工业化社会是许多发展中国家经济发展的必由之路。相对于传统农业社会，二元经济是一个更高的发展阶段。然而，当经济社会发展到一定阶段后，城乡的分离、对立及差异过分悬殊，又会不利于社会经济的进一步发展。从二元经济中走出，向工业化社会转变是当前许多发展中国家迫切需要解决的重大课题。

按照刘易斯等人的设想，这种从二元经济向一元化的工业社会的过渡主要依赖于现代部门的扩张。实践证明，这条道路有很大的局限性。这种局限性主要表现在两个方面：其一，由于城乡差异，农村人口大量流向城市，城市人口迅速膨胀，出现了城市就业、住房、交通和环境恶化等一系列问题，农村则出现人口减少、劳动力不足、经济萧条等现象。这就是所谓城市"过密"和农村"过疏"问题。这种现象曾出现在发达国家的现代化历程中，目前正在不同程度上由发展中国家所经历。其二，随着工业化和城市化水平的提高，资本对劳动的替代倾向日趋明显，现代部门增长的就业弹性越来越小，无法解决繁重的就业问题。

确立城乡协调发展战略是克服城乡矛盾、走出二元经济的基本对策。具体地说，这一对策包括以下三个内容：

（1）加速城市化进程是走出二元结构的根本出路。农民、农业和农村问题的最终解决，需要通过城市化和现代化来实现。根据中国国情，城市化应采取多种途径。

（2）城乡互助、促进农村工业化和农业现代化进程是中国现阶段经济发展的客观要求。应从加强农业的基础地位，提高农业现代化水平，搞好城乡工业分工与协作等几个方面入手。

（3）深化城乡体制改革，创造公平的市场竞争环境，是中国走出二元经济，完成工业化和现代化进程的制度前提。

五、农业中的诱致性技术变迁理论

（一）传统农业的基本特征

传统农业是一个与现代农业相对应的概念，具有以下基本特征：

（1）技术长期停滞，生产率低下。舒尔茨给传统农业下的定义是："完全以农民世代使用的各种生产要素为基础的农业可以称之为传统农业。"[①]技术长期不变，农民年复一年地耕种同样类型的土地，播种同样的农作物，使用同样的生产工具，运用同样的生产方法，在正常年景下，产量总是大致相同。

---

① 舒尔茨：《改造传统农业》，商务印书馆 1999 年版，第 4 页。

技术停滞导致生产率长期得不到提高，一个依靠传统农业的国家必然是贫穷的。农民的收入水平低，生产的成果除了维持最低生活水准外所剩无几。因此，传统农业也常常被称为"生存农业"（subsistence agriculture）。

（2）以小型的家庭农场为主要生产单位，市场化程度很低。在传统农业中，劳动力在家庭中从事生产，生产规模很小，组织和管理极为简单，家长同时也是生产管理者，家庭成员共同分担各种劳动任务。由于生产率水平和收入水平很低，农民的生产成果主要用来满足自己和家庭成员的消费，很少用来交换其他产品。这是一种自给自足或半自给自足的经济，市场极为有限，即使有市场也是狭小而零碎的。市场不发达导致分工和专业化也很落后，家庭所需的大部分产品需要自己生产。

（3）以土地和劳动为主要生产要素。传统农业增长虽然缓慢，但也并非完全停滞不前。传统农业增长的主要源泉是土地和劳动的增加。由于技术停滞，缺乏新的要素投入，土地产出水平低下，农业增长只能依靠土地扩张和劳动投入的增加。在传统农业中虽然也有生产工具、建筑物和水利设施等物质资本，但它们基本上是由农民自己生产出来的，与土地和劳动相比，资本在传统农业中不是一个重要的生产要素。

（4）农民有很强的回避风险的倾向。农业生产受自然条件影响很大，而传统农业技术原始，生产率和收入水平低下，农民常常处于生存的边缘状态，抗灾能力差。传统农民为了自己的生存，在长期生活实践中形成了一种回避风险的本能，力图通过避免不必要的风险来减少产量的不确定性。这也部分地解释了传统农民不容易接受新技术的原因。农民并非无知或愚昧，他们不采用新技术，主要原因在于贫穷束缚了他们，使他们不敢冒较大的风险。从表面上看，传统农民回避风险的倾向似乎与收益最大化目标相矛盾，其实不然。由于贫穷，传统农民把风险看得很重要，因而对创新带来的不确定的预期收入用一个很高的贴现率折成现值，对传统技术所带来的较确定的预期收入用一个较低的贴现率折成现值，然后从中选择能使收益最大化的技术。由于农民把风险看得如此重要，给予不确定的预期收入以较高的贴现值，以至于他们在大多数情况下宁愿采用传统技术。可见，农民的风险最小化经营目标实际上暗含了收益最大化目标，或者说，风险最小化就是在传统农民十分贫穷的环境下的收益最大化。对传统农业进行改造，需要引入新的生产要素，这意味着风险的提高。因此，仅仅考虑要素带来更大的预期收入是不够的，还必须了解这些要素中固有的风险。

（二）向现代农业的转变

20 世纪 70 年代初，速水和拉坦根据发达国家农业发展的历史经验，提出了一个新的农业发展理论：诱致性技术变迁理论。

这个理论不是把农业技术变化看作科学技术知识自发进步的产物，而是看作是对资源禀赋状况和产品需求的动态反应。换言之，农业技术的变化是由相对要素价格的变化和产品需求的增长诱致的，这两者又都可归结于相对稀缺性的变化。所以，并不存在对农业普遍适用的、最好的技术，不同资源条件的国家技术发展的道路有明显的不同。在人口密度较大的国家，土地相对于劳动是稀缺的，土地价格相对于劳动价格很高，随着人口增长还会变得更高。结果，农业技术就会朝着节约土地的方向发展。这种技术变革就是生物化学技术进步，它主要导致土地生产率的提高。而在人口密度小而非农业部门扩张迅速的国家，劳动相对于土地变得越来越稀缺，劳动的价格相对于土地的价格不断上涨，结果导致农业技术朝着节约劳动的方向发展。这种技术变革就是农业机械化，它主要导致劳动生产率的提高。日本和美国是资源禀赋决定农业技术发展的典型例子。日本的土地资源稀缺，劳动力资源丰富。所以，日本的农业现代化走的是以节约土地为特征的生物性技术进步的道路。而美国的情况则不同，美国地广人稀，所以美国农业是专业化和机械化水平很高的大农业。一些农场往往经营上千公顷的连片土地，从耕地、播种、中耕、施肥、除草、收获，乃至运输、储藏、加工，每一个生产环节都使用机械操作，全面实现了机械化。

诱致性技术变迁理论表明，一个有效率的农业发展道路是建立在完善的市场体制基础上的。如果价格不能正确反映生产要素的相对稀缺性，技术进步就可能与要素稀缺状况不一致，导致农业发展效率低。

第四节 现阶段农村经济的发展

从地域上讲，我国存在城乡经济发展的问题，从产业上讲，我国存在工业和农业经济发展的问题。由于产业的特殊性和新中国成立初期的经济发展安排，我国的农村与农业经济发展一直滞后，目前已经严重地影响到我国整体国民经济的发展。因此，探索一条农村和农业经济发展的新路子，已是全社会的共识。

一、过密型农业增长模式——农业剩余劳动力的隐蔽化

农户的生产行为是根据经济环境以及自身的资源禀赋的状况来配置各种生产要素并使其收入达到最大化。农户当前的农业劳动力数量与达到其生产要素优化配置时的农业劳动力数量之差就是该农户的农业剩余劳动力，将其汇总便是总的农业剩余劳动力。刘易斯认为，农业剩余劳动力是农业总劳动力中的一部分，这部分劳动力的存在对农业总产出增加没有影响，即农业的边际劳动力生产率为零，如果将这部分劳动力转移出去，尽管其他生产要素的投入并不增加，农业总产量也不会减少。

我国农业的过密化增长问题，是由美籍华人黄宗智教授在《长江三角洲小农家庭与乡村发展》一书中提出来的。所谓过密化，是以单位劳动日边际报酬递减为代价，去换取单位面积劳动力投入的增加，这种过密化解释了为什么会出现无发展的增长，即虽然产出增加了，但是劳动生产率并未提高反而降低了。这是因为旧中国工商业极不发达，难以吸收农业生产部门中多余的劳动力，又由于中国农民在漫长的历史过程中，更多的不是作为单个体制而是作为家庭甚至家族的一员参与到经济生活中去的，尽管过密化造成了单位劳动日边际报酬递减，但从维持全家生存的角度看，只要能换得总产出的提高，就是值得的。在中国，长期以来存在人多地少的压力，后来又有城乡分割的体制，传统农业特别是种植业的边际报酬递减，的确是存在的，但并不是边际报酬为零。农业的过密化增长理论解释了中国历史上就已经形成的人地关系紧张但又缺乏释放过剩农业劳动力渠道下农业增长的特征。在过密型农业增长模式中，农业剩余劳动力问题就以某种方式隐藏起来。除非现代工商业发展起来，否则这种过密型的农业增长模式就不会改变。

二、农村剩余劳动力转移

1. 农村剩余劳动力转移的原因

20 世纪 80 年代以来，政府在分割城乡劳动力市场的若干制度方面都进行了不同程度的改革。家庭承包制的普遍推行，农产品市场逐渐放开，以及生产要素市场的发育，推动了劳动和资本在农村内部和城乡之间的流动。相应的，由于户籍制度的松动，劳动力就业也逐渐市场化，劳动力的流动也愈益加强。导致劳动力流动的原因大致有以下几个方面：

（1）大规模的劳动力迁移活动，是传统的发展战略和体制的产物。由于政府长期实行重工业优先发展战略以及相应的体制，工业结构偏向于资本密

集型的重工业，从而降低了工业化过程中对劳动力的吸纳能力。同时，城乡隔离的户籍制度和向城市倾斜的就业制度，也阻碍了农业劳动力改变居住地和变更职业。随着农业劳动生产率的提高，人均耕地的减少，需要转移到非农产业的劳动力却未能获得转移，所以一旦在政策上有所松动，积淀下来的农村剩余劳动力便会发生大规模的转移。

（2）这种大规模的迁移也是乡镇企业发展阶段变化的结果。最初的劳动力转移是从农业转向农村的非农产业，主要是在乡镇企业中就业。但随着乡镇企业遇到来自国有企业、外资企业以及私营企业的越来越强劲的竞争压力，结果农村劳动力主要变为跨地区转移。

（3）城乡经济改革推动了农村劳动力转移。20 世纪 80 年代初，农业中家庭承包制的实行，提高了劳动生产率，释放出了大量剩余劳动力。80 年代后期开始逐步推行的城市经济改革，如非国有经济的发展，粮食定量供给制度的改革，以及住房分配制度、医疗制度、就业制度的改革，乃至户籍制度的松动，都降低了农民向城市流动并且定居下来和寻找工作的成本，从而推动了农村劳动力向城市的转移。

（4）收入差距扩大增强了迁移的动力。改革以来特别是 20 世纪 80 年代中期以来，城乡收入差距和地区之间的发展水平差距都不断扩大。而在中西部经济落后的地区，乡镇企业的发展一再受挫，几千万农民陷于极端贫困的状态。这种情况推动了农民通过迁移寻找脱贫之路。

2. 农村劳动力转移的特征及影响

从流动人口的特征看，首先是流动人口的年龄大大低于劳动人口的平均水平，许多调查表明，迁移的人绝大部分都集中在 20～35 岁之间。其次是迁移者与劳动力的平均水平相比，受教育的程度较高，即大多数为受过初中以上教育的劳动力，代表了农村劳动力的精华。再次是迁移者一般能够承担迁移的成本。

从迁移的流向和流动人口的地区分布来看，其中比重最大的一部分是省内迁移，约占 50% 以上。在跨省迁移中，基本流向是由农村流向城市，由西部、中部流向东南部沿海地区。

人口流动的影响主要表现在以下两个方面：一是积极的影响，如对推动城市就业体制的改革具有积极的意义；对中国经济发展和社会转型产生积极的效应。二是消极的影响，如影响城市国有企业改革的推进，原因是对城市失业工人产生就业机会的竞争，加上转移出去的劳动力多是农业劳动力中的精华，会对农业、农村的发展带来一些不利的影响。总体而言，通过劳动力的转移形成的资源重新配置效应，可以推进产业结构的优化，可以发挥我国劳动力要素价格廉价从而提升产品竞争力的比较优势，可以填补我国城市发展中的岗位空缺的效应，可以起到促进城市建设的效应。因此，就一般而言，劳动力转移的积极效应是主要的方面。

三、现阶段我国农业的特征与面临的制约性因素[①]

从当前我国农业生产的实际情况中可以看出，农业生产与发展过程中的传统特征仍比较明显，并在一定程度上制约着农业的进一步发展。为推动我国农业的发展，结合我国农业的传统特征，现对传统农业的特征及农业发展的制约性因素作一具体的分析，以便明晰现阶段农业发展的思路。

（1）传统农业的技术非常落后。传统农业下的农民，仍习惯于按照一种落后、一成不变的技术来进行耕作。这些技术是通过对自身的农业生产进行长期观察和积累的经验而形成，又是通过示范和口头传授而得以代代相传的。

（2）传统农业的"有效而贫穷"[②]假说。这一假说是舒尔茨在1964年《改造传统农业》一书中提出的。他指出"在传统农业中，生产要素配置效率低下的情况是比较少见的"。它的含义即是"依靠重新配置受传统农业束缚的农民所拥有的要素不会使农业生产有显著的增加"，也就是"没有一种生产要素仍未得到利用。在现有技术状况和其他可利用的要素为既定的条件下，每一块能对生产作出贡献的土地都得到了利用"，"此外，每一个愿意并能作出一些有用工作的劳动力都就业了"。舒尔茨进一步把要素概念扩大到土地、劳动、资本和技术状况，仍然得出结论认为，"根据这种全面的要素概念，这个社会之所以贫穷是因为经济所依靠的要素在现有条件下无法生产的更多"。

（3）传统农民对价格变化的反应。传统农业中的农民，也会根据市场的变化来安排生活和生产。但是，"传统农民对价格的反应灵敏与提高产量是不尽相同的。即使在价格普遍上涨的情况下，生产与销售的农产品有可能很少。这是因为：第一，传统农民的收获物中，除自身消费外，可供出售的已经很少，即使价格上涨也无能为力。第二，由于扩大生产所必需的投入要素有限，

---

① 史继红：《现阶段我国农业发展的制约性因素与对策分析》，《中国集体经济》，2007（7）。

② 舒尔茨：《改造传统农业》，梁小民，译，商务印书馆1987年版，第29页。

特别是土地资源有限，因此，对价格的变化无法作出产量上的变化"[①]。

（4）传统农业中每个农户的土地经营规模很小，特别是一些人口稠密的国家情况比较突出。因为大多数发展中国家的人口增长很快，相对于土地而言，劳动力是充裕的，而且传统农业是发展中国家的主要部门，绝大多数的人都在农村从事农业生产活动，因此人均土地面积很少，从而出现人口增长与土地资源失衡的状态。

（5）农业生产的自然弱质性。由于农业生产与其他产业相比所特有的对自然条件（如土地、水、风、阳光等）的依赖性，所以当自然条件变化时，必然对农业生产产生一定的影响。即使在现代生产条件下，农业生产要想消除自然条件的限制也是相当难的。

（6）农产品需求价格弹性和收入弹性小的特点。需求价格弹性小导致农业生产"增产不增收"，供给刺激机制缺失；需求收入弹性小导致人们在收入水平提高时所产生的对农业生产的需求刺激比其他产业小，从而需求刺激机制缺失。这不仅内在地制约了农业生产的进一步发展，还使农业生产丧失了外在的激励机制。

（7）农业比较优势的下降。通常在较低的发展水平下，土地和劳动力是比较丰富的要素；较发达的经济则拥有较丰富的资本。而由于不同产品要求的要素密集度不同，所以随着经济发展水平的提升，资本拥有量相应增加，从而比较优势必然从农业转到其他产业上来。农业比较优势下降的情况是，由于农业生产需要土地的投入，而土地的禀赋是固定的；随着资本积累从而土地变得越来越稀缺时，农业就不再具有比较优势。

（8）传统农业生产的粗放性与自给性特征。在农业发展的初期或农业为主要部门的情况下，农业生产方式多是以增加要素投入量从而提高农业产量为特征。并且早期农业生产的效率低，农产品主要被作为自给性生活来源，不具备商品经济条件下的生产剩余条件。

四、现阶段推动农业发展的思路与对策

尽管随着近现代经济的发展，农业在整个国民经济中的比例日益下降，但农业的基础地位仍然是其他产业所无法替代的。从近现代农业发展史看，

---

① 中国人民大学经济学院：《经济学文萃》，华夏出版社 2001 年版，第 258 页。

农业不仅通过支持工业化为经济发展作出贡献，而且能够直接为经济发展作出其他多方面的贡献，农业部门在为现代经济的发展提供农产品原料、沟通城乡联系、提供工业扩张所需要的资本和劳动、换取外汇等各方面都是不可或缺的。如果农业发展得不到应有的重视，必然会严重遏制工业化和整个经济的发展。

长期以来，我国农业是在传统的格局下进行生产和经营的。随着工业和科技的迅猛发展，传统农业出现了向现代农业转变的趋势。"综合国内外的现代农业建设经验，对我国的现代农业可以作如下概括：现代农业是在现代市场经济条件下以专业化分工、社会化协作和商品化生产为前提，以企业化、集约化、产业化经营为手段，以不断提高的土地产出率、科技贡献率、劳动生产率为标志，广泛应用现代产业理念、现代设施装备、现代科学技术、现代管理方法进行农业生产经营活动的现代产业体系。现代农业至少有八个方面的本质特征：一是现代农业是市场化、国际化程度比较高的开放型农业；二是现代农业是生产专业化、规模化程度很高的集约农业；三是现代农业是以农民知识化为基础、科技贡献率相当高的科技密集型农业；四是现代农业是农产品质量安全水平和标准化程度相当高的绿色农业；五是现代农业是以发达农产品加工为支撑的高附加值农业；六是现代农业是产业化经营一体化农业；七是现代农业是可持续发展的生态农业；八是现代农业是由政府实施科学管理和依法加强支持保护的基础产业。"①尽管对传统农业与现代农业的内涵和特征的理解与描述不尽相同，但以上分析的其基本特征还是可以反映其内在本质的。结合以上对传统农业和现代农业的内涵与特征的分析，我们可以找到推动传统农业向现代农业转变的基本思路与措施。具体有以下几个方面：

（1）推动农业科技进步。现代农业发展的动力来自科技进步与创新。现代农业发展的过程，实质上就是先进科技在农业领域应用的过程，是用现代科技及装备改造传统农业的过程。根据国际经验，当前必须高度重视对农业科技的投入，推动农业科技创新能力，实施现代农业科技创新工程，推广应用农业高新技术和先进适用技术，推进农作制度创新，建立健全农业科技创新服务体系。

（2）推动"农村土地家族化与市场化'有限整合'"②，逐步发展适度规

---

① 骆建华：《重视财政对现代农业的支持》，《浙江经济》，2006（9）。
② 史继红：《我国农村土地家族化与市场化"有限整合"分析》，《商丘师范学院学报》，2006（3）。

模经营，提高农业生产的机械化水平与效率。现阶段，随着我国农村劳动力的大量流动，一定程度上缓解了农业生产中的人地矛盾，但由于我国农村家庭的土地小块分割的特征，制约了生产与管理的效率，提高了机械化的成本。应通过家族化或市场化的方式，对农村土地进行有限的整合，结合农村的实际，逐步推动整合的进程，以便在此基础上实现农业生产的适度规模经营。

（3）在适度规模经营的基础上，转变农业经济增长方式。农业经济增长方式的转变，必须具备相应的条件。按照邓小平同志关于农业发展的"两个飞跃"的理论（第一个飞跃，是废除人民公社，实行家庭承包为主的责任制；第二个飞跃，是适应科学种田和生产社会化需要，发展适度规模经营），在当前阶段，实行经济增长方式的转变，应大力推动农业剩余劳动力向城市和非农产业的有效转移，推动农业生产适度规模经营，加大对农业生产的科技投入，加快农村基础设施建设，只有这些条件具备了，农业经济增长方式的转变才有可能实现。

（4）重视财政对现代农业的支持。在目前我国工业化水平逐步提高的条件下，政府应大力推动城乡、工农协调发展，体现出财政支农政策的倾斜度，有效地防御和克服农业发展中的自然弱质性与市场弱质性，培育农业自主发展的能力，消除现实的与潜在的对农业发展的制约性因素，从而实现国民经济的持续、协调、均衡发展。

（5）加快农业产业化进程[①]，加强农业社会化服务体系建设。农业生产由于其自身的特殊性，附加值低，产业链条短，农业增收与自身资本积累的能力差，且农业发展所需的社会化服务体系不健全，不利于农业生产在市场经济中的进一步发展。因此，应推动农业"生产、加工、销售与产前、产中、产后一体化的产业链条与服务组织"的形成，从而增强农业的抗风险能力与自身资本积累能力。

---

① 史继红：《论农业产业化与农村经济发展的问题——以商丘市农业产业化经营为视角》，《商丘师范学院学报》，2009（1）。

第十一章　经济增长与经济发展

经济增长是一个国家经济社会发展的重要基础和前提，国民经济的持续增长有赖于经济增长的速度、经济增长的结构和经济增长方式三者的合理化与最佳选择。经济增长以及与经济增长相伴随的经济结构和社会结构的变迁是经济发展的核心内容。

第一节　经济增长理论

一、经济增长的衡量指标

对于经济增长这一概念，比较权威的表述是：一个国家生产商品和劳务能力的扩大。在实际核算中，通常以一个国家或地区在一定时期内的商品和劳务产出总量的增加来表示。

（一）衡量经济增长的指标

1. 工农业总产值

工农业总产值是指一个国家或地区在一定时期内（通常为一年）工业总产值与农业总产值之和。它包括工农业生产中消耗的原材料、动力、燃料、固定资产折旧等所转移的价值以及新创造的价值。在计划经济体制下，曾广泛使用这一指标来考察经济增长，它的优点在于反映了工业与农业这两个重要的第一、二产业部门的变化情况，但其缺陷在于不能反映服务业等第三产业的增长情况，而且其中包含着产品转移价值的重复计算，水分较大，不能准确反映经济效益，因此局限性很大。在市场经济体制下，这一指标已经很少使用。

2. 社会总产值

社会总产值是指社会物质生产部门在一定时期（通常为一年）内所生产的全部物质资料的总和。社会物质生产部门主要包括工业、农业、建筑业、运输业和商业五大部门。这个指标在计划经济体制下也被广泛使用，它的优点是在一定程度上补充了工业和农业以外其他物质生产部门的增长情况，但却没有解决第三产业缺失及转移价值的重复计算问题，因此仍有很大的局限性。

3. 国民收入

国民收入又称社会净产值，是社会物质生产部门在一定时期内（通常为一年）新创造的价值之和。由于它从社会总产值中扣掉了生产过程中转移的价值部分，因此，能够克服工农业总产值和社会总产值指标的缺陷，较真实地反映一国物质生产部门的生产成果及增产节约等情况。但是这一指标中同样没有包括第三产业的成果，而且它是根据生产量而不是销售量来统计，因此不能反映产品是否符合社会需要，是否最终进入消费过程等情况。

4. 国民生产总值（gross national product）

国民生产总值（GNP）是指一个国家或地区的所有常住居民在一定时期内（通常为一年）生产的以货币表现的社会最终产品和劳务价值的总和。它实际上等于最终产品和劳务在各个生产环节中所创造的价值之和，其中没有重复计算部分，因而克服了上述三个指标的所有局限，能够全面和准确地反映一个国家或地区的经济增长情况及经济总实力。但这一指标也有一些缺陷，如它把公共部门人员的工资及社会上一些不健康的行业的收入也计算其中，因此范围过宽。

5. 国内生产总值（gross demotic product）

国内生产总值（GDP）是考虑到对外交往因素后提出的一个指标。它是指一个国家或地区在一定时期内（通常为一年）在本国领土上所生产的最终产品和劳务价值的总和，其中既包括本国公民所生产的，也包括外国公民即外商所生产的。

现在，衡量经济增长的指标通常是国民生产总值（GNP）或国内生产总值（GDP）。国民生产总值或国内生产总值都是按市场价格计算的一定时期内所生产的物品和劳务的总和。所不同的是两者是按不同的统计原则来计算的。国民生产总值的计算，只包含本国居民从事经济活动的全部成果，而不问其居住在何处，这是所谓的国民原则。国内生产总值则是按所谓的国土原则计算的，只包含在本国领土上的经济活动成果，而不论其经济活动参与者是否是本国居民。其二者的关系可以下式表示：

$$国民生产总值＝国内生产总值＋本国公民在国外生产的最终产品和$$
$$劳务价值之和－外国公民在本国生产的最终产品和$$
$$劳务价值之和$$

或

$$国民生产总值＝国内生产总值＋得自国外的要素收入净额$$

得自国外的要素收入净额是指来自国外的要素收入与付给国外的要素收入的差额。可见，国民生产总值包含了一定的收入成分在内，而国内生产总值则是比较严格的生产指标，联合国自1971年起推荐各国使用国内生产总值这一指标。

一般地说，如果一个国家或地区外商投资大于本国公民在其他国家和地区的投资，则国内生产总值大于国民生产总值，否则，则相反。

（二）衡量经济增长的 GNP 或 GDP 指标及其缺陷

衡量经济增长的指标通常是以实际 GNP（或 GDP）的增长率来表示的。实际 GNP 或 GDP 是用当期的 GNP 或 GDP 除以价格平减指数而获得的，用当期的实际 GNP 或 GDP 减去前期的实际 GNP 或 GDP，得到一个实际国民产品的增量，再把它除以前期的 GNP 或 GDP，即得到实际增长率。这个 GNP 或 GDP 的增长率就是通常所说的经济增长率指标。

到目前为止，实际的 GNP（或 GDP）被国际上公认为是反映一国某一时期（通常以年为单位）国民产品总量的最好的综合指标。

但是，这个衡量指标也有如下一些缺陷：

（1）每个国家都有一些产品和服务是不经过市场交换的，而这些产品和服务也是国民总产品的一部分，但并没有包括在 GNP（或 GDP）中。因此，按市场价值加总的 GNP（或 GDP）数字无疑低估了一国实际的国民总产品。

与发达国家相比，发展中国家中没有进入市场交换的产品和服务的数量就要大得多，而且，越是不发达的国家，其数量越大。这是因为发展中国家经济发展水平低，劳动分工和专业化程度低，市场交换不发达，很多产品和服务是由家庭成员自产自用的。他们这些自产自用的产品和服务也是国民产品的一部分，但它们大多没有包括在 GNP（或 GDP）中，由此可见，发展中国家 GNP（或 GDP）指标比发达国家更为严重地低估了实际国民总产品。

此外，就一国而言，当前的实际 GNP（或 GDP）与较长时期以前的实际

GNP（或 GDP）从严格意义上说也是不能完全相比的。因为较长时期以前的许多产品尤其是服务是自产自用的，而现在却是从市场上购买来的。可见，现在 GNP（或 GDP）的增加量中有一部分不是国民产品的实际增加，而是由于经济的发展，收入水平的提高，以前由家庭自己提供的产品和服务现在转变为由市场交换方式而取得。

（2）在任何一个国家，"地下经济"（underground economy）都是存在的。从事地下经济活动的目的有些是为了逃税，有些是为了逃避国家有关法律的制裁。由于地下经济都是非法的，交易收入不报告，因而无法统计在 GNP（或GDP）中。所以，由于地下经济的存在，使得 GNP（或 GDP）比实际国民产品小。

（3）GNP（或 GDP）并没有扣除自然资源（如水、土壤、森林、空气和不可再生资源的存量）的耗竭和环境污染所引起的人类福利的损失和为防治污染而投入的成本。为了弥补这个缺陷，联合国统计局和世界银行等国际机构已尝试性地设计了新的国民账户和国民财富核算体系，把自然资源耗竭和环境恶化因素考虑进去了。这个新体系从 GNP（或 GDP）增长率中扣除掉环境保护支出，再扣除掉自然资源的耗竭成本和环境恶化成本，最后得出的实际 GNP（或 GDP）比通常计算的 GNP（或 GDP）要小，实际的 GNP（或GDP）增长率比通常计算出来的要低。

（4）当把 GNP（或 GDP）进行国际比较时，必须把不同的货币转换成一个共同的货币，用这种方法来比较各国收入水平的高低是很不准确的。

① 发展中国家的汇率大都不是完全由市场决定的，而政府对其干预很大，这种管制汇率与市场供求决定的汇率一般是不一致的，有的甚至相差甚远，而且变动幅度较大。用这种汇率作为货币换算率当然不能完全反映要比较的国家的真实收入差别。

② 即使政府不干预外汇市场，完全由市场供求关系决定，汇率也很难达到均衡水平。这是因为各国的通货膨胀率不同，而且差别很大。通货膨胀由于种种原因并不一定完全在外汇市场上反映出来。此外，汇率还受各国的利率变化和其他许多因素的影响。

③ 即使汇率达到均衡水平，它也只适合作为可交易商品和服务的货币换算率，而不适合做一国全部商品和服务即国民总产品的货币换算率。这是因为，在国民总产品中有大量的产品和服务是不进入国际贸易的。与发达国家相比，发展中国家不可贸易品价格一般低于汇率。因此，按照汇率来计算发展中国家的 GNP（或 GDP）是不准确的。

二、经济增长的要素

影响经济增长的因素有资源的投入数量和资源的使用效率以及影响资源投入数量和资源使用效率的各种因素。一般认为，决定经济增长的因素主要有两类：一类是土地等自然资源、资本、劳动力；另一类则主要是指技术和制度。我们也可以把第一类称为直接因素，把第二类称为间接因素。

（一）直接因素

1. 土地等自然资源

威廉·配第有一句名言："劳动是财富之父，土地是财富之母。"人类的一切经济活动都要在土地上进行，没有土地，便不可能有经济活动。在农业生产中，需要大量土地，它是一种典型的土地密集型产业。而在传统的农业社会中，整个社会的经济结构主要是由农业等第一产业组成，因此，土地数量多寡及质量好坏便是决定经济增长的主要因素。在第二、三产业的发展过程中，虽然土地的相对重要性有所下降，但是依附于土地而存在的自然矿藏、森林、河流等资源的重要性却相应上升，它们为工业的发展提供原材料、燃料、动力以及机器设备的实体，同时也为人类提供一个适合生产和生活的环境。而地球上的资源是有限的，在经济增长过程中，自然资源的供求矛盾也越来越尖锐，因此必须合理地进行开发和利用。另外，虽然自然资源的贫乏会对经济增长产生约束作用，人们经常用自然资源的匮乏与富饶来解释不同国家发展水平的差异，而在现代社会，更常见的却是"富饶的贫困"，意指有些国家资源虽然丰富，但经济发展水平却很低。

2. 资　本

资本有三种形式：物质资本、人力资本和货币资本，这里的物质资本，即以厂房、机器设备、存货、交通运输设施等物质形式存在，并且是通过物质投资所形成的物质生产要素。

在西方经济学中，特别重视资本积累对于经济增长的作用。以亚当·斯密为代表的古典经济增长理论，把资本积累量的大小看做是经济增长率高低的关键因素。

资本之所以在经济增长中具有如此重要的作用，是因为产业革命以后，在第二、三产业的发展中，生产工具和动力系统发生了革命性的变化，机械化、自动化水平不断提高，用以代替传统农业生产中劳动者的作用。因此，在整个社会资本中，物质资本所占比重越来越大，它的多少成为决定经济活动效率高低、增长速度快慢的重要因素，一个国家、地区物质资本数量多寡、质量好坏，也就成了衡量经济增长能力的重要标志。

3. 劳动力

劳动力是经济活动的主体，对经济增长具有直接的、重要的作用。劳动力人口的增长率和劳动生产率的增长率决定了一个社会潜在的国民收入的增长率。劳动力借助于劳动者的形式而存在，具体表现为人口数量的多寡。人口对于经济增长具有双重作用。一方面，人是经济活动的主体，人是生产者，没有人口，便不可能有经济活动，特别是在农业社会以前，物质资本数量很少，质量不高，人口数量对于经济增长便具有重要意义。但是在产业革命以后，物质资本重要性上升，劳动者必须和物质资本相结合，才能够发挥作用，因此，客观上要求人口增长同经济增长对劳动力的需求数量相适应。如果人口数量超过经济增长需要，则劳动人口就由资源变为包袱。另一方面，人是消费者，人类在生产过程中要消费一定的生活资料。因此，每一时期的人口数量必须同当时的经济活动所能提供的生活资料相协调。

（二）间接因素

通常，一国经济增长既受常规生产要素的制约，也取决于经济增长的制度环境，如明确的产权制度、法律制度和有效的激励机制对推动经济增长都具有正面影响。间接因素是指那些既影响资源的数量也影响资源的使用效率的各种因素。在间接因素中最重要的因素有两类：一是技术，二是制度。在某种程度上，可以认为，经济发展的根源在于二者的相互作用。技术直接影响着资源使用效率，技术进步还提高了物质资本和人力资本投资的收益率。因此，全部经济增长，包括那些由资本积累直接组成的经济增长，都是以技术进步为基础的。

结构变迁是影响经济增长的另一重要因素。资源从低生产率部门向高生产率部门的转移，无疑会使总体经济的增长加快。

中国经济增长的绩效在改革前后截然不同，归根结底反映了推行不同的发展战略和改革经济体制的结果；而经济改革方式和策略也对改革的增长效果产生影响。一般地说，一个国家的增长速度，主要取决于以下三个因素：① 各种生产要素（尤其是资本）的增加；② 生产结构从低附加值的产业向高附加值的产业的升级；③ 技术的进步。在这三个因素中，最重要的是技术进步。

三、全要素生产率

资源的使用效率是决定经济增长的另一直接因素。如果资源使用效率有了提高，即使资源投入数量不变甚至减少，国民收入也有可能增长。资源的使用效率可以用部分生产率，即产量与某一特定投入量的比率来衡量。但部分生产率只能衡量一段时间内某一特定投入量的节约，而不能反映生产率的全部变化，生产率的全部变化还应包括由于投入结构变动造成的变化。因此，全要素生产率，即产量与全部要素投入量之比，是一个更适当的指标。因为投入量结构的变化会影响生产效率的全部变化。要衡量全部投入量的节约或衡量生产效率的变化，必须使用全要素生产率。

全要素生产率（total factor productivity），作为衡量单位总投入的总产量的生产率指标，即总产量与全部要素投入量之比。全要素生产率的增长率常常被视为科技进步的指标。全要素生产率的来源包括技术进步、组织创新、专业化和生产创新等。产出增长率超出要素投入增长率的部分为全要素生产率（TFP，也称总和要素生产率）增长率。

全部要素的生产率（TFP）无法从总产量中直接计算出来，故只能采取间接的办法：

$$TFP = 总产量 - 劳动、资本、土地要素的投入量$$

例如：如果在生产中投入劳动、资本（包括厂房、机器设备、存货等劳动创造的资本财物）、土地（包括一切自然资源在内）等生产要素共计 100 万美元，而生产出来的总产量为 150 万美元。那么，这 150 万美元的产量是由两个方面的贡献构成的，其中 100 万美元是由于投入了 100 万美元的生产要素所引起的，其余 50 万美元则是全要素生产率（TFP）的贡献。如果本年度的产量比上年度增长 15%，而其中要素投入量的增长为 10%，则其余 5%就是全要素生产率的增长。

四、经济增长速度与经济效益

（一）经济增长速度

经济增长速度是指在一定时期内社会最终产品和劳务的增长速度，通常用年增长率指标来表示。

在国民经济发展中，必须高度重视经济增长速度，保持适当的经济增长率。一方面，人口的增长以及人民生活水平的不断提高，都要求经济要有相应的增长，而且社会经济活动规模的不断扩大也需要建立在前期的经济增长速度和所提供的积累基础之上。另一方面，经济增长速度是建立在一定的（实际）条件之上的，二者要相适应，如果脱离（实际）条件，急于求成，结果只能是欲速则不达，造成很大浪费。

（二）经济效益

经济效益是指在经济活动中投入与产出的对比关系。其中的投入包括对人力、物力和财力的占用及其耗费，而产出则是指产品和劳务的数量。因此衡量经济效益的方法就是：在投入一定的条件下，产出越多，效益越高，产出越少，效益越低；或者是在产出一定的条件下，投入越少，效益越高，投入越多，效益越低。如果产出小于投入，甚至为负效益，即得不偿失。因此，任何社会的经济活动都要求提高经济效益，提高经济效益在经济增长过程中具有重要意义。

（三）经济增长速度与经济效益的关系

经济增长速度和经济效益之间是对立统一的关系。二者的统一性表现在：保持一定的经济增长速度是提高经济效益的前提条件，没有一定的经济增长速度就不可能有好的经济效益，经济效益只能产生和存在于经济增长速度之中。而良好的经济效益则是保持经济持续、稳定、协调增长的保证，只有前一个经济活动中的投入全部得到了补偿，并且有剩余部分转化为积累，才能为进一步扩大经济规模奠定基础。如果经济效益很差，甚至为负效益，则每一次经济活动中的投入都不能得到有效补偿，结果导致经济规模不断萎缩，甚至导致企业破产，国民经济全面停滞。二者的对立性表现在：由于它们反映的是经济活动的不同方面，因此一方面的提高并不一定意味着另一方面也相应提高，甚至可能会有适得其反的结果。经济增长速度可以通过节约投入来实现，如果这样，则经济效益就会相应提高。但是，经济增长速度也可能是通过依靠更多投入来实现的，如果其中的投入等于或大于产出，则经济效益为零或为负数。

正是鉴于二者之间的对立统一关系，在经济活动中，我们既要追求一定的经济增长速度，同时又要把它建立在经济效益提高的基础之上，使产品供需对路，并使各种消耗与占用不断降低。在经济管理活动中，特别要注意防止不顾经济效益而片面追求经济增长速度的问题发生。

五、索洛的经济增长模型——"三腿凳"增长理论

经济学家使用不同的术语描述不同类型的增长："扩张"用于形容消费增加，"增长"用于形容生产能力的增加。第一种类型的增长仅仅是缩小了实际与潜在产量的差距，第二种类型的增长则能永久地提高生活水准。一个国家的稳定增长率由每个国家不同的基本要素决定，基本要素首先描述了国家对储蓄与投资的倾向，其次是生产产品所需的资源。生产所要求的资源取决于可行的技术，通常被表示成国家的资本/劳动的比率。

罗伯特·索洛（Robert Solow）把决定经济增长的因素比作一条三腿凳。凳子的第一条腿是储蓄与投资（间接为国家的资本储备率），第二条腿是人口增长率（间接指劳动力增长率），第三条腿是技术增长率（间接指资本与劳动生产率），合在一块即为国家的资本投资率与人口增长率决定的可用于生产的资本与劳动力的数量。假定技术知识不变，该国的资本与劳动力的可用量决定该国的产出量，同时决定国家的资本与劳动的比率、总雇佣量以及人均产出量。人均产出量又决定了人均收入，进而决定国家的人均生活水平。

在索洛的稳定状态（steady state）中，国家的储蓄与资本精确地提供替换贬值资本及雇佣年度增加的劳动力所需的新资本来源。随着稳定状态增长，产出与雇佣同样得到增长；当储蓄与投资仅够维持当前资本/劳动比率时，增长率受到人口增长率限制。

索洛的增长理论的重要总结是：如果国家生产能力的增长仅仅依赖于人口增长及资本财力的增长；如果增长达到某一稳定状态并盛行；那么，随着稳定状态的增长，国家的生产能力与人口增长相关。

在这些条件之下，生产增长不能超越人口增长。如果国家的增长只有两条腿支撑，生产不会比人口增长快，结果是人均生产及人均收入不会增加，生活水平也不会得到提高。

技术进步通过改变资本/劳动比率来影响国家的经济增长。在高储蓄国家，充足储蓄的供给趋向降低资本成本。从而鼓励生产转向更高资本/劳动比率的产品上来。这类技术被称为"资本密集型（capitalintensive）技术"。

技术进步的最明显的例子体现在科学知识的发展、新产品的发明或新制造业的推进，或体现在采集产品资源方法上的改进。

技术进步是克服索洛在经济增长理论上的局限的核心要素。因为，既然每个非熟练工人与熟练工人资本存量相同，资本财力渐增恰好与本身不能带动人均产出的人口增长趋同。但是，没有技术进步，资本财力渐增也不会快过带动人均产出提高的人口增长，理由是若资本财力渐增快于人口增长，而技术停步不前，则最终会导致资本收益递减。

排除劳动与资本比率为单一的经济增长动力后，唯一确保通向提高生活水平的路径只剩下技术进步了。技术进步会改变生产所需要的资本与劳动力数量，而且技术进步在不会造成收益递减的情况下能够实现新型的资本投资，带动总产出与就业机会的增加。

索洛的理论通过借助一个简单的公式展示他对国家经济增速有贡献的三要素便很容易得到理解。他用历史数据来验证三方面决定因素对经济增长的贡献，公式如下：

2/3 的劳动增长率 + 1/3 的资本增长率 + 技术知识的增长率
= 总产出的增长率

描述劳动力对增长的贡献 2/3 的比例以工人占总产出份额大约为 2/3 的事实为依据；同样，劳动力配备的资本也为总资本的 2/3。索洛在他的增长公式里使用这些分数的原因是支付给每个劳动力资源的产出配额是我们所得知能够体现劳动力资源对产品贡献的最好指标。

索洛的增长模型潜藏的最全然的现实与人均产出相关。根据其增长公式，我们来分析实际产出的增长。假定其余变数保持不变，劳动力增长率每增加1%，总产出只增长 1% 的 2/3。总产出增长要是小于劳动力增长，人均收入一定下降。假定整体劳动力受雇于一个工厂，如果假定劳动力增加 1%，除非资本量同样增加 1%，否则新增的工人增加的产量并不足以维持同样的人均产出。因为经济作为一个整体，真实情况是当劳动力增长时，产出增长要想与劳动力增长保持同步，资本量增长率也必须与劳动力增长率持平。

即使是这样，资本与劳动力的同步增长也只存在于假定的生活水平当中。劳动力与资本同时增长 1% 得到的真实产出只有 1% 的增长。投入更多的工人、更多的资本可以获得更多的产出，但人均产出与生活水平不会随之改善，在这种条件下，要提高生活水平就需要加大技术知识这一增长要素的投入。

技术知识通常被表示成为全要素生产率（TFP），描述总产出当中属于流水线上劳动力与资本相互配合的质量的那一部分。除非全要素生产率增加，产出增长不会大于劳动力与资本的同等增长百分比。

六、经济增长的阶段

1960 年，罗斯托出版了《经济增长的极限》一书。通过对世界各国特别是英、美经济增长历史的考察，罗斯托认为，从不发达到发达的过渡可以用所有国家都必须经过的一系列步骤或阶段来说明。他把人类社会的发展分为五个阶段。

第一阶段，传统社会。其特征是：生产主要依靠劳动力，大部分资源用于农业生产，消费水平很低。实行等级制，社会阶层结构有一些变动余地，但是很小，家族和民族在社会经济生活中起着重大的作用。不存在现代意义上的科学技术，按人口平均计算的、可以达到的生产水平有其最高限度，经济增长极其缓慢。

第二阶段，为"起飞"创造前提条件的阶段。这是指从"传统社会"向"成熟阶段"演变的一个时期，在这个时期，社会信念、经济、文化都发生了重大变化，"起飞"的条件逐渐成熟。所谓"起飞"就是指从"传统社会"到现代工业高度发达的社会的一个突破，它要求必须有一部分人掌握现代科学技术，进行发明创造，以便降低生产成本；一部分人愿意冒风险，把不断出现的发明创造用于生产资本设备；另一部分人愿意冒更大的风险，提供借贷资本，供应企业资金；还有一部分人担任企业管理工作；广大人民则必须"懂得怎样进行这种经济制度"，"把个人局限在庞大而有纪律的组织之中，派给他担任一些狭窄而重复的专门化工作"。在这个阶段，为了给现代工业结构准备一个有效的基础，农业部门和社会基础资本部门必须发生革命性的变化，为此政府必须实行适当的政策。

第三阶段，"起飞"阶段。就是实现"突破"的阶段，突破经济的传统停滞状态，在较短的时间内实现基本经济结构和生产方法的剧烈变革，开始工业化，由过去那种基本上没有经济增长的状态进入到持续稳定的经济增长过程中。

按照罗斯托的经济增长阶段理论，一个国家从不发达转向发达的转折点是"起飞"。"起飞"是罗斯托理论的核心概念，它相当于一国工业化的初期，虽然只有短短的 20～30 年，但却是一个具有决定性意义的历史阶段。在这一阶段，生产性经济活动的规模大大扩张，开始工业化，基本经济结构和生产方法发生剧烈变革，经济增长速度跃上一个新台阶。

罗斯托认为，一国经济要"起飞"，必须具备三个条件：① 生产性投资率大幅度提高。经济"起飞"要以充足的资本积累作为物质基础，大多数发展中国家经济发展过程中的主要障碍是资本形成不足。罗斯托接受了哈罗德-多马模型的基本思想，认为提高投资率是促进资本形成的必要条件。罗斯托指出，如果资本和生产量的比率大致为3:1，投资率达到国民收入的10%，经济增长率就会达到3.3%，将超过任何可能的人口增长速度，按人口平均计算的生产量就会有经常的提高。罗斯托认为，增加积累可以有多种途径，如政府通过征税或通货膨胀来强制储蓄，或者通过银行组织和资本市场的扩大来增加私人储蓄，或者依靠出口部门发展和外国资本输入来开辟资本的国外来源。② 有一种或多种重要制造业部门高速增长，成为经济发展的主导部门。主导部门在国民经济中占有举足轻重的地位，不仅其本身有较高的增长率，还能带动其他部门的增长，同时又能赚取外汇，以便引进技术、购买外国产品和偿还外债。主导部门的迅速发展对于保持经济的全面进步起到了重要的直接和间接作用。主导部门不是一成不变的，而是随着经济发展的不同阶段不断演变的。根据产业经济学理论，经济增长阶段的部分技术基础就在于主导部门的更替。从历史上看，"起飞"准备阶段的主导部门主要是饮食、烟草、水泥等工业部门；"起飞"阶段的主导部门主要是纺织工业、铁路等；成熟阶段的主导部门主要是重型工业和制造业；高额群众消费阶段的主导部门是汽车工业；追求生活质量阶段的主导部门主要是服务业。但是，各国在经济发展中对主导部门的选择应从本国国情出发。③ 要有一个政治、社会制度结构，为"起飞"提供保证，并使现代部门的增长扩散到整个经济。例如，要建立使私有财产有保障的制度，更准确地说是私有制及相应的规则，资本所有者才愿意投资；要建立专利制度，才能鼓励科技发明，促进新技术的不断发现和传播，为经济增长奠定有效的基础；要有政府机构进行一系列大规模社会投资，如交通运输基础设施的建设等，这些投资的回收期长、投资量大，不能直接得到利润，因而私人资本不能或不愿意经营。制度条件的创造也要因各国的具体情况而定。罗斯托认为，具备了上述三个条件，一国经济就可以实现"起飞"，并在恰当的努力下进入"自动持续增长"。

第四阶段，成熟阶段。"起飞"阶段之后约六十年，正常成长着的经济力图把现代技术推广到它的经济活动的全部领域中去，国民收入大约有10%～20%经常作投资之用。工业趋向多样化，新的主导部门逐渐成长起来，代替"起飞"阶段的旧的主导部门。成熟阶段是一个社会已经把现代技术有效地应用到它的大部分资源的时期。国民经济各部门基本上已经实现了现代化的装备，生产不断提高，收入不断增加，社会随之进入下一个阶段。

第五阶段，高额群众消费阶段。社会的主要注意力从供应转到需求，从生产问题转到消费问题和最广义的福利问题。主导部门转到耐用消费品和服务业方面，社会不再认为进一步推广技术是一个比一切都重要的目标。到了这个阶段以后，社会有三个可能的发展方向：一是国家追求在国外的势力和影响；二是福利国家，即用国家的力量来实现私人的和社会的目标；三是提高消费水平，使之越出衣、食、住的基本需要的范围。

1971 年，罗斯托在《政治与增长阶段》一书中又加进了第六个阶段，即追求生活质量的阶段。

第二节　经济增长方式

经济增长方式受一国经济发展水平、资源禀赋状况、经济发展战略、工业化程度等多种因素的影响。在不同的经济发展阶段，选择不同的经济增长方式不仅具有必要性，也具有可行性。在当今世界各国的经济发展过程中，都对经济增长方式给予了高度重视，也都在寻求新的经济增长方式，以期突破经济增长的瓶颈，保持经济的持续、快速、协调发展。

一、经济增长方式的类型

经济增长方式是指一个国家或社会经济增长的总体特征。不同的增长方式反映着不同的增长源泉以及由增长源泉所制约的增长结果。经济增长速度的快慢，既取决于投入要素的多少，又取决于要素使用效率的高低。据此，我们可以把经济增长方式划分为两类：主要由要素数量增加产生的增长，我们称之为粗放（外延）型增长；主要由资源使用效率提高而引起的增长，我们称之为集约（内涵）型增长。

粗放型经济增长方式，也叫做外延型增长方式，是指通过增加土地、劳动、资本等要素的投入，实现生产规模的扩大，从而实现产出增加的经济增长方式。集约型经济增长方式，也叫做内涵型经济增长方式，是指通过科技进步，加强管理，提高生产要素的使用效率，实现产出增加的经济增长方式。在现实生活中，这两种经济增长方式往往是结合在一起的，很少有单纯的粗放型或集约型，因为在粗放型方式中，在增加资本等要素数量时，往往同时包含其质量的提高与科技进步。而集约型方式更需要建立在粗放型方式基础之上，没有原有要素的投入，就谈不上其效率的提高，而且在集约型方式中，为了实现科技进步，往往需要有相应的要素投入。因此，现实生活中的经济增长方式，往往是以某种方式为主，另一种方式为辅，例如以粗放型为主的方式，或以集约型为主的方式，可以将其简称为粗放型或集约型。

一般来说，大多数国家都要经历从粗放（外延）型增长方式向集约（内涵）型增长方式的转变。在一国经济发展的初期，资源约束大都较为宽松，外延（粗放）型增长方式较为常见。随着经济发展水平的提高，人口的增加，资源稀缺程度逐渐加大，资源使用效率的改善逐渐为人们所重视，集约（内涵）型增长方式也逐渐成为主导的增长方式。

二、经济增长方式的选择

经济增长方式的选择，并非完全是一个主观意志的产物，而是要受到客观条件的限制，这些条件包括两个方面：

（1）经济发展阶段。一般来说，在经济发展的早期阶段，一方面社会物质资本等要素投入太少，为了实现经济增长，必须增加其投入数量，而此时未被开发利用的土地等自然资源很多，劳动力也比较丰富，价格低廉；另一方面，科技水平不高，管理落后，要素使用效率很难提高，因此这一时期的经济增长，就主要依赖对自然资源的大量开发，这一时期的经济增长方式就只能是粗放型的。随着经济的发展，一方面，资源变得稀缺，要素价格不断上升，从而使产品成本上升；另一方面，科学技术和管理水平的提高，为要素使用效率的提高奠定了基础。因此，经济增长方式便由粗放型向集约型转变。任何一个国家或地区在其经济增长过程中，都不可能完全跳过粗放型增长阶段，这一阶段可以为集约型增长奠定物质技术基础。

（2）经济体制。在计划经济体制下，由于片面追求外延式数量扩张，不讲成本，否定利润，忽视经济效益。因此，经济增长方式主要表现为粗放型经济增长方式。其主要原因在于：一是企业缺乏采用先进技术提高管理水平的内在动力，同时以总产值作为考核企业及官员政绩的主要指标，而由于总产值指标中包含有要素耗费和转移的价值部分，因此，企业为完成总产值指标，必然倾向于多耗费要素，而不会追求要素使用效率的提高和节约。二是投资多是由财政无偿拨付，这种预算软约束必然刺激它们倾向于多争投资。而在市场经济体制下，由于每一个企业作为独立的市场主体，自主经营，自负盈亏，自我约束，因此必然追求降低成本，提高效益。在激烈的市场竞争中，企业为了生存和发展，必须不断进行技术创新、产品创新和管理创新，以尽量小的投入获得尽量大的产出和利润，由此必然促使要素使用效率的提高。可见，计划经济体制下往往伴随着粗放型经济增长方式，而市场经济体制下有利于采用集约型经济增长方式。

综上所述，在经济发展阶段既定的前提下，经济增长方式的选择主要取决于经济体制。即为了转变经济增长方式，必须首先转变经济体制。

三、经济增长方式的转变

一般来说，先进的生产工具和生产技术是推动生产方式转变的主要因素。人类社会是不断发展的，其发展是以生产力的发展和社会关系的改变为特征的。社会生产力的进步又是以生产工具的不断改进为标志，先进的生产工具促进了社会生产方式的转变，从而推动了生产力的发展，促进了人类社会的进步和发展。因此，生产方式的转变从人类古代的原始社会就已经开始了。例如，新石器生产工具的出现，使原始社会从渔猎生产转向原始农业生产；铁器的使用极大地提高了生产效率，从而社会生产有了积累和剩余，出现了私有制的生产方式。生产技术对生产方式的转变也有很重要的作用。例如驯养技术的出现，产生了第一次社会大分工，使畜牧业从农业中分离出来，极大地推动了社会生产的发展。而农业生产方式的出现，是以自然力转化为特征的农业生产工具的发明和改进，以及土地耕作、作物栽培、畜禽繁育技术的创新和完善为前提的。在现代社会中，生产工具和生产技术的进步，更是在转变生产方式中起着非同寻常的作用。伴随着生产工具的改进，人类社会经历了渔猎时期、旧石器时期和新石器时期，生产方式也随之由最初的采猎发展到原始畜牧业和原始农业，人类也从游牧方式进而转为定居生活。因此，历史地看，生产工具的改进和生产技术的进步是生产方式变更的重要推动因素。

在农业社会里，人们除了使用人力和畜力之外，也借用风力、水力等动力，致使生产工具不仅种类增多，而且越来越先进。同时，在长期的耕作实践中，人类形成了先进的耕作技术和耕作制度，使生产力不断得到提高，产品有了大量剩余，加快了脑力劳动与体力劳动的分离，从而促进了农业生产方式的极大转变。

产业革命后，以机器为主的工厂制度代替了传统的作坊式手工劳动，使原来以土地为基本生产资料的分散经营、自给自足的农业生产方式转向了专业化、商品化、社会化的工业生产方式。随着机器大生产的发展，不仅加快了人类改造自然的速度，亦使人类的生产方式和生活方式发生了重大变化。人们的生产活动不再仅局限于自给自足，更是极大地推动了交换的发展。并且随着社会生产和人口的不断集聚，出现了城市化。人类的大部分工作不再是在耕地上进行，而是在拥有建筑物的工厂内完成。

四、现代社会经济增长方式转变问题的提出

经济增长方式是 20 世纪 60 年代后期苏联经济学界提出来的一个概念，在国际经济论坛上有明确的定义。

苏联在 1928 年开始执行第一个五年计划，在这以后几十年的社会主义建设中，一直保持着相当高的增长速度。这使苏联领导人认为可望在不远的将来赶上和超过最发达的资本主义国家。1959 年苏联共产党召开第 21 次党代表大会，赫鲁晓夫在会上宣布苏联很快就能赶上世界上最发达的资本主义国家美国。可是事实上，苏联经济不但没能赶上美国，而且同美国的生产和技术差距还在拉大。于是苏联经济学家对这个问题进行了研究，他们得出的结论是：问题出在用大量投入维持高速度这种做法上。于是，他们根据马克思在《资本论》第 2 卷中关于扩大再生产的两种形式的论述，提出了"增长方式转变"的问题。

马克思在《资本论》第 2 卷中关于扩大再生产的两种形式的论述是：在规模扩大的再生产中，"如果生产场所扩大了，就是在外延上扩大；如果生产效率提高了，就是在内涵上扩大"[1]。

据此，苏联经济学家根据增长的来源不同，把经济增长方式划分为两种：第一种是靠自然资源、资本和劳动等资源投入的增加实现的增长，叫做粗放增长（extensive growth，也可译为外延增长）；第二种是靠提高效率实现的增长，叫做集约增长（intensive growth，也可译为内涵增长）。他们指出，苏联当时经济问题的根源在于苏联采取了一种不适当的经济增长方式。

新中国成立以来，关于经济增长方式先后曾有四种提法：① 从外延型向内涵型转变。主要依据马克思在《资本论》中的有关论述。② 从粗放型向集约型转变。马克思在《资本论》中研究资本主义地租问题时，曾经采用了"耕作集约化"和"粗放耕作"的提法。在农业经济学中有"粗放经营"和"集

---

[1] 马克思：《资本论》（第 2 卷），人民出版社 1992 年版，第 192 页。引号中的话在《资本论》莫斯科外文出版局 1954 年英文版中的译文是："extensive if field of production is extended; intensive if the means of roduction is made more effective."（172 页）

约经营"的提法。将这对范畴推而广之，可以用来描述经济增长的不同方式。
③ 从速度型向效益型转变。主要是针对我国经济建设中长期存在的片面追求
经济增长速度，消耗高、浪费大、效益低的弊病提出来的。④ 从数量型向质
量型转变。主要是从经济增长过程的特点提出来的，即要从重视数量、忽视
质量的经济增长转变为全面提高经济增长的数量和质量。

比较而言，在针对我国实际描述经济增长方式的转变时，"由粗放型向集
约型转变"是一种比较常用也比较科学的表述方式。"由外延型向内涵型转变"
与"由粗放型向集约型转变"之间，既有联系也有区别。内涵型增长和集约
型增长都以提高资源的利用效率为途径、以提高经济效益为中心，二者都与
经济发展的较高水平相联系。但二者又有明显区别。从外延型经济增长向内
涵型经济增长转变的原因在于，生产要素对经济增长制约的普遍性；从粗放
型经济增长向集约型经济增长转变的原因在于，生产要素对经济增长制约的
不平衡性。实现从粗放型经济增长向集约型经济增长转变的侧重点在于改善
生产要素的组合，使稀缺资源的效率得以提高，从而促进经济增长。因此，
"由粗放型向集约型转变"比"由外延型向内涵型转变"更切合我国经济增长
的实际。

需要指出的是，对粗放型为主的经济增长方式和集约型为主的经济增长
方式的评价，必须置于一定的时空背景下进行。也就是说，不能脱离时空条
件做出抽象的评价。例如，新中国成立之初，工业基础极端薄弱，生产力的
发展水平与人民生活需求方面的差距很大，采用粗放型经济增长方式，迅速
奠定新中国的工业基础，迅速提升人民的生活水平，是当时的必然选择。

从 20 世纪 50 年代我国开始进行大规模经济建设开始，直到 20 世纪 90
年代中期的很长一段时期内，我国采用的是一种粗放型增长方式，其原
因一方面在于此时我国尚处于经济增长特别是工业化的初期阶段，另一方面
是由于高度集中的计划经济体制的原因。这种粗放型增长方式具体表现为"四
重四轻"，即重速度，轻效益；重投入，轻产出；重数量，轻质量；重外延扩
张，轻技术进步。产出的高增长主要是靠巨大的资源投入及耗费来支撑，结
果一方面资源严重短缺，另一方面又存在很大浪费。而且，在资源浪费的同
时，还伴随着严重的环境污染和生态破坏，破坏了可持续发展的物质基础，
付出了巨大的代价。粗放型增长的所有弊端，集中表现为在维持了较高经济
增长速度的同时，经济效益却没有相应提高，甚至不断下降。因此，实现经
济增长方式从粗放型向集约型转变，是中国经济发展新阶段的客观要求，也
是促进经济持续、快速、健康发展的迫切需要。

在 20 世纪 90 年代中期，我国在制定"九五"计划时，提出了经济增长方式要从粗放型向集约型转变，这是完全必要的，因为目前经济生活中的各种问题与困难均与粗放型经济增长方式有关。具体地说，表现在以下几个方面：

（1）能源、原材料的紧缺问题。资源的稀缺性要求对资源进行优化配置，而粗放型的经济增长方式则是以很高的物耗率为特征的。并且，高物耗造成能源、原材料紧缺，使这些产品的价格呈强劲上升趋势，给经济增长带来成本过快上升的压力。由于我国经过几十年的大规模开采，土地、石油、有色金属等重要资源储量锐减，已经难以继续支撑在粗放型方式下实现未来我国的经济社会发展目标，为此，必须走集约型增长道路，通过提高资源利用效率，节约资源，来保证以现有资源实现未来的发展目标。

（2）结构性瓶颈制约问题。由于粗放型经济增长方式是一种以经济的水平扩张为主的经济增长，产业结构的不合理问题往往得不到解决，而且还会由于投资结构不合理而更趋严重。由此形成的结构性瓶颈，一直是中国经济正常发展的突出障碍。

（3）产品滞销问题。粗放型经济增长方式片面追求数量扩张，忽视产品质量、品牌和款式，往往导致大量的产品滞销积压，并带来资金占用、企业互相拖欠等问题。在对外开放中，随着国内市场与国际市场的接轨，企业为了应对国际市场的激烈竞争，必须通过降低物质消耗，提高劳动生产率以降低成本，提高产品竞争力。

（4）通货膨胀问题。在粗放型增长中，投资规模的急剧膨胀不断增加信贷规模与货币投放的压力，从而加大了经济增长过程中的通货膨胀压力。

（5）经济效益问题。只有通过集约型增长方式，才能正确处理速度与效益的关系，使人民群众从经济增长中得到实惠，生活水平相应不断提高。

五、转变经济增长方式的内容与途径

中共十七大报告中关于转变经济发展方式的论述中提出了三种经济增长方式转变的具体内容："促进经济增长由主要依靠投资、出口拉动向主要依靠消费、投资、出口协调拉动转变，由主要依靠第二产业带动向依靠第一、第二、第三产业协同带动转变，由主要依靠增加物质资源消耗向主要依靠科技进步、劳动者素质提高、管理创新转变。"

结合我国经济发展的实际，转变经济增长方式的内容和途径，具体体现在以下几个方面：① 从只注重增加投资，铺新摊子，上新项目，转变到充分利用现有基础挖掘企业潜力上来。② 从主要依靠要素投入，转变到主要通过科技进步和提高劳动者素质来提高生产要素的使用效率上来。③ 从主要依靠大量消耗资源，增加产品数量，转变到依靠提高管理水平，降低各类消耗和产品成本，努力提高产品质量和档次上来。④ 从大量低水平的投资项目重复建设，转变到按经济规模和合理布局的要求，不断优化产业结构、企业组织结构和区域分工协作上来。⑤ 从偏重追求经济总量和速度，转变到注重提高经济整体素质和经济效益上来。

六、经济增长方式转变的制约因素

制约经济增长方式转变的因素很多，具体包括经济发展阶段、资源禀赋和经济体制等。

（1）经济增长方式同经济发展阶段和生产力发展水平密切相关，一定的经济增长方式总是同特定的经济发展阶段相适应的。从国际经验来看，在发展中国家实现经济发展过程中，经济增长仍然要在很大程度上依靠投入的增加即外延的扩张来实现，这是由处在这一阶段的国家的生产力发展状况决定的。发展经济学家麦迪逊在考察了 1950—1965 年间 22 个发展中国家的经济增长因素后认为，劳动投入增加对增长的贡献为 35%，资本投入增加对增长的贡献为 55%，而资源的配置效率改进对增长的贡献仅为 10%。因此他得出结论，对于发展中国家来说，以技术进步为核心的资源配置效率提高对于经济增长的作用相对较小，而资本投入的增加是经济增长最重要的源泉。

（2）增长方式的转变还要受到资源禀赋的影响。在一国内各种资源的相对稀缺程度不同，从而使得它们的相对价格以及边际生产力也不同，根据这些不同，各国都在寻求最适合本国资源状况的生产要素组合以使产出最大。西方发达国家资本丰富，而劳动力相对短缺，因而多采用资本密集型的生产方式。广大发展中国家的资源禀赋状况则是资本和技术稀缺，劳动力丰富，因此在实现经济增长方式转型的过程中必须考虑到这种情况。如果丰富和廉价的劳动力不加以充分利用，而试图过早地依靠极为缺乏的资本和技术来实现经济增长，是一种既不明智又很有难度的选择。同时，为了缓解巨大的就业压力，在今后相当长的时期里，工业保持一定速度的外延增长是不可避免的。总之，不考虑本国的资源禀赋条件，简单地讨论增长方式转型是不现实的。

（3）经济增长方式的转型还受到经济体制的影响。在计划经济体制下，由于预算软约束等原因，企业的投资欲望往往难以得到有效控制，企业热衷于铺摊子、上项目，经济增长方式必然是以外延式为主，随着市场化改革的深入，市场风险会导致对企业投资的硬约束，经济增长方式也逐渐转变为内涵式为主。

七、经济增长方式转变程度的衡量

如何衡量经济增长方式转变的程度，是考察经济增长方式转变的最终要求。关于经济增长方式转变的衡量，应主要从以下几个方面理解：一是从主要依靠经济规模的扩张，单纯追求产值的增长速度，转变为主要依靠结构优化升级，提高产品的技术含量、附加值及市场占有率；二是从主要依靠增加能源、原材料和劳动力的消耗，转变为主要依靠技术进步、加强经营管理、改进劳动者素质、降低物耗、提高资源利用效率；三是从主要依靠增加资金投入，转变为主要依靠提高生产要素的使用效率，提高综合要素生产率对经济增长的贡献；四是从主要依靠扩大建设规模，转变为立足于现有基础，把重点放在现有企业的改造、充实和提高上。把上述四个方面的内容概括起来归结为四个可以量化的综合指标，即市场占有率、物耗率、综合要素生产率、技术改造率。可以将已经实现了集约型增长的发达国家的这四个指标的数值作为参考性衡量标准，如果达到或接近这些标准，就可以说经济增长已经步入了集约型的轨道，否则仍是在传统的粗放型增长方式下进行生产与资源配置。

第三节　经济发展理论

经济增长与经济发展的关系，一直是各国十分关注的问题。由于经济发展在衡量国民经济发展中较为全面的优点，因而现代世界各国普遍采用经济发展的各项指标来度量国民经济发展的程度，在一定程度上克服了经济增长这一指标的一些弊端。

一、经济发展的含义及其与经济增长的关系

（一）经济发展的含义

经济发展一般是指一个国家或地区随着经济增长而出现的经济、社会和政治的整体演进和改善。这一概念包括三个方面的内涵：① 经济数量的增长，即一个国家或地区产品和劳务通过增加投入或提高效率获得更多的产出，从严格的经济学意义上说，发展一直是意味着一个原来或多或少长期处于停滞状态的国民经济，具有能够产生和支持每年 5%～7% 的国民生产总值增长率的能力，这是经济发展的物质基础。② 经济结构的优化，即一个国家或地区产出结构、区域结构、分配结构、消费结构以及收入结构等的协调和优化，这一含义强调经济发展与国民经济结构变动的关系，也就是说，发展是指在生产和就业中，农业部门份额减少，工业和服务业上升的现象和过程，工业化是这一结构变动过程的核心，这是经济发展的主要内容。③ 经济质量的提高，即一个国家或地区经济效益水平、社会经济的稳定程度、社会和个人福利水平、居民实际生活质量、自然生态环境改善程度的提高以及政治、文化和人的现代化，这一含义把一些社会指标，如识字率、教育、卫生保健条件等因素也包括在内，这是经济发展的最终标志。

人们对发展的认识有一个过程。在相当长的时期里，人们通常把发展简单地看做是工业化过程，将经济发展等同于经济增长，把工业化程度和 GDP 作为发展水平的主要标志。在出现种种与工业化相伴的社会经济问题后，人们对发展的认识开始深化，逐步把发展看做是经济增长和整个社会变革的统一。现代经济学对经济增长与经济发展进行了明确的区分，将经济增长定义为一个国家或地区生产的产品与劳务总量的增长，即国民经济规模的扩大和数量的增长，一般以一定时期国民生产总值、国民生产净值、国民收入等总量指标的增长率以及人均增长率表示。经济发展则是发展中国家摆脱落后状态走上现代化的过程，即由传统的不发达经济向现代化发达经济的过渡，认为经济结构的变化是经济发展的关键标志，经济发展的程度需要有一套能反映结构变化的综合性指标来加以衡量。

经济发展与经济增长是既有联系又有区别的两个概念。从联系来看，经济发展是经济增长的目的和结果；而经济增长是经济发展的物质保障，是经济发展的手段与基础。虽然个别情况下会出现经济没有增长而有发展的情况，但如果没有经济增长是不会有持续的经济发展的。从区别来看，经济发展的

内涵较为宽泛,是既包含数量又包含质量的规定并且更注重质的规定的概念,它不仅包含着经济增长的内容,而且还包括经济、社会、政治等方面的内容;而经济增长的内涵较狭窄,偏重于数量方面,仅反映一国经济更多的产出。一般来说,有经济发展就会有经济增长,但有经济增长并不一定会有经济发展,也就是说,会出所谓"有增长而无发展"的现象。正是因为一些发展中国家曾普遍出现这种"有增长而无发展"的现象,单纯依赖增加资源消耗去实现数量的增长会带来种种社会不良后果,所以才引起人们对经济发展问题的重视与思考,才有经济发展概念的发展与深化。

虽然许多国家在 20 世纪 50 年代和 60 年代出现了增长,但大多数民众的生活却没有发生显著变化。于是在 20 世纪 70 年代,对发展的不同解释出现了。发展不仅仅是增长,在一个增长着的经济中,贫困、不平等和失业的减少或根除也是发展的重要内容。缪尔达尔曾将发展定义为"全部社会体系的向上运动",联合国在制定第二个十年(1970—1980)国际发展战略时,将发展概括为"经济增长+社会变革",正是反映了对发展作为一个多方面变化过程的认识。

托达罗(M. P. Todaro)在其《第三世界的经济发展》一书中,将发展定义为"一个社会或社会体系向着更加美好和更为人道的生活的持续前进"。这一含义概括起来,可以理解为,发展是改进人民生活质量的过程,其基本目标是满足基本需要、提高人类尊严、扩大选择自由。

在现代经济学中,经济增长(economic growth)和经济发展(economic development)是两个经常提及的概念。一般认为,经济增长仅仅是指一个国家或地区在一定时期内产品和劳务产出(output)的增长。经济发展则意味着随着产出的增长而出现的产业结构、产业比重、分配状况、消费模式、社会福利、文教卫生、群众参与等在内的经济社会的全面变革。可见,经济增长的内涵较窄,是一个偏重于数量的概念;而经济发展的内涵较广,是一个既包含数量又包含质量的概念。

一般认为,发展的中心意义是社会和个人的福利增进,因此,测度发展的尺度至少应包括五个方面的指标:基本必需品的消费量、收入和分配的均等程度、识字率、健康水平和就业状况。这五个方面的统计数字不能简单和随意地相加,但是,采用加权的办法,把它们合成为一种具有综合意义的指标,在统计学上却是正确而可行的。

一个国家的经济发展通常可以从经济总量、产业结构和区域分布这三个角度进行观察。传统的经济学仅仅关注经济总量的增长,而忽视了产业结构等的相应变化。法国学者佩鲁（Francois Perroux）把"增长"这个概念与"发展"的概念进行了区分。他认为，增长应该是指一个国家或地区人均国民生产总值的提高，而发展则包含更为广泛的内容。其中，他强调的一点就是结构的变革和演进。而结构的演进过程，又表现为"各种形式的人力资源都有机遇获得效力和能力"[①]。因此，一般来说，经济发展是指伴随着经济增长而出现的经济结构的变化以及一般经济条件、社会福利、教育卫生、生态环境等情况的改善或变化的社会全面进步过程。

（二）经济增长与经济发展的关系

目前，关于增长和发展的关系，大致有两种观点。

一种观点认为，增长和发展是既有联系又有区别的两个概念。如金德尔伯格和赫里克认为，经济增长主要指更多的产出，而经济发展既包括更多的产出，同时也包括产品生产和分配所依赖的技术和体制安排上的变革。经济增长不仅包括由于扩大投资而获得的产出增加，同时还包括由于更高的生产效率，即单位投入所生产的产品的增加。经济发展的含义不止这些，它还意味着产出结构的改变，以及各部门间投入分布的改变。

帕金斯等人认为经济增长与经济发展之间有根本区别。如果一个国家的产品和劳务生产增加了，不论这种增加是如何实现的，我们都可以说这是经济增长。而经济发展，除去人均收入水平的提高外，还要包括经济结构的根本变化，其中最重要的是工业份额的上升和城市化。此外，还要包括人口增长结构、消费结构等方面的变化。并且，帕金斯强调说，一国国民必须是带来这些结构变迁的发展过程的主要参与者。对发展的参与意味着对发展成果的分享，如果增长只为少数人带来利益，就不能认为出现了发展。目前，这种观点在经济学家中是多数派。发展于是被定义为这样一个公式"发展＝增长＋…"。根据这种区别，增长主要是发达国家的问题，而发展则主要是发展中国家的问题。

另一种观点则对增长和发展不加区分。库兹涅茨对经济增长的定义、对现代经济增长的描述不仅包括了总量方面的特征，也包括了经济结构、国际关系和制度、意识形态等方面的特征。近些年来，"新增长理论"也有用增长一词泛指发展过程的倾向。

总的来说，区分发展与增长是有益的，这种区分可以使我们对增长以外

[①] 佩鲁：《新发展观》，张宁、丰子义，译，华夏出版社1987年版。

的一些因素予以关注。因此，一般来说，经济增长和经济发展是两个既有联系又有区别的概念。首先，经济增长是经济发展的基础。经济发展中所涉及的社会、经济、政治、文化、教育等方面的进步都需要有一定的物质基础来支持，而这些物质基础来源于经济增长，持续稳定的经济增长是促进经济发展的基本动力，没有经济增长就不可能有经济发展。其次，经济发展中包含着经济增长。经济增长是经济发展的核心内容，经济发展是围绕着经济增长这一核心内容的进一步扩展。最后，经济发展又是经济增长的条件。经济增长需要一定的社会、政治、经济、文化环境，没有经济结构和社会结构的改善，经济的进一步增长必然会受到制约。

二、经济发展的衡量指标（体系）

由于经济发展中包含着经济增长，因此衡量经济增长的指标也可以用来衡量经济发展。但发展的度量指标与增长的度量指标又是不同的。首先，增长的度量指标是一个价格指标，用货币来表示；而发展的度量指标是一个物质指标，用加权的办法进行加总，但给予的权数带有很强的主观性和随意性。其次，增长的度量指标通常公认为是一个指标，即 GNP 或 GDP 的增长率；而发展的度量指标则是多种指标综合在一起的指标体系，而且没有公认的权威标准。长期以来，国际上一般用国民生产总值指标来衡量一个国家或地区的发展水平。但是，它不能反映经济结构的变化和社会不同阶层的收入分配状况等重要内容。

由于经济发展是一个多方面的过程，是一个整体。因此，没有任何一个单一的指标能完整地衡量发展。因此，对发展的衡量必须采用某种指标体系。一些经济学家和国际组织在试图寻找其他更加完善的指标（体系）中，影响较大的主要有：

（一）阿德尔曼和莫里斯的发展指标体系

对发展指标的研究可以分为两种：一种是按照社会、经济和政治因素之间的相互影响的最优形式来度量发展的；另一种则是按照生活质量来度量发展的。

最早对发展指标的研究是按第一种方法进行的。美国经济学家阿尔玛·阿德尔曼和辛西娅·莫里斯在 1967 年出版的《社会、政治和经济发展》一书中选择了 40 个变量来衡量 74 个发展中国家的发展水平。这些变量涉及经济、文化、政治、政府、教育、军事、人口、种族、外贸等许多方面。这一指标体系非常全面，具有一定的科学性。她们发现，一些关键变量与经济发展之间有很高的相关性。但由于涉及面很广，很多指标无法进行量化，从而也就很难进行加权平均，因而可操作性差，而且有些指标不一定符合各国国情。

对这些指标的主要批评是，它们寻求按照结构变化而不是人的福利来度量发展。此外，它们只强调投入的计算，如每千人医生或医院床位数，学校入学率等，但实际上像预期寿命、识字率这样的产出才是真正的发展目的。为此，有些经济学家寻求按照生活质量来度量发展。

（二）莫里斯的物质生活质量指数

在这方面做出重要努力的是 M. D. 莫里斯（M. D. Morris），他在 1979 年的《世界贫困条件的度量：物质生活质量指数》一书中提出了一个发展指标，叫做"物质生活质量指数"（physical quality of life index，PQLI）。这个指数只有三个指标构成：预期寿命、婴儿死亡率和识字率。婴儿死亡率和出生时的预期寿命是衡量人口身体质量的两个指标。预期寿命用来反映居民的营养、卫生和环境等方面的情况；婴儿死亡率则用来反映母亲的健康状况、医疗卫生水平等情况。识字率主要反映人口的文化素质，主要包括平均受教育年限（6 岁及以上人口受教育的年限）、每 10 万人中的各类文化程度人口（大学、高中、初中、小学的人数）和文盲率三个子指标，主要体现与经济发展水平相适应的人民生活水平和受教育程度。应该说这三个指标具有一定的综合性，可以用来反映多方面的情况，因而比较科学，而且它克服了上一个指标体系的操作难度，具有可操作性。但是，用这一指标体系衡量一些国家经济发展水平时，却发现它与人均国民生产总值指标的水平并不吻合，有些国家人均国民生产总值高，而物质生活质量指数却较低，另一些国家的人均国民生产总值并不高，但物质生活质量指数却较高。因而，该指标体系仍存在一定的缺陷。

（三）联合国的人类发展指数

联合国开发计划署在 1990 年首次发表的《人类发展报告》（Human Development Report）中提出了人类发展指数。报告内列举了各国人文发展相对水平的"人文发展指数"，这就是目前最有影响的发展度量指标——"人类发展指数"（human development index）。其后发表的人类发展报告对这一指标进行了修正。这个指数是在莫里斯的物质生活质量指数的基础上提出的，也是由三个指标构成，即寿命、教育程度与生活水准。寿命以出生时的寿命预期来衡量；教育程度以成人识字率与初、中、高各级学校入学率两个指标加权平均获得；生活水准以调整后的人均 GNP 来表示（即人均 GNP 按照购买力平价和收入边际效用递减原则来调整）。这三个指标是按 0 到 1 分级的，0 为最坏，1 为最好。在算出每个指标的等级后，对它们进行简单的平均，便得到一个综合的人类发展指数。后又加上一个国家与地区的军费开支这一指标，之所以加上第四个指标，主要是考虑到有些国家和地区的军费开支过大，这就势必影响其经济发展和人民生活水平。一般来说，国家预算中军事部分所占比例越小，越有利于经济发展和提高人民生活水平，反之则相反。以后该体系中又加进了环境污染、贫困状况等指标。

三、经济发展要素

由于经济发展的含义比经济增长更广，因此，其要素除了经济增长的要素外，还包括以下一些要素：

（一）人力资本

人口具有数量与质量两方面的属性，作为经济发展要素时，偏重于其质量属性。20 世纪 60 年代，美国著名经济学家舒尔茨在研究 20 世纪前半叶美国农业经济问题时，提出了人力资本理论。所谓人力资本，与物质资本相对应，是指包含在劳动者体内的知识、技能、体力等要素构成的生产能力。它是通过人力资本投资形成的。主要包括教育支出、医疗保健支出等内容。之所以把人力资本列入经济发展要素之中，是因为，一方面，经济发展中本来就包含社会的教育水平及劳动者的受教育程度；另一方面，通过教育活动，劳动者的文化、科技素质得以提高，从而可以大幅度提高劳动生产率，促进经济发展。传统理论片面强调物质资本的重要性，这就无法解释有些国家和地区为什么在物质资本没有增加的情况下，经济发展速度却明显提高。

（二）科学技术

科学技术无论对于经济增长还是经济发展，都有巨大的推动作用，科学技术对于经济增长的作用表现在，一个不变的产出，可以用较少的投入来实现，或者用同样的投入，获得更多的产出。这样，通过科技进步，就可以大幅度节约对于物质资本、劳动力、土地和其他自然资源的投入。科学技术对于经济发展的作用表现在，它可以建立一系列新兴产业，从而推动整个社会产业结构的多元化和高级化，使经济结构更加优化。我们把科学技术归入经济发展要素，主要是考虑到从长远的观点看，经济结构的优化更重要，而且它还可以反过来促进经济增长。我国目前科技进步的贡献率已经超过劳动要素，仅次于物质资本要素居于第二位。

（三）制　度

这里所谓的制度，不同于我国传统的政治制度与经济制度的含义，它是指用来约束个人行为的一整套规则，包括人们应该遵循的要求和合乎伦理道德的行为规范。这些规则可以分为正式规则与非正式规则，前者是指以国家政策法令形式表现，人们必须遵守的规则；后者则是指以社会风俗习惯等形式存在，潜移默化地影响和支配人们行为的规则。制度与经济发展息息相关，它不仅决定着资源配置效率，而且合理的制度安排，例如公平的收入分配制度以及民主政治制度等本来就是经济发展的必要内容。

（四）对外开放

市场经济作为一种开放型经济，要求资源在尽可能大的范围内流动，寻找最有利的组合和配置位置。在经济全球化的大背景下，任何一个国家或地区都难以关起门来发展经济。只有通过对外开放，引进国外先进的技术、设备，利用国外资本，学习国外的先进管理经验，并通过对外贸易，互通有无，发挥各自优势，才能促进本国经济更好地发展。

四、技术进步与经济发展

技术是科学知识和生产相结合的物化形态以及知识形态的总称。它既包括工程意义上的依赖于自然科学知识、原理和经验的"硬技术"，也包括管理科学、管理技术、决策方法等以自然科学与社会科学相交叉的学科为基础的"软技术"。两类技术及其有机结合的发展与革新，被称为"技术进步"。它往往直接推动生产的发展和经济效益的提高。

经济增长可以由劳动力和资本投入的增加而实现，也可以由这些要素产出效率的提高而实现。前者是外延的扩大再生产，后者是内涵的扩大再生产。为了实现经济的持续增长，投入要素是很重要的，但由于资源总是稀缺的，因而通过提高投入要素的产出效率来支持经济的持续增长是世界各国共同努力的目标。依靠技术进步提高生产要素的产出效率是实现经济持续增长的主要途径。

根据有关数据综合测算，目前在发达国家，技术进步对经济增长的贡献份额是 50%～70%。中国目前各生产要素对经济增长的贡献份额大致为，资本投入占 60%，劳动投入占 10%，技术进步对经济增长的贡献份额为 30%。由此可以看出，目前我国的经济增长方式仍然是外延型的，因而要实现经济持续高效增长必须大力推动技术进步。

技术进步还是影响产业结构发展变化的关键因素。首先，技术进步决定着社会分工的发展和深化，社会分工的发展和深化是引起产业结构发展变化的前提。其次，技术进步越来越成为社会生产发展的主要推动力，以及社会生产效益提高的主要源泉。最后，技术进步影响着劳动工具、劳动对象和劳动力等各种生产要素，而生产要素的变化，正是社会生产宏观结构变化的重要基础。具体地说，从供给方面，即从社会生产方面看，技术进步一方面不断创造出新产品和新行业，另一方面又加速了一些落后过时产品和行业的消亡；技术进步通过对不同生产部门影响力的差别，促使资本和劳动力向资本产值率和劳动生产率更高、资源利用更有效的行业转移。从需求方面看，技术进步会不断创造出新的生产和生活需求，从而推动满足这些需求的新行业的发展，需求的创新同时也加速了生产过时产品行业的消亡，技术进步改变了生产和生活需求结构，从而使生产结构发生相应的变化。

当然，技术进步虽然是影响产业结构变化的最重要的因素，但不是唯一的因素，技术进步的作用必须与影响产业结构变化的其他因素综合起来加以考虑，如经济体制、资源条件、与世界市场的联系等。

第四节　经济发展战略
—— 可持续发展战略与产业结构优化战略

为了促进经济更好地发展，必须要有一个正确的经济发展战略。在国家宏观经济调控活动中，一个很重要的内容就是制定经济发展战略。经济发展战略是一个国家或地区在未来一个较长时期内的整体经济发展远景部署，其中包括经济发展的总目标和总任务，以及为实现这一任务和目标而应该采取的措施和实现步骤等。本节，我们主要介绍可持续发展战略和产业结构优化升级战略。

一、可持续发展战略

（一）经济发展的"三阶段"说

人类社会的进化，主要表现为生命体人口数量的繁衍、扩张和生命力以智力为主体的人口素质的不断提高。这两者的发展都离不开物质资料的生产和资源环境承载能力的调节，以及人类对自然演绎规律和社会生产方式变革的认识和利用。它既受制于一定社会生产方式下生产力和生产关系的矛盾运动，亦被外在自然演化过程中的环境生产即资源供给和环境消纳功能所界定。

当社会生产力水平低下，人的劳动效率不足以创造出较多的剩余产品时，人类必然依靠多生产劳动力人口，以维持自身和再生产人口的基本生存需要。当社会物质生产的增长速度超越人口的自然增长率，而带来较多的剩余时，以提高人口物质、文化生活水平和改善人口素质，利用自然、改造和征服自然为特征的发展则成为主旋律。当人口的物质生活需求和环境负载超越资源的持续利用保障和环境消纳的良性循环时，资源供给危机、环境保障危机、人口失业和相对贫困危机等现象就会产生。这时，以人与自然和谐为核心，以当代与未来人口利益公平为追求的可持续发展就成为全人类共同进步的普遍要求。

由此可见，生存、发展和可持续发展组成了人类社会三个特征各异的演化阶段，这三个阶段分别对应着农业文明、工业文明和环境文明的孕育与实现时代。

1. 生存阶段与农业文明

人类为了生存，必然需要从事物质资料生产和与之相关的一切社会活动。当社会生产以采集、捕猎和简单的农牧业生产活动为主时，人类的劳动仅能维持人口自身生命和繁衍后代的基本需求。这时，社会形态是以原始工具、手工劳动和简单分工合作为特征的社会生产方式和单一初级产业形态的生产力，以及以部落、家庭或社区交往为表征的简单的生产关系。人类的社会生存完全依赖自然力的初级转化，因而人口生产呈现出高出生、高死亡、低增长的原始型人口增长静止状态。

随着人类智力的进化和生产工具的改进，以手工业为基础的第二产业和以产品交换为先导的商贸——第三产业——雏形开始发展，人类劳动逐渐有了较多的剩余，伴随而来的则是人口生命体再生产演化到高出生、低死亡、高增长的传统膨胀型阶段。于是，相对有限的劳动剩余除用于满足新增人口的生存需要外，已无多少投入来改善人口再生产和社会生产力的发展。因此，在从人类社会的诞生到工业革命的漫长历史过程中，人类社会的进化要以满足人口的基本物质生存为基本动力，而以物质资料分配和占有形式为主要内容的社会生产变革，使社会制度经历了原始社会、奴隶社会和封建社会几个主要阶段。这一漫长的历史阶段，虽然营造了农业文明和古代灿烂的文化，推动了科学技术的进步，促进了社会生产力的发展，但从总体上来说，人类基本上是为了生存而与自然进行斗争，以图摆脱饥饿的困扰；在社会生产中，以便实现物质资料的公平分配与占有。因此，历史上的农业文明本质上是生存文明，古代文化也多是反映人类依附自然而生存的文化，社会生产关系的变革和生产方式的改进同样首先是为了人类的生存需要。

在这一历史阶段中，人类生产活动以生存为主要目标，加之人类对自然规律的认知局限和对自然力利用上的盲目性，因而向自然界无度索取成为历史的必然。由于在这时原始的资源较为丰富，生态环境自身调节能力亦较强，人类的生产活动虽在局部地域造成部分生物物种蜕化，资源存量减少，自然规律失衡，但总体上并未构成生态环境危机。

2. 发展阶段与工业文明

工业革命的勃兴，使人类的生产活动从利用自然、改造自然异化为对抗自然、征服自然的力量。以人口生命体和生命力双重扩大再生产为本质特征的经济、社会、科技、文化的高速发展，成为人类社会演化的主旋律。这种发展的内在动因，已从人口的基本生存需求转变为人类生存条件的不断改善和物质生活水平的持续提高。因此，从工业革命兴起到20世纪中后叶，以人口身体素质的增强、智能资本的积累和生产资本的功能拓展为标志，历经外延型经济的大幅度发展和工业化过程的突飞猛进，人类显著地提高了对自然灾害和社会风险的抵御能力，充分发掘了人力资本的内在潜能和社会、生产资本的潜在效力，改善了人口的素质。然而，在全面推进社会生产力快速发展的同时，也造成了人类社会不可持续发展的危机。这一阶段人类社会经济发展的历程，具体表现在以下几个方面：

（1）人口生产。

这一阶段的人口生产，由传统型逐步转入低出生、低死亡、人口自然增长率渐趋递减的发展型。这是因为，社会生产力的较快发展，显著地促进了科学技术的进步和医疗卫生、文化教育事业的长足发展，于是因资本有机构成的提高导致了人力资源过剩；因生活消费需求的增加，致使可开发利用的自然资源和物质生产可能提供的生活资料相对供应不足。因此，社会生产和家庭生计不再以人口繁衍、劳动力数量的增加为财富积累的源泉，加之社会保障下的人口死亡率降低，于是人口的再生产在人口自然增长率达到高峰后逐步地演变为低出生态势。与此相适应的人口年龄结构，呈现出劳动年龄人口比重大、幼年和老年被抚养人口比重较小的成年型。人口在地理空间上的分布，也由分散的农村群居逐步转向城镇化格局。

（2）物质资料生产。

物质资料生产，由以农业为主体的产业结构逐步转为以工业为主导的多部门经济生产。由于生产的机器化、电气化和分工愈益精细的专业化，社会劳动生产率显著提高，经济发展迅速，物质财富日益充裕。在这一历史阶段，人力资源的产业配置结构演变趋势大体上是：第二产业居主导地位并逐步上升；第一产业在工业装备的不断反哺下劳动生产率得以提高，于是其投入劳动比重低于第二产业且继续下降；第三产业在服务于第一、第二产业发展需要的过程中，其投入劳动比重呈显著递增趋势。为了实现工业化和追求 GDP的快速增长，以能源等非生物资源消耗为主体的工业化生产结构成为经济增长和社会发展的主导。

产业结构的上述变化趋势推动了经济快速增长，进而对劳动力的数量需求较多，质量要求愈来愈高。于是，在促进科技、教育、文化等社会事业迅速发展和一定程度刺激人口生育的同时，随着生产资本和社会资本有机构成的提高，以及以物质利益竞争为中心的商品经济和市场机制的强化，劳动失业人口增多和物质消费超度则愈益造成社会的沉重压力，导致了人口与经济发展的不协调。此外，反映人与人之间关系的国家、地区利益冲突，物质财富占有和分配的社会矛盾，以及相关的文化、意识形态对立也相应突出。

（3）环境生产。

在消费人口增多和物质生活水平显著提高的压力驱动下，特别是在追求最大利润目标的刺激下，人类社会大规模的物质生产活动导致了对自然资源，尤其是以化石能源为主体的非生物资源的无度开发利用。人类日趋借重于科学技术，不仅使资源的开发强度急速增加，而且导致资源种类开发利用上的多样化。全球范围内不可再生资源日益减少，部分稀缺资源已枯竭；可再生的部分生物资源再生功能下降；可开垦的耕地资源十分有限；淡水资源的可利用总量和质量亦难以满足生产和生活拓展的需要。

在这一历史阶段，虽然科学技术在使人类扩大资源开发利用规模与强度的同时，通过良种繁育、人工培育、太阳能和核能的开发，以及资源替代和稀缺资源的节约、保护等措施，增加了资源的供给或延缓了资源的耗竭，但在追求经济增长和资源开发利用的高产量、高性能、高附加值发展策略诱导下，科技的创新和应用亦不可避免地强化着"大量生产、大量消耗、大量废弃"的错误模式，这在某种程度上更加速了资源供给的衰竭或枯竭。同时，不可再生资源特别是化石资源的过度开发利用导致了严重的环境污染。土地、森林和淡水等可再生资源的不适度利用，已引起水土流失、土壤沙化等自然灾害频繁及环境净化和自调功能退化，已危及人类的幸福生存与健康发展。

3. 可持续发展阶段与环境文明

如果说，生存是人类对摆脱自然束缚的渴求，那么发展便是人类征服自然欲望的探索，而可持续发展则是对发展的时空目标的协同。

可持续发展概念的形成源于对当代不可持续发展状态的忧患和反思，忧患是人们对客观现实的判断，存在一个衡量标准；反思是对产生忧患问题的深层次思索，旨在制订出未来的追求目标和实现路径。显然，可持续发展既是一个衡量人类社会能否有序演化的客观标准，又是一个追求人与自然和谐、人与人公平，以保障人们生活质量不断提高的目标。当代人类所面临的环境危机迫使人类必须作出明智的抉择——走可持续发展的道路，修正自身的自然观、价值观和文化观，规范自身的生产和生活行为准则，以便逐步实现与自然的和谐共存。从人类社会发展的现实来看，不同国家、地域的环境条件和发展水平不尽相同，然而可持续发展却是全人类的共同事业。发达国家借助先发优势占有更多的自然资源和人类财富，同时也对环境造成了更多的危害。发展中国家既承受着全球发展危机的威胁，又面临着自身需要发展的压力和动力，更应该在可持续发展的要求下，实现人口、经济、资源、环境的协同发展。

人类社会的可持续发展，具有空间上的全球性和时间上的无限性。这意味着，人类社会的可持续发展需要以每个国家、地区或行业、部门在不同时段的有序发展或可持续发展为基础，其间包含着人与自然、人与人在内容、方式、空间和时间上的统筹兼顾和综合协同。每一个国家或地区的可持续发展，同样需要内部行业、部门或不同区域在不同时段的和谐发展。

可持续发展必须按照自然和人类社会共同发展的要求，在继承人类文化遗产和物质财富的基础上，通过科技进步，促使人与自然、人与人之间的和谐相依；通过倡导和发展环境文明，使自然资源得以永续利用。具体应做好以下几个方面的工作：① 就人口生产而言，可持续发展应表现为人口的低增长或零增长和生命力的持续增强。只有控制好人口数量的适度低速增长和人口素质的稳步快速提高，才能从长远和全球的角度保障人类社会的可持续发展。② 在物质生产方面，经济的发展将不再只注重于 GDP 的增长，而是更注重自然资源利用效益和社会、经济资本优化组合下生产效率的提高。与之相适应的产业结构则是以第三产业的发展为主导，即通过发展文化、教育、科学、卫生事业，大力改善人口素质；用现代知识和科技装备产业生产。第二产业的发展应是轻重工业和产品结构合理配置、低污染、高效益要求下的科技集约和清洁型生产，以及对废弃物回收利用业的培育。第一产业无疑应侧重于优质高效农业的发展、太阳能资源的充分转化利用和生物多样性资源的综合开发与保护。③ 在环境生产领域，伴随着化石资源和矿物质资源存量的减少，大力开发利用太阳能、核能、生物能源和海洋资源，以及最大可能地节约、回收和提高资源利用效益成为历史的必然。与此同时，保护和建设全球生物圈，促进生物多样性发展和生态平衡，消除污染和提高环境的生产力，将是人与自然关系的和谐，保障人类社会可持续发展的根本需要。④ 就国际社会来说，可持续发展事业的全球化，信息革命引导下的世界经济一体化，必然迫使人类社会打破国家、民族、政治、文化和价值观等的界限，建设人类利益共同体，统筹解决人与自然、人与人之间的矛盾和冲突。这不仅需要强化国际组织的统筹、协调功能，更需要各国政府、企业和民众的持续努力，稳步地推进各国和区域的可持续发展。⑤ 从消费和社会运行机制方面看，尽管提高人类的物质生活水平仍是可持续发展阶段的重要目标，但精神、文化生活需求和良好的生态环境享受将日益成为人们的主导需求方向。这不仅需要调整消费观念和生活方式，同时需要改变社会调节机制。政府应在促进资源的合理利用、环境保护和生态治理方面承担更多的责任，从而在市场机制作用的基础上，保障人类社会可持续发展的基础。

（二）传统发展观的教训

在农业文明时期，人类凭借自己的聪明才智创造了灿烂的古代文明。但是，它们都在兴盛繁荣和辉煌了十多个世纪之后毁灭了。究其根本原因，是农业文明直接依赖自然资源和环境，因人口突增和技术落后，生产能力有限，而造成森林破坏、土地过分强化使用，使肥沃的土地变成了荒凉之地，以致失去生命支持能力等。

纵观人类社会演化史，农业文明的兴亡大都遵循这样一种模式：在文明发展的土地上，人类生产出足够的剩余产品，促进人口繁衍、增长，文明得以发展和延续；然后，由于人类对自然的无度开发和对土地的过度利用，造成生态环境的破坏、恶化，导致生产发展水平的下降与社会文明的衰落。

进入工业社会后，工业的发展加快了人类改造自然的能力和步伐，使人类的生产和生活方式发生了很大的改变。特别是片面追求提高产品数量的发展方式既过度消耗了大量的自然资源，又给环境造成了很大的污染，严重地干扰了经济活动所依赖的生态系统的平衡与循环，加之对自然资源掠夺式地开发，使人类社会面临着不可持续发展的危机，如人口膨胀导致的"粮食危机"与"生存危机"，工业发展导致的资源危机和环境危机，等等。

由农业社会到工业社会，从价值观方面来说，导致人们产生了从传统的依附于自然发展到成为自然的主人的"以人为中心"的征服思想，从根本上扭曲了人与自然的关系。因而，在对待未来发展的态度上，人们呈现出了极大的利己思想，更多地考虑当代人的利益而忽视后代人的利益，以至于不惜牺牲后代人的生存基础来换取当代人的利益，这种思想观念与价值观念方面的自私性，是导致经济发展不可持续的主观因素。

（三）可持续发展理念的提出

早在 18 世纪工业革命初期，马尔萨斯就曾揭示了人口增长与经济增长之间的矛盾，特别是人口与土地等稀缺资源的矛盾，认为要控制人口的过快增长。一方面，由于人口的快速增长以及生活水平的不断提高，必然要求经济的快速增长以及对资源的巨大需求和对环境的巨大压力；另一方面，科学技术的进步，也为经济快速增长和对资源的大规模开发及加工提供了可能。随着工业化进程的推进，人类对资源的开发便以前所未有的规模和速度展开，在其创造日益丰富的社会财富和推动社会极大发展的同时，其弊端和危害也越来越严重地显现出来。特别是 20 世纪中叶以来，有增无减的人口浪潮和日益增长的消费压力，使日趋减少、被污染、退化的有限耕地的负载不断加重。自然资源的过度开发，尤其是能源、化工等工业快速发展所造成的大量污染，不仅使水土流失加剧、土壤退化加重、生物资源减少、生态遭到破坏，而且导致了全球性的环境问题，不断威胁到人类的生命安全和健康发展。所以，当前发展中国家也需要极力寻求一种全新的发展道路。

发达国家虽然率先实现了工业化，社会经济得到了极大的发展，但也饱受了工业化所带来的严重危害，人与自然、人与人之间的矛盾变得异常尖锐，阻碍了其进一步发展，因而，发达国家也在努力探寻新的发展道路。由鉴于此，迫使人们不得不对自己所走过的发展历程进行全面而深刻的反思，急切需要修正自身的自然观、价值观和文化观，以确立新的发展观。于是，可持续发展理念便应运而生。

虽然现代可持续发展理念的形成源于对现代不可持续发展状态的反思，源于人们对环境问题的深入认识和热切关注，而对其进行的全面研究则是起步于 20 世纪 80 年代。但实际上可持续发展思想的孕育、提出和运用是源远流长的。

"可持续发展"从字面上理解，是指促进发展并保证其可持续性和连续性，而其内涵在于从观念上彻底改变人类传统的两个片面做法：一是只注重经济数量的增长，而忽视了社会、人类自身等的全面发展；二是只顾眼前利益和局部利益，忽视了长远利益和全局利益，或者只考虑当代人的利益而忽视甚至损害后代人的生存与发展，从而导致人类社会发展的不可持续性。

持续（sustain）一词意指"维持下去"或"保持继续提高"，针对资源与环境，则应该理解为保持或延长资源的生产使用性和环境支持的长久性，意味着自然资源和环境基质能够永续地为人类所利用，不至于因其耗竭或破缺而影响后代人的生产与发展。一个可持续发展的过程，是指在一个无限期或较长的时期内，对象系统的基本条件虽有变化，但其再生能力或内在质量并没有衰减，结构相对稳定，且通过与外部交换物质能量，系统依然能够有序演化。

在传统发展观的支配下，为了追求最大的经济效益，人们尚未认识因而也不承认环境本身也有价值，于是采取了以损害环境为代价来换取经济增长的发展模式，其后果是全球范围内的环境恶化。随着认识水平的提高，人们意识到发展并非只是纯经济性的，它是一个外延广泛、内涵深刻的概念。它不仅表现在经济的增长、国民生产总值的提高、人民生活水平的改善，还体现在教育、科学、文化等事业的发展，道德水准的提高，社会秩序的和谐，以及国民素质的改善等。因此，现代意义上的经济发展必然要求进行一定的社会经济变革，正如联合国第一个发展十年（1960—1970）提出的经济发展的含义：发展＝经济增长＋社会变革。

不论是经济增长，还是社会的进步以及人的全面发展，都不可能无限制地发展，而是要受到经济、社会和生态因素的制约，其中生态因素的限制是最基本的。发展必须以自然为基础，并且在不损害自然系统的结构、功能和多样性的前提下，充分考虑环境的承载力，综合、合理和节约地利用资源，且应加强生态的保护和环境质量的改善，以便能够持续地既满足当代人的需要，又不破坏满足后代人需求的基础。

可持续发展的概念最初是应用于林业和渔业的，指的是对于资源的一种管理战略，即如何将全部资源中的一部分加以合理利用，使得资源不受破坏，而新长成的资源数量足以弥补所利用的数量。在人类社会的早期，社会的经济活动局限于人类对自然的改造，当时人类的生存与发展便与传统的农业生产形式形成了密切的联系，林业和渔业的可持续性是当时人类普遍关注的问题。随着工业的高速发展，环境问题日渐尖锐、突出，公害事件不断在一些发达国家和地区出现。为此，人们开始寻求一种建立在环境和自然资源可承受基础上的长期发展模式。

"可持续发展"一词在国际文件中最早出现于1980年由国际自然保护同盟（IUCN）在世界野生生物基金（WWF）的支持下制定发布的《世界自然保护大纲》中。1983年11月，联合国成立世界环境与发展委员会（WECD），该组织经过4年的研究和充分论证，于1987年提交了题为《我们共同的未来》的报告，正式提出了可持续发展的模式，并把可持续发展定义为"既满足当代人的需要，又不对后代人满足其需要的能力构成威胁的发展"。此后，随着研究的不断深入，可持续发展战略逐渐被世界大多数国家和地区所普遍接受，成为人类的共识。到了20世纪90年代，可持续发展概念不断得以深化和完善，并逐渐由理论研究付诸实践探索。1992年6月，联合国环境与发展大会（UNCED）在巴西的里约热内卢召开会议，大会通过了《21世纪议程》，更是高度凝聚了当代人对可持续发展理论认识深化的结晶，反映了关于环境与发展领域合作的全球共识。

（四）可持续发展战略的含义与形式

1. 可持续发展战略的含义

可持续发展战略不同于一般的和具体的经济发展战略，它是指制定经济发展战略时必须坚持的一种指导思想。按照 1987 年国际环境和发展委员会在其报告《我们共同的未来》中的定义，可持续发展是指"在不牺牲未来几代人需要的情况下，满足我们这代人的需要"。这主要是从时间上强调可持续发展。1972 年，斯德哥尔摩第一次世界环境与发展大会之后，1992 年，在巴西里约热内卢联合国召开的第二次世界环境发展大会对此定义进一步补充道"一个国家或地区的发展不应影响其他国家或地区的发展"。这就从空间上强调了可持续发展。可见，实现可持续发展是全世界所有国家和地区的共同义务和责任。

在《我们共同的未来》报告中，拟定了可持续发展的七项基本目标：① 保持增长；② 提高经济增长的质量；③ 较好地满足就业、粮食、能源、饮用水和健康的基本生存需要；④ 控制人口数量增长，提高人口质量；⑤ 维护、扩大和保护地球的资源基础；⑥ 集中关注科技进步对于发展瓶颈的突破；⑦ 始终调控环境与发展的平衡。

可持续发展战略的实质是正确处理资源、环境和人口及经济增长速度之间的关系，做到相互协调发展。这一发展战略是针对工业革命以后在世界各国经济高速增长过程中产生的资源与环境危机提出的。

2. 资源保障与可持续发展

资源既是国民经济赖以发展的物质基础，也是社会财富的主要来源。它直接涉及一个国家的现实经济利益和可持续发展，是一个国家真正的财富，也是经济发展的保障。然而，资源对社会经济发展的保障程度不仅受资源数量的影响，而且受资源开发利用条件的制约。为确保有限的自然资源能够满足经济持续发展的需要，必须实行保护、合理开发利用与增值并重的政策，依靠科技进步挖掘资源潜力，运用市场机制和经济手段促进资源的合理配置，通过产业结构调整和法规、管理体系的建设，以及消费模式的调控而最大限度地节约资源，旨在为子孙后代留下充裕的发展空间。

我国的资源总量虽然在世界上占据十分重要的地位，但是许多种类资源的人均拥有量却远远低于世界平均水平。在未来的社会经济发展中，我们不仅面临着人口基数庞大、实现人口低增长的压力以及人民对改善和提高生活水平的强烈愿望和要求的严峻挑战，而且由于我国正处于工业化进程中，资源利用效率低下，资源总量需求不断增大，资源供求矛盾日益尖锐。此外，世界各国特别是发达国家正在通过政治、经济、外交、贸易等各种手段加大对资源的控制与占有，从而使资源问题表现的更加突出。为了确保 21 世纪社会经济持续发展，必须从战略的高度认真研究和解决好人口、资源、环境和发展之间的关系，重视资源的利用、保护与储备，正确制定长期的资源战略与政策。

在长期经济发展中，由于存在自然资源"无价获取"的传统观念，造成在国民经济核算体系中，只重视经济方面的投入与产出，而忽视资源的成本与消耗，因而造成了资源的过度利用。因此，在可持续发展观的要求下，迫切需要依靠科技进步挖掘资源的潜力，对资源进行综合、合理、科学地开发和利用，提高资源的利用效率。同时，要加强资源的管理，改变传统的资源无价观念，充分发挥市场对资源合理配置的调节作用，借助政府的宏观调控职能，最大限度地发挥资源的潜在效用和保障生态环境的可持续能力。

为此，我们可采取以下措施，以促进资源的合理利用，实现经济的可持续发展。

（1）转变经济发展方式，节约资源，实现低能耗、集约型的发展方式，从而有效地开发利用资源潜力。世界各国特别是发达国家的经济实践已经表明，对资源合理配置、综合利用、科学管理、降低能耗的潜力巨大，这对于缓解资源短缺和保障社会经济的持续发展意义深远。

（2）加大后备资源的开发和利用，增加资源的储量。尽管人类已经利用了相当数量和种类的自然资源，但当前仍有相当可观种类和储量的自然资源未被发掘和利用，特别是海洋资源和生物资源。随着社会生产力的发展和科学技术的进步，人类通过不断拓宽资源的开发范围，加大利用深度，以增加资源的总量。对于耕地资源来说，世界上还有大量的宜农林牧的荒地、荒山、草坡可供开发农林牧生产，形成综合性农业战略后备基地。就矿产资源而言，通过加大勘探力度和先进技术的研究，能使矿产资源的固有潜力得以充分发挥。

（3）加大对废弃物的治理，使废弃物资源化，发展循环经济。随着经济发展和人民生活水平的提高，工业与居民废弃物迅速增加，不仅浪费了宝贵的资源，侵占了大量宝贵的土地，而且造成环境污染。因此，污染物减量化、资源化既是解决污染的重要途径，也可节约大量宝贵的资源，特别是污水资源化对于缓解部分地区水资源紧缺极为重要。

（五）可持续发展的内容

可持续发展作为一种全新的发展模式，是一个综合性的概念，具有十分丰富的内涵，其主要内容包含以下几个方面：

1. 可持续发展以发展为主题

发展是人类共同和普遍的权利，无论是发达国家还是发展中国家，都享有平等的发展权利。发展中国家的环境恶化大多同贫困联系在一起，只有发展才能为消除贫困和减少环境污染提供必要的物质基础。因此对发展中国家来讲，发展是必要的前提条件。但是这种发展要用社会、经济、文化、环境、生活等多项指标来衡量，要把当前利益与长远利益、局部利益与全局利益有机结合起来，使经济、社会、人口、资源和环境多方面协调发展，并以经济发展为基本手段，以社会发展作为最终目标。

2. 可持续发展以环境保护和资源的永续利用为基础

发展与资源和环境相互联系并构成有机的整体，人类提出可持续发展的最直接的原因是自然环境的恶化和资源的日趋耗竭。因此，如何保护环境和有效利用资源便成为可持续发展首要研究的问题。经济发展的实践表明，现代的发展越来越依靠环境与资源的支撑，而环境与资源为发展提供持续力量的能力却越来越有限了。因而，可持续发展把环境保护和资源的永续利用作为发展进程中的一个重要组成部分，并把其作为衡量发展质量、发展水平和发展程度的客观标准之一，具有深远的意义。从而，资源的永续利用和环境保护的程度就成为区分传统发展观与可持续发展观的重要标志。

3. 可持续发展以公平为基本原则

可持续发展所追求的公平原则包括三层含义：一是当代人的公平，即同代人之间的横向公平。可持续发展要求满足全体人民的基本需要和给全体人民同等的机会以满足他们要求较高生活的愿望。二是代际间的纵向公平，即当代人与后代人之间的福利和资源公平分配，当代人不能因为自己的发展而损害后代人满足其需要的权利。三是公平分配有限的资源。联合国环境与发展大会通过的《关于环境与发展里约热内卢宣言》，已把这一公平原则上升为国家的主权原则，即"各国拥有按照其本国的环境与发展政策开发本国自然资源的主权，并负有确保在其管辖范围内或其控制下的活动不致损害其他国家或各国管辖以外地区的环境的责任"。

4. 可持续发展以技术创新和制度创新为动力

实现可持续发展的关键在于技术创新和制度创新。从经济学的观点看，技术创新不仅是指技术系统本身的创新，更主要的是把科技成果引入生产过程所导致的生产要素的重新组合，并使它转化为能在市场上销售的商品或工艺的全过程。技术创新已成为现代经济增长的主要因素，科技进步对经济增长的贡献已取代了资本和劳动而上升到首要地位。因此，技术创新是实现可持续发展的主要动力。

可持续发展就是要促进人与自然的和谐，实现经济发展和人口、资源、环境相协调，保证资源一代接一代永续利用，保证人类一代接一代永续发展。要满足人类的需要，也要维护自然的平衡；要注意人类当前的利益，也要注意人类未来的利益。应以持续的和长远的获利作为发展的一种重要衡量标准，任何只顾眼前利益而不计未来损害的所谓发展，都不应被视为科学的、理性的发展。换言之，在科学发展观看来，现代社会发展的一个重要特征，就是当前的生产活动和生活方式不应对保持或改善未来生活水平的前景造成危害。为此，我们在制定经济发展政策时，就突出对资源保护与合理利用的认识，应努力构建资源节约型、环境友好型经济发展模式，这就要求我们在追求经济发展的同时，应进行科学的制度创新，以便保证可持续发展在观念上和实践上得以切实的践行。

二、产业结构优化战略

中共十六大明确指出，要实现全面建设小康社会的目标，就必须推进产业结构优化升级。推动产业结构合理化和高度化的统一，是产业结构优化升级的基本内容和方向。

（一）产业结构理论

产业结构理论主要研究产业结构的演化及其对经济发展的影响。它主要从经济发展的角度研究产业间的资源占有关系、产业结构的层次演化，从而为制定产业结构的规划与优化的政策提供理论依据。产业结构理论的内容一般包括：对影响和决定产业结构的因素的研究；对产业结构的演变规律的研究；对产业结构优化的研究；对战略产业的选择和产业结构政策的研究；对产业结构规划与产业结构调整等应用性的研究，等等。

在传统农业发展阶段，边际报酬是递减的，因为可耕作的土地是有限的，劳动投入的增加达到一定限度后就不能再带来产出的相应增加。同时，人们对食物的需求也是有限的，不足以支持长期的经济增长。而工业增长则不受土地有限性和需求有限性的制约。工业生产的规模可以迅速扩大，从而使平均成本降低。不仅如此，工业还具有产品多样、分工细密的特点。随着生产规模的扩大、产品种类的增多，以及分工的广度化和深度化，工业中采用的技术也不断进步，物质资本和人力资本的效能都不断提高，从而提高了劳动生产率，促进了经济增长。当工业在 GDP 中所占的份额增加时，就意味着资源正在从传统农业向工业转移，经济就能以较快的速度增长。卡尔多在 1967 年提出，经济的高速增长几乎总是与第二产业，主要是制造业的高速增长联系在一起的，以后的经验研究支持了这一论断。因而可以认为，工业化的过程同时也是推动产业结构变化的过程。

17 世纪中叶，英国经济学家威廉·配第（William Petty）在其《政治算术》一书中，第一次就产业结构问题作出推断，他比较和分析了英国农民收入和船员的收入，发现后者是前者的 4 倍，同时他也发现了荷兰的人均收入高于其他欧洲国家。据此，他得出结论："比起农民来，工业的收入多，而商业的收入又比工业多。"这就是所谓的配第定理。

在此基础上，英国经济学家科林·克拉克在 1940 年出版的《经济进步的条件》一书中，开创性地对四十多个国家的截面和时序统计资料进行了分析和研究，揭示了人均国民收入水平与经济结构变动的内在关系，重新表述了配第定理，即随着人均国民收入的提高，劳动力首先由第一产业向第二产业转移；随着人均收入的进一步提高，劳动力进而向第三产业转移。这种流动转移的诱因是由于产业间的资本利润率的差异。由于这一表述是建立在配第定理基础之上的，或者说是对配第观点的印证，因此，后来人们把它称之为配第-克拉克定理。事实证明，配第-克拉克定理是合乎经济发展规律的。

（二）产业与产业结构的划分

1. 产业是社会分工的产物

产业是按社会分工而从事物质产品生产或提供劳务的一切经济活动群体的总称。产业是经济发展过程中分工和专业化的产物，凡是在分工基础上形成的、具有某种相同属性的经济单位的集合，都可以称之为产业。产业应该具有的某种同类属性或特征主要有：第一，从需求角度来说，是指具有同类或相互密切竞争关系和替代关系的产品或服务；第二，从供应角度来说，是指具有类似生产技术、生产过程、生产工艺等特征的物质生产活动或类似经济性质的服务活动。

产业随着社会分工的产生而产生，并随着社会分工的发展而发展。在远古时代，生产工具极其原始，生产力水平极其低下，没有社会分工，不存在不同的生产部门，产业无从谈起。随着旧石器时代向新石器时代的缓慢发展，人类的生产工具有了逐步的改进，人类的生产力水平有了逐步的提高，这时，农业从人类的狩猎和采集活动中分离出来，社会分工开始出现，农业成为那时人类决定性的生产部门。随着生产工具的不断进步和生产力水平的不断提高，又相继发生了三次社会大分工。按照恩格斯的观点，第一次社会大分工发生在原始公社的新石器时代，畜牧业从农业中分离出来；第二次社会大分工发生在原始公社末期至奴隶社会初期，手工业从农业中分离出来；第三次社会大分工发生在奴隶社会初期，商业逐渐从农业、手工业中分离出来。三次社会大分工之后，实际上已形成了农业、畜牧业、手工业和商业等产业部门。

随着生产力的进一步发展，社会分工进一步深化。18世纪60年代爆发于英国的第一次产业革命，使英国的主要工业部门先后出现了从手工业生产过渡到机器生产的趋势。从此，机器生产的大工业逐渐取代了农业成为社会经济发展的主导力量。接着在20世纪初又爆发了第二次产业革命，表现在铁路、钢铁工业的快速发展，工业的主导地位进一步巩固。社会分工也进一步向深度发展，表现为新兴产业部门不断出现和产业分工越来越细。

2. 三次产业分类法

产业结构，一般是指国民经济中各产业之间的比例关系和结合状况，它是国民经济结构的一个基本方面。产业结构根据对产业的不同划分而有不同的类型，它们分别适应于对国民经济考察分析的不同需要。比较流行的产业结构划分主要有：两大部类结构，即按产品的最终用途，把社会分为生产资料部门和消费资料部门；农、轻、重结构，即按生产对象的性质和生产方法，把社会物质生产划分为农业、轻工业和重工业三个部门；三次产业结构，即在产业部门分类的基础上，按照人类生产活动发展的历史顺序，把整个国民经济划分为第一产业、第二产业和第三产业。

在现代社会中，一般使用三次产业分类法来研究国民经济的构成。三次产业分类法是由新西兰经济学家费歇尔首先创立。他在1935年所著的《安全与进步的冲突》一书中系统地提出了三次产业的分类方法及其分类依据。他认为，在世界经济发展史上，人类经济活动的发展有三个阶段：在第一阶段即初级生产阶段上，人类的主要生产活动是农业和畜牧业；第二阶段开始于英国工业革命（18 世纪 60 年代开始的第一次产业革命），以机器大工业的迅速发展为标志，纺织、钢铁及机器等制造业迅速崛起和发展；第三阶段开始于 20 世纪初，大量的资本和劳动力流入非物质生产部门，包括商业、旅游、运输、贸易、娱乐、文化艺术、教育、科研、保健和政府的活动。费歇尔将处于第一发展阶段的产业称为第一产业，处于第二发展阶段的产业称为第二产业，处于第三发展阶段的产业称为第三产业。英国经济学家科林·克拉克（C. Clark）在继承费歇尔研究成果的基础上，采用三次产业分类法对三次产业结构的变化与经济发展的关系进行了大量的实证分析，总结出三次产业结构的变化规律及其对经济发展的作用，这一研究成果开拓了产业结构理论研究的新领域。克拉克在 1940 年出版的《经济进步的条件》一书中把国民经济划分为"三次产业"[1]，即第一产业是指产品直接取自自然界的部门；第二产业是指对初级产品进行加工的部门；第三产业是指为生产和消费提供各种服务的部门。

　　在克拉克之后，库兹涅茨对国民经济结构变化作了更为详尽的研究[2]，他对三个部门的划分情况是：第一产业（农业部门）包括农业、畜牧业、狩猎业、渔业和林业；第二产业（工业部门）包括制造业、建筑业、运输通讯、采掘业和电力生产；第三产业（服务业）包括商业、金融、房地产、公共管理、国防、家庭服务、个人和专业服务（如教育、卫生、法律）等不属于第一、第二产业的所有部门。

　　今天，三次产业分类法更多地以经济活动与自然界的关系为标准将全部经济活动划为三大类，即将直接从自然界获取产品的物质生产部门划为第一产业，将加工取自自然界的产品的物质生产部门划为第二产业，将从第一、二产业的物质生产活动中衍生出来的非物质生产部门划为第三产业。根据这一划分标准，第一产业是指广义上的农业，一般包括种植业、畜牧业、渔业、狩猎业和林业；第二产业是指广义上的工业，包括制造业、采掘业和矿业、建筑业以及煤气、电力、供水等；第三产业是指广义上的服务业，包括运输业、通信业、仓储业、商业贸易、金融业、房地产业、旅游业、饮食业、文化、教育、科学、新闻、传播、公共行政、国防、娱乐、生活服务等。

　　三次产业分类法由于它的实用性，因而仍具有很强的生命力。世界银行等国际组织和许多国家的政府部门和产业研究部门仍广泛采用这种分类方法。

---

　　[1] 科林·克拉克：《经济进步的条件》，1957 年英文第三版。
　　[2] 库兹涅茨：《现代经济增长》，北京经济学院出版社 1989 年版，第 76 页。

3. 中国产业经济思想

中国的传统社会特征始终表现为小农经济、家族制度、中央集权官僚体系这三者的结合与统一，而与其相互适应的经济思想及相应的政策虽反复变动，但其主要的内容仍明显地表现为农本思想、工商业思想和水利基础建设思想这三个方面。

（1）农本思想。

在古代社会中，人们经济生活的物质需求的满足主要依靠农业，统治阶级实施其政治统治的物质基础也主要是农业。因此，在古代人们的思想观念上首先产生对农业的重视，这是符合人类认识发展的基本规律的。

从文献资料上看，上古时期就已经开始了对农业的重视，但春秋及其以前社会对商业的态度也是肯定的，并无明显的重农抑商倾向，所以当时的经济思想和政策对商贾以及商业活动都没有过多的干预。而真正开始对农业的偏重是从战国初期开始的。重农轻商思想在战国时期形成，有其客观原因。战国是从春秋时的分封制经过各种形式的兼并，演进到地区性的统一及地区性的君主集权制，最后发展到全国性的统一及君主中央集权制的过渡时期，这一过程是通过激烈的军事行动得以完成的。为了保障在兼并战争中有足够的兵员与财力，就必然要动用国家行政的力量来最大限度地保护易于控制的小农经济，并对社会财富包括商人的财富进行掠夺式的征调。战国时期正是中国封建经济确立时期，土地的私有化和自由买卖已经出现，这就给商业资本向土地投入开辟了途径。而商业资本向土地投资最初必然是对自耕农进行兼并，这就势必造成军事官僚实体赖以进行的军事兼并的物质基础发生动摇。因此，为了保证兼并战争的顺利进行，地主阶级政治家便在传统的重农思想的基础上发展形成了重本抑末的理论，从此偏重农业的农本政策开始确立。在其后封建时代的演进中，封建统治者不断地认识到商人资本的过度膨胀会造成农业生产的萎缩，阻碍封建经济的稳定发展，因此，重农轻商思想一直受到地主阶级的重视。

农本政策，从现代产业经济学的角度看，体现的是一种产业结构政策，即如何看待农业在社会产业结构中的地位以及国家应相应采取什么样的产业思想。所以中国封建时期是将农业放在了整个产业结构的一个最重要的位置，农业实际上成了整个封建时期的"支柱产业"。农本思想的目的是维护农业的再生产，其在政策上就要保证农业有充分的劳动人手，农业人口不能随意向其他行业转移。春秋战国时期各国推行的农事政策、农耕政策都是农本思想的具体体现。而从先秦到明清，历来的农本政策，其目标都在于如何将尽可能多的社会劳动人手固定在土地上，其进一步的政策目标是要实现劳动人手与土地资源的合理结合，所以调整人、地结合的比例就成为土地政策思想的重要内容。

（2）工商业经济思想。

在我国封建社会各个时期，对工商业的看法各不相同。在春秋战国时期，私营工商业基本采取自由发展的态势，山泽鱼盐之利采取放任私人经营、官取其税的政策。自汉武帝实行盐铁官营制度之后，形成了国家控制工商业的理论——轻重论，官营工商业由此成为社会经济中的重要组成部分，也成为其后历代封建王朝制定工商管理政策的理论基础。唐宋时期，国家对传统的工商管理政策进行修改，传统的轻重论有所发展，继续发挥其巩固专制集权统治的作用。明清时期，随着商品经济的发展和市场作用的扩大，轻重论受到前所未有的重视。在现代社会，工商业是国民经济的重要组成部分，并且从各国经济发展的历程中看，整个社会的产业发展方向，已经走出了农业主导的时期，逐步走向工商业主导社会经济发展的时期，从而进一步推动了产业结构的优化升级，进而推动了社会经济结构的优化升级。

（3）水利基础设施建设思想。

由于我国经历了长期的封建社会，农业在封建社会中居于主导地位，因而水利也就成为农业社会经济发展的基础。从某种程度上说，人类社会有意识的改造自然的活动也是起因于人类对水的治理。在农业生产中，由于水利建设有重大影响，水利是保证农业生产、减少损失的重要条件，不论是和平安定时期还是战乱时期，政府都十分重视农业基础设施特别是水利建设，兴建公共水利工程。同时，兴修水利不仅直接关系到农业生产的发展，而且随着社会的进步，水利还可以扩大运输、加快物资流转、发展商业，推动整个社会经济繁荣。由于历代政府的重视，我国的水利事业处于逐步向前发展的趋势。公共水利工程建设，已经成为国家管理经济的带有决定性意义的重要内容和重要职能。

（三）经济发展中的产业结构演化

美国经济学家库兹涅茨在克拉克研究的基础上，从研究现代经济增长的特征出发，深入考察了劳动力就业结构和部门产值结构与人均产值变动的关系。他根据三次产业的分类方法，并对几十个国家的资料进行实际国民收入的推算和比较，从时间序列考察了各个国家三次产业在国民生产总值和总劳动力中所占比重的长期变动趋势，同时，从横截面角度分析了不同收入水平国家中三次产业在总产值和总劳动力中所占比重的差异性。此外，他在分析国内生产总值和劳动力各自在三次产业之间分布的变动趋势之后，进而将两者结合起来，分析了各次产业相对生产率的变动趋势，深化了对国民经济增长与产业结构演变间互动关系的研究。通过这些研究，他得出了具有重要意义的结论：① 伴随着现代经济增长，产业结构将发生变化。以农业为中心的第一产业比重下降，制造业比重增加。② 劳动力的就业构成发生变化。农业劳动力比重减少，其幅度远低于农产品比重下降的程度。工业的劳动力有所增加，但其增长率慢于其产值增长率。服务业劳动力明显增加，由于其劳动生产率变动不大，其劳动力使用规模随其产值的增加而扩大。③ 农业占总资本的比例下降，而工业明显提高，服务业的比例继续扩大。④ 不仅农业、工业、服务业随现代经济增长在产值及劳动力就业比重方面发生了变化，而且在各产业内部也发生了显著的结构性变动。其变动的一般趋势是：在制造业内部，与现代技术密切联系的新兴部门增长得最快，其在整个制造业总产值和劳动力中占的比例是上升的。⑤ 随着国民收入的增长，三次产业间及其内部劳动力构成变动与人们的需求结构发生变化有联系，也与现代生产技术在生产中的作用有联系。

（四）产业结构优化的内容

产业结构的状况主要是通过价值指标或非价值指标的相对比重数来评价或衡量的。一般是用各个产业部门在社会总产值、国民收入、国民生产总值、国内生产总值中所占比重来表示，也可用各个产业部门所占劳动力、资金的比重来表示。所谓产业结构优化升级的过程，就是伴随着技术进步和生产社会化程度的提高，不断淘汰衰退产业，加强传统产业的技术改造，实现主导产业的合理转换，扶持和引导新兴战略产业，提高产业结构作为淘汰转换器的效能和效益的过程。简言之，产业结构优化就是第一、二、三产业中生产要素素质的提高和在各产业内部的优化组合、三产业之间的优化组合的过程。

随着生产力的发展，产业结构显示出从低级到高级逐渐演进变动的趋势。因此，产业结构优化是一个动态概念：在一国经济的不同发展阶段，产业结构优化的具体内容是不同的，并且产业结构优化是相对的、具体的，随着生产力的发展，产业结构会相应发生新的变化。

产业结构优化包括产业结构的合理化和产业结构的高度化，综观世界发达国家产业经济发展的历史，产业结构优化的方向是合理化与高度化的统一。也就是说，产业结构优化升级的方向是产业结构趋于协调，然后在协调的基础上通过制度创新和技术创新推动产业升级，实现协调化和高度化的统一。产业结构合理化是经济健康发展的条件，产业结构高级化程度是经济发展的重要尺度与标志，产业结构的不断优化是经济发展的不竭动力。

1. 产业结构的合理化

国民经济的协调发展，离不开产业结构的合理化。产业结构优化的实质就是产业结构合理化。产业结构合理化是指为提高经济效益，要求在一定的经济发展阶段上，根据科学技术水平、消费需求结构、人口基本素质和资源条件，对起初不合理的产业结构进行调整，实现生产要素的合理配置，使各产业协调发展。

一个合理的产业结构应该具备这样的特征：与资源结构相适应，资源在各个部门之间的配置和使用合理，能使本国资源优势得到发挥，使生产要素得到最佳的组合；与社会总需求结构相适应，能实现国民经济较高的增长速度，并且有较好的自我调节能力和应变能力，能应对因技术进步和生产要素的变化出现的各种不平衡现象和失调的情况；各个产业部门之间关系有机协调，生产上相互衔接、密切配合，能保证整体国民经济的顺利运行；能取得较高的整体经济效益，并能保证社会有效需求的满足；能实现人口、资源、环境的良性循环；有利于产业结构向高度化、现代化发展。

2. 产业结构的高度化

产业结构优化不是一劳永逸的，而是需要通过经常调整来进一步实现产业结构现代化、高度化。一个国家的产业结构只有适时地、不断地从低级向高级转换，才能保持经济的领先地位。产业结构高度化是指产业结构根据经济发展的自然历史顺序由较低阶段或层次向较高阶段或层次演进的过程。其实质是科学技术发展和分工深化使产业结构不断向高加工度化、高附加值化发展，从而更充分和有效地利用资源，更好地满足社会发展的一种趋势。

社会生产力的不断发展使技术进步能突破资源条件的制约而实现产业结

构的不断升级。产业结构高度化是建立在产业结构优化基础之上的；反过来，高度化又是更高层次上的优化。因此，产业结构高度化既是产业结构优化的结果，又是产业结构进一步优化的要求。

产业结构高度化从产业结构的演进角度看，指一国经济发展重点或产业结构重心由第一产业向第二产业和第三产业逐次转移的过程，标志着一国经济发展水平的高低和发展方向。产业结构的变化往往具体反映在各产业部门之间产值、就业人员、国民收入比例变动的过程上。

从产业结构高度化来看，它包括四个方面的内容：① 产业高附加值化，它反映了产业技术密集度不断提高的程度；② 产品高技术化，它反映产业中新技术和高端技术的应用程度；③ 产业高集约化，它反映产业组织的合理性程度和规模经济效益的水平；④ 产业高加工度化，它反映产业加工的深化和劳动生产率的水平。

（五）我国产业结构优化的趋势

为推进国民经济结构战略性调整，应积极推进产业结构优化升级，促进产业协调健康发展，逐步形成以高新技术产业为先导、基础产业和制造业为支撑、服务业全面发展的产业格局。为此，我国的产业结构优化趋势具体表现在：

（1）产业结构优化要以产品结构优化升级为基础。产业是由行业组成的，行业则由产品（或服务项目）组成，只有大部分产品或起主导地位的产品优化升级，才能使产业结构优化升级；只有新产品生产规模扩大到一定程度才能构成新的行业，从而使产业结构优化升级。

（2）产业结构优化要以产业组织结构优化升级为载体。生产要素的优化组合不论是有形的或无形的，都要体现在生产（服务）组织中，生产（服务）组织不是越大越好，也不是越小越好，而是要根据生产要素优化组合的要求来确定。

（3）产业结构优化的核心是技术结构升级。在产业结构优化过程中，不仅要提高单位产品的技术含量，而且要以高技术、先进适用技术改造传统产业，提高传统产业的技术含量和高新技术产业的比重。

（4）产业结构优化要遵循产业结构变化规律。世界上许多国家的产业结构变化都呈现出大致相同的趋势，具有客观规律性。其主要表现为：① 在三次产业结构之间，第一产业存在不断减少的趋势，第二产业先是迅速增加，然后趋于稳定，第三产业则呈现不断上升的趋势。② 在第二产业中重工业比重不断上升，轻工业比重不断下降，最后逐步趋于稳定。③ 在第二产业内的各工业部门之间，加工工业与基础工业（采掘业和原材料工业）相比，比重趋于增大，呈现出高加工度化趋势。④ 在 20 世纪 70 年代前后，西方发达国家产业结构的变化出现了新的趋势，表现为新兴行业逐渐取代传统行业而成为主导性行业；在制造业内部，产业结构逐步再现出技术密集型趋势，高科技密集产业不断涌现；在整个产业中非农业、非工业倾向日益明显化，第三产业的地位越来越突出。以上趋势对我国产业结构优化具有一定的启发作用。

（5）产业结构优化要把工业结构的优化作为主要内容和核心，以工业结构调整带动农业结构调整，促进第三产业的发展。产业结构不合理、低水平的产品生产过剩最突出的表现在工业上，而工业结构的调整、优化升级又要以高新技术和先进适用技术改造传统产业作为着力点，有重点地发展高新技术产业。

第十二章　科学发展观与经济社会协调发展

　　科学发展观是我们党在新的历史时期提出的一种全新的发展观，我们应在经济发展中全面贯彻和落实科学发展观，以科学发展观统领经济社会发展的全局，最大限度地提高人们的福利水平，实现经济社会的全面、协调、可持续发展。

第一节　科学发展观的内涵

　　发展观是关于发展的本质看法和观点。发展观不同，经济发展战略、发展模式、发展结果也不一样。中共十六届三中全会明确提出，要树立以人为本，全面、协调、可持续的发展观，这是对社会主义现代化建设指导思想的新发展。这一科学发展观的确立，必将对新世纪我国的政治、经济、文化建设和人民的生产生活产生重大而深远的影响。

一、科学发展观的提出

　　经济发展概念的提出，虽然克服了传统单一经济增长的局限性，但将经济发展定义为由不发达向发达经济过渡，只是注重社会要素的平衡和谐而对人的价值与需要考虑不够，显然不准确、不完整。在世界经济一体化的今天，不论是发达国家，还是发展中国家都存在着社会经济的发展问题，并高度重视和正着手解决发展问题。20 世纪 80 年代初，联合国教科文组织提出了"以人为中心的内源发展"，从而标志着对发展的理解从以物为中心转向以人为中心。这种发展观以人的价值、人的需要、人的潜力发挥为中心，对原有发展观加以综合和提升，认为发展应当包括经济增长、政治民主、科技水平提高、文化价值观变迁、社会转型、自然协调、生态平衡等多方面的因素。许多国家，包括发达国家普遍接受了这种发展观，形成了体现这种发展观的许多成功的做法。比如，体制转型中重视市场的作用；重视资源的合理开发、可持续利用；重视生态环境的治理；注重人力资源开发，加大教育科技投入，坚持科教立国；推进城市化，减少农业人口；健全社会保障体系；坚持以出口为导向的发展战略等。这些做法和经验，为我们形成科学发展观提供了借鉴。

从传统发展观到科学发展观的演变大致经历了四个阶段：第一阶段到20世纪50年代，人们把发展理解为走向工业化社会或技术社会的过程，强调经济增长，并几乎把发展等同于经济增长。第二阶段到20世纪70年代初，随着工业化进程的推进，人们把发展看做是经济增长和社会变革的统一，即伴随着经济结构、政治体制和文化法制变革的经济增长过程。第三阶段始于1972年联合国斯德哥尔摩会议通过的《人类环境宣言》，在认识上更加注重发展和自然环境的协调，提出并逐步丰富了可持续发展理论。第四阶段从20世纪80年代后期开始，人们把发展看做人的基本需求逐步得到满足、人的能力发展和人性自我实现的过程，广义的可持续发展观在全球取得共识。

改革开放以来，我国经济进入快速发展时期，但在经济发展的过程中，主要GDP的增长，出现了许多不容忽视并日益严重的问题：贫富差距逐步扩大，公平与效率之间的关系失衡，人均资源占有率过低，城乡人口就业矛盾突出，转型期深层次社会矛盾凸现，经济呈现高投入、高增长、低产出、低效益特征等。这些问题都说明我国经济发展正处在自然与社会、经济与政治、国内与国际错综复杂的矛盾中，处在关键的发展转型时期。科学发展观正是在这样的背景下，面对经济快速发展容易造成的不协调和失衡的种种问题而提出的，并作为今后经济社会发展必须坚持的一个重要指导思想和基本原则。科学发展观是对我国改革开放以来关于发展的经验教训的深刻总结。提出新的科学发展观，不是针对经济发展速度快不快、成绩大不大的问题，而是针对发展不全面、不协调和缺乏可持续性的问题。科学发展观的提出是我们对社会主义市场经济条件下经济社会发展规律在认识上的重要升华，同时也表明我国经济社会发展进入了一个更加科学，更加理智，更加具有全局性、长远性和创造性的崭新阶段。

二、科学发展观的内涵

科学发展观就是"以人为本，全面、协调、可持续的发展观"。根据对科学发展观的概括，可以把科学发展观的内涵归纳为以下四个方面：

（1）以人为本，是科学发展观的本质内涵和核心。以人为本就是在发展的价值判断上，把满足最广大人民的根本利益和实现人的全面发展作为经济社会发展的出发点和落脚点。在社会经济运行的诸环节中注重人文精神，加强伦理道德、民主法制、思想文化的建设和提升，构建人与人、人与社会、人与自然的和谐关系。坚持以人为本，就是要以实现人的全面发展为目标，从人民群众的根本利益出发谋发展、促发展，不断满足人民群众日益增长的物质文化需要，切实保障人民群众的经济、政治和文化权益，让发展的成果惠及全体人民、惠及子孙后代。

（2）全面发展，是科学发展观的中心内容。全面发展是以人为本思想的具体体现，经济增长是实现人的全面发展的手段。人的全面发展是指所有人都应得到公平的发展，这不仅是指所有当代人的发展，还包括后代人的可持续发展；不仅仅指满足人的物质生活需求，还包括满足人们在精神生活、政治生活等方面的各种需求。为此，实现全面发展，就是要以经济建设为中心，全面推进经济、政治、文化建设，实现经济发展和社会全面进步。要把经济增长、科技进步、文化繁荣、民主法制建设、人口素质提高等社会发展诸因素综合起来进行通盘考虑，把经济发展和各项社会事业的发展协调起来，积极推进社会各方面的和谐发展。

（3）协调发展，是科学发展观的基本原则。科学发展观是主体与客体、人与自然相统一的整体发展观，协调发展就是要有系统的观点，把人类生存和发展的环境看成是由自然、社会、经济、文化等诸多因素组成的复合系统。实现协调发展，就是要统筹城乡发展、统筹区域发展、统筹经济社会发展、统筹人与自然和谐发展、统筹国内发展和对外开放，推进生产力和生产关系、经济基础和上层建筑相协调，推进经济、政治、文化建设的各个环节、各个方面相协调。追求人与自然关系、人与人关系的优化，强调社会各个领域如经济、社会、文化、生态的和谐统一。根据经济的、社会的、文化的、环境的一系列综合指标，依据各个子系统之间的协调程度去衡量一个社会的发展。"五个统筹"的提出，使科学发展观在发展的途径上更加具体化了。

（4）可持续发展，是科学发展观的最终要求。实现可持续发展，就是要促进人与自然的和谐，实现经济发展和人口、资源、环境相协调，坚持走生产发展、生活富裕、生态良好的文明发展道路，保证一代接一代地永续发展。

三、科学发展观与环境保护

（一）经济发展中的环境问题

环境是人类所面对的外部世界，既包括人类工作的环境，也包括人类居住与生活的环境。概括地说，环境是指人类周围一切物质要素和信息要素的总和。依据环境的形成，可将其区分为自然环境和人造环境。人类以外的自然界里一切有生命和无生命的事物，如空气、阳光、森林、土地、矿藏、河流、山川、海洋等，构成人类的自然环境。人类自身创造和培育的建筑物、道路、城镇、乡村、车船、庄稼、牲畜、公园等形成了人造环境。环境是人类生存与发展的必要空间和条件，它是人类进行生活消费，从事生产和工作的场所。

生产活动是人类最基本的实践活动。生产活动改造了自然环境，使之更适宜人类的需要，这是经济发展对环境的积极作用。但同时，人类的生产活动也污染了环境，对环境产生消极的破坏作用。环境污染是指空气、水、土壤、气候等自然环境要素，在人类生产、生活活动过程中产生的各种污染达到一定程度时，可危害人体健康，影响各种生物的正常生命活动。对于人类生存威胁最大的环境污染是水污染、大气污染和土地污染。水污染导致部分物种灭绝，破坏水生植物和动物的生态失衡。同时水污染极大地减少了人类的饮用水资源，对人类的身体健康构成严重威胁。由污染导致的水资源短缺将是今后制约经济发展和影响人类生活质量的主要因素之一。大气污染导致空气质量不断下降，温室效应日趋增强，气候异常现象连续发生，这些对人类生活环境都造成了不可弥补的损失。水污染必然导致土壤污染，大气污染所形成的酸雨也直接造成土壤污染。森林和植被的消失加快了水土流失，降低了耕地质量，减少了耕地面积，气候异常加快了草原的沙漠化，牧地日益减少。随着工业药肥的使用，土壤中的微生态系统已经严重失衡，作物的病虫公害越来越难以防治，土地的生态环境在许多地方已陷入恶性循环。

（二）科学发展观下的环境保护

随着人类活动对环境影响的加剧，环境作为一种资源，其稀缺程度在不断提高；而且人类生存的外部世界的状况也日益恶化，洁净的空气越来越少，清澈的河流已难以见到，环境资源为什么没有得到合理的配置呢？这是因为环境在很大程度上是"公共物品"，这种资源的成本不计入产品的价格，从而产生负外部效应，即生产者的私人成本低于社会成本。外部效应的存在，说明依靠市场机制是难以解决环境污染问题的，必须由政府进行干预，制定和实施环境保护政策。从各国的实践来看，保护环境，维护生态平衡已成为政府的职能之一。

（三）环境与可持续发展

自西方产业革命以来，随着社会生产力的发展和人们消费水平的不断提高，人类的社会行为对环境系统的影响也越来越大。人类在开发、利用环境资源创造日益丰富的物质财富的同时，也在污染和破坏着自身的生存环境，致使人类赖以生存的环境急剧恶化。人类在生产生活中所造成的环境破坏，不仅严重地危害人们的健康，而且最终会威胁人类的生存。

环境污染的产生和存在由来已久，但是一直鲜为人类所重视，只是在20世纪50年代后，世界由于工业化和城市化的迅速发展，以致产生了一系列重大的污染事件或公害，才引起世界的广泛关注。同时，随着社会经济的发展和社会经济水平的提高，人们对环境质量的追求越来越高，环境污染问题才得以引起高度的重视。

环境污染的根源，从根本上说是人类社会或区域经济发展到一定阶段的必然产物，是人们限于一定的认识水平和经济技术条件，把各种污染物不加处理和利用就排入环境，使资源浪费和生态环境惨遭破坏的表现。传统的经济增长方式和消费方式是造成环境污染的主要根源，具体表现在以下几个方面：

1. 工业的飞速发展

在某种意义上说，环境污染是与工业相伴而生、日趋加剧的。在传统农业社会的很长时期内，只有作坊式的手工业，因而产生的污染危害几乎近于零。自人类进入工业社会以来，新发明、新技术、新产品层出不穷，推动了生产力的发展，但也污染了人类的生存环境。经济发展的加快，使大自然的自调和自净能力难以与之相适应，人类也难以采取新的措施根除日新月异的污染源，于是环境污染亦随之加剧。工业生产是以能源作为动力的，当今世界的主要能源仍是以煤、石油为主的传统能源，对环境的影响很大。从而导致工业发展陷入"高消费—高增长—高污染"的恶性循环，因而，传统的经济增长方式是加重环境污染的主要根源。

2. 人口的急剧增加和物质消费追求的增长

人既是生产者，也是消费者，因而人对环境的影响也存在两个方面的效应。从生产者的角度看，任何生产都需要大量的自然资源来支持，如农业生产需要耕地，工业生产需要能源、各类自然资源以及生物资源等。随着人口的增加，生产规模的扩大，一方面对资源需求不断增加，另一方面随着资源消耗的剧增而使环境污染加重。从消费的角度看，随着人口的增加，生活水平的提高，则对土地的占用愈多，对资源的消费亦急剧增加，排出的废弃物也在不断增加，从而加剧了环境污染。

3. 贫穷社会的存在

由于社会处于贫穷状态，为了生存，改变贫穷、落后的面貌和现状，往往不惜牺牲资源和环境为代价来谋求经济发展。低素质的劳动者，落后的生产工艺与流程、技术，造成了资源的大量浪费和对环境的极大破坏。此外，发达国家为了保持高速发展，一方面将发展中国家作为原料的供应地，大肆掠夺、侵占其资源，破坏他们的环境与生态；另一方面，发达国家又把自己的工业品大量倾销到这些国家，把在本国早已淘汰的高污染、高能耗、高浪费的技术和设备转移到发展中国家，在获得高额利润的同时加重了这些输入国的环境污染。

4. 经济、技术水平的制约

环境与经济、技术是矛盾的统一体，相互影响、促进和制约。经济的高速发展必然消耗大量的资源，产生大量的污染物和废弃物，对环境形成巨大的压力和降低环境对污染的消纳能力；经济的发展导致人们生活水平不断提高，消费需求不断增大，这不仅加大了自然资源的压力，也向大自然排放更多的污染物，直接造成了巨大的环境污染。然而，经济的发展反过来也会促进环境的改善。因为经济发展以后，一是人们随着生活水平的提高，对环境质量的要求也越来越高，从而促使人们的环境意识增强，进而加强环境保护；二是经济发展后，也有可能投入更多的资金用于污染的治理和环境的改善。

技术也是一把双刃剑，技术的创新与发展，一方面提高了社会生产力，创造出巨大的社会财富；另一方面污染防治技术的发展直接削减了环境污染，改善了环境。但是技术的发展，在使人们拓宽了资源利用范围，加深资源利用强度的同时，却也加剧了环境的污染。

四、科学发展观的最终要求——可持续发展

资源是人类生存和发展的物质基础，环境是人类生存和发展的必要条件。

可持续发展主要包括资源和生态环境可持续发展、经济可持续发展和社会可持续发展三个方面。可见，可持续发展以资源可持续利用的良好生态环境为基础，以经济可持续发展为前提，可持续发展的终极目标是为了人。实现可持续发展，首先要使人、资源、环境三者之间相互促进、协调发展。人口与资源的可持续发展是全部可持续发展的条件，是制约可持续发展的终极因素。生态失衡、环境污染等问题在很大程度上也可看做是形式不同的资源短缺，生态退化是生态系统更新和平衡能力的短缺，污染是环境自净能力的短缺，环境问题可被理解为发展过程中广义性的资源短缺。这种短缺一方面是由于资源滥用造成的，另一方面是由于为了维持现有人口一定生活水准所消耗的。

为了保护环境，必须寻求资源节约型可持续发展的道路。合理确定资源的价格体系，以便通过市场机制进行资源配置，这是可持续发展的基础工作。如果资源被合理地确定了价格（即价格水平较准确地反映资源的稀缺程度），生产中所消耗资源的成本就将促使企业改变资源使用模式，从资源耗费型使用模式向资源效益型使用模式转变。同时，资源使用成本的增加，也促使人们开发新资源，从而在新资源使用的过程中也会创新资源使用模式。如果资源的价格体系反映了资源的实际供求状况，那么稀缺资源的价格必然上升，导致依赖这些资源的产品的价格上升，而且通过市场的调节传导机制，形成产品市场的新价格体系，从而能够矫正人们不合理的资源高耗费的使用方式。生产者在成本的压力下，必然通过技术进步，提高资源的利用效率，这必将减少环境污染，有利于恢复生态平衡。

可持续发展的提法始于 20 世纪 60 年代末期，进入 90 年代为国际社会所普遍接受。世界环境与发展委员会在 1987 年提交的《我们共同的未来》报告中，给可持续发展下的定义是"既满足当代人的需求，又不损害后代人满足其需求能力的发展"。1992 年 6 月联合国环境与发展大会，在此基础上对可持续发展作了进一步的阐述："一个国家或地区的发展不应该影响其他国家或地区的发展。"从而不仅在时间上，而且在空间上完善了可持续发展的内涵。

第二节　统筹城乡发展

我国作为世界最大的发展中国家，经过改革开放三十年来的发展，经济快速增长，社会全面进步，城乡二元结构已经发生了较大变化。但是，由于我国特殊的国情，城乡二元经济结构尚未根本改变，"三农"问题仍然是我国社会经济发展所面临的棘手问题。在中共十六届三中全会提出的"五大统筹"中，将统筹城乡发展放在第一位，说明其在我国整个社会经济发展中城乡关系的重要性。

一、城乡分割的危害

目前，"三农"问题主要表现在以下几个方面：① 城乡的二元经济结构突出。由于历史原因形成的工农业产品价格"剪刀差"和资源使用向工业倾斜，使工业发展超前和农业发展滞后，造成城乡发展失衡。城乡分割造成了城市化发展滞后、现代化受阻和农村贫困化等多种危害。② 城乡居民之间的收入差距逐步拉大。2005 年农民人均纯收入为 3 255 元，城市居民人均可支配收入达 10 493 元，城乡收入比高达 3.22：1。2005 年农民家庭消费的恩格尔系数为 45.5%，而城镇居民家庭消费的恩格尔系数为 36.7%。③ 农业产业结构与就业结构不协调。④ 农村文教卫生事业发展相对落后。⑤ 农村社会保障覆盖率低。长期以来农村的生活保障主要依靠土地，而现在约有 4 000 万农民失去土地，相应的社会保障却跟不上。从以上可以看出，我国现在的城乡差别很大，由此引发的一些问题已成为制约经济发展和影响社会稳定的不和谐因素主要有：

（1）城市化滞后，农村经济结构转换和发展、农业现代化进程受到阻碍，国民经济比例失调。工农业结构和城乡人口结构严重错位，形成所谓"工业国家，农业社会"这样一种扭曲的经济社会结构。中国经济落后，主要不是工业和城市落后，而是农业劳动生产力低下。

（2）加剧了资源配置的不合理程度，造成资源浪费和经济效益低下。长期以来，资源无价或廉价调拨给城市，资金集中于城市，重点保城市、保国有企业，并通过"剪刀差"转移农村收入，结果一方面造成农村资金缺乏，人地矛盾激化，农业生产落后，农民收入低；另一方面，城市企业，尤其是国有企业经济效益低下，缺乏竞争机制，造成资源和资金的大量浪费。

（3）阻碍农村剩余劳动力转移和城乡人口的流动。农村大量优秀人才，限于户口约束和城乡壁垒，不能选择适合其才干的部门和职业。在计划体制下，农村人口只能通过数量有限的升学、参军或少数部门招工等途径才能迁入城市。大量人口滞留农村，不但加剧了人地矛盾，而且浪费和埋没了大量人才。

（4）造成农村贫困化，引发了社会许多问题，造成农村经济发展环境长期得不到改善。

二、统筹城乡发展的内涵与意义

对"城乡关系"可以从不同的侧面去理解。如果从经济角度考虑，这就是城乡经济关系；如果从社会角度理解，这就是城乡社会发展。从科学发展观的内涵来看，统筹城乡发展应该是将经济与社会发展结合起来，即应该是统筹城乡经济社会发展。

一般来说，所谓"城"是指城市，即大中小各等级城市，而"乡"则指传统意义上的乡村，包括行政区划中的县和县级市的全部区域。城乡的概念还有其他的一些界定，但从这个角度界定城乡概念，可以更好地理解和实现"统筹城乡经济社会发展"。

所谓"统筹"，意指统一谋划，相互兼顾，共同发展。统筹城乡经济社会发展，有两层基本意思：一指城乡之间的关系与发展，要做到统筹兼顾，不能顾此失彼；二指经济与社会发展方面，两方面要相互适应，共同发展，使经济发展与社会发展各得其所、互相促进。

我国目前是一个典型的二元结构社会。所谓"二元结构"，是指在整个经济社会结构体系中，明显存在着比较现代化的城市社会和相对非现代化的农村社会，同时并存着比较发达的城市工业和相对落后的农村农业。统筹城乡经济社会发展，实质是改变重城市、轻农村及"城乡分治"或城乡分割的传统观念和体制，但并不是单纯将经济社会的资源配置从偏向城市转变为偏向农村，而是着眼于在城乡一体化协调发展的框架下来合理配置社会的经济资源。通过体制发展和政策调整，清除城乡之间的体制障碍，破除城乡二元结构，使城市和农村紧密地联系起来，实现城乡经济社会一体化发展，建立社会主义市场经济体制下平等和谐的城乡关系。

统筹城乡发展意义重大，主要包括以下几点：

（1）统筹城乡经济社会发展是实现城乡经济良性循环的必然要求。改革开放前，我国城乡之间是一种典型的二元经济。改革开放以来城乡联系显著增强，但城乡分割的二元结构体制尚未根本改变，城乡经济仍未步入良性循环轨道。农村的发展离不开城市的辐射和带动，城市的发展也离不开农村的促进和支持，农村经济和城市经济是相互联系、相互依赖、相互补充、相互促进的。统筹城乡经济社会发展，是处理城乡关系问题的一个重大举措，它提出了在现代化进程中处理好城乡关系所必须遵循的基本方针。

（2）统筹城乡经济社会发展为从根本上解决"三农"问题指明了方向。随着市场取向改革的深入，农村发生了巨大变化，主要农产品供给实现了由长期短缺到总量基本平衡、丰年有余的历史性转变，适应社会主义市场经济发展要求的农村经济体制正逐步形成。但由于种种原因，"三农"问题的解决还远未达到理想的程度。从根本上解决现阶段的"三农"问题，不能就农业论农业、就农村论农村，必须重点解决制约农业和农村发展的体制性矛盾和结构性矛盾，改革计划经济体制下形成的城乡分治的各种制度，减少农业人口；加速农村城镇化进程，发挥城市对农村发展的帮助和带动作用。

（3）统筹城乡经济社会发展体现了全面建设小康社会的内在要求。虽然21世纪初我国已经总体上实现了小康，但这个是不全面、不平衡的小康，小康主要体现在城市居民的生活水平上。在农村尚有3 000万左右的人口还没有解决温饱，初步解决温饱的低收入人口有6 000万左右，还有一大批基本解决温饱的贫困人口，其温饱的标准还很低。要在21世纪的前20年里建设包括农村居民在内的一个更高水平、更全面、发展比较均衡的小康社会，重点和难点都在农村。把全面繁荣农村经济和促进农村社会进步作为重中之重，由城乡分治最终走向城乡一体化的协调发展，对实现全面建设小康社会的目标具有全局性意义。

三、统筹城乡发展的基本原则与战略重点

统筹城乡发展需要站在时代的战略高度，在切实把握城乡统筹的本质内涵的基础上，从建立城乡平等和谐、协同发展和共同繁荣的新型城乡关系的实践要求出发，理顺统筹城乡发展的基本原则，明确统筹城乡发展的战略重点。

统筹城乡发展的基本原则主要有：

（1）统筹城乡发展应该注意发展的全面性。全面发展是指在推进城乡发展过程中不能顾此失彼，只注重城乡某一层面的发展，而忽视其他层面的发展。更具体地说，城乡发展不单纯是个经济概念，不能把城乡发展当做单一

的城乡经济增长过程。城乡发展应是一个包含经济、政治、文化等各个层面相互协调、共同发展的统一的社会范畴，既要促进城乡经济繁荣，又要实现城乡社会全面进步。这一方面把城乡社会进步提高到重要的战略地位，大力推进城乡社会发展，尤其要注重农村社会事业的发展；另一方面是要对城乡经济快速增长可能对社会发展产生的冲击予以充分重视，力求把这些冲击造成的负面效应降到最小程度。

（2）统筹城乡发展应该注意发展的平等性。无论从理论上说还是从城乡经济社会发展的内在要求来说，城乡地位都是平等的。平等互利必须是处理城乡关系的基本准则，目前城乡关系存在的严重扭曲状态和失衡现象，都是由于传统体制下的城乡不平等政策和体制造成的。只有在城乡地位平等的基础上，城乡间才能进行平等的发展和竞争。

（3）统筹城乡发展应该注意发展的非均衡性。虽然统筹城乡发展的本质是要缩小乃至消除城乡差别，但缩小目前存在且有扩大趋势的城乡差别，是一个需要付出巨大努力的漫长的演进过程，这个过程具有明显的渐进性。城乡统筹发展中要承认城乡自我积累、自我发展能力的不平衡产生的城乡发展上的差别，科学地、辩证地处理好城乡经济社会运行过程中的资源利用问题和社会经济矛盾，在发展中不断缩小城乡差别，实现城乡的协调发展。

（4）统筹城乡发展应该注意农业的基础性。目前我国的"三农"问题日益严重，现已成为制约我国现代化建设的主要瓶颈因素。实现全面建设小康社会的宏伟目标，最繁重、最艰巨的任务仍然在农村，统筹城乡发展最难把握、问题最大的也是农村。城乡协调发展，应该时刻把振兴农业、繁荣农村、致富农民放在重要位置。加强农业基础地位，是统筹城乡发展的重要基础；统筹城乡发展，要以农村经济为重点。要在逐步解决"三农"问题的过程中发展现代新型城乡关系，使统筹城乡发展有所依托并落在实处。

（5）统筹城乡发展应该注重市场与政府两种机制的作用。市场机制在统筹城乡发展中的基础性地位与作用日益明显，但改革开放后一个不得不正视的事实，是城乡差距在向市场经济转轨过程中出现了逐步扩大的趋势。对城乡在发展基础、投资效率等方面存在差异的区域，要在城乡统筹发展中达到效率与公平的统一，仅靠市场机制这只"看不见的手"是肯定不够的。政府应切实履行应有的责任，充分体现公共职能在农村发展的作用，积极探索两种机制相互作用的有机结合与协调机制，促进城乡协调发展。

统筹城乡经济社会发展，应该抓住三个关键：

（1）在产业发展上要确立工农业协调发展的战略。中国是农业大国，这种特殊性质决定了经济发展必须走工农业协调发展的道路。"三农"问题不仅制约农村经济的发展，还影响整个经济社会的全面、协调发展。

（2）在打破城乡的界限方面，要在城乡之间全方位地构建统一、开放、竞争、有序的市场体系。这个市场不是狭义的市场，是打破城乡界限、全国统一的大市场。

（3）在社会发展方面要给农民国民待遇。这是中央农村工作会议提出的一条大政策，是具有里程碑和转折性意义的大政策。今后国家新增的教育、卫生、文化等事业经费应主要用于农村。

四、统筹城乡经济社会发展的基本思路

统筹城乡经济社会发展是一项巨大的系统工程，涉及社会经济生活的各个方面，核心是要在改变城乡二元结构、建立平等和谐的城乡关系方面取得重大突破。因此，有效推进城乡经济社会的统筹发展，必须突出解决好以下几个方面的问题：

（一）进一步调整国民收入分配结构和财政支出结构，加大对农业的支持和保护力度，建立城乡统筹的利益分配体系

虽然近些年来我国加大了对农业的投入，但与我国农业的重要地位和发展要求相比，与世界其他国家的农业政策相比，我国政府对农业的财政支持力度仍然不够。国家财政支农资金目前还缺乏一个稳定的内在增长机制，需要进一步规范和完善政府农业投入政策。

（1）努力增加财政支农资金投入总量，形成支农资金的稳定投入渠道。要继续加大农业基本设施建设投资力度，要在全社会基础设施投资增长中使农业投资具有明显增长的倾向，可考虑与中央财力增长基本相适应，进一步改革收入分配格局，逐年增加一部分中央预算内的投资，重点用于农业建设，确保中央对农业基础设施投资保持在较高水平。逐步把县以下的中小型基础设施建设，特别是与农业生产和收入关系密切的人畜饮水、乡村道路、农村水电、农村沼气、草场围栏等农村小型基础设施建设，纳入各级政府基本建设投资的范围中来，并充分利用世界贸易组织的"绿箱"政策（green box policies），增加农业科研和推广、质量安全和检验检测、农产品流通设施、农民培训等方面的投入。

（2）按照建立公共财政体制的要求，调整财政支农资金的使用方向。逐步减少对流通环节的补贴，建立对农民生产和收入的直接补贴制度。近年来国家财政投入大量资金用于粮、棉等农产品流通环节的补贴。从实践效果看，这种做法效益低下，农民受益不大。改革的方向应是将财政补贴方式逐步转变为对农民生产和收入的直接补贴。

（3）改进政府农业投资管理体制，完善政府财政支农资金管理体制，提高支农资金的使用效益。目前我国财政对农业的支出实行分块管理，不同渠道的投资在使用方向、实施范围、建设内容、项目安排等方面存在相当程度的重复和交叉，部门分割严重，有限的资金不能形成合力。如农村的村村通工程，由交通部门管理实施；而农村道路的桥梁，则由水利部门管理。由于没有统筹规划，结果是"路通桥不通"，严重影响了农村道路效益的发挥。因此，要整合财政支农投入，对于目前由不同渠道管理的农业投入，尤其是用于农业基础设施建设的财政资金投入，要加强统筹协调和统一安排，防止项目重复投资和过于分散，使有限资金发挥出最大的效益。

（二）建立城乡统筹的产业发展体系，调整农村工业布局和发展战略，实现城乡工业一体化

改革开放以来，我国乡镇企业异军突起，不仅吸纳了大量农村劳动力，增强了农村的经济实力，而且已成为推动城乡关系转变的重要力量。农村工业已全面介入国民经济各个部门，成为与城市工业并行的"第二工业体系"。这种双重工业体系格局是传统体制的结果。随着短缺经济时代的结束，城乡双重工业体系的局限性和消极影响将日益突出。统筹城乡经济社会发展，要求城乡工业在合理分工的基础上，明确农村工业的发展方向（如农产品加工业项目应重点向农村倾斜，既可以利用农村的原料资源优势与劳动力优势，也可以充分发挥市场优势），从而形成城乡工业一体化的发展格局。

（三）逐步实现城乡劳动力市场一体化，公平对待农民工，建立城乡统筹的社会就业体系

20世纪90年代初以来，农村劳动力的跨地区流动日趋活跃，并成为农业劳动力转移的主要形式。当前在非农产业和城镇就业已成为农民增收最直接、最有效的途径。尽管与过去相比，现行的城镇户籍制度和就业制度有了较大的改进，但当前农村劳动力进入城镇就业仍受到一些不合理的限制。要

将农村劳动力转移纳入整个社会的就业体系中，进一步完善和规范对劳动力市场的管理，清理对农民进城务工的不合理限制政策，改变重收费、轻服务的做法。因此，逐步实现城乡就业和劳动力市场的一体化，不仅是增加农民收入的重要途径，也是培育要素市场和促进城乡经济协调发展的必然要求。

（四）建立城乡统筹的社会教育和社会保障体系，加快建立公共
　　　财政体制，推动农村全面进步

随着农村税费制度改革的深入和农村居民对教育和健康要求的不断提高，解决农村教育、医疗卫生等发展滞后的问题已日趋紧迫，但这些公共开支缺少相应的税收来源，往往导致农民税外负担恶性增长和乡村债务日益沉重。解决这个问题的关键是要建立和完善公共财政体制，加大公共财政向农村基础教育和公共卫生服务等的转移支付力度。要实现将农村义务教育的主要责任从农民转移到政府；要通过建立农村卫生专项转移支付制度，保证农村尤其是欠发达地区农村公共卫生服务投入，改变目前农村合作医疗覆盖面过低和农民缺乏基本医疗保障的现状；要加快建立和完善农村居民最低生活保障制度、农民养老保险制度和农村孤寡老人社会赡养制度。

（五）加大户籍制度改革力度，加快城镇化进程，提高政府统筹
　　　城乡经济社会发展的水平与能力

要从根本上解决"三农"问题，必须积极推进城镇化，鼓励农村剩余劳动力向非农产业转移。推动城镇化的关键是要消除体制和政策障碍，要加大户籍制度改革力度，进一步放宽农民进城落户的条件。户籍制度改革取决于政府在城乡统筹发展中政府的调控角色选择。政府发挥重要作用的同时，并不是要代替市场的作用，而是要发挥政府在协调城乡经济社会关系和建立相关制度方面的作用。建立有利于统筹城乡政府管理体系，进一步加快政府职能转变和机构调整，是有效发挥政府这方面职能的制度保证。

第三节　统筹区域发展

统筹区域发展或地区经济发展，是我国新时期缩小区域差距、兼顾"两

个大局"的现实选择。根据科学发展观统筹区域发展的要求，制定和实施相应的政策措施，将使我国经济增长的动力向多极化方向发展，更加有力地推动全面建设小康社会目标的实现。

一、地区经济发展

经济学意义上的地区，是指在经济上具有内在联系的某一空间范围或区域。经济地区有多种划分方法，通常与地区经济发展政策有关，划分的标准一般包括自然条件、资源禀赋、地区经济合作关系、生产力水平等。20 世纪 70 年代以前我国将经济地区划分为"沿海"与"内地"和"一线"、"二线"、"三线"地区，此后主要依据经济技术发展水平，采取东部、中部、西部三大地区划分方法。

地区经济发展是国民经济发展在某一特定区域或空间的表现，即一个地区经济增长和产业结构优化的过程。地区经济的发展受自然、经济、历史、政策等多种因素的影响，经济发展的速度和水平也不一样。

一般来说，影响地区经济发展的因素主要有以下几个方面：

（1）资源禀赋。主要是指自然资源和劳动力、资本、技术、信息等社会经济资源的数量与质量状况。资源禀赋直接决定了一个地区劳动生产率的状况，从而在一定程度上决定了地区经济发展的速度与效率。

（2）分工水平。主要是指以资源禀赋为基础的社会劳动的地区划分和独立化程度，包括以自然资源差异为基础的分工和以非自然资源如劳动力、资本、技术等为基础的分工。分工水平决定了一个地区生产要素的利用方式和利用效率，以及在一国生产力布局与市场竞争中的地位。

（3）经济结构。主要是指以产业各部门、各要素、各环节在地区上的动态组合和分布。地区经济结构决定了一个地区的经济发展水平，但从长期看，一个地区的经济发展水平又决定了该地区经济结构的演进程度。

（4）社会历史因素。作为历史沉淀的一个地区的文化传统、地域风俗、社会心理、行业习惯、道德准则等非正式制度安排，会影响到地区经济活动主体的价值取向和行为方式，从而对地区的经济发展产生影响。例如思想观念问题在西部地区对开放过程中的负面影响就表现得较为明显。

衡量一个地区经济发展的水平主要从四个方面考察：① 地区经济的增长状况，主要指标是地区人均国民收入水平，这是地区经济发展水平的数量指标；② 地区经济的效率状况，主要指标是地区劳动生产率水平，这是地区经济发展水平的效率指标；③ 地区经济的结构状况，主要指标是地区经济结构优化状况，核心是产业结构优化程度；四是地区经济的发展能力，主要指标是地区市场发育水平，包括市场规模、市场供求结构、市场体系健全程度、市场主体成熟程度、市场组织结构等。我国地区经济发展的过程在很大程度上是一个经济市场化的渐进过程。

二、我国地区经济发展的不平衡

由于自然条件、资源禀赋、生产力发展水平和政府的政策取向，世界上不同国家在不同历史时期都存在着不同程度的区域经济发展不平衡问题，特别是地域广阔的大国。在 20 世纪 20～60 年代发达国家工业化的进程中，就出现了区域差距扩大的问题。我国东部与中西部地区经济发展差距的形成是一个历史的过程。在唐代以前，中国西北部地区经济占有重要地位；自宋代特别是南宋以来，我国的经济重心开始向东南地区转移，同时，政治和文化中心也随之东移；明清以来，东西部地区社会发展总体差距拉大。在旧中国3/4 以上的工业和交通运输设施都集中分布在东部沿海地区，广大的腹地和西部边疆基本没有什么工业；商品经济的发展程度东部也远远强于中西部地区。新中国成立后，区域经济发展极端不平衡为政府所高度关注。20 世纪 70年代以前，中央政府着眼于调整内地与边疆的关系，中西部成为投资重点。"一五"期间，内地工业总产值增长 20.4%，比沿海地区高 3.6 个百分点，到1965 年，内地工业总产值占全国的比重比 1957 年又提高 3.7 个百分点。但这种地区差距的缩小是以国民经济投资整体效率的下降为代价的。70 年代后，尤其是改革开放以来，地区经济发展战略转向以效率为导向，加上中西部地区原有基础、客观条件以及改革开放力度的不同，地区差距重新扩大，目前仍呈继续扩大之势。据有关资料分析：西部地区国土面积占全国的 71%左右，人口占全国总人口的 28.6%，国内生产总值仅占全国的 17.1%；而中国沿海五六个省市 GDP 的总值占到了全国的 50% 以上。中国经济发展中存在的地区差距由此可见一斑。

对我国地区经济发展的差距问题需要正确认识：① 这种差距是区域经济发展中的差距。改革开放以来，东部地区的快速发展不仅为整个国家经济总量增加和综合国力提高作出了较大的贡献，而且也通过自身的示范作用带动了中西部地区的发展。虽然需要对地区差距过大的历史教训及现实差距形成的原因与危害要有清醒的认识，但作为一个发展中的大国，不能过分牺牲效率去谋求不切实际的区域平等。② 我国地区发展的差距扩大已经成为影响发展的主要问题。目前过大的地区经济差距一是有悖于社会主义共同富裕的本质；二是超过居民承受能力会造成社会动荡和政治问题，对社会稳定和经济社会的长期稳定发展构成制约因素；三是中西部地区还担负着社会安定、民族团结的重任，差距扩大，对民族团结和边疆的稳定会产生不利的影响。也就是说，过大的差距会反过来制约整体经济效率的提高。③ 缩小区域差距与经济发展速度，是效率与公平这一两难选择在区域经济协调发展中的表现。我们只能是尽可能做到在不牺牲或少牺牲效率的前提下，逐步实现区域经济协调发展，加大协调区域经济发展的政策力度。

区域差距扩大的趋势，并不完全是发展条件差距决定的，地区发展政策或地区战略对区域差距有着直接和重要的影响，甚至可以认为地区发展差距是一种区域发展成本。回顾我国区域发展战略的变化过程，大致经历了由追求平衡发展战略，到追求非平衡发展战略，再到效率与公平兼顾的非平衡协调战略，即统筹区域发展战略的变迁。在现阶段提出统筹区域发展，对我国未来经济社会的长期稳定发展，对实现全面建设小康社会的各项目标，具有重要的战略意义。

三、统筹区域经济发展的思路与对策

（一）统筹区域经济发展战略的内涵

统筹区域发展，形成促进区域经济发展的机制，是根据全面建设小康社会的新形势与新任务，对改革开放以来长期实行的区域非均衡发展战略的调整和发展。统筹区域发展战略作为一种不同于以前区域发展的新战略，在理念上发生了重大变化：统筹区域发展的核心理念是"以人为本"，谋求所有人的全面发展；统筹区域发展着力于起点平等，强调"机会均等"。这一战略的核心是兼顾"两个大局"，促进协调发展，实现共同富裕。所谓"两个大局"，一是指沿海地区发挥其优势优先发展起来，并率先实现现代化。这是今后较长时期国家经济实力增长的主要依托，也是国家支持中西部地区发展的财力物力支撑。二是在沿海地区优先发展的前提下，带动并帮助内陆地区发展起来，实现区域协调发展和共同富裕。这包括实施西部大开发战略、支持中西部地区加快改革开放、实施振兴东北等老工业基地战略。这一战略追求"协调发展"、"公平与效率兼顾"、"共同富裕"；强调的不是按地理和行政管辖范围划分的东、中、西部的行政区域概念，而是按市场经济规律和经济内在联系形成的经济区域概念；强调的不是为开发中、西部做准备，等待"梯度推进"的到来，而是"要更加重视支持中、西部地区经济的发展"。

从关注的范围来看，统筹区域发展战略不仅要考虑国内发达区域与落后区域的统筹协调发展，而且也要关注东南沿海与东北地区之间的发展差距。此外，还将沿海发达地区与国外发达地区的发展统筹协调纳入关注的视野内。

从产业角度来看，统筹区域发展包括统筹协调产业的区域布局，通过产业布局的合理化来带动区域布局的合理化，以产业协调推动区域协调。

从战略框架角度看，统筹发展战略包括了西部开发、中部崛起、东北老工业基地振兴战略以及由此形成的与东部沿海地区之间新的联动关系。继20世纪80年代沿海发展战略、90年代末西部大开发战略之后，中央又提出振兴东北地区等老工业基地、中部地区崛起的区域战略，并继续鼓励东部地区加快发展，有条件的地方率先实现现代化。目前我国新的区域发展格局正在形成，即西部提速，东北攻坚，东部保持，东西互动，拉动中部，统筹区域发展，建立促进区域经济协调发展的新机制。

（二）统筹区域经济发展战略的思路与对策

尽管统筹区域发展的直接目标表述为"区域经济协调发展"，但它与原来的区域经济协调发展是不同的。原来提出的区域经济协调发展，侧重于强调各区域之间的自发协调，是以各个区域自身为主体的"中观运营系统"；而统筹区域发展则是以中央政府为主导、各地方政府配合的"宏观运营系统"。也就是说，统筹区域发展是指政府（尤指中央政府）从区域经济全局的高度，对区域经济发展进行统筹规划、通盘考虑，以达到区域经济协调发展的目标。由此可见，统筹区域发展是站在一个更高的层次，更加强调政府宏观调控的作用和中央政府的统筹功能以及中央政府在区域协调发展方面的主导地位。

从世界各国的经验来看，在市场经济条件下，中央政府区域政策主要是对落后地区进行财力支持，即解决公平或者空间均衡问题，从多方面帮助落后地区发展经济。任何市场经济国家的中央政府，都具有通过财政转移支付，促进落后地区发展，缩小地区差距的职责。一些拉美和亚洲国家因发展差距过大曾导致社会动荡和经济社会发展停滞，这些经验教训都值得我们借鉴。当然，对政府来说，"统筹区域发展"应该更多地采取与市场经济体制相适应的手段，进行规划、引导、监管和调节，与市场机制相结合，共同推动区域经济协调发展。

实现区域经济的协调发展，应主要从以下几个方面去努力：

（1）坚持市场取向，加快改革步伐，打破地区行政性分割，形成全国统一市场，努力塑造市场经济条件下新型区域经济关系。统筹区域发展的核心目标是实现区域经济的协调发展，促进各地区之间形成优势互补、分工协作、相互促进、良性互动的协调关系。统筹区域发展最根本的方向是努力建设统一、开放、竞争、有序的市场体系，充分发挥市场机制在调节区域分工、产业空间布局等方面的调节功能。政府部门应该在打破地区行政分割体制、加快全国统一市场建设、逐步建立全国统筹的社会保障体系上充分发挥应有的职能和作用，以保证包括劳动力在内的各种生产要素在全国范围内自由流动和充分竞争。

（2）积极推进区域经济一体化，充分发挥政府规划的作用，以科学的规划和有效的措施促进区域协调发展，并最终形成若干各具特色的经济区和经济带。推进区域经济一体化、促进经济区和经济带的形成，需要我国对区域经济发展模式进行必要的调整。原来那种点线结合的发展模式在目前东南沿海地区经济已经较为发达并且城镇非常密集的情况下，已经不适合生产继续发展的要求。对于长江三角洲、珠江三角洲等人口密集、城市密集的区域，要重视研究区域规划，促进分工协作。在珠三角、长三角、京津唐地区适时采取网络式开发模式，推进区域经济一体化，是新时期我国区域经济发展战略的重要组成部分，也是区域经济发展的一个基本方向。

（3）加强对区域发展的引导和调控，把国家政策支持和发挥市场机制作用结合起来，推进落实中央西部大开发、振兴东北地区老工业基地、促进中部地区崛起、鼓励东部地区率先发展的战略布局。在过去三大地带划分的基础上，进一步明确区域的主体功能和发展原则。并按区域主体功能制定和实施区域政策，进一步完善转移支付制度和分税制体制，加大对生态环境脆弱地区和贫困地区的财政转移支付力度。

第四节 统筹人与自然的和谐发展

正确处理人与自然的关系，在本质上就是正确处理人们当前利益与长远利益的关系，在形式上就是正确处理人们自身利益与社会利益的关系。因此，我们在经济发展中，不仅要追求自身物质利益，还要考虑社会精神利益，从更高的高度认识人与自然的关系，切实促进人类的各项福利得以持续地提高。

一、人与自然的关系

人与自然的关系问题，是一个需要澄清的问题。一般来说，人是自然界的一个组成部分，自然界是人类赖以生存的环境，是人类发展的必要条件。只有正确处理好人与自然的关系，才能不断推动人类各种福利的不断提高。

人与自然的关系，在人类发展的过程中一直存在两种认识，一是人与自然对立的关系，把自然界作为人类发展取之不尽的源泉，在这种认识的指导下，人类强调战胜自然、征服自然，这种认识在人类发展的早期具有一定的合理性，因为那时人与自然相比，处于弱势地位，人类还没有完全认识自然，没有完全掌握自然规律，自然界往往给人类带来各种各样难以克服的困难，阻碍人类福利的提高，影响人类的发展。二是人与自然统一的关系，人是自然界的一部分，人类重视自然界的发展对自身发展的影响，把自然的发展作为人类自身发展的延伸，从而人类具有内在的促进自然发展的动力，在这种人与自然的关系下，人与自然均能得到协调发展。在人类发展进入到一定阶段后，后一种关系就自然成为人与自然的主导关系。

此外，关注人与自然的关系，也是经济发展方式转变必须考虑的问题。一般来说，落后地区，人们获取物质财富的能力较低，对自然的重视程度较低，往往是追求利用自然、改造自然，人们的经济行为多是从自然界获取资源和财富，而对自然界的长久发展关注不够。经济发达地区，人们的物质财富较为丰裕，对自然界的依赖程度不高，更加强调人与自然的协调发展，在这些地区，人与自然多是呈现和谐发展的局面。

二、人与自然的内涵

作为人类社会发展主体的人，不仅指人口数量，还包括人口质量；不仅包括年龄结构，也包括性别结构、文化结构等等。人口数量是推动人类社会发展的基本要素，这一要素的重要性在不同的历史时期其重要性是不同的。在早期人类社会与经济落后时期和地区，人的作用较为突出，因为这是人类创造物质财富的基本动力，是获取自然界中各种资源与财富的最初手段，因此，在这种情况下，人口数量增长的内在动力是比较强烈的。在人类社会发展进入发达阶段或时期后，人类在已经适应与掌握自然规律的情况下，开始考虑自然界如何保障人类的长久发展，或者说如何促进人与自然和谐共存，这时，人的发展不仅注重人类自身质量的提高，还注重人类各种福利的提高，已经超越了物质资料需求的阶段，转向了更高级需求的满足要求。人的其他特征在社会发展中也具有相应的影响，人的不同特征会在社会发展中产生不同的需要，从而会产生不同的发展模式与要求。

自然的内涵是十分丰富的，一般地说，它是和人类社会发展并行的另一系统，这两个系统相互促进，相互制约，是对立统一的关系。自然界除为人类发展提供有形的物质财富的同时，也为人类的发展提供无形的财富。随着人类社会的不断发展和进步，自然界对人类社会的重要性越来越突出，特别是自然界的无形财富对人类的发展表现得至关重要，从而促使世界各国在追求经济社会发展的同时，更加重视与自然的和谐发展，从而确保人类经济社会发展的基础得以永续利用。

三、统筹人与自然和谐发展的关键是可持续发展

人类在不断征服自然的过程中，往往把自己放在大自然的对立面。18世纪工业革命发生之后，工业化程度和社会生产力获得了迅速的提高与发展，尤其是第二次世界大战后，这种发展更是突飞猛进。人们逐渐形成了这样一种认识，即发展＝经济增长，把产量、产值当成了发展追求的主要甚至是唯一的目标。正是在这一过程中，世界范围的环境恶化、资源短缺开始变得越来越严重。而且非常可悲的是，大自然以各种方式对人类的报复反而使我们变本加厉地向自然界索取。

实际上，当一百多年前人类为工业革命所带来的各种好处而欣喜若狂的

时候，恩格斯就曾深刻地指出："我们不要过分陶醉于我们人类对自然界的胜利。对于每一次这样的胜利，自然界都对我们进行了报复。每一次胜利，起初确实取得了我们预期的结果，但是往后和再往后却发生完全不同的、出乎预料的影响，常常把最初取得的成果又消除了。"[①]

可持续发展正是人们在对发展带来的危机进行深刻反思后提出的全新发展观。作为一种战略思想，其最初产生于人们对日益恶化的环境和不可再生资源的消耗殆尽的忧虑。但是，我们必须认识到对环境和资源的破坏，正是由于人们日益增长的消费需求，而这种需求是随着人口的增加而增长的。因此，人口的增长如何与自然资源的利用相协调、如何与环境的优化协调发展相一致，使经济社会发展具有可持续性，逐渐成为人们在使用可持续发展这一概念时最关心的问题。

统筹人与自然和谐发展，就是要实行可持续发展战略。可持续发展战略是在传统发展战略弊端日益暴露的情况下提出来的。传统发展战略基本上是一种工业化发展战略，它以工业增长作为衡量发展的唯一标志，把一个国家的工业化和由此产生的工业文明当作现代化实现的标志。在现实经济生活中，这一发展战略表现为对国民生产总值、对高增长目标的热烈追求。20世纪70年代后，随着人口的不断增长，工业化与城市化的日益推进，这种单纯片面追求国民生产总值增长的发展战略日益造成严重的后果：环境急剧恶化、资源日趋短缺、人民的实际福利水平下降，发展最终陷入困境。产生这种后果的原因在于：传统经济发展战略没有建立在生态基础上，没有确保那些支撑长期增长的资源和环境基础受到保护和发展。相反，有的甚至以牺牲环境为代价来求得发展。其结果导致生态系统的崩溃，最终使得经济发展因失去健全的生态基础而难以持续。面对着社会经济系统同自然生态系统之间的紧张与冲突，人们开始反思仅为当代人的全面享受着想的价值导向的可取性。可持续发展既摒弃了那种只追求物质生产增长，不顾资源、环境约束的传统发展观，同时又把重心放在了发展上，肯定了人类的未来。

世界环境与发展委员会在《我们共同的未来》报告中，对可持续发展的定义为："既满足当代人的需求又不危及后代人满足其需求的发展。"由此可以看出，可持续发展一是以自然资源的可持续利用和良好的生态环境为基础；二是以经济可持续发展为前提；三是以谋求社会的全面进步为目标。

可持续发展的政策主要包括：限制人口的增长，鼓励自然保护，改良生

①《马克思恩格斯全集》(第4卷)，人民出版社1963年版，第383、384页。

态，保护生物多样性，探求资源和能源的永续利用，提高资源能源的利用率，推行清洁生产，推行环境标志，采取源头控制，采取经济手段，增加环保投入，控制城市化进程。此后，寻求可持续发展战略逐步成为世界各国的共识。

简单地讲，可持续发展是一种既满足当代人的需要，又不对后代人满足其自身需求造成危害的发展。它有三个基本特征：一是可持续发展鼓励经济增长，因为它是国家实力和社会财富的体现。二是可持续发展要以保护自然为基础，与资源和环境的承载力相协调。三是可持续发展要以改善和提高生活质量为目的，与社会进步相适应。以上三大特征可以概括为：经济持续、生态持续和社会持续。它们之间是互相关联而不可分割的。生态持续是基础，经济持续是条件，社会持续是目的。孤立追求经济增长必然导致经济崩溃，孤立追求生态持续不能遏制全球环境的衰退。可持续发展是人类社会的一种长期发展战略，是人类和自然关系的一种协调。其核心思想是：健康的经济发展应建立在生态持续能力、社会公正和人民积极参与自身发展决策的基础上。它所追求的目标：既要使人类的各种需求得到满足，个人得到充分发展，又要保护生态环境，不对后代的发展构成危害。它特别关注的是各种经济活动的生态合理性，强调对环境有利的经济活动应予鼓励，对环境不利的经济活动应予摒弃。可持续发展把眼前利益与长远利益、局部利益与全局利益有机地统一在一起，使经济能够沿着健康的轨道发展。因此，我国经济发展战略必须以社会经济的可持续发展为最终目标。

可持续发展对我国具有重大意义。我国人口多、资源相对不足、生态环境弱化决定了我国只有实行可持续发展才是彻底摆脱贫穷、人口、资源和环境困境的唯一正确选择。1994 年 3 月，中国政府发表了《中国 21 世纪议程——中国 21 世纪人口、环境与发展白皮书》，提出中国将实施人口、经济、社会、资源和环境协调发展的可持续发展战略。在现代化建设中，必须把可持续发展作为一个重大战略。要把控制人口、节约资源、保护环境放到重要位置，使人口增长与社会生产力的发展相适应，使经济建设与资源、环境相协调，实现良性循环。力争到 2010 年，基本改变生态环境恶化的状况，使城乡环境有比较明显的改善。1997 年召开的中共十五大，除了进一步重申在现代化建设中必须实施可持续发展战略外，还提出了实行这一战略的近期途径，这就是：① 坚持计划生育，控制人口增长，提高人口素质，重视人口老龄化问题。② 资源开发与节约并举，把节约放在首位，提高资源利用效率。③ 统筹规划国土资源开发和整治，严格执行土地、水、森林、矿产、海洋等资源管理和保护的法律。④ 实施资源有偿使用制度。⑤ 加强对环境污染的治理，植树种草，搞好水土保持与水土沙漠化防治，改善生态环境。

随着近代大工业的发展，人类对自然资源的开发和利用的手段日益发达，规模空前扩大，这给人类带来巨大的福祉，但过分的、不适当的开发利用也造成资源浪费和生态环境破坏的严重后果。人口增长本身并不直接意味着对环境的破坏，但人口增长带来的对满足其生存及发展需要的各类经济活动却可能对环境形成巨大的压力。如果不改变目前高消耗、高污染的增长方式，我们将没有足够的资源环境空间来支持今后的发展。因此，我们必须改变经济增长方式，改善生态环境，合理开发和利用资源，促进人与资源和谐发展，才能走上生产发展、生活富裕、生态良好的科学发展道路。可持续发展的战略构想，要从经济增长、社会进步和环境安全的目标出发，从人类文明进步的理性化目标出发，全方位地涵盖"人口、资源、环境、发展"的辩证关系。要根据自己的国情和具体条件，规定实施战略目标的方案和规划，组成一个完整的战略体系。

我国实施可持续发展战略，是关系中华民族生存和发展的长远大计，也是走新型工业化道路的根本要求。因此，必须坚持计划生育、保护环境和保护资源的基本国策，合理开发和节约使用各种自然资源，搞好生态保护和建设。必须限制浪费资源、破坏环境的生产。必须依靠科学技术认识可持续发展的规律，调整产业结构，改变生产方式和生活方式，依靠科学技术，节约资源，保护环境。

第十三章 经济全球化与我国的对外开放

经济全球化是生产力发展的重要表现，是生产力内涵发展的外延表现，只要一个社会的生产力发展到一定水平，生产力发展的成果形式最终会自动地寻求其归宿，因此，经济全球化是一个生产力发展的自发过程。我国在多大程度上融入经济全球化，关键取决于我国的生产力发展水平。

第一节 经济全球化

当今世界各国都不同程度地参与了经济全球化过程，这是世界经济资源禀赋不同所导致的，也是一国经济发展战略所推动的，更是一国经济发展和人民生活水平的逐步提高所要求的。在经济全球化过程中，各国都有自己的国情，各国在制定相应的经济全球化战略及措施时考虑本国国情的特点，是一个自然的事情。

一、经济全球化下的机遇与挑战

经济全球化，是指商品和服务贸易扩展到全球，实现更大范围的国际分工和全球经济一体化。经济全球化作为市场化的延伸，包括交易范围和制度建设两个方面，一是贸易和投资范围扩大到全球，在更广阔的空间配置资源；二是市场制度在全球范围的推广和采用，这两个方面是经济全球化同一过程中并行的两种趋势。然而，经济全球化是一把"双刃剑"，它在给我们带来巨大机遇的同时，也给我们带来了巨大的挑战。

（一）经济全球化给我国带来的机遇

经济全球化为我国跨越式发展提供了机遇。

（1）经济全球化使资本、技术、人才等重要资源可以更加自由地在国际上流动，使我们有机会利用国际上的资源来促进我国经济的发展，使我国能充分利用资源优势、市场优势和后发优势来发展经济。

（2）经济全球化有利于加快市场经济体制的建立与完善。经济全球化和中国加入世贸组织使我国逐步融入世界经济体系当中，使国内和国际市场接轨，使我国企业能够参与国际市场竞争，这些都有利于我国熟悉市场经济运行和国际市场规则，建立和完善市场经济体制和机制。

（3）经济全球化有利于国内企业的成长和发展。经济全球化使国内企业可以在全球范围内组织生产经营活动，实现资源的优化配置，降低成本，获得更多利润，从而促进企业的发展。在经济全球化条件下，产品具有更广阔的市场，国内企业可以在更大的范围内获取经济利益。在国际竞争的压力下，可以加快国内企业改革的步伐，加快建立现代企业制度，并促进企业积极引进国外先进技术、资金和管理经验，增强国内企业参与国际竞争的实力。

（4）经济全球化有利于实现产业发展的合理化。参与国际分工的各国在生产网络化体系中形成了完整的产业链，产业结构出现了世界范围的梯度转移，从而为不同发展水平的国家适应世界范围的产业结构调整提供了机遇。由于新的产业革命的兴起，许多国家，特别是发达国家都面临着调整自己的产业结构的问题。我们看到，一些发达国家为了调整产业结构，正在逐渐地限制以至削弱如纺织、钢铁、机器制造、造船、煤炭等这些所谓的"夕阳工业"的发展，想把它们部分转移到发展中国家，特别是中等发达国家，以便使自己的经济越来越多地集中于发展新兴的产业部门，特别是其中的技术密集和知识密集的产业部门。当一些发达国家正在失去对发展这种"夕阳产业"的兴趣时，就给我们提供了一个机会。这些劳动密集与资本密集的工业对于一些发展中国家来说，依然是大有发展前途的工业。对于我国来说，这是一种机会，但由于其他发展中国家的竞争，所以也是一种挑战。因此，主要是看我们能否抓住这个机会，主动地接受这个挑战。而我们经过三十多年的建设，传统工业已经有了较好的基础，完全有条件现在就接受挑战，如果处理得好，我们完全有可能把新产业革命的成果运用到传统工业中去，使传统工业更具有竞争力，用加强传统工业产品的出口来支持新兴产业的发展。

（5）经济全球化可以降低我们学习管理经验和技术的成本。跨国公司前来攫取利润的同时，也必然带来其管理经验，我们将有更多机会从管理中学习，从学习中创新。

（6）经济全球化有利于提高我国社会福利水平。在经济全球化的条件下，由于关税和非关税壁垒的降低，可以避免人为因素对产品和生产要素流动的限制，避免产品价格和生产要素流动的扭曲，商品可以在世界范围内更加自由的流动，各国的消费者可以享受更加丰富的商品，进一步提高生活质量。

（二）经济全球化给我国带来的挑战

（1）经济全球化使我国的民族工业面临巨大的压力和冲击。改革开放以来，我国的民族工业一直在不同程度上受到冲击。如农业、金融业、电信业、汽车业等都受到了不同程度的影响。

（2）经济全球化可能使我国产业结构低级化、边缘化。经济全球化虽然使我国的劳动和资源密集型产业得到较大发展，但我国在国际分工中的不利地位短时期内仍无法改变，产业结构的低级化仍很明显。同时，过度发展劳动和资源密集型产业还会使自然资源受到污染、生态平衡遭到破坏、资源浪费严重。

（3）国际经济运行中"游戏规则"的适应问题。对于发达国家来说，它们适应以自己为主导制定的经济规则和经济秩序，没有制度和体制方面的限制，只有协调各利益集团方面的困难。而对处于经济转型期的国家来说，由于市场机制还没有充分建立，对市场制度的支持能力较弱。在此时，适应不熟悉甚至不合理的国际经济规则显然是困难的。

（4）我国所处的经济发展起点和实力决定了我国在经济全球化中处于相对劣势。尽管全球化对发达国家有这样那样的挑战，但由于其具有经济发达、技术经验丰富、产业结构优化等优势，能够有效地避免全球化的挑战。而作为发展中国家则处于相对劣势。

（5）我国企业竞争力薄弱。在全球化趋势不十分明显的时期，我国企业在规模、效益、研发能力等方面仍与世界一些国家存在较大差距，此时，企业的竞争范围主要以本土为界，这就意味着本地企业由于长期的经营历史和对本地的深刻了解，以及国家和地方政府的一些保护政策，使企业处于优势。随着经济全球化的发展，企业将在更为广阔的国际市场上与更为强大的对手竞争，从而会产生一些不利因素。

（三）经济全球化下我国的发展战略

（1）树立在国际竞争中求发展的意识。经济全球化给我们带来了增长财富和发展经济的机遇，我们应该充分地利用经济全球化的机遇。从中国改革开放的实践来看，过去三十年的改革开放使中国成为经济全球化进程的主动参与者。

（2）培育核心竞争力。从企业的角度讲，只有具有相当规模和实力、具有科学的管理方法和手段、具有创新能力和开拓精神的企业才能受益于经济全球化。因此，中国企业必须面对现实，制定适合自己的发展战略，加快培育企业核心竞争力，增强企业的国际竞争能力。培育企业核心竞争力，必须认识到创新的重要作用。创新是企业发展进步的动力和源泉，没有创新就没有发展。对中国企业来说，创新能力不足是影响中国企业发展和竞争力提高的关键因素。因此，必须从制度创新、技术创新、营销创新和文化创新等方面打造企业的核心竞争力。此外，政府也应在培育企业核心竞争力方面发挥重要作用。这主要表现在：① 政府应打破垄断，打破条块分割和地方保护主义，为企业提供公平竞争的环境，培育企业竞争力；② 政府应在 WTO 允许的范围内，为企业提供适当的保护；③ 政府应在培育企业竞争力方面提供相应的支持。

（3）促进产业结构的升级和优化。随着经济全球化的进一步加深，全球范围内的产业结构调整加快，各国都在积极地进行产业结构的调整，力争在国际分工中占据有利地位。我国也必须对产业结构进行调整，要进一步提高劳动密集型产业，扩张和强化资本或技术密集型产业，有选择、有重点、有突破地发展智力密集或知识密集型产业。① 用高技术和先进适用技术改造提升传统产业。要把传统产业的改组改造放在重要位置，以市场为导向，以企业为主体，以技术进步为支撑，抓好关键环节。② 发展高新技术产业，以信息化带动工业化。要有选择地加快信息技术、生物工程和新材料等高新技术产业发展，形成我国高新技术产业的群体优势和局部强势。③ 加强水利、交通、能源等基础设施建设，高度重视资源战略问题。④ 加快服务业发展。发展服务业是促进产业结构升级和增加就业的重要途径，要采取必要的政策措施，形成有利于服务业发展的环境。

（4）转变政府职能，改革政治经济体制。我国要按照世贸组织的规则转变政府职能，就必须按照公开、透明、非歧视等原则改变管理方式。① 要完善市场机制，发挥市场对资源配置的基础性作用，实行政企分开。政府要健全市场体系，强化市场功能，不断完善各种市场规则，规范和维护市场秩序，创造公平的竞争环境。② 要规范政府的行为，加强政府决策和行为的法制性。

（5）与国际社会一道共同致力于建立合理的国际经济规则。现行的国际经济规则大多是以发达国家为主导而建立起来的，因此，它更能反映发达国家的意志和利益，对发展中国家带有歧视性。随着中国经济实力的增强，中国的国际地位不断提高，我们应该与广大发展中国家一道为建立公正合理的国际经济规则而努力，使广大发展中国家能够受益于经济全球化。

二、世界产业结构变化的新趋势

随着高新技术产业的迅速发展和经济全球化的不断深入，世界产业结构正在发生深刻的变化。发达国家为了抢占全球经济的制高点，在强化高新技术产业竞争优势的同时，通过国际生产网络的扩张推动了全球产业结构的调整；发展中国家也利用这个难得的历史机遇承接国际产业转移，推动产业结构升级。

世界产业结构正在向高科技化、服务化的方向发展。世界产业结构的重心正在向信息产业和知识产业转移，产业结构高科技化的趋势日益突出，以信息技术和生物技术产业为核心的高新技术产业将成为新一代的主导产业。未来世界经济增长的动力将主要来源于高科技的发展，来自信息和知识在投资、贸易和生产等领域的高度运用。在科技进步的推动下，信息技术、生物技术、新材料技术、先进制造与自动化技术、资源环境技术、航空航天技术、能源技术和先进防御技术等一批高新技术产业正脱颖而出。在 21 世纪将形成一个以信息产业、生物技术产业及相关高科技产业为经济增长点的世界产业发展新格局。

1. 产业结构高科技化是信息经济时代世界产业结构调整的新趋势

在以信息产业等为核心的高新技术产业的推动下，世界范围内产业结构的重心正在向信息产业和知识产业转移，并逐渐建立起以知识为核心的各产业之间的新关联关系。随着高新技术产业的迅猛发展，知识经济正开始替代工业经济，大量投入流向高新技术产业和服务业，特别是信息和通信、教育与培训、研究与发展等领域。知识经济的产生和发展，形成了一批与知识和信息密切相关的新兴产业即知识产业。高新技术的加速发展，一方面使新产业不断涌现，另一方面还使高新技术向传统产业不断渗透，高新技术被广泛用于改造传统产业。

2. 信息技术冲击传统经济发展方式

现代信息技术将使管理系统发生根本性的变革。首先，信息技术配合自动化技术使生产过程自动化；由于信息技术引起的管理组织结构的变化，会使生产管理的设计、组织、计划、控制也相应发生变化，生产管理的方式越来越趋向智能化。其次，由信息技术带来的通畅的信息将使高层管理的控制能力和决策能力大大增强，信息技术使管理手段现代化。随着现代信息技术的发展，计算机和互联网正在成为企业管理的战略手段。其功能不仅是提高管理效率，还将通过管理的科学化和民主化，全面增强管理功能。

现代信息技术不仅冲击着传统的经济管理模式，还在营销方面深深地影响着企业的营销策略。网络技术迅猛发展，尤其是电子商务的出现，深刻地影响着企业的营销方式。网上营销成本低廉，信息交换迅速。如果排除技术上的缺陷和语言上的障碍，从理论上说，互联网使全球企业变成了一个百货商场，可以把自己的产品销售到全球各个角落。制造业的国际生产网络快速扩张，国际产业转移由产业结构的梯度转移逐步演变为增值环节的梯度转移。

3. 生产外包成为制造业国际产业转移的新兴主流方式

国际生产网络的快速扩张，使产业转移的速度和范围都达到了一个新的水平。以跨国公司为主导的国际分工进程加快，促进了资本、商品、技术、人员及管理技能等生产要素的跨国流动，形成了制造业的全球价值链，进而推动了全球产业结构的调整。全球制造业领域的产业分工正在从传统的产业间分工向各个产业内部的分工，进而以产品专业化为基础的更精细的专业化分工转变。跨国公司把非核心的生产活动分包给成本更低的发展中国家的企业去完成，使位于不同国家的企业形成一个国际分工协作网络，每一个生产环节都成为全球生产体系的一部分。

国际生产网络有利于节约社会劳动成本，提高效率，使生产要素达到更高层次的合理配置。产业转移不再是个别企业的孤立行为，而是在国际生产网络的基础上，形成了以跨国公司为核心，全球范围内相互协调与合作的企业组织框架。通过这些国际生产网络，全球制造业产业转移的速度和范围都达到了一个新的水平。

发达国家制造业在国民经济中的比重不断下降，产业链的高附加值环节成为制造业发展的重点。国际生产网络的快速扩张，使发达国家的大型跨国公司将低附加值的生产制造环节转移到具有比较优势的发展中国家，自己则专注于研发、管理、财务运作、营销等价值增值环节具有相对竞争优势的核心业务。发展中国家应积极承接国际产业转移，努力推动产业结构升级。

4. 传统服务业和新兴服务业蓬勃发展，出现了"经济服务化"的趋势

无论是发达国家还是发展中国家，服务业在国民经济中的比重都呈上升趋势。对大多数经济体来说，服务业是增长最快的部门。根据世界银行《2005世界发展指标》提供的数据，1990 年至 2003 年，发达国家服务部门的年均增长率为 3.1%，发展中国家为 3.8%。高收入国家服务业占 GDP 的比重从 1990 年的 62% 上升到 2003 年的 70%，中等收入国家和低收入国家的这一比例分别从 46%、41% 上升到 54%、49%。发达国家服务业对 GDP 和就业贡献的增长主要来源于金融、保险、房地产和商务服务业，这类服务业属于为企业服务的知识密集型新兴服务业，因此也具有较高的生产率。而发展中国家服务业增长的主要动力是商业、餐饮业和交通通讯业这些相对较为传统的服务行业，服务业对就业的贡献则主要是依靠商业和社会、社区与个人服务业支撑的。

三、经济全球化的内在逻辑

经济全球化是世界经济发展过程中不可避免的客观趋势。随着全球范围内生产力和科学技术的迅猛发展，各种生产要素跨国界的流动，使得世界各国经济联系越来越紧密，成为一个相互依赖、不可分割的统一整体。实际上，作为一种客观趋势，早在 15～16 世纪，随着资本主义生产关系的产生就已经出现了经济全球化的萌芽。它是与世界市场的开拓以及资本主义的工业化、近代化进程紧密联系在一起的，它是资本的伴生物，是资本主义与生俱来的。因此，经济全球化的产生和发展是资本主义生产方式不断扩张的过程，也是民族历史不断走向世界历史的过程，更是一个充满矛盾和冲突的过程。

（一）经济全球化是资本主义生产方式的对外扩张

经济全球化是伴随着资本主义生产方式的产生、发展和向全球扩张而逐渐形成和发展的，资本主义发达国家是经济全球化的主导者和推动者。经济全球化进程伴随着资本主义对外扩张的历史，从某种程度上说，经济全

球化发展的不同阶段就是资本主义扩张的不同表现。在早期的殖民主义阶段，资本主义生产方式的确立是伴随着军事征服和殖民战争的，工业革命和殖民扩张使得西欧资本主义与世界其他地区的力量对比发生了很大变化，并对这些地区产生了深远的影响，是造成这些地区长期处于落后状态的一个主要原因。这些影响"不仅表现在从沿海贸易商人、航运商和领事的'非正式影响'到对种植园主、铁路建造人和采矿公司进行更直接控制的各种经济关系中，还表现在对探索者、冒险家和传教士的渗透、西方弊病的传入以及对西方的信仰中。如果说'西方人的影响'，譬如英国在印度建设公路、铁路网、电报装置、港口和土木工程，最后留下的纪念物给人以深刻印象，那么，它在这一时期多次殖民战争中制造的流血、抢劫和掠夺，更令人毛骨悚然"①。

　　完成了工业革命走上了工业化道路的各资本主义国家面临的首要问题，是国内市场的狭小远远不能满足进一步发展的需要。要扩大市场，有两种办法，一是向深度发展，即随着资本有机构成的提高，市场容量不断增大；二是向广度发展，即不断扩大新市场。于是，进行资本输出，向海外移民，就成为西欧向外扩张的新模式。

　　第二次世界大战以后，随着殖民地和半殖民地国家纷纷走上了民族独立和解放的道路，西方资本主义国家通过武力征服的方式向外扩张已不可能，只能借助经济全球化寻找新的方式和途径。战后迅速发展的跨国公司和资本输出既是推动经济全球化发展的重要力量，又是西方国家对外扩张、维持不平等的国际经济政治关系的重要工具，"战后西方资本的大规模跨国运动，使资本主义生产方式出现了向全世界的内涵式的扩张，使世界范围内的生产活动内化于资本再生产过程，资本增值的循环与周转在全球范围内进行，即形成了资本的国际循环"②。"发达资本主义国家利用资本输出对发展中国家进行重重盘剥，加重它们的债务负担，这是造成发展中国家债务问题恶化和危机的根本原因之一。"③

　　随着苏联、东欧剧变，中国及其他发展中国家致力于发展生产力和经济结构的调整，在经济全球化的发展过程中，发达资本主义国家还会处于主导地位，正如萨米尔·阿明指出的："发达国家是全球化的中心，拥有资本、生产技术、营销网络并攫取绝大部分利润，其他国家则只是充当全球化生产的

---

　　① ［美］保罗·肯尼迪：《大国兴衰》，中国经济出版社1989年版，第186-187页。
　　② 房宁，王小东：《全球化阴影下的中国之路》，中国社会科学出版社1998年版，第266页。
　　③ 甄炳禧：《债务：第三世界的桎梏》，世界知识出版社1991年版，第87页。

劳动力。因此，全球化将资本主义逻辑无情地扩张到世界的每一个角落。第三世界国家追求工业化并不能阻止全球化进程，只是加速自己被中心的金融、技术、文化和军事力量所统治。"① 所以，在参与经济全球化、走向世界的过程中，我们必须要理性地思考，既要坚持对外开放，又要抵制西方国家的扩张和霸权主义，稳定地推动有中国特色的社会主义现代化建设。

（二）经济全球化是民族历史走向世界历史的过程

以西方发达国家为主导的、以推行市场经济为主要特征的经济全球化首先表现为资本主义生产方式的对外扩张，所以它带有明显的资本主义的性质，但全球化并不等于全球资本主义化，从另外一个方面看，它又是世界范围内各个民族和地区之间在经济上相互联系的加强。任何民族或国家要想求得发展，都不能回避经济全球化的影响，不能绕过经济全球化和世界历史发展的客观趋势。因此，从这个角度看，经济全球化又是各个民族历史不断走向世界历史的过程。

"世界历史"概念本是黑格尔提出的。他认为，历史的发展具有内在的规律性，世界历史是通过民族精神的阶段更替来发展的，冲破狭隘的民族和地域范围，由民族历史汇成世界历史，是历史演进的规律之一。马克思、恩格斯吸取了黑格尔关于"世界历史"的思想，认为人类社会的历史发展过程的确具有一定的规律性，即随着生产力和分工的发展以及交往的扩大，封闭的民族历史向世界历史的不断转变。特别是资本主义生产方式的出现，通过向外扩张，把世界上众多的民族和国家相继卷入到资本主义开创的世界体系中来。

资产阶级创造的大工业"使每个文明国家以及这些国家中的每一个人的需要的满足都依赖于整个世界，因为它消灭了各国以往自然形成的闭关自守的状态"②。并进而消灭了各国各民族的特殊性，使一切国家和民族的生产和消费都成为世界性的了。这样，资产阶级首次开创了世界历史，在这个时期，任何一个国家或民族的历史都不再可能是狭小的地域性、民族性历史，而是日益被不断发展的生产力及世界市场紧密地联系在一起。"各个相互影响的活动范围在这个发展进程中越是扩大，各民族的原始封闭状态由于日益完善的生产方式、交往以及因交往而自然形成的不同民族之间的分工消灭得越

---

① ［埃及］Samir Amin：Capitalism in the age of globalization：the management of contemporary society，zed Books，1997。

② 《马克思恩格斯选集》（第1卷），人民出版社1995年版，第114页。

是彻底，历史也就越是成为世界历史"①。马克思、恩格斯进而以实例来论证了发生在一个国家内的历史事件是如何具有世界历史意义的，并揭示了在资本主义生产方式条件下，一切国家和民族都要不可避免地走向世界历史，这种走向是由生产力与交往形式之间的矛盾运动决定的。一个国家或民族生产力的发展和交往形式的变革，不仅取决于本国生产力和交往形式的矛盾运动，还取决于与它相联系的其他国家内部生产力和交往形式之间的矛盾运动。

资本主义生产方式的出现及其对外扩张，扩大了国际分工和世界市场的范围，消除了狭隘的"民族历史"和经济民族化、地域化状态，越来越多的民族和国家加入到世界历史和世界经济进程中来，从世界历史整体的角度看，是符合区域性民族历史向世界历史发展的历史必然性的。历史上的资产阶级负有为未来新世界创造了极为丰富的物质基础，这为全人类开展世界交往以及进行这种交往提供了条件，而资产阶级开创的世界历史和经济全球化，则为人类的相互交往开拓了更为广阔的经济活动空间。马克思是站在社会历史发展的高度上来看待资本主义和世界历史的作用的，从这一点看，人类的发展一方面在不断地从民族的历史走向世界历史，另一方面，又是不断地从必然王国走向自由王国，前者为后者提供了条件和准备，后者是前者的必然结果。所以，任何民族要发展，就必须不断走向世界历史。从这一意义上说，经济全球化也就是民族历史不断走向世界历史的过程。

四、经济全球化存在的问题

经济全球化也不是一帆风顺的，在这个过程中也存在着一些问题和矛盾：

1. 市场经济与宏观调控之间的矛盾

世界各国经济体制的趋同——市场经济体制趋同化，消除了经济全球化发展的体制障碍，加快了经济全球化的进程。市场经济具有优化资源配置、提高经济效益的功能，但也会出现盲目性、自发性、滞后性等市场失灵现象，也需要进行宏观调控，纠正市场失灵。现有的三大世界经济组织：世界银行、国际货币基金组织、世界贸易组织都难以承担这一职能，造成宏观调控的缺位。于是，在经济全球化进程中演绎成一系列具体的矛盾，如各国国民经济

---

① 《马克思恩格斯选集》(第1卷)，人民出版社1995年版，第88页。

的有计划和可调节与全球经济的无计划和弱调节之间的矛盾、跨国公司的严密组织和科学管理与世界市场的盲目扩张和混乱之间的矛盾、世界生产能力的无限扩张与世界市场容量有限之间的矛盾、不同国家之间的矛盾、各跨国集团之间的矛盾等。这些矛盾的尖锐化，导致世界经济总供给和总需求之间的不平衡，并导致世界经济的波动与经济秩序失调。

2. 民族性与全球性之间的矛盾

在全球化进程中，民族性和世界性的关系将变得更加复杂，并发展成一个悖论。这个悖论表现在：在全球化进程中，一方面，世界性逐渐融合，民族性逐渐消退。高科技手段、市场经济和资本的顽强扩张力超越了国家的疆界、个性和差异，增强了世界的统一性、整体性，同时各个民族和国家间的联系不断加深和扩展，跨国活动和跨国主体的急剧增加，超越国家传统意义上的主权和边界，民族国家原有的稳固地位受到了挑战。另一方面，世界性强化了民族意识，增强了民族性。民族间的互动、民族意识的消长、民族主义凸现与困顿，也许正是经济全球化浪潮赖以表现的基本事实。

3. 经济全球化与两极分化的矛盾

二战以后，发展中国家与西方发达国家之间的生产水平、经济实力在总体上不仅没有缩小，反而逐步扩大，而且差距极为悬殊。1950 年第三世界低收入国家的人均国民生产总值为 164 美元，西方发达国家人均为 3 840 美元，相差 23 倍；1980 年低收入国家的人均总产值为 245 美元，西方发达国家达9 684 美元，差距扩大到 39 倍；1994 年低收入国家人均为 2 520 美元，而西方发达国家则高达 23 420 美元，西方发达国家与低收入国家的人均差距扩大到 94 倍。此外，发达资本主义国家内部、发展中国家内部贫富差距也在进一步扩大。

4. 经济全球化与生态危机的矛盾也日益突出

进入 20 世纪 90 年代以来，经济全球化的负面影响愈来愈明显地显露出来，空气、水的污染，森林、植被大规模破坏，土壤沙化严重，化学废物不断增多。科学技术一方面创造人类社会前所未有的辉煌，另一方面很多技术以疯狂的形式掠夺自然，地球正在失衡，很多动植物正在人类的虎视之下走向毁灭、灭绝。此外，经济全球化还造成了越来越严重的失业与难民、艾滋病与毒品、债务与粮食危机、跨国犯罪与全球恐怖主义等全球性问题。

五、经济全球化进程中的危机效应

经济全球化时代，由于人为的疆界与藩篱逐渐消失，人类的经济生活逐渐形成一个全球紧密相连与相依的整体，经济活动不再以国家为基本单位，而是具有明显的跨国性。经济全球化的吸纳与穿透力，将所有可以创造价值的人才、资金、商品与信息整合为无障碍、无疆界与无时差的单一经济体系，形成了一个巨大的经济系统，各国经济可看作全球经济系统中的子系统。全世界所有国家、地区与群体的经济发展与社会福祉，均深受这个全球经济体系的扩张、收缩与震荡的影响。在世界经济这个大系统中，国家经济子系统的开放性是随生产力的发展而发展的。而随着生产力的发展与生产力水平的提高，社会分工越来越细，迫切需要从系统外获取能量，参与国际分工与合作。国际分工的加剧又导致了一个国家的经济子系统对其外部环境的依赖性增强，从而进一步加快对外开放，从系统外获取更多的能量。从外部表现上看，国家经济子系统同外部经济环境相互作用就表现为国家与国家之间的合作与竞争、贸易合作、跨国投资等。在世界经济这个复杂系统中，有很多元素处于无序状态，比如国际金融，大约有超过 100 万亿美元的衍生金融产品在寻找机会盈利，进行股票交易的投机商们借助高科技，利用许多政府高度依赖外国资本的心态，大肆进行金融炒作，兴风作浪，而一旦得手，便迅速蔓延，发生"蝴蝶效应"。1960 年，美国气象学家爱德华·罗文兹发现了著名的"蝴蝶效应"，他指出，在一个混沌一体的气象世界里，当各种客观条件具备时，一只小小的蝴蝶在最佳时间和最佳地点煽动一下翅膀，就有可能掀起世界另一端的台风或龙卷风。世界经济系统的波动是系统发展或有序化的诱因。系统的波动就是对系统稳定（相对稳定）状态的偏离，这种波动之所以会导致系统的改进是由于世界经济系统的非线性作用。毫无疑问，经济系统是一个非线性系统，系统的整体效应不能由系统的部分和求得。在这样的非线性系统中，系统内部元素的相互作用使系统具有整体性行为，可以牵一发而动全身，微小的波动所形成的局部关联得以放大，形成整个系统的波动。1997 年夏在东南亚发生的金融危机、2008 年在美国发生的金融危机，很快波及周围的地区甚至全球，对亚洲经济乃至全世界经济造成程度不小的冲击，就是明显的例证。由于没有完全开放，中国经济系统作为世界经济系统的子系统，其振动频率与其他系统不完全相同，这是中国避免发生金融共振的重要原因。

六、经济全球化进程中的不对称现象

在世界经济这个大系统中，发达国家和发展中国家都是这个系统的组成元素，每个国家的经济系统是这个大系统的子系统。由于发达国家和发展中国家经济实力不同，相互关系排列组合不同，所以在世界经济系统中的地位和作用不同，经济全球化进程中充满了不平衡、不平等。

事实上，经济全球化是一种权利的优劣序列，甚至这种序列特征比任何时候都要更加突出，即排序靠前的发达国家以其在资源配置和游戏规则制定方面的优势来推行，并使其向着有利于自己的方向发展。发达国家在全球经济体系中具有先发优势，这种优势是长期积累而成的。值得注意的是，发达国家的先发优势除了体现在物质力量上，更体现在对正在形成的全球规则的主导作用上。现有的主要国际规则和国际制度基本上都是在发达国家的主导下形成的，存在着严重的信息不对称，制定出来的规则缺乏透明度，在内容和动作上暗含着对西方国家的倾斜，现在这些规则正在向全球规则转化。仔细分析一下目前对世界影响较大的重要国际组织，可以发现，凡涉及关键的经济决策和重大利害关系的问题，其决定权完全在大国特别是少数西方发达国家手中。所以，在经济全球化进程中，许多发展中国家抱怨说，世界性的经济组织只是发达国家的"御用"工具，是他们推行其价值观念、经济模式乃至政治模式的机构，他们只考虑其自身的利益与需要，很少考虑不发达国家的利益与要求，明显缺少公平。例如，按照比较优势原则，发展中国家的廉价劳动力应该向发达国家流动，发达国家的技术、资金应该向发展中国家流动，但国际规则是发达国家主导制定的，他们限制劳动力的自由流动，即使经济全球化的规则是由那些规则制定者按照世界各国的情况平均加权后制定出来的，也同样存在着形式上的平等而实际上的不平等。这是因为发达国家与发展中国家在这种貌似平等的全球化规则面前，竞争的起点不同，结果也相应不同。

在世界经济这个系统中，联结各个子系统的纽带是市场经济。由于缺乏有效的全球宏观调控，完全放任的市场经济犹如霍布斯哲学中的丛林主义，遵循的是弱肉强食的规则，社会达尔文主义将在全球范围内得以实践，"马太效应"越来越明显，即强者越来越强，弱者越来越弱。由于经济全球化规则的扶强抑弱，导致发展中国家与发达国家不可能公正、平等地往来，这种不平等、不公正主要表现在资金、贸易更多地向发达国家倾斜，以致发达国家与发展中国家在分享经济全球化的成果时，既得利益不公正，也不公平。

综上所述，从经济全球化形成发展的轨迹和不同民族发展的道路可以看出，经济全球化就是民族国家不断走向世界、参与世界经济的过程，也就是民族历史走向世界历史的过程。经济全球化越发展，就会有越来越多的民族和国家自觉或不自觉地被卷进这一进程，尽管经济全球化还存在很多问题和矛盾，但毕竟已经成为每个民族和国家都要面对的客观事实。所以，我们要应对经济全球化的挑战，走向现代化，就不能背离世界历史和经济全球化发展的内在规律，更不能失去历史又一次给我们提供的机会，要主动地、审慎地、不失原则地融入全球化的进程，获得更好的外部条件。

第二节　经济全球化的制约因素

随着现代科学技术的发展，特别是正在建设的信息高速公路，把全世界的生产、贸易和金融等联系起来，使国与国之间的经济关系正在逐步走向互相渗透、横向联合、广泛合作、利益共享的新阶段，但经济全球化是一个过程，在这一过程中，存在着诸多矛盾和制约因素，这些矛盾和制约因素直接影响着经济全球化的进程。

一、市场经济与国家职能的矛盾对经济全球化的制约

市场经济作为经济全球化的基础和核心要求超越部分国家职能，即国家对经济管理的职能。而国家对经济管理的职能关系到国家的经济安全和国家利益，是国家职能的重要组成部分，这就决定了国家职能是不能被市场经济完全超越的，这对矛盾是经济全球化进程中的基本矛盾，影响着经济全球化的发展方向。

从历史发展的进程可以看出，私有制的产生不仅导致了商品和市场经济的形成，而且造就了作为管理市场经济的机构——国家。国家在推动以私有制为基础的市场经济发展中曾经起到了不可磨灭的促进作用。但是，市场经济注重自发力量，经济全球化也要求自由与平等，而国家职能决定了国家的管理在一定意义上是对市场经济这种本性的束缚，只是在市场经济发展过程中，国家管理所起的推动作用大大超过了其隐含的制约作用。因此，市场经

济在国家管理下缓慢发展。但是，它们的矛盾随生产力的巨大发展变得日益尖锐。跨越国界已成为世界经济发展的必然要求和结果。经济全球化的基本矛盾随之激化，市场经济要求跨越国界，国家职能决定了主权国家不愿放弃管理市场经济的权力，这就形成对经济全球化的制约。

二、贸易保护主义对经济全球化的制约

经济全球化，就是资本、贸易、生产过程在世界范围的自由流动，这就要求自由贸易成为现实。然而，贸易保护主义在全球范围内却日益严重。

新的贸易保护主要不是靠关税，而是靠非关税壁垒、汇率和组建区域性经济集团。以美国为例，其非关税措施种类繁多，大体上可以划分为两类：一类是属于直接扭曲贸易流量的措施，如进口限制、反倾销和反补贴措施、自动出口限制等；另一类是属于间接扭曲贸易流量的措施，如广告限制、报关手续干扰、技术等级、卫生标准等。在贸易保护主义浪潮涌动的大背景下，自由贸易和经济全球化受到了严重挑战。

贸易保护主义与反全球化之间有着天然联系。主张全球化的舆论认为，民族国家已经过时，国家不再应该、也不再有能力承担经济生活调节者的角色，各国调节经济的主权应该移交给国际经济组织。但是，当人们呼唤全球化、谴责贸易保护主义时，却没有想到，正是全球化的推进暴露出的一系列问题，使贸易保护主义一浪高过一浪，成为经济全球化的绊脚石。

三、政治因素对经济全球化的制约

当今世界虽是一个开放的世界，和平与发展成为时代的主题，各国的联系不断加强，但是由于历史的原因，在经济交往中，常常掺杂着政治因素。意识形态的对立和国家利益至上的原则，使世界经济在走向全球化的过程中，必须跨越一个又一个政治壁垒。因此，我们可以看到，经济关系常常受政治因素的影响，在经济全球化过程中，不得不考虑政治因素的制约。

四、经济体制问题对经济全球化的制约

真正意义上的经济全球化意味着不同发展水平国家完全开放国内市场，

拆除各种贸易壁垒和障碍，市场规律成为经济活动的准则。然而，由于各国经济发展水平不同，国内经济状况决定了经济全球化的实现并非一帆风顺。

开放本身不等于一定能够受益于经济全球化，两者不一定存在正相关的关系，其中涉及国内的经济体制问题。经济发展水平越高，各项配套制度越完善，其抵御经济全球化带来的风险的能力越强；相反，经济发展水平越低，其抵御经济全球化带来的风险的能力就越低。当前，发展中国家普遍存在着经济体制问题，必须慎重对待经济全球化。尽管发达国家的经济学家和政府官员鼓吹开放，认为发展中国家越开放越好，只有融入经济全球化中，才能解决国内存在的经济体制问题。但是，在某些领域，尤其是金融领域，如果开放过早，国内的银行、政府、企业的问题又没有得到有效的解决，开放就可能成为掩盖国内矛盾的一种方式。亚洲金融危机的爆发及其影响，特别是始于 2008 年的美国金融危机的影响，使不少国家在经济全球化进程中认识到国内经济体制健全是开放的关键，而国内经济体制的改革与完善则是一个漫长而曲折的过程。

五、文化差异矛盾对经济全球化的制约

经济全球化实质上是一种跨文化行为，不同的民族有不同的文化，不同的民族文化也孕育着不同的民族心理和价值观念，各国之间文化差异导致的矛盾对经济全球化形成了不小的制约。

跨国公司是经济全球化的载体，伴随着跨国公司在东道国的投资、生产和经营，发展中国家在文化上渐渐丧失了本身的个性，导致文化同质化与文化异质化之间的紧张关系。面对全球化进程中日益强大的文化同化力量，如何保持个性，避免被文化霸权吞噬，已经是一个关系到民族国家生存的重大问题。西方发达国家通过各种途径进行文化渗透，使发展中国家的民族文化受到威胁，必然导致发展中国家国民的抵制。由此可见，悠久的历史和宝贵的文化是一国民族精神的凝固，是不容排斥的。在经济全球化过程中，渗透与反渗透必然会影响经济全球化的发展。

六、经济全球化本身条件对经济全球化的制约

经济全球化的重要标志包括三点：信息化——各国的交往频繁、方便；

市场化——世界市场统一，各种人为的阻碍、分割被打破，各种类型国家的经济发展普遍以市场为导向；自由化——各种壁垒被消除，经济开放，商品、资本、劳动力的国际流动畅通。

市场化、自由化的实现，如前所述，受国家主权、国家利益和政治、经济体制、文化因素的制约。信息化是全球化的核心，信息高速公路和网络的兴建对于发达国家来说不是难事，但对于发展中国家，尤其是不发达国家，则面临着资金和技术的挑战。

兴建信息高速公路和网络，需要庞大资金，资金从何而来，成为不发达国家改造落后基础设施的最大障碍。此外，兴建信息高速公路和网络，还需要大量高科技人才。不发达国家有很多还是农业国家，工业不发达，让它们短时期里培养出大批能掌握高科技和利用电子计算机的人才，是难以想象的。因此，对于部分发展中国家和最不发达国家来说，信息高速公路和网络的建设需要相当长的时间。

七、国际经济法规和规则对经济全球化的制约

在经济全球化过程中，发达国家与发展中国家虽然在形式上是平等的，但在事实上却是不平等的。经济全球化实际上是向全球推行以美国为首的西方大国所制定的国际经济法规和规则，往往使发展中国家处于不利地位。由于这些法规和规则是以西方发达资本主义国家的经济社会条件为依据的，对于经济文化落后的广大发展中国家的经济主权和民族经济利益势必造成冲击，使其国家作用减弱，甚至牺牲部分经济自主权与决策权。而且，在全球化进程中，发达国家一方面要求发展中国家大幅度开放市场，另一方面却不想接受来自发展中国家的劳动密集型产品。由此可以看出，一些国际规则特别是在关系切身利益方面的规则，都带有明显的利益倾向性，这势必会引起其他国家的反对。

八、经济差距和发展空间的矛盾对经济全球化的制约

进入 20 世纪 90 年代以来，由于发展中国家劳动密集型产品出口的增长，使发展中国家和发达国家之间的贸易和环境纠纷日益增多。由于发展中国家劳动力成本低，环保标准不严格，执法力度不够，在劳动密集型产品生产和

出口上都占有成本优势，而由此造成的环境问题日益严重。随着这类产品生产和出口的增加，发达国家的同类产品所承受的压力增大，从而使它们的企业利润锐减，甚至难以为继，造成一部分工人主要是非技术工人的失业和工资下降。这一结果意味着今后发达国家与发展中国家在劳动密集型产品上的摩擦将会不断增多。

此外，在知识产权、服务贸易等领域中，发展中国家与发达国家也存在着较大的矛盾和冲突。西方发达国家及少数新兴工业化国家的服务业产值和就业量，目前均已超过了工农业产值和就业量的总和，而大多数发展中国家相形之下则还有很大的差距。因此，一方面，发达国家千方百计地要求扩大服务贸易的国际市场，推进服务贸易自由化；另一方面，发展中国家要保护国内幼稚服务业的发展，想方设法阻止国外服务业的大量输入。

实质上，当今世界发展中国家面临的一个严峻挑战是，它们脆弱的新兴民族工业根本经不住贸易与投资自由化的冲击。例如，在中国加入 WTO 问题上，一些发达国家较少顾及中国作为发展中国家新兴工业的脆弱地位，坚持让中国在短时间内大幅度降低关税，这显然是一种不公平的待遇。

以此看来，存在于发达国家和发展中国家之间的经济差距、发达国家不愿向发展中国家提供适当的经济技术援助和优惠政策，是它们之间产生分歧和对抗的重要原因，也是它们难以全面推进经济全球化的重要原因。

九、国际债务对经济全球化的制约

国际债务关系是发展中国家与发达国家之间的一个重要的经济关系，这一关系处理的程度不同，其影响经济全球化进程的程度也不同。债务关系自20 世纪 70～80 年代以来就一直是世界经济关系中较为引人注目的一个问题，它不仅关系到发展中国家自身经济的发展，也关系到世界经济全球化的进程。

20 世纪 90 年代以来，除少数新兴工业化国家外，大多数发展中国家的资本流入额均相对减少。目前，对外直接投资和接受外国投资已几乎成为欧洲、美国、日本以及少数发达国家的专门领域，它们不仅是大量投资的主要来源，而且还是外资的接受国。在 90 年代中期，全部新增外国投资只有不到20%流向发展中国家，非洲和大多数南美洲国家吸引外资能力下降特别明显。发展中国家的对外直接投资，从绝对额来看，确实有所增长，但与世界直接投资总额相比，其绝对数和增长幅度仍然有限。所以，对大多数发展中国家来说，调动资本流入的唯一有效手段仍然是举债投资。这一手段虽然是开放经济条件下经济发展中的正常现象，但操作不好就会加剧当代国际债务关系的复杂程度。

由此我们可以看出，当今发达国家和发展中国家经济难以融合及世界经济的不均衡增长，在很大程度上与债务关系这一经济机制的畸形运作有着非常密切的联系。这种国际债务关系的存在和由此引发的经济水平差异和发展不平衡，严重阻碍了世界经济全球化的进程。

十、区域经济集团化对经济全球化的制约

当今世界，经济发展的一个重要特征是区域经济集团化。经济一体化和集团化的形成把世界经济推向了一个新的发展阶段。并且，在这种新格局下运作的国际贸易同样显示出时代的新特征，即贸易保护的区域化。

经济集团化的一个基本目标是形成区域经济的共同市场。这种共同市场本身就是一种具有强烈排他性的组织。就发达国家而言，它们的经济区域集团化组织，对内虽是开放、自由和协调的，而对外却带有不同程度的封闭性；对发展中国家来说，为了维护民族利益，促进经济发展，它们积极建立起自己的共同市场，在内部实行自由贸易，对外则采取贸易保护措施。这表明在当代国际经济生活中，各国都意识到为了自己的利益，决不能立即消除必要的封锁和排他的色彩。

经济一体化组织的排他性说明了区域化贸易保护存在的必要性。现存的经济一体化组织在世界经济贸易关系中所处的地位不同，必将奉行不同的方针、政策和措施。通常是，发达国家以其所具有的雄厚经济实力和优越的贸易条件，强调贸易自由化和更开放的贸易政策。但在不利于其经贸活动时，则会选择设置一些非关税壁垒或其他保护措施。至于发展中国家，由于经济实力脆弱，则往往采取内外有别的政策。对内强调自由、开放、合作、协调，对外则运用保护的手段。因此，在全球区域集团化组织中，无论是发达国家还是发展中国家，也无论其范围大小还是其发展水平如何，都在奉行着区域贸易保护主义的政策。

区域经济集团化的最终目标是通过构建区域经济结构，形成区域经济体系，实现区域经济分工，达到区域经济的均衡发展，从而获得区域经济效益。在这种情况下，区域内成员国之间的交换就变成了一种内部交换，而与区域

外部的交换则受到内部交换的制约。如果与外部交换不能实现区域经济效益，则这种交换就将受到抑制和排斥。从世界经济贸易演进的过程来看，欧共体与美国、欧共体与日本之间存在的长期、尖锐、激烈的贸易摩擦以及各集团所采取的各种排他性的贸易壁垒足以证明这一点。

伴随着经济集团化而出现的区域贸易保护的直接后果是，世界各国对外贸易额增长的不稳定和不均衡。发达国家仍居世界贸易之首，大多数发展中国家无论是通过增加它们同工业国家的贸易，还是扩大发展中国家相互之间的贸易，都没有能够加强其在世界贸易中的相对地位。由此看来，区域经济集团化的进一步发展，只能使区域贸易保护更加严重，而由此所导致的世界经济贸易不平衡进一步加剧。这对于经济全球化进程显然有很强的制约力。

综上所述，世界经济发展越来越显示出了全球纵横联系的特点，但由于诸多矛盾和制约因素的存在，经济全球化还有很长的一段路，世界各国，尤其是发展中国家要充分认识到这些矛盾，不可操之过急地融入经济全球化之中。

第三节　我国的对外开放

我国自 1978 年实行改革开放政策以来，我国的对外开放已经发展为全面的对外开放，在更大的程度上融入了世界经济。在世界经济中，中国是重要的一员，中国对外开放的程度如何，不仅影响我国经济自身的发展，也影响到世界各国的经济发展。

一、实行对外开放，发展对外经济关系的重大意义

实行对外开放，发展对外经济关系，是我国长期的基本国策。社会主义国家发展对外经济关系，实行对外开放，对于整个国民经济的发展，具有十分重要的作用和意义。

（1）实行对外开放，有利于社会主义国民经济按比例协调发展。社会主义经济的发展，要求国民经济的各部门和社会再生产的各个环节之间保持一定的比例关系。要做到这一点，社会主义国家主要是依靠自己的力量，自力更生，合理地配置和利用本国资源。但是，也要利用国外的有利条件，实现优势互补。由于受自然资源、技术水平和生产能力等的限制，任何一个国家

都不可能生产自己所需要的一切产品，必然会有某些产品的短缺与不足，同时，又会出现某些产品的剩余。这就有必要通过发展对外经济联系，通过内外交流，调剂产品的余缺，促进国民经济按比例地协调发展。

（2）实行对外开放，可以利用国际分工，节约社会劳动，提高经济效益。每一个国家都既有自己的优势，又有自己的劣势，同时还有自己的特点。各个国家的生产条件、技术水平不同，生产同类产品的劳动生产率也有高有低。社会主义国家应该根据自己的特点，扬长避短，多生产那些最适宜本国生产的产品，以便用较少的劳动耗费取得最大的经济效益，然后，用这些产品去与别的国家交换自己所需要的产品。这样，充分利用国际分工，积极发展对外经济关系，就可以大大节约社会劳动，提高经济效益。

（3）实行对外开放，有利于促进科学技术的进步，加快社会生产力的发展。科学技术是生产力，科学技术在现代化生产中的作用显得越来越重要。任何一个国家都不可能在一切科学技术领域居于领先地位，而是在科学技术不同领域各有所长。各个国家都有必要利用其他国家的先进科学技术成果，以便较快地提高本国的科学技术水平。科学技术成果是人类共同创造的财富，各国之间在科学技术上彼此学习，相互利用，乃是经济交往中的正常现象。只有积极开展国际科学技术的交流，才能有力地促进社会的迅速发展。

我国目前处于社会主义的初级阶段，经济发展还比较落后，我国要赶上经济发达的国家，必须在一个较长的时期内，使经济的增长速度高于发达国家经济的平均增长速度。而要实现这一目标，除了依靠本国的资金、资源、科技、人力以外，重要的一环是要重视发展对外经济关系，实行对外开放，充分利用国外的资金、技术、科学管理经验和灵敏的信息网络，利用生产国际化进一步发展的有利时机和较好的国际环境，迎头赶上经济发达国家。尤其在当今，面对经济、科技全球化趋势，我们要以更加积极的姿态走向世界。因此，我国把发展对外经济关系、实行对外开放作为一项基本国策。

二、对外经济关系的主要内容

（一）积极发展对外贸易

对外贸易，是指一个国家或地区同其他国家或地区的商品交换。它包括进口和出口两个方面，进口和出口主要包括商品、资金、技术、劳务、信息等方面。发展对外贸易是扩大对外经济关系的基础和主要内容。我国对外经济关系的范围和程度，经济建设的规模和进程，在很大程度上取决于对外贸易，特别是出口创汇能力。因此，它是关系到我国现代化建设全局的大问题。发展对外贸易的具体作用，主要是：① 协调再生产的比例关系，保证社会再生产的顺利进行；② 利用国际分工，节约社会劳动，提高经济活动的效率；③ 增加外汇收入；④ 扩大国内就业机会；⑤ 提高技术水平和管理水平，增强国家经济实力；⑥ 活跃和丰富国内市场，改善人民生活。

加快发展对外贸易，必须制定正确的进出口战略。出口是进口的基础，是引进更多外资和技术的前提。要积极开拓国际市场，发展外向型经济。扩大出口贸易，优化出口商品结构，提高出口商品的质量和档次，同时适当增加进口，更多地利用国外资源和引进先进技术。坚持以质取胜和市场多元化的对外贸易战略。深化外贸体制改革，遵循平等互利原则，坚持统一政策、放开经营、平等竞争、自负盈亏、工贸结合、推行代理制的改革方向。

（二）促进对外技术交流

发展对外技术交流，引进先进技术，是指通过技术贸易和国际技术交流活动，从国外引进先进技术，以迅速提高本国的科技水平和经济素质的一种经济活动。它包括：购买专利权、进口技术设备、聘请专家等。对外技术交流也包括我国出口技术成果、专利等，当前重点是引进先进技术。引进先进技术是我国利用后发优势赶超世界先进技术水平和加快现代化建设的必由之路。技术发展落后的国家，通过引进技术，可以节约投资、节省时间、寻找捷径，缩短与发达国家的差距。各国通过相互对先进技术的引进、吸收、创新、再引进、再创新，直到消除彼此间的技术差距，达到世界先进水平。这是各国技术发展的一般规律。

引进国外先进技术应从我国现实的国情出发，力求取得最佳的经济效益。引进技术必须有目的、有计划、有选择地引进适用于我国的先进技术，必须同消化、吸收、运用和创新相结合，应该与我国现有企业的技术改造相结合。

（三）注重利用国外资金

利用国外资金，是指通过对外借款、吸收外商直接投资等形式，从国外筹措资金，以加快我国社会主义建设的一种经济活动。国际资金往来，还包括我国向外国投资，但当前主要是吸收和利用国外资金。吸收国外资金可以弥补我国建设资金的不足，可以结合利用外资引进先进技术、知识和管理经验，推动产品出口。当前要拓宽利用外资的领域，继续完善投资环境。按照产业政策的要求，积极吸引外商投资，引导外资主要投向农业综合开发、基础设施、基础产业、高新技术产业和企业技术改造；鼓励兴办外向型出口企业，投向资金、技术密集型产业，适当投向金融、商业、旅游、房地产等领域；对外商投资实行国民待遇；利用外资必须规模适度，要同偿还能力、消化能力相适应；利用外资必须维护国家主权和民族利益。

（四）发展对外劳务合作

对外劳务合作，是指工程技术人员、工人、管理人员等跨国流动，以获取工资及其他费用形式的劳务合作。对外承包工程，是指我国对外承包的国外建设工程项目，以服务成果向业主收费的技术服务项目，以及对承包工程提供成套设备、工程物资等的一种对外经济活动。对外承包工程和劳务合作，对于我国经济发展有着积极的意义和作用，主要是：可以增加就业，缓解劳动就业压力，并为国家赚取更多的外汇；可以直接或间接地吸收国外的先进科学技术和管理经验；可以带动我国商品和技术等的出口，换取更多的外汇；可以提高我国声誉，为发展对外经济关系创造良好的国际环境。我国这项工作起步较晚，目前在国际劳务市场上所占比重很小。因此，发展对外劳务合作具有广阔的前景和巨大的潜力。

（五）推动国际旅游业发展

我国旅游资源十分丰富，有着发展国际旅游业的优越条件。发展国际旅游业不仅可以赚取大量的外汇，而且还可以增加就业，扩大商品出口，带动国民经济各部门发展，增进各国人民的友谊，扩大国际影响。目前，我国应充分利用各种旅游资源，各种形式的旅游活动，增加旅游收入。为此，必须扩大宣传，加强科学管理，提高服务质量，改善交通、住宿等基础设施，发展旅游商品，提高创汇能力。

三、加入 WTO 及其影响

中国加入世界贸易组织（WTO），是我国发展对外经济关系的新选择。世界贸易组织是当今世界上最大的国际贸易组织，它与世界银行和国际货币基金组织一起，构成当今世界经济体系的三大支柱，对世界经济发展起着重要的作用。加入世界贸易组织，对中国走向世界，全面参与国际经济事务与经济活动，提高国际竞争力，都具有重要的影响。

（一）中国加入 WTO 的积极影响

（1）保障条款的积极影响。加入世界贸易组织，可以使我们借助有关保障条款，抵制和反对贸易保护主义设置的障碍，摆脱我国在国际贸易中受到的不公正待遇。过去我国在对外贸易中往往受到别国的高关税制约。在与发达国家的贸易活动中，还受到技术出口的限制，有时还受到一些国家反补贴、反倾销的投诉，其结果常常导致我国产品被迫退出这些市场，得不到国际贸易仲裁机构的公正裁判，经常陷入个别国家的国内法圈套之中。加入世贸组织可以使我们利用国际规则保护自己的合法权益。一旦遇到贸易争端，我们可以不再陷入其他国家的国内法的诉讼之中，而直接依赖世界贸易组织来调节和解决。近两年的国际贸易诉讼案件，多是运用了世贸规则的法律效率，取得了大部分诉讼案件的胜诉，维护了国家的经济利益。

（2）优惠政策的积极影响。加入世界贸易组织，可以使我国享受到发展中国家的各种优惠，其中包括：一是根据禁止进口数量限制原则，发展中国家可以适当保护幼稚工业，亦可以因国际收支出现困难实行有条件的进口限制。二是根据关税保护原则，允许发展中国家有更大的弹性，在减让幅度、步骤和期限上不一定要求一步到位，并允许在一定范围内实行出口补贴，以协调发展中国家逐步发展出口并调整产业结构。三是根据最惠国待遇原则，发展中国家享受发达国家给予的普遍优惠制，而不必对等地给予发达国家；发展中国家之间相互进行关税减让也不必同等给予发达国家等等。以上对发展中国家的各种照顾，均适用于我国的对外贸易。我国加入世贸组织，必将极大地推动我国贸易地区结构的多元化和多边化，也将有力地推动和促进我国产业结构的调整和优化，增强我国在世界贸易中的地位和竞争能力。

（二）中国加入 WTO 的消极影响

在我们运用世贸组织的有关规定以促进我国经济发展的同时，也要履行其有关的义务，这会对我国带来巨大的冲击，不可避免地产生一些消极影响。其主要表现在：① 世界经济的波动将成为影响我国经济稳定的重要因素；② 外汇供求关系可能出现新的矛盾（如因外贸受到影响导致出口总量下降或出口结构变化），在长期中外汇平衡手段减少；③ 我国经济体制改革的某些方面，需要重新设计方案，许多宏观管理手段要进行相应的变动；④ 较大幅度地削减关税，减少非关税保护措施，我国民族企业将直接面临国际竞争的挑战，会形成预想的冲击；⑤ 允许外资金融机构进入我国金融业，必然会冲击我国金融业的稳定和发展；⑥ 外国农产品进入中国市场，也会严重冲击中国农业的发展。总之，加入世贸组织之后，来自国外的竞争和挑战是十分严峻的，有时可能在局部和某一阶段形成冲击甚至破坏。而从全局或长远利益来看，如果能采取正确的对策，将有利于我国开放型经济的发展。由于利弊并存，加入世贸组织在对某些产业和部门产生积极影响的同时，也会对另一些产业和部门产生巨大冲击，甚至产生严重的后果，因此要全面地看问题。

四、全面提高对外开放水平

全面提高对外开放水平，是经济全球化趋势的发展和加入世贸组织的新形势对我国对外开放提出的新要求。我国只有以更加积极的姿态走向世界，充分利用国际国内两个市场、两种资源，实施"引进来"和"走出去"相结合的战略，提高国际竞争力和开放效益，才能把我国的对外开放提高到一个新水平。

（一）扩大对外贸易，提高国际竞争能力

（1）实施市场多元化战略。市场多元化战略，是指在巩固传统市场的同时开拓新兴市场的战略措施。在巩固主要传统市场，争取市场份额有所增长的同时，继续开拓富有潜力、前景广阔的新兴市场。积极主动地参与区域合作，加快建立中国-东盟自由贸易区，积极发展与亚太经济合作组织成员的贸易关系，推进贸易投资自由化进程，促进多双边经贸关系全面发展。实施市场多元化战略，可以进一步发挥我国的比较优势，提高我国产品的出口能力，大规模地开辟国际市场，推进我国对外开放的深度和广度。

（2）坚持以质取胜和科技兴贸。以质取胜和科技兴贸是扩大对外贸易、提高出口商品和服务竞争力的重要手段。以质取胜和科技兴贸是相互联系的，出口商品的质量是靠科技来推动的，没有高科技就没有高新技术产品出口；反过来，只有通过出口，才能带动我国更多经济部门的发展，才能促进我国企业的技术改造，加快高新技术产品出口基地建设。进一步优化出口结构，抓好重要资源性商品、劳动密集型产品和农产品的深度开发，提高传统出口产品的技术含量和附加值，推进我国出口商品结构从以低技术含量、低附加值产品为主向以高新技术产品、高附加值产品为主转变。加快发展具有比较优势的服务贸易，不断提高服务贸易在出口中的比重。进一步重视和发展技术贸易，鼓励成熟的产业技术出口，带动技术装备及成套设备出口。进一步优化进口结构，在扩大出口贸易的同时，适当增加进口，重点进口我国经济发展急需的先进技术、关键设备和重要原材料，使进口能够更好地为国内技术进步和结构调整服务。加快培育一批具有自主知识产权和较强核心竞争力的骨干企业。

（3）深化外贸体制改革。必须在管理体制、运行机制、思想观念、工作方式等方面继续进行改革和调整，才能适应新的形势和任务。进一步完善外经贸法律法规，改变以行政手段为主的做法，建立一套符合国际通行做法的外经贸法制体系，依据公开、统一的法律和法规进行管理。加快政府职能转变，着重解决重审批、轻服务等问题。大力推进中介组织改革，强化行业自律机制与中介服务功能，充分发挥中介组织在信息、服务、协调、应诉等方面的积极作用。

（4）完善有关税收制度和贸易融资机制。加快研究制定新的涉外税收和融资政策，进一步促进出口，完善和实施符合国际惯例的出口退税制度，对出口生产企业全面实行"免、抵、退"的政策。强化金融支持体系，完善出口退税管理办法；加大出口信贷规模和范围，积极发展买方信贷；建立健全出口信用保险制度和企业出口融资担保机制，形成完善的出口信用体系。

（二）提高利用外资的质量和水平

（1）稳妥地推进金融、电信、贸易和旅游等服务领域的开放。以服务领域开放为重点，进一步提高对外开放的深度和广度，是我国加入世贸组织后扩大对外开放的重要步骤。要根据世贸组织规则，结合不同行业的特点和发展水平，逐步扩大服务领域的对外开放，重点引进国外的现代理念、先进的经营管理经验、技术手段和现代市场运作方式。在金融保险领域，有步骤地取消对外资银行和外资保险公司在服务对象和地域方面的限制，适时推进外资参与国内商业银行的股份制改造，鼓励有条件的各类保险公司引入外资；在商业领域，鼓励和引导外商投资物流回送、连锁经营，增加外商投资商业零售企业的数量。稳步扩大交通运输、电信、旅游、建筑、会计、法律、咨询等行业的对外开放，探索并试行吸收外资以发展医疗、教育等社会事业的途径，使服务领域投资有较大的增长。

（2）积极探索通过收购兼并、投资基金、证券投资等多种方式利用外资。适应跨国资本投资的新趋势和新特点，借鉴国际上吸收外资的通行做法，不断开拓利用外资的新形式，多渠道、多形式引进外资；积极研究利用跨国并购等利用外资的新方式，吸收外商特别是跨国公司并购国内大型企业；逐步扩大证券投资的领域和渠道，允许外商投资企业在国内证券市场上市，推动国内企业到境外上市；继续鼓励和扩大外商以项目融资、基础设施经营转让等方式投资，探索采用风险投资、投资基金等方式吸收外资，选择有条件的企业直接对外融资；鼓励中小企业采取多种形式对外合资、合作，发展配套产业，进入国际配套采购网络。

（3）把利用外资与国有企业改组改造结合起来。改革开放三十年来，在国有企业吸收外资嫁接改造方面，我国已经积累了不少有益的经验。要鼓励跨国公司与国有大中型企业合作，改善法人治理结构，推进现代企业制度建设。引导外商投资高新技术产业和用先进适用技术改造传统产业，促进国有企业的技术改造和升级，形成新的优势产业和企业。积极探索外资参与金融资产管理公司部分不良资产处置和重组的新途径及管理方式，推动国有经济的战略性调整和国有企业的战略性改组，吸引优秀的技术人才和企业管理人才，加强引进技术的消化吸收，不断提高国有企业的技术水平、管理水平和自主创新能力。

（4）鼓励跨国公司投资农业、制造业和高新技术产业，兴办研究开发机构。当前，我国利用外资已进入新阶段。积极吸引跨国公司在我国建立面向全球的生产基地、技术开发基地、配套基地和地区性总部，成为吸收外资的战略性步骤。鼓励跨国公司投资改造传统农业，发展现代农业。通过合资、合作等多种形式建立现代化的农业企业集团，提高农业产业化水平。吸引跨国公司投资石化、建材等基础产业，提升机械、轻工、纺织等传统产业，促进我国制造业的改造升级。吸引跨国公司投资电子信息、生物工程、新材料和航空航天等高新技术产业，提高高新技术产业吸收外资的比重，加快高新技术产业的发展。鼓励跨国公司兴办研究开发机构。积极引导外资研发机构与国内企业开展多种形式的合作，参与国内共性技术、关键技术和配套技术的联合开发，推进技术进步和产业升级。

（5）改善投资环境，对外资企业实行国民待遇、提高政策透明度。采取更加灵活的方式，进一步改善环境特别是软环境，为外商投资提供更方便的条件，是扩大利用外资的重要前提。根据建立社会主义市场经济体制的要求和世贸组织规则，进一步完善国内有关法律法规，形成规范、公开的外商投资准入制度，为外商投资经营提供更充分的法律保障和完备的法律环境。彻底取消对外资企业的出口比例、外汇平衡、采购国产设备等限制条件，逐步统一国内企业和外资企业的税率。消除各种歧视性政策和差别待遇，为外资企业创造稳定、透明的政策环境。进一步整顿和规范市场经济秩序，加强知识产权保护，依法保护外商投资企业的权益，形成公平竞争的市场环境。

（三）实施"走出去"战略

采取"走出去"战略，是我国对外开放发展到新阶段的一项重大举措。全面提高对外开放的水平，在更大范围、更广领域和更高层次上参与国际经济技术合作和竞争，不仅要"引进来"，而且还必须"走出去"，坚持"引进来"和"走出去"相结合。"走出去"战略是指到境外去投资办厂，与其他国家进行经济技术合作，主要包括：① 开展境外资源开发和利用。有计划、有重点、有步骤地引导具备资金、技术、人员和管理等方面优势的企业，到海外进行国内紧缺资源的项目投资，逐步建立一批战略性资源开发生产供应基地。② 推动境外加工贸易发展。支持境外投资办厂，扩大带料加工装配，带动国内相关行业的技术、设备及劳务输出，但应避免盲目投资、无序竞争、自相残杀。③ 大力发展对外承包和劳务合作以及对外设计咨询。加大开拓国际工程承包市场的力度，鼓励有优势的国有企业和有实力、有信誉的民营企业带资承包工程，同时加强监督管理，维护和规范境外工程承包经营秩序。④ 积极利用国外科技资源。探索有效形式，在境外科技资源密集的地方设立研发机构和高新技术企业，利用当地科技智力资源和研发设施，开发具有自主知识产权的新技术、新产品。

中共十六大报告提出的实施"走出去"战略具有重大而深远的意义。"走出去"战略的具体作用是：① "走出去"战略是国内过剩生产能力向国外转移的反映，它可以缓解国内市场上的过度竞争，提高我国企业在国际市场上所占的份额，扩大产品实现其价值的空间，突破需求限制对企业发展的束缚，也可以为我国集中精力进行产业结构调整创造比较宽松的环境。② 可以使我国积极参与全球资源的配置，实现生产全球化，充分利用全球资源来发展我国的经济，这必然有利于改善我国的国际经济环境，有利于保障我国的经济安全。③ 发挥我国外汇储备相对充裕、综合制造能力较强、资本相对过剩和劳动力资源丰富的优势，把资源优化配置扩展到国际、国内两个市场，推进国内结构调整，拉动经济持续快速增长。④ "走出去"战略从某种程度上说，还进一步扩展了我国利用外资的方式。我国企业可以通过合资、合作、借助直接、单位和政策性融资方式，在境外利用外资。⑤ 它可以使我国企业在实施这一战略中，全面提高自身参与国际竞争的素质和能力，了解和熟悉国际环境和国际规则，提高新形势下处理经济事务的水平。

实施"走出去"战略，需要着力抓好几个方面的配套工作：① 加强总体规划和完善政策。要明确指导思想和发展方向，完善财政、税收、信贷、保险、外汇管理、信息服务、人员往来等政策，创造有利的政策环境。② 抓紧培训一大批外语好、懂经营、熟悉国际经贸法规的专业人才，更好地运用国际法律规则保护自己、规避风险。③ 建立适应国际市场要求的境外投资企业管理体制和经营机制。国有境外投资企业要建立现代企业制度，形成有效的激励和制约机制以及国有资产监管体系，确保国有资产保值、增值，避免流失和非法转移；促进境外企业联合重组，形成合理经济规模，提高核心竞争能力；改革和完善国内人员派出和管理制度，大胆招聘选用国际优秀人才，努力融入当地社会，使我国企业和产品的竞争力不断迈上新台阶。④ 鼓励和支持有比较优势的企业形成一批有实力的跨国企业和著名品牌。我国的各种所有制企业包括国有企业、集体企业、私营企业等，都可以通过合资、合作、控股等形式走出去，投资办厂，利用各种资源优势增加生产效益，逐步形成我国的跨国公司。只有这种大型的、跨国的企业，才能适应经济全球化的要求，才能有力地开展国际竞争。

（四）拓展对外开放的广度和深度，提高开放型经济水平

中共十七报告指出："坚持对外开放的基本国策，把'引进来'和'走出去'更好地结合起来，扩大开放领域，优化开放结构，提高开放质量，完善内外联动、互利共赢、安全高效的开放型经济体系，形成经济全球化条件下参与国际经济合作和竞争的新优势。深化沿海开放，加快内地开放，提升沿边开放，实现对内对外开放相互促进。加快转变外贸增长方式，立足以质取胜，调整进出口结构，促进加工贸易转型升级，大力发展服务贸易。创新利用外资方式，优化利用外资结构，发挥利用外资在推动自主创新、产业升级、区域协调发展等方面的积极作用。创新对外投资和合作方式，支持企业在研

发、生产、销售等方面开展国际化经营，加快培育我国的跨国公司和国际知名品牌。积极开展国际能源资源互利合作。实施自由贸易区战略，加强双边、多边经贸合作。采取综合措施促进国际收支基本平衡。注重防范国际经济风险。"

第四节 我国对外贸易与经济发展战略

我国作为发展中国家，对外贸易政策与经济发展战略是密切相关的。我们应根据自己的具体情况，借鉴别国的成功经验，制定自己的经济发展战略，并随着经济发展水平的提高而不断调整贸易政策。战后，发展中国家的贸易发展战略可分为两种：进口替代战略和出口导向战略。我国在对外贸易过程中，也不断地在由进口替代战略向出口导向战略转变。

一、进口替代战略

进口替代是指通过发展本国的工业，实现用本国生产的产品逐步代替进口产品以满足国内需求，以期节约外汇、积累经济发展所需资金的战略。

进口替代战略是由普雷维什和辛格提出的。20世纪60年代中期，阿根廷经济学家普雷维什率先提出，传统的比较优势理论并不适合发展中国家。他认为基于比较优势的贸易利益更多地表现为静态利益，而规模经济等动态利益则较少体现，所以对发展中国家经济发展作用不大，甚至会带来不利后果。普雷维什更进一步将整个世界分为两类国家，一类是处于"中心"地位的经济发达国家，另一类是处于"边缘"地位的发展中国家。边缘国家是中心国家经济上的附属，为中心国家的经济增长服务。中心国家通过不等价交换剥削了边缘国家，使发展中国家本身难以发展。因此，他提出发展中国家应该摆脱这种不合理的国际分工体系，走独立自主的发展经济的道路。

采取进口替代战略的另一个理由是某些国家的二元经济结构。所谓二元经济，是指在一个发展中国家内，比较先进的资本密集型且工资水平相对较高的工业部门和传统的落后农业并存的经济结构。二元经济的一般特点是：① 比较先进的工业部门的劳动生产率比其他部门高；② 工业部门的高产出率使该部门的工资率明显地高于其他部门；③ 尽管工资率较高，但工业部门的资本报酬率相对较低；④ 工业部门的资本密集度高于其他部门，与其他发达国家的工业部门有相近的生产设备；⑤ 城市中高工资与大量失业现象并存。因此，发展中国家的企业家希望在政府的保护之下，排除来自先进国家的竞争，独占本国市场。同时，整体经济发展水平的落后又需要本国的工业部门带动国民经济的发展。

进口替代工业化大体可以分为两个阶段。第一个阶段是用国内生产的非耐用消费品代替进口的同类产品。一般情况下，发展中国家比较容易进入这个阶段，而且成功的把握也比较大。因为发展非耐用消费品的生产避开了重工业发展需要大量资金的难题，且这些产品的技术含量较低，可以进行较小规模的生产，对劳动力的素质要求也不高。所以从比较利益的角度看，工资水平相对比较低的发展中国家可以较低成本生产出这类产品，进而代替同类的进口产品。这类工业包括纺织品原料、服装、鞋类及其他劳动密集型的行业。进口替代的第二个阶段是用国内生产的耐用消费品、重工业产品和化工产品代替同类进口产品。一般而言，进入这一阶段需要发展中国家有一定的工业基础。

选择进口替代战略并且取得成功的国家具有这样几个特点：① 国内市场比较大，较大的国内市场可以为其工业的发展提供较有保障的市场，以便使这些行业迅速实现规模经济，较快地成长起来；② 选择进口替代战略，国内拥有一定的自然资源和丰富的劳动力供给；③ 处于二元经济时期，二元经济可以为工业发展奠定基础，也为现代工业的发展提供了相对廉价的劳动力。

幼稚工业论可以说是发展中国家进口替代战略的指导思想，贸易保护是进口替代战略的核心工具，具体的政策措施包括进口关税、非关税壁垒，并配合以外汇管制和高估的汇率政策。然而，进口替代战略的实施也给发展中国家带来了一系列的问题和进一步发展的困难。首先，进口替代战略的实施效果与当初的愿望相反，对国内产业的高度保护导致国内企业竞争意识不强，生产成本过高。当遇到外部冲击时，一些企业自然的反应就是寻求政府的保护，保护代价越来越高。其次，加重了外汇短缺。再次，进口替代战略存在着自给自足的倾向，而这种将自己封闭起来的战略不利于借助外部资源和技术发展自身的经济。一些学者认为，进口替代战略的核心问题是它违背比较利益原则，通过人为的干预将资源或生产要素转向自己比较劣势的部门或产业，因而经济发展的速度不但不会加快，反而会减缓。

二、出口导向战略

出口导向战略是指发展中国家通过促进本国产品的出口,积累发展资金,发展经济的战略。

出口导向战略是建立在比较利益理论基础上的。这种理论认为,无论一国处在何种发展水平上,总有某种比较优势,如廉价劳动力的优势,借助这种优势,发展中国家可以出口劳动密集型产品或原材料,以获取经济发展的资金。出口导向战略注重劳动密集型的制成品的出口。

以劳动密集型产品出口为主要特征的出口导向战略对发展中国家的经济发展有多方面的积极作用。① 从比较利益理论看,可获得资源再配置的经济效果。这种效果能够将本国的资源优势充分发挥出来,最大限度地利用资源,有助于经济的迅速发展。② 出口导向将产生一系列的产业间的关联效应,进而带动整个经济的发展。③ 出口导向也有助于一国经济逐步实现工业化。因为在经济发展的初期,发展劳动密集型产业可以节约资金,避免在工业化的初期就投入大量资金、发展重化工业可能带来的资源配置的扭曲。④ 发展劳动密集型产业还有利于创造较多的就业机会,从而能够较快地提高国民的收入水平,进而提高消费水平。消费水平的提高又反过来促进耐用消费品和其他产品生产的发展,从而有助于本国某些工业部门实现适度的经济规模。

一般而言,选择出口导向战略的国家有三个特点:① 采取出口导向战略的国家或地区内部市场相对比较狭小;② 劳动力比较便宜,因而具有廉价劳动力的优势;③ 采取出口导向战略的国家国内自然资源比较稀缺,需要靠自然资源或原材料的进口才能生产制成品。总之,这类国家和地区的国内市场都比较小,如果将自己封闭起来,很难使本国工业达到规模经济水平。因而,对这些国家而言,封闭就意味着放弃本国的工业化,放弃本国的经济发展。

由于采取出口导向战略的国家和地区需要外部市场,往往大进大出,所以需要有相对稳定和便利的市场环境。具体到贸易政策,主要表现为进口关税比较低,较少使用非关税壁垒,广泛使用出口补贴或其他出口鼓励措施,同时配合以货币贬值,以促进出口。

从总的情况看,实行出口导向战略的国家在实现本国经济发展上是比较成功的。现在许多发展中国家也开始仿效出口导向战略,以求得本国经济的迅速发展。

参 考 文 献

[1] [美]玛丽卢·赫特·麦卡蒂（Marilu Hurt Mc-Carty）．非凡的经济智慧．北京：中国人民大学出版社，2006．

[2] 夏永祥主编．社会主义市场经济理论．北京：高等教育出版社，2003．

[3] 贾华强．经济运行方式新探索．北京：中国言实出版社，2000．

[4] 马胜杰，夏杰长等．公共财政学．北京：中国财政经济出版，2003．

[5] 吴敬琏．吴敬琏自选集（1980—2003 年）．太原：山西经出版社，2003．

[6] [美]曼昆．经济学原理（上册）．梁小民，译．上海：三联书店，北京：北京大学出版社，2001．

[7] 蔡昉，林毅夫．中国经济．北京：中国财政经济出版社，2003．

[8] 董辅礽．用辩证的眼光看市场经济．上海：三联书店，2002．

[9] 毕世杰主编．发展经济学．北京：高等教育出版社，2005．

[10] 张银杰．市场经济理论与市场经济体制改革新论——社会主义市场经济理论疑难问题探索．上海：上海财经大学出版社，2006．

[11] 康静萍．中国社会主义经济体制改革理论与实践．北京：经济管理出版社，2001．

[12] 郭熙保主编．经济发展理论与政策．北京：中国社会科学出版社，2003．

[13] [美]王辉．渐进革命——震荡世界的中国改革之路．北京：中国计划出版社，1998．

[14] 谷书堂主编．中国计划体制改革探讨．北京：中国社会科学出版社，1987．

[15] 张宇，卢荻主编．当代中国经济．北京：中国人民大学出版社，2007．

[16] 林毅夫．关于制度变迁的经济学理论：诱致性变迁与强制性变迁，财产权利与制度变迁．上海：三联书店，上海人民出版社，1991．

[17] 程恩富．当代中国经济理论探索．上海：上海财经大学出版社，2000．

[18] 卢现祥．新制度经济学．武汉：武汉大学出版社，2006．

[19] 邹东涛主编．社会主义市场经济学．北京：人民出版社，2004．

[20] 董辅礽．走向市场化的中国经济．北京：经济科学出版社，2001．

[21] 吴敬琏．改革：我们正在过大关．上海：三联书店，2004．

[22] 吴敬琏．转轨中国．成都：四川人民出版社，2002．

[23] 潘莉等．社会保障的经济分析．北京：经济管理出版社，2006．

[24] 郑功成．中国社会保障制度变迁与评估．北京：中国人民大学出版社，2002．

[25] 陈宗胜．改革、发展与收入分配．上海：复旦大学出版社，1999．

[26] 毛志峰．人类文明与可持续发展——三种文明论．北京：新华出版社，2004．

[27] 金明善，车维汉主编．赶超经济理论．北京：人民出版社，2001．

[28] [美]舒尔茨．改造传统农业．梁小民，译．北京：商务印书馆，1987．

[29] 中国人民大学经济学院．经济学文萃．北京：华夏出版社，2001．

[30] 史继红．我国农村土地家族化与市场化"有限整合"分析．商丘师范学院学报，2006（3）．

[31] 邓小平．邓小平文选（第三卷）．北京：人民出版社，1994．

[32] 秦大河，张坤民，牛文化主笔．中国人口资源环境与可持续发展．北京：新华出版社，2002．

[33] 周绍朋主编，中国转轨时期的政府经济职能．北京：国家行政学院出版社，2005．

[34] 谷书堂主编．社会主义市场经济理论研究．北京：中国时代经济出版社，2001．

[35] 张绍焱主编．社会主义经济理论．北京：中国经济出版社，2006．

[36] 李金亮．社会主义市场经济论纲．广州：中山大学出版社，2001．

[37] 董建才主编．邓小平经济理论研究——社会主义经济理论的当代发展．北京：经济管理出版社，2001．

[38] 桑百川主编．中国市场经济理论研究．北京：对外经济贸易大学出版社，2005．

[39] 刘伟，杨瑞龙．比较经济学——发展·体制·政策．北京：中国财政经济出版社，1990．

[40] 苏东水主编．产业经济学．北京：高等教育出版社，2005．

[41] 国务院发展研究中心发展战略研究课题组．21世纪初的中国经济．北京：人民出版社，2001．

[42] 江泽民．在中国共产党第十六次全国代表大会上的报告．北京：人民出版社，2002．

[43] 胡锦涛．在中国共产党第十七次全国代表大会上的报告．北京：人民出版社，2007．

[44] 林毅夫．论经济发展战略．北京：北京大学出版社，2005．

[45] 白永秀，任保平主编．中国市场经济理论与实践．北京：高等教育出版社，2007．